世界近现代史研究

Studies of Modern World History

第十五辑

南开大学世界近现代史研究中心

THE RESEARCH CENTER FOR
THE HISTORY OF MODERN WORLD
NANKAI UNIVERSITY

社会科学文献出版社
SOCIAL SCIENCES ACADEMIC PRESS (CHINA)

《世界近现代史研究》编委会

学术顾问	于 沛	王敦书	齐世荣	张友伦	俞辛焞
	洪国起	胡德坤			
编委会	马世力	王立新	王 希	王晓德	吕一民
	刘北成	李世安	李 卓	李剑鸣	陈志强
	陈晓律	杨令侠	杨栋梁	张顺洪	哈全安
	侯建新	赵学功	钱乘旦	高 毅	韩 琦

主　编　杨栋梁
副主编　韩　琦（常务）　李　卓　杨令侠

目 录

美国历史上的社会转型

战后美国城市隔都的质变 …………………………………… 梁茂信 / 3
民权运动与美国社会文化心理的变迁 ……………………… 于 展 / 30
"消失"的浪潮
　　——战后美国劳工女权主义的兴起 …………………… 余 卉 / 52
"美国历史上的社会转型"暨纪念历史学家杨生茂百年诞辰
　　学术研讨会综述 ………………………………………… 王亚萍 / 63

史学理论研究

绝对主义：一个历史概念的名与实 ………………………… 黄艳红 / 75
西方思想史上的自然法和自然权利 ………………………… 王加丰 / 94

地区国别史

战前日本促进巴西移民运动的医疗卫生服务措施 ………… 郝祥满 / 115
穆巴拉克时期埃及经济发展方略评析 ……………………… 陈天社 / 133

国际关系史

夏威夷与北太平洋的早期商业化 ……………………………… 王　华 / 159
建国初期爱尔兰自由邦对美国的外交政策探析（1921～1928）
　　……………………………………………………………… 刘长新 / 174

研究综述

拉丁美洲城市化历史的研究综述 ……………………………… 张昀辰 / 189

书　评

双重社会、种族主义与不同的发展路径
　　——读赫伯特·S. 克莱因的《玻利维亚史》 …………… 刘　颢 / 207

会议综述

"中国的日本史研究动态与前沿课题暨中国日本史学会理事会议"
　　综述 …………………………………………………………… 雷娟利 / 219

史料选登

日本明治时期海运业的发展
　　……………………… 日本《太阳》杂志 撰文　潘幼文 译　温娟 校 / 227
《菲律宾群岛，1493～1803》第11～20卷的"前言"
　　………………… 艾玛·海伦·布莱尔、詹姆斯·亚历山大·罗伯逊 编
　　　　　　　　爱德华·盖洛德·伯恩 译注　刘琳等译　韩琦 校 / 279

Abstracts / 360
《世界近现代史研究》稿约 / 368

CONTENTS

Social Transformation in American History

Qualitative Transformations of Ghettos in Post-war U. S. Cities
                  Liang Maoxin / 3

Civil Rights Movement and the Transformation of Socio-cultural
 Psychology in the US   *Yu Zhan* / 30

The Missing Wave: The Rise of Labor Feminism in Postwar
 America   *Yu Hui* / 52

A Summary of the Symposium "Social Transformation in American History"
 and Commemorating the Centenary of Historian Yang Shengmao
                  Wang Yaping / 63

Historiography

Absolutism: Name and Reality of a Historical Concept *Huang Yanhong* / 75

The Natural Law and Natural Rights in the History of Western Thought
Wang Jiafeng / 94

History by Area and Country

Medical and Health Service Measures Which Japan Promoted Immigrant to Brazil before the World War II *Hao Xiangman* / 115

On the Egypt's Economic Development Strategies in the Mubarak Era
Chen Tianshe / 133

History of International Relations

Hawaii and Early Commercialization of the North Pacific *Wang Hua* / 159

The Foreign Policy of Irish Free State to the United States in the Early Days of Foundation (1921 – 1928) *Liu Changxin* / 174

Research Reviews

A Review of the Study on Urbanization History of Latin America
Zhang Yunchen / 189

Book Review

Dual Society, Racist and Different Development Paths Reading Herbert S. Klein's History of Bolivia *Liu Hao* / 207

CONTENTS 5

Conference Review

A Summary of "The Research Trends and Frontiers of the History of Japan in China" and Meeting of the Council of the Chinese Society of Japanese History *Lei Juanli / 219*

Historical Sources

The Development of the Meiji Ocean Shipping Industry in Japan
 *Japan's "Sun" Magazine Translated by Pan Youwen,
  Proofread by Wen Juan / 227*
Preface of *The Philippine Islands, 1493 – 1803* (11-20 volumes) by
 *E. H. Blair & J. A. Robertson
 Translated by Liu Lin and others, Proofread by Han Qi / 279*

美国历史上的社会转型

战后美国城市隔都的质变*

东北师范大学美国研究所 梁茂信

内容提要：隔都作为19世纪美国犹太移民的聚居区，在20世纪演化为以黑人为主的种族隔离和民权运动后阶级隔离的标志。它在地理上经历了一个从识别到界定的过程，在文化上完成了从民族文化向种族和阶级文化的转变。隔都的变迁既是战后美国城市经济结构和政府政策发展的产物，也是各族裔根据自己的经济条件和生活方式选择迁移的结果。隔都的永久化孕育了新兴的底层阶级。美国学界相关研究为今后探讨隔离与美国政治制度的关系及其对美国公民权利的影响，提供了有价值的视角和方法。

关键词：美国 中心城市 社会隔离 隔都 底层阶级

"隔都"（ghetto）[①] 作为中世纪和近代欧洲犹太人聚居区的指代，在19世纪末美国城市化进程中曾兴盛一时。到20世纪上半期，它演化为美国城市黑人社区的代名词。在二战后特别是60年代民权运动之后，"隔都"的人口、文化与经济结构等均发生质变，它不仅成为贫困黑人与美国主流社会隔离的孤岛，而且其附近的贫困白人、亚洲裔和西班牙裔下层也出现

---

* 本文为教育部重点基地重大项目"美国公共价值观悖论研究"（项目编号：15JD770006）的阶段性成果。感谢王希教授和宾夕法尼亚州印第安纳大学图书馆工作人员在资料查阅过程中提供的帮助。

① Ghetto 被译为"隔都"，是笔者在《都市化时代——20世纪美国人口流动与城市社会问题》（东北师范大学出版社，2002）中的首次尝试。王旭教授对此译法予以肯定。参见王旭《拓宽美国城市史研究的成功尝试——评〈都市化时代〉》，《世界历史》2003年第4期。

"隔都化"（ghettoization）趋势。更重要的是，这种趋势扩大到了大都市区之外的农村地区。这些变化表明民权运动前的种族隔离已演化为一种覆盖各族贫困人口的阶级隔离。对此，美国学者的研究热潮不减，硕果日见，并围绕底层阶级（underclass）问题展开了多年的讨论。国内研究中，大多集中在以黑人为主的种族隔离问题上，尽管有个别学者也提到"阶级隔离"问题，但却未见深入系统的分析。[1] 有鉴于此，笔者拟做浅显分析，以窥其本质。

一　贫困人口的隔都化趋势

欲论隔都区，应先界定其含义及其与贫民区（slum）和破败区（blighted area）的差异。作为一种历史现象，三者肇端于19世纪末美国的城市化。作为学术概念，美国学界的界定始于20世纪30年代。1929年，芝加哥大学社会学教授哈维·佐尔博在对芝加哥进行潜心研究后指出，贫民区是"一个社会下层居住的、隔离的萧瑟区……一个就业母亲和子女较多、生育率高、婴儿死亡率高、非法生育和人口死亡率高的地区……一个黑帮活跃的地区"。1930年美国学者安德鲁·林德对贫民区和隔都分别做了界定，认为贫民区的民族背景庞杂，贫困化程度较高，邻里关系冷淡，但隔都的民族特征突出，居民都沿袭本民族文化传统与习惯，邻里关系密切，与外界联系较少，是"外国人的殖民地"。1937年，美国国会在颁布《住房法》时也对贫民区做了界定，认为其多数住房破败不堪，缺乏通风、采光和排污设施，是一个"对居民安全、健康，或道德构成威胁的居住区"。相对而言，破败区是一个经济意义上的概念，是指城市某些街区因社会或经济条件，"导致物业的评估价值与现时条件下可用于任何意义上的公众福利开发价值之间出现脱节……整个社区处于停滞和无利可图的状态"。[2]

---

[1] 国内相关研究中，较有影响的论文有：胡锦山《美国城市种族隔离与黑人贫困化》，《史学月刊》2004年第1期；王旭、俞阅《近年来美国黑人的郊区化与居住隔离》，《厦门大学学报》2004年第2期；孙群郎《美国大都市区的阶级和种族隔离与开放郊区运动》，《东北师大学报》2004年第4期；孙群郎《美国郊区进程中的黑人种族隔离》，《历史研究》2012年第6期；孙群郎《美国金融机构的种族歧视与种族隔离》，《世界民族》2016年第5期。

[2] 梁茂信：《都市化时代——20世纪美国人口流动与城市社会问题》，第249~251页。

显然，隔都作为"外国人的殖民地"，其实就是欧洲犹太人隔都的延续。例如，在16世纪初的布拉格就居住着1万多名犹太人，他们在宗教礼拜、语言文化和生活方式等方面与周边完全隔绝，隔都内有自己的教堂、法庭和监狱，不少居民甚至一生未"出城"，去世后也被葬在隔都。这类现象在当时的西班牙、意大利和德国等地并不罕见。①

19世纪末，大批犹太移民先后从沙皇俄国、波兰、捷克等东欧国家进入美国，由于他们不说英语，信奉犹太教，对美国主流文化知之甚少，因而进入美国东北部城市后建立了自己的隔都。在当时美国的排外主义浪潮不断升温的背景下，受到排斥的犹太移民为自我保护，遂将自己封闭在隔都之内。同期的意大利和亚洲移民也因相同的境遇，纷纷建立了民族社区——中国城、小东京、小意大利、小波兰等民族社区比比皆是。由于欧洲移民的社区与其所在的城市经济的融合程度较高，因而其居民都能在一到两代人的时间内迁居白人居住的郊区。只有亚洲移民因受到的排斥时间较长，其隔离状况到二战后才有所好转。②

在20世纪上半期，随着美国南部农村黑人不断向北部和西部城市迁移，城市黑人隔都逐渐形成。与早期的犹太人隔都相比，黑人作为早期黑奴的后代，已经完全被美国化，与白人主流社会之间并无民族国家概念上的文化差异。然而黑人隔都的界定、地理范围、空间标志和测量指标等方面的参数选择，遂成为美国各界争论不休的话题。

在20世纪60年代后期，美国各地城市相继爆发大规模的种族骚乱，同时，美国史学也经历了一场革命性的变化，尤其是新社会史学的问世自然使黑人隔都成为被关注的焦点。有学者通过对19世纪的自由黑人的研究后认为，在北部各州废除奴隶制之后，"黑人隔都（Negro ghetto）关键的结构和性质就展示出惊人的持久性。在过去两个世纪中，大都市区黑人的生活

---

① 保罗·博彻森涅斯:《墙后:隔都的故事》(Paul Borchsenius, *Behind the Wall: The Story of the Ghetto*), 斯平克翻译(translated by Spink), 乔治艾伦与尤温有限公司, 1960, 第15~16页。

② 内森·坎特罗威茨:《纽约大都市区族裔与种族隔离:白人族裔群体、黑人和波多黎各裔的居住模式》(Nathan Kantrowitz, *Ethnic and Racial Segregation in the New York Metropolis: Residential Patterns Among White Ethnic Groups, Blacks and Puerto Ricans*), 普拉杰尔出版公司, 1973, 第16~17页; 周敏和詹姆斯·盖特伍德:《当代美国亚洲裔》(Min Zhou and James V. Gatewood, *Contemporary Asian America*), 纽约大学出版社, 2000, 第17页。

一直保持了不间断的、带有悲剧性的相似性"。在纽约市的黑人隔都，到处是"肮脏的住房"和"狭窄的小棚屋"。由于人们居住非常拥挤，"迫使受到排挤的老鼠不得不出走"。① 这项研究将黑人隔都问题提前了近一个世纪。那么，与19世纪相比，20世纪的黑人隔都有何不同？

从1968年发行的著名的《克纳报告》②看，当时主要指四方面的含义：（1）黑人隔都首先是"种族隔都"；（2）黑人的贫困化程度及相关问题都比较严峻；（3）政府政策与白人执法奉行双重标准；（4）与主流社会的隔离程度较高，形成了令人鄙视的"贫困文化"——失业、家庭破裂，人情冷淡，"卖淫、吸毒和犯罪营造了一种以个人缺乏安全感和紧张关系为标志的尔虞我诈环境。"③ 显然，20世纪的黑人隔都与19世纪毫无二致，但黑人隔都到底在哪里？空间上应如何识别？

在60年代美国政府实施向贫困开战的政策期间，联邦人口普查局等机构为识别贫困人口及其居住区，编制了5项参数，即家庭收入、孤儿、低于8年级学历的成年人、非熟练男性工人和不符合标准的住房。依此排名最低的25%的"人口统计区"被定为"低收入区"。当然，生活贫困和居住在贫困街区是两个不同的概念。个人贫困界定的参数是其年收入，而贫困街区的界定依据是贫困人口的参数。比如在1980年全美最大的100座中心城市中，有810万人口被界定为贫困人口（其中有520万人口居住在贫困区，有290万贫困人口居住在贫困区之外）。④ 不过，从此之后，"人口统计区"就成为学界衡量并确定隔都的地理单元。一个"人口统计区"是否属于隔都，取决于其街区破败程度、居民贫困化程度、与主流社会的隔离状况及

---

① 吉尔伯特·奥索夫斯基：《隔都的持续性》（Gilbert Osofsky, "The Enduring Ghetto"）《美国历史杂志》（*The Journal of American History*）第55卷，1968年第2期，第243、246页，http://www.jstor.org/stable/1899555（2017年3月1日下载）。
② 《克纳报告》原名是《克纳报告：1968年全国民事动乱咨询委员会报告》（*The Kerner Report: The 1968 Report of the National Advisory Commission on Civil Disorders*）。它取名于该委员会主席、伊利诺伊州前州长奥托·克纳（Otto Kerner）的姓。
③ 美国全国民事动乱咨询委员会：《克纳报告：1968年全国民事动乱咨询委员会报告》（U. S. National Advisory Commission on Civil Disorders, *The Kerner Report: The 1968 Report of the National Advisory Commission on Civil Disorders*），众神图书公司，1968，第12~14页。
④ 全国城市政策委员会、行为与社会科学和教育委员会、全国研究院：《美国内城的贫困》（Committee on National Urban Policy, Commission on Behavioral and Social Sciences and Education and National Research Council, *Inner-city Poverty in the United States*），国家科学院出版社，1990，第69~70页。

社会犯罪率等。也有学者使用了男性失业率、女性单亲和福利依赖比例等相似但又有所不同的概念,将这类街区称为"匮乏街区"或"派生统计区"(derivation tracts)。派生统计区是指与隔都区相邻的街区,因经济功能下降和居民贫困化超过全国平均水平而退化为隔都。到90年代初,美国联邦住房与城市发展部界定的标准是:(1)根据"最宽泛的界定和测量"标准,从"长期贫困"人口中扣除老年人和残疾人;(2)根据社会犯罪、单亲家庭、接受福利救济的比例等要素,划出"底层阶级"街区。凡贫困率超过40%的街区均为"隔都"。[①]

然而,在实践上,因关注隔都问题的学者来自历史学、社会学和公共管理学等领域,彼此关注的焦点千差万别,所以始终"没有一个公认界定"。当谈论隔都时,人们只知道它是"用来暗指隔都居民的贫困和民宅的破落"。但"隔都的边界在何处?人们众说纷纭"。1990年,美国城市政策委员会以商业部的"人口统计区"为依据,然后按照贫困率划出20%、30%和40%的统计区。其中0~20%的街区为非贫困统计区,20%~40%的街区为"混合收入统计区",超过40%者为"隔都统计区"。以20%作为"混合收入统计区"与"非贫困统计区"的界线并无争议,但将40%作为隔都的界线却惹来非议,因为贫困率达到39%的统计区与40.1%的统计区之间并无实质差别,但报告中坚持认为:"40%的贫困标准适合于识别大多数隔都街区"。[②]从这一标准观察可以发现,战后美国城市隔都发生了质变:二战前以族裔文化为核心特征的隔都不复存在,取而代之的是贫困化、社会犯罪、单亲家庭及对福利的依赖程度等。这样的界定并非要否定隔都的民族文化元素。相反,其族裔结构比以前更加复杂,不仅包括黑人,还有白人、西班牙裔、亚洲裔和欧洲裔等。例如,美国城市政策委员会对1980年美国人口统计的分析发现,当年居住在隔都的244万贫困居民中,黑人占64.9%,西班牙裔占21.8%,白人占13.1%。[③]

---

① 美国住房与城市发展部、政策发展与研究局:《美国城市的再考察:20世纪80年代的透视》(U. S. Department of Housing and Urban Development, Office of Policy Development and Research, *Rediscovering Urban America: Perspectives on the 1980s*),美国政府印刷局,1993,第234页。
② 全国城市政策委员会、行为与社会科学和教育委员会、全国研究院:《美国内城的贫困》,第9、18~20页。
③ 全国城市政策委员会、行为与社会科学和教育委员会、全国研究院:《美国内城的贫困》,第32~33页。

同年，青年学者罗伯特通过对各地城市隔都居民的构成分析后认为，"尽管黑人隔都受到多数媒体的关注，其他群体的隔都化也不应被忽视。……城市中心的族裔多样性比通常认识到的更加多样化"。他认为，在80年代的底层阶级人口中，英国裔占17%，非洲裔黑人占20%，德国裔、法国裔、爱尔兰裔、挪威裔和瑞典裔等西北欧裔占21%，东南欧裔占9%，盎格鲁美国人（Anglo Americans）占7%，其他非白人占4%，其他白人占3%，其他西班牙裔占4%、墨西哥裔占5%、亚洲裔占1%。其余为身份不详者。在各群体中，黑人占比最高（19%），其次是墨西哥人（13%）。英国裔和爱尔兰裔是西北欧裔中占比最高的，各占7%，其他西北欧族裔占2%~6%。在东南欧裔中，西班牙人达到13%，意大利人达到6%，是东南欧裔中占比较高的群体。亚洲裔达到6%，印第安人达到8%，其他非白人达到15%，其他西班牙裔达到16%，盎格鲁美国人达到10%。[①] 不言而喻，当代美国隔都居民不再是一个纯粹的种族问题，而是一个种族和阶级相互交织的问题。

隔都的面积有多大？各地不尽相同。在东北部地区，极端贫困区的集中程度高于南部和西部地区。纽约和芝加哥等北方大都市区的贫困人口主要集中在贫困率超过40%的隔都，而洛杉矶的贫困人口分散在各街区。位于芝加哥中心城南区的隔都面积达到25平方公里，芝加哥西区的隔都达到26平方公里。纽约市的"布朗克斯哈莱姆聚集区"（The Bronx Harlem cluster）达到23平方公里。布鲁克林区的"下东区聚集区"达到45平方公里。在南部的大都市区，各极端贫困区的空间距离比较遥远。例如，在杰克逊维尔，一个极端贫困区与另一个极端贫困区的最近距离为21公里。[②] 这些数据表明，在大型大都市区中心城市，一个隔都区就是一座庞大的城中之城。

必须指出的是，贫困人口的"隔都化"并非囿于城市。非大都市区也即农村贫困人口的隔都化趋势之快，以至于到90年代，有的美国学者认为，

---

① 罗伯特·马梢·乔布：《族裔与不平等》（Robert Masao Jiobu, *Ethnicity and Inequality*），纽约州立大学出版社，1990，第58、60、78页。
② 理查德·格林：《贫困集中的观察与城市底层阶级》（Richard Greene, "Poverty Concentration Measures and the Urban Underclass"），《经济地理》（*Economic Geography*）第67卷，1991年第3期，第242、248、249页，http：//www.jstor.org/stable/143935（2017年3月1日下载）。

"农村隔都"贫困化程度超过了中心城市的隔都。① 在 90 年代初的美国南部,超过 100 万农村黑人(56.2%)居住在贫困率超过 40%的县。在西班牙裔人口中,有 28%居住在贫困率超过 40%的县。在得克萨斯州农村地区,有 46%的西班牙裔人口居住在贫困率超过 40%的县。在密西西比州的蒂尼卡(Tunica)县,不少居民居住在"即将坍塌的小破屋,许多情形下,屋内没有管道或排污设施。街道是凸凹不平的土路,社会问题泛滥……它们就是城市隔都区"②。在 2000 年之后的在密西西比三角区的农村黑人中,其贫困率超过 58.2%。在 2005~2009 年,居住在极端贫困区的白人达到 16.6%,黑人的比例高达 49.2%。西班牙裔为 33%。再从非大都市区与中心城市的差异看,农村的"隔都化"程度比中心城市更高。在 2009 年,居住在贫困社区的黑人占非大都市区黑人的 45.9%,而在大都市区仅为 35.1%。在非大都市区的贫困黑人中,57.6%居住在高贫困区,大都市区仅为 47.7%。③ 值得关注的是,在农村隔都的居民中,白人增长较快。在俄勒冈的亚姆希尔(Yamhill)县,"处于就业边缘的白人家庭似乎在复制两代人之前毁灭黑人家庭的病态心里"。底层阶级的各种特征——长期失业、辍学、非婚生育、吸食毒品和社会犯罪等问题严重泛滥。④ 这种"隔都化"现象"也存在于新英格兰的所有小城镇"⑤。

---

① 丹尼尔·T. 李希特、多梅尼科·帕里西、迈克·C. 塔奎诺:《种族排斥的地理、隔离与贫困的集中》(Daniel T. Lichter, Domenico Parisi and Michael C. Taquino, "The Geography of Exclusion Race, Segregation, and Concentrated Poverty",),《社会问题》(*Social Problems*)第 59 卷,2012 年第 3 期,第 367 页,http://www.jstor.org/stable/10.1525/sp.2012.59.3.364 (2017 年 3 月 1 日下载)。
② 全国城市政策委员会、行为与社会科学和教育委员会、全国研究院:《美国内城的贫困》,第 34 页。
③ 丹尼尔·T. 李希特、多梅尼科·帕里西、迈克·C. 塔奎诺:《种族排斥的地理、隔离与贫困的集中》,第 368、376 页。
④ 尼古拉斯·D. 克里斯托夫:《白人底层阶级》(Nicholas D. Kristof, "The White Underclass"),《纽约时报》(*New York Times*),2012 年 2 月 9 日,ProQuest 历史报纸(ProQuest Historical Newspapers):《纽约时报》(*The New York Times*),第 A23 页。
⑤ 彼得·安德森:《新罕布什尔达比镇的阶级战争:每个新英格兰的城镇都是如此,但在地图上不容易找到》(Peter Anderson, "Class war in Darby, N. H. It's like every NewEngland town, but it's not easy to find on the map"),《波士顿全球报》(*Boston Globe*)1991 年 5 月 8 日,第 2~3 页,http://proxy-iup.klnpa.org/login?url=https://search.proquest.com/docview/294592455?accountid=11652 (2017 年 8 月 17 日下载)。

二 隔都的亚文化变迁及其含义

从美国内战结束到1920年，城市作为美国社会发展最富有活力的平台，其不可替代的主要推动力是外来移民。1920年，外来移民及其在美国生育的子女仍占美国城市人口的60%以上。移民不仅为美国工业化和城市化发展提供了丰富的劳动力资源，而且在文化上丰富了美利坚民族文化，使美国人能够在借鉴和吸收世界各民族优秀文化的基础上推进美利坚文明的发展。尽管当时这些移民或多或少地受到了主流社会的排斥，但多数欧洲移民经过两代人的奋斗融入了白人社会。因此，隔都作为外来移民踏入美国社会的跳板，继续发挥着其独特的社会功能，它在"送走"一批批已完成美国化的移民之后，又迎来一波又一波的新移民。通过这种方式，隔都经济繁荣发展的同时，也绽放出灿烂的民族文化，为美利坚民族多元化的发展做出了贡献。

与欧洲移民相比，亚洲移民是美国历史上最先受到排斥的群体。他们不仅成为被禁止入境的对象，而且在入籍、就学、就业、购买土地、租赁等许多方面受到限制。被隔离的亚洲裔，因为求生而获取各种资源的空间受到压缩，导致亚洲裔社区处于衰微状态。到二战后，随着美国移民政策的松动和反隔离法的实施，入境的亚洲移民日益增多，其社区也焕发出新的生机。与同时代的欧洲移民社区相比，亚洲裔社区的经济造血功能、文化传承以及民族文化的生命力更强大。特别是多数亚洲裔对子女教育的重视程度更高，因而他们在二战后美国的种族歧视中也能逐渐融入主流社会。与欧洲移民相同的是，在先来的移民迁出本民族社区后，后来的移民依次迁入，形成了亚洲裔隔都的繁荣和发展的格局。

从黑人的状况看，在民权运动之前，美国大都市区中心城市在人口数量、经济产值、就业机会和社区服务功能等方面，居于大都市区的主导地位。在这一背景下，中心城市作为一个共同体，白人与黑人等少数民族同处于一个共同体内，其与白人的隔离属于一个共同体内不同城区的隔离。在"分离但平等"的法则下，黑人与白人共同分享一个共同体内的社会资源。在黑人隔都内，各阶层的黑人休戚与共，家庭和经济结构的多样性特点更加完善。这种跨越阶级的混合有效地"维持着地方的核心制度，例如街区俱乐部、教堂、学校和青年有组织的娱乐活动"。中产阶级提供了社区的领导力、道德范式，以及反对各种不良行为的约束力。同时又因为黑人隔都在经济、政治和文化上与白人社会相接，隔都作为一个正常的社会，其功能齐全，社会机制也能正常运转。更重要的是，人类社会共有的自立、勤奋、读书、工作、追求幸福等价值观都在隔都继续发挥作用。然而，在民权运动中获利甚多的黑人中产阶级纷纷迁移到环境更好的郊区之后，实际上就脱离了与下层黑人共有的城市共同体，进入了郊区城市，出现了城市作为共同体之间的隔离。由于"在就业市场技术、角色模范、经济和家庭稳定性方面，优势并不明显的处境不利者们就被滞留在身后，形成了日益集中孤立……其居民中的青年对主流社会的价值观和工作伦理的判断出现了社会化的衰退"①。表现之一就是贫困黑人感到在政府立法中的种种许诺与残酷的现实之间有"一种无法兑现的期望"，地方白人官员抵抗反隔离的法律进一步加剧了黑人对美国政治制度特别是当地政府的疏远感和敌视感。尤其是隔都的警察作为代表白人权力的制度性象征，经常存在种族歧视行为，这些都让黑人相信，美国的司法制度奉行一种双重标准——一个是针对黑人的，一个是为白人服务的。黑人对白人社会的敌视情绪油然而生。②

从隔都与主流社会的关系看，如同一些美国学者所形容的那样，两者是一种类似于第三世界国家与工业发达国家之间的殖民与被殖民的关系。作为美国大都市区的"内部殖民地"，它通过制度化的形式，在政治、经济和文化上将黑人隔离起来。③ 到 70 年代以后，由于美国联邦政府奉行带有"自由放任"色彩的新联邦主义政策，将支持重点从以有色人种为主的中心城市转向以白人为主的郊区。中心城市的公共服务链条随之断裂，经济上的孤立加剧了下层民众的失业率。居民街区"自然环境的失修和制度的坍塌不可避免地增加了居民的社会低劣感，向其居民传递了一个他们是不值得市政官员关注和照顾的二等或三等公民的信息。这种社会价值丧失的信

---

① 美国住房与城市发展部、政策发展与研究局：《美国城市的再考察》，第 242 页。
② 美国全国民事动乱咨询委员会：《克纳报告》，第 10～11 页。
③ 罗伯特·布劳纳：《国内殖民主义与隔都的反叛》（Robert Blauner, "Internal Colonialism and Ghetto Revolt"），《社会问题》（*Social Problems*）第 16 卷，1969 年第 4 期，第 393～408 页，http：//www.jstor.org/stable/799949（2017 年 3 月 1 日下载）。

息不仅仅是通过坍塌的桥梁、凹凸不平的人行道、泄漏的污水管以及皱迹斑斑的火车铁轨线路来传递的,而且还通过超级隔都区内及其周围的警察、法庭和监狱等具有侵略性执法和惩罚性管理来传递的,导致黑人下层阶级被监禁人数出奇的高"。这种将地域、种族和贫困相联系的刻板和偏见,使美国社会将隔都看作"只有社会遗弃者可以容忍生活的、充满暴力和邪恶的温床"。①

自然环境和经济状况的恶化,以及心理上的中伤,通过两种途径,对隔都区居民及其社会结构产生一种有害的影响。第一,从内部看,白人对黑人的刻板印象导致黑人士气的丧失,加剧了隔都居民彼此的疏离感,居民的社会活动范围随之缩小。这种"社会性的收缩"和"认同感的丧失"削弱了黑人的凝聚力并产生一种愤世感。第二,从外部看,空间上的刻板也会改变并加强社区之外的公民、企业主、市政官员对隔都区居民的恐惧感与疏离感,使隔都成为一种"不能去的地方"。企业主不愿到隔都投资,也不愿意雇用其劳工,怀疑他们缺乏工作伦理、技术和进取心。更为关键的是,隔都空间的退化达到一定程度后,使公众对隔都产生一种无可救药的错觉,进而导致地方或各州的官僚们实施一种更具有侵略性的遏制性政策,并以改善社区环境的名义,将隔都区的贫民驱赶到偏僻的城市地带。②

从黑人的角度看,隔都社会地位的下降、居民认同感的缺失,加上主流社会的长期歧视,导致隔都黑人像美国学者所说的那样,经过20世纪50年代的"文化掠夺"和60、70年代的"贫困文化"以及80年代的"底层阶级"讨论后,90年代又出现了"对抗性文化"。③ 其实,在20世纪60年代,这种对抗文化就已出现,其载体就是青年黑人。《克纳报告》中指出:"典型的骚乱者是一位少年,或者年轻的成年人,是他本人所参加骚乱的城

---

① 洛伊克·瓦克昆特:《超级隔都区的凄凉与象征性诋毁》(Loïc Wacquant, "Urban Desolation and Symbolic Denigration in the Hyperghetto"),《社会心理学季刊》(Social Psychology Quarterly)第73卷,2010年第3期,第217页;http://www.jstor.org/stable/27896232 (2017年3月1日下载)。

② 洛伊克·瓦克昆特:《超级隔都区的凄凉与象征性诋毁》,第218页。

③ 斯蒂芬·斯坦伯格:《威廉·朱利叶斯·威尔逊平等研究中的种族主义作用》(Stephen Steinberg, "The Role of Racism in the Inequality Studies of William Julius Wilson"),《高等教育黑人杂志》(The Journal of Blacks in Higher Education)第15卷,1997年春,第111页;http://www.jstor.org/stable/2962712 (2017年3月1日下载)。

市的终生居民、一位高中辍学生……他对自己的种族感到很自豪,对白人和黑人中产阶级抱有敌视。尽管他对政治比较了解,但对政治制度表现出高度的不信任"。[①]

进入 80 年代后,贫困率、离婚率以及女性单亲家庭比例的上升,导致黑人社区价值观的破碎。许多黑人青年浑浑噩噩,世风日下,在非婚生育、毒品、辍学和暴力犯罪等方面,不负责任的行为几乎达到失控的状态:"种族主义、性主义、暴力和各种可以想象的无忧无虑的消费主义的泛滥。恰好是由于黑人社区价值体系的削弱,尤其是青年人以各种不负责任的行为方式,沉迷于大众文化中最为消极的方面。"其中典型的黑人青年是"一个自由自在的人,没有家庭教养,也没有受到类似于教堂或学校的影响。简言之,他极易陷入大众文化展现在他面前并且想要的那种世界。所以,他为了金钱和工作岗位,沉迷于毒品文化,为了家庭和个人的尊严,参与到团伙文化之中。这些追求的悲痛结局常常是要么进入监狱,要么死亡"[②]。黑人暴力文化的表现就是社会犯罪率的大幅增加。1991 年,全国有 19 座城市的凶杀案超过历史纪录。1979~1989 年间,中心城市的犯罪率平均增长了 33%,其中芝加哥增长 173%。1989 年有 3 座城市的犯罪率达到"极端严峻"的程度。[③] 2010 年,芝加哥南区所折射出的"城市凄凉和社会绝望",使有的美国学者将其称为"超级隔都",其"物质的退化、制度的转移和街区精神与行为之间的负面关联,使爆炸性的种族关系和相互矛盾的阶级变化正在……席卷大都市区"。[④]

对抗文化的另一种极端形式是种族骚乱。一战结束后,刚刚来到北方城市的黑人立足未稳,就受到白人的排斥并发生了多起种族骚乱。就种族

---

① 美国全国民事动乱咨询委员会:《克纳报告》,第 7 页。
② 《哥伦比亚特区华盛顿霍华德大学政治学系教授罗纳尔多·沃尔特斯:将资源集中在中心城市:黑人社区再开发战略》,载美国参议院《美国城市的状况:美国参议院银行、住房与城市事务委员会听证》("Targeting Resources to Central Cities: A Strategy for Redevelopment the Black Community by Ronald Walters, Ph. D, Professor, Political Science Department, Howard University, Washington. D. C", in United States Senate, *The State of Urban America: Hearing before the Committee on Banking, Housing and Urban Affairs, United States Senate*),第 103 届国会第 1 次会议,参议院听证 103~167 号(One Hundred Third Congress, First Session, S. Hrg. 103-167),政府印刷局,1993,第 110 页。
③ 美国住房与城市发展部、政策发展与研究局:《美国城市的再考察》,第 250 页。
④ 洛伊克·瓦克昆特:《超级隔都区的凄凉与象征性诋毁》,第 215 页。

骚乱的密集度、规模和破坏性而言，最严重的骚乱则发生在1964～1967年。此后，虽然种族骚乱的数量和密度有所减弱，但其破坏程度却丝毫没有减弱。在1990年洛杉矶骚乱之后，美国住房与城市发展部部长在国会听证会上指出，"我们的国家仍然在受到审判"。因为美国还没有找到洛杉矶骚乱爆发的原因，也没有解决中心城市隔都居民的孤独、隔离与绝望的社会根源。他说："我们的城市和街区因为种族、阶级和族裔而在地理空间上变得更加隔离。"隔都居民中到处弥漫着"一种绝望、不信任的气氛"。[1]

那么，战后的外来移民为何没有产生与黑人相似的亚文化呢？由于战后美国移民政策进行了多次消除种族歧视的改革，促成了移民来源地发生转换，亚洲和拉丁美洲取代欧洲，成为当代美国外来移民的主要来源。虽然外来移民也曾像黑人一样受到歧视和隔离，许多移民特别是亚洲移民被剥夺了政治权利。他们不能参加政治选举，在就业市场上处于不利的社会底层。但是，与黑人不同，移民不是退出就业市场，而是积极参与，并通过新闻媒体、就业市场竞争及社会管理体制等方面，与主流社会实现"制度性的接触"和融合。[2] 这样，他们和自己的子女最终走出隔都，迁至环境更好、资源更多的郊区。

亚洲裔之所以能成功融入主流社会，主因在于其创业与工作。一些美国学者对芝加哥、纽约、波士顿和费城等北方城市的经济结构、职业增长类型、就业与学历的关系，以及低学历劳工与蓝领职业的空间配置等问题进行研究，然后又将黑人与外来移民进行比较。他们认为，与黑人不同，亚洲裔的商业实体是以家庭为基础而建立和经营的，在实体运转初期资源紧缺的条件下，他们利用家庭不计报酬的劳动力发挥相互支援的作用。此外，亚洲裔的亲缘关系和家庭结构极大地促进了其商业实体的成功。在80年代抵达美国的亚洲移民中，直系家庭之外的"其他亲戚"分别占菲律宾和越南移民家庭的55%、韩国移民的49%、华人的46%、印度移民的

---

[1] 《哥伦比亚特区华盛顿、住房与城市发展部部长亨利·西斯内罗斯的发言》（"Statement of Henry Cisneros, Secretary of Housing and Urban Development, Washington, D.C."），载美国参议院《美国城市的状况：美国参议院银行、住房与城市事务委员会听证》，第26页。

[2] 芭芭拉·施密特·海斯勒：《底层阶级的比较观：城市贫困、种族与公民资格的几个问题》（Barbara Schmitter Heisler, "A Comparative Perspective on the Underclass: Questions of Urban Poverty, Race, andCitizenship"），《理论与社会》（Theory and Society）第20卷，1991年第4卷，第469～470页，http://www.jstor.org/stable/657687（2017年3月1日下载）。

41%。这种具有外延性特点的家族关系可以通过分担房租、承担抵押贷款成本、提供子女照顾服务以及失业时期的经济保障等方式，使移民家庭作为经济实体发挥更大的作用。"通过将族裔和家庭团聚的资本化，许多新移民创办的经济实体，包括从洗衣店到餐馆和杂货店等，在那些被践踏的城市街区开业，在经济的其他方面处于不利的环境下，为其成员提供职业和流动性的选择。"反观黑人及其经济实体，从进入市场到流动的每个环节都会遇到困难。在接受调查的自主就业黑人中间，70%的人认为缺乏社区支持是他们最可怕的问题之一。这个问题与许多资料中记录的黑人收入流向其他族裔社区的现状，导致著名的黑人记者托尼·布朗（Tony Brown）说："华人在帮助华人、韩国裔在帮助韩国裔，古巴裔在帮助古巴裔，但是，黑人在帮助其他每个人。我们一直在进行美国历史上最为成功的商业自我抵制。"所以，在旧金山的华人社区，一美元可以在投资中流动5～6次，而在黑人社区只流动一次就消失了。[①] 最后，移民与黑人不同的是，在先来的移民进入主流社会后，新入境的移民又陆续迁入，为本民族社区注入了人力资本、金融资本、生产技术和市场购买力，所以，亚洲裔社区如同二战前的欧洲裔社区一样，能迸发出旺盛的生命力。

三　隔都的扩张与美国政府的政策

战后美国贫困人口的隔都化源于多种因素。其一，二战后期美国军事技术的发展掀起了战后科技革命的浪潮，推动美国经济从以制造业为主体的时代向以服务业为主体的后工业时代的转变。表现在时空概念上，就是美国经济经历了两个层次上的再配置。第一，在区域结构上，美国东北部和中西部地区衰落，西部和南部迅速崛起。到1980年，西部和南部在人口规模和国民生产总值等方面超过东北部和中西部，成为美国经济发展最活跃的地区。第二，在大都市区化蓬勃发展的同时，中心城市、郊区和非大都市区也经历了区位功能的转换。中心城市作为二战前美国制造业和服务

---

① 约翰·D.卡萨达：《城市工业的转变与底层阶级》（John D. Kasarda, "Urban Industrial Transition and the Underclass"），《美国政治与社会科学院年鉴》（*The Annals of the American Academy of Political and Social Science*）第501卷，1989年，第43～44页，http://www.jstor.org/stable/1045647（2017年3月1日下载）。

业中心的地位，经历了一个经济学界熟悉的"空心化"过程。所谓"空心化"包括三个层面上的含义。首先是美国制造业中劳动密集型的产业，包括纺织、服装、制鞋、玩具等企业，向中南美洲和亚洲部分国家转移。其次是指美国的部分企业或公司总部，从北方的中心城市向西部和南部城市的郊区迁移。最后是指创造蓝领就业机会的制造业，为扩大生产规模或升级改造，纷纷向本地郊区或非大都市区迁移，甚至包括商品零售等服务业部门也出现了郊区化的趋势。① 在这种转换中，各地中心城市的蓝领岗位数骤减，而白领职业剧增（参见表1）。

表1 1959年与1989年美国10个中心城市主要行业就业人数和比例变化统计②

岗位总量单位：千

大都市区	年份	岗位总量	制造业（%）	商品批发零售（%）	白领（%）	蓝领（%）	其他（%）
纽约	1959	2957	31.2	25.1	25.7	13.9	4.1
	1989	3142	12.4	19.7	51.2	12.0	4.7
费城	1959	722	40.4	25.9	18.8	10.4	4.4
	1989	610	14.6	22.3	48.5	10.3	4.3
芝加哥	1959	1842	41.3	24.7	17.0	12.3	4.7
	1989	2338	21.3	28.0	36.2	11.1	3.4
底特律	1959	813	48.3	22.9	14.0	11.1	3.8
	1989	740	28.0	28.0	31.0	11.6	4.1
亚特兰大	1959	233	24.8	33.4	17.3	18.2	6.3
	1989	516	11.3	26.1	35.9	20.9	5.8
达拉斯	1959	322	30.6	29.5	17.2	13.1	9.6
	1989	1072	17.2	26.9	33.9	14.4	7.6
迈阿密	1959	260	14.9	31.5	17.1	26.9	9.9
	1989	740	12.1	29.9	34.2	17.1	6.7
丹佛	1959	178	20.5	31.9	21.5	17.5	8.6
	1989	326	10.1	23.9	39.9	19.6	6.4

① 关于战后美国经济结构的转型，参见梁茂信《美国人力培训与就业政策》，人民出版社，2006，第2章；梁茂信《都市化时代——20世纪美国人口流动与城市社会问题》第2章和第5章。
② 美国住房与城市发展部、政策发展与研究局：《美国城市的再考察》，第278~279页。

续表

大都市区	年份	岗位总量	制造业（%）	商品批发零售（%）	白领（%）	蓝领（%）	其他（%）
洛杉矶	1959	1819	39.5	24.3	17.8	11.5	6.9
	1989	3739	24.3	25.0	34.3	11.0	5.4
西雅图	1959	286	40.5	26.2	15.1	11.9	6.3
	1989	779	22.5	26.5	30.8	12.9	7.3

其二，美国经济的波动周期也难免影响到中心城市的经济状况。特别是从1969年开始，美国经济增长率下降，通货膨胀率上升，并在1973～1975年经济危机的冲击下，陷入长达十余年的滞胀之中。在这种背景下，大都市区居民人口发生巨大变化。白人上层社会、中产阶级以及经济条件明显改善的少数族裔纷纷迁移到郊区，形成了一个具有民族多样性特征的郊区社会。[①] 相反，中心城市的许多街区人去楼空，街区破败现象加重。除了最贫困的人口之外，那些"最糟糕的住房便退出房源，或闲置起来……房租和价值也在下降"[②]。

其三，在企业和白人郊区化进程如火如荼的背景下，黑人完成了20世纪的两次大迁徙。第一次发生在一战爆发后的十多年间，第二次发生在二战爆发后的近30年间。两次大迁徙改变了黑人的地理分布。例如，在1900年以前，黑人的城市化程度较低，多数居住在南部农村。1910年，黑人的城市化比例仅为28%，1968年则达到69%。从地域看，居住在南部之外的黑人在同期从9%上升到45%。[③]

黑人两次大迁徙的过程实际上是其隔都化的过程。他们虽然完成了空间上的转移，但其知识与就业技能等生存性要素仍停留在农业经济对劳动力需求的层面上。因而黑人到北部和西部城市后，在就业市场上出现了经济的"功能性变化"与其劳动技术的脱节。特别是在经济结构升级和经济全球化因素的作用下，东北部和中西部城市已经转化为"提供信息交换和

[①] 关于人口与产业的郊区化，参见梁茂信《都市化时代——20世纪美国人口流动与城市社会问题》第四章和第五章。
[②] 全国城市政策委员会、行为与社会科学和教育委员会、全国研究院：《美国内城的贫困》，第91页。
[③] 美国全国民事动乱咨询委员会：《克纳报告》，第236～237页。

更高品质服务的中心",以前的制造业中心(例如商品加工、仓库管理和商品零售等)等为非熟练劳工提供的就业机会此时被知识含量更高的白领替代。处境不利的黑人劳工根本难以胜任。此外,白人中产阶级的郊区化本身也带走了大量的蓝领职业,包括家政、杂货店、汽车与家电维修、商品零售等。① 这些结构性变化加剧了黑人就业的难度。

其四,如前所述,黑人中产阶级的郊区化对黑人隔都的发展具有釜底抽薪的作用。这一因素与20世纪70年代经济滞胀一起,不仅加剧了黑人隔都的孤立性,而且其面积还进一步扩张。在1970~1978年,美国318个大都市区中心城市隔都的贫困人口从189.1万增至244.9万,增长了29.5%,其中在118个大都市区增长超过118%。居住在隔都的贫困黑人从124.7万增至159万,增长27.5%,其中有96个大都市区总计增长了100.9%。相对而言,隔都的西班牙裔贫困人口从28.5万增至53.4万,增长了87.4%,其中在116个大都市区的隔都贫困人口增长277.6%。与此同时,因城市商业改造,全国有88个大都市区的贫困人口减少39.6%,81个大都市区隔都的贫困黑人减少了38%,37个大都市区的西班牙裔贫困人口减少了41.6%。此外,在70年代,"混合收入统计区"退化为隔都区的数量,在克利夫兰为21个,密尔沃基为11个,费城为43个。对上述变化,美国城市政策委员会的报告中写道:"混合收入统计区也出现大批人口流失的事实有点令人惊讶。人们可以预测到,这些地段贫困人口的增长加速了其隔都化进程。"② 当然,在隔都扩张的过程中,除市场经济机制及其对人们生活方式的影响因素外,联邦政府也有不可推卸的责任。究其要者,大致可归纳如下:

其一,从20世纪50年代开始,美国为实现其冷战战略,颁布了《1956公路法》。此后到80年代,美国联邦政府向各地城市提供了修建高速公路的巨额资金。按照1984年美元计算,联邦年度拨款在1965年达到160亿美元的顶点后,尽管在70年代不断下降,到1980年仅为110亿美元,但联邦政府用于城市公共交通的支出从1964年开始增长,在70年代每年增长40%,到1980年达到28亿美元。穿越中心城市的高速公路网络

---

① 美国住房与城市发展部、政策发展与研究局:《美国城市的再考察》,第241页。
② 全国城市政策委员会、行为与社会科学和教育委员会、全国研究院:《美国内城的贫困》,第35、49页。

及城市公共交通网络的建设，方便了中心城市与郊区之间的通勤，刺激了富有家庭的郊区化。这种影响在中心城市交通利用方面体现得十分明显。在 70 年代，全国大都市区劳工使用转乘交通的人数大幅减少，其中东北部大都市区减少近 60 万，中西部的降幅超过 33 万。在人口规模较大的大都市区，其负面影响更加突出。例如，芝加哥减少了 13%，费城降低了 28%，底特律的降幅达 49%。① 也就是说，联邦高速公路网络系统的副产品之一便是人口与企业的郊区化。

其二，在美国的权力体系中，各级政府的分权与自治使美国联邦政府在战后"没有一套真正的城市政策"，结果使"私有市场因素在塑造城市区域的过程中发挥了主导性作用"。但令人匪夷所思的是，报告中又认为，从累积性效应看，联邦政策通过刺激郊区就业机会增长，促进了富有人口的郊区化。同时，由于联邦政策偏向于新区开发，对老区改造支持乏力，导致东北部和中西部城市失业率和贫困率的上升。② 另一方面，许多郊区为"防止环境的退化"，限制少数民族、单身或单亲家庭入住。也就是说，"种族、性别和生活方式方面更加隐蔽巧妙的歧视"，使"空间隔离越来越演变为美国人迁移的障碍"。甚至白人和黑人中产阶级为保护居住环境，避免房产贬值，纷纷"加固其与城市底层阶级在社会和身体上的空间隔离"，比较流行的方法是通过分区制和建筑法规提高住房规格与造价，最终以"合理"的方式将贫困人口排斥在外。对此，美国联邦政府作壁上观，没有像欧洲发达国家那样，"为那些愿意追随就业机会的人们的迁移制定政策或计划。"尽管"美国总统 80 年代全国政纲总统委员会"提出为迁移者提供一定的就业和搬迁补贴等 9 项建议，但最终无一得到落实。③

其三，自 20 世纪 30 年代的新政开始，美国联邦政策的核心之一是向贫

---

① 全国城市政策委员会、行为与社会科学和教育委员会、全国研究院：《美国内城的贫困》，第 230、232~233 页。
② 全国城市政策委员会、行为与社会科学和教育委员会、全国研究院：《美国内城的贫困》，第 223~224 页。
③ 美国总统 80 年代全国政纲委员会：《20 世纪 80 年代的美国城市——透视与前景：美国大都市区与非大都市区政策与前景专家组报告》（United States President's Commission for a National Agenda for the Eighties, *Urban America in the Eighties, Perspectives and Prospects, Report of the Panel on Policies and Prospects for Metropolitan and Nonmetropolitan America*），政府印刷局，1980，第 57~59 页。

困率较高、就业岗位流失较多的地区提供公共援助。它虽然有助于城市衰落地区的失业人口在私有房地产市场购买住房，但"却无助于解决居民劳动力与当地就业岗位之间的技术脱节问题"。事实上，空间上的集中援助可能不经意间，通过将贫困人口与中心城市蓝领就业岗位下降的街区捆绑在一起，"加剧了就业市场供求关系的脱节和在教育方面处境不利者的困境"。同时，它会对中心城市的失业者产生一种"'粘贴性'因素的作用"。因为"在当地享受为数不多的援助，也比到一个陌生环境里去寻找工薪低的低层岗位的日子更加宽裕"[1]。这方面的例子就是公共住房计划，其实施地点一般选定在中心城市，然后再通过降低贫困人口的申请门槛，直接促成了贫困人口的集中。例如，在70年代兴建的公共住房中，有72%位于中心城市。到1980年，这些项目所在中心城市的贫困率超过了60%。[2]

另一方面，联邦最高法院的判决也产生了类似的效果。1969年，它在夏皮罗诉汤姆森判决中指出，各州不得向申请"对有未成年子女家庭援助"计划的单亲家庭提出居住年限的要求。这项具有法律性效应的解释加速了女性单亲家庭向中心城市集中的趋势。1979年，美国330万接受该福利的家庭中，9.1%的家庭在1975~1980年完成了从某一中心城市另一中心城市的迁移，而未申领该福利的家庭的比例仅为4.1%。尽管统计数据中没有贫困家庭的住址、迁移模式和流向等信息，但中心城市人口贫困化的因素中，除一些经济条件较好者迁居郊区外，一个重要的因素就是前来申请该福利的家庭不断增加。在1975~1980年间，享受该福利的贫困家庭中，有65%的家庭有迁移行为，而未接受福利家庭的迁移比例达到51%。5年之后，接受福利的家庭中82%的家庭仍在原地居住，5%迁移到另一座大都市区中心城市。但在1979年没有享受福利的家庭中，同比分别为72%和5%。[3] 这表明最高法院的司法解释加速了贫困人口向中心城市集中的趋势。

其四，对于联邦政府在遏制隔都问题上的不作为，早在20世纪80年代就有，而美国学者提出批评，认为隔都的根源在于美国的政治制度。由于

---

[1] 美国住房与城市发展部、政策发展与研究局：《美国城市的再考察》，第243页。

[2] 全国城市政策委员会、行为与社会科学和教育委员会、全国研究院：《美国内城的贫困》，第225页。

[3] 全国城市政策委员会、行为与社会科学和教育委员会、全国研究院：《美国内城的贫困》，第238~239页。

美国的政治制度是多元的和竞争性的，特别是在联邦和州两个层面上的三权分立，以及地方、州和联邦三级政府的纵向关系上，常常衔接不畅，诸多环节上的利益差异又使彼此间在诸多问题上矛盾重重。国会作为美国各种利益集团汇聚的核心平台，其立法过程与内容"常常是在不考虑如何实施的情况下，在最后期限的压力下达成的复杂的政治博弈。涉及政策所在领域问题的争议越大，即将形成的政治博弈就越显得复杂"。更令人头疼的是，"执法人员中……许多公共机构的主要官员都是政治任命的短期官员，他们经验不足，且经常关注个人的职业阶梯"。[1] 这种敷衍塞责的态度和利益取向，自然会将隔都排除在重点关注之外。为说明这个观点，下文再举几例。

1968年，美国著名学者肯尼斯·B.克拉克在国会听证会上说："我阅读过……1919年芝加哥骚乱的报告，感觉就像阅读1935年哈莱姆骚乱调查委员会的报告、1943年哈莱姆骚乱调查委员会的报告和关于瓦茨骚乱的麦康委员会的报告。……它就像《爱丽斯历险记》一样，同样的感人画面一次又一次地出现，同样的分析、同样的建议和同样的无动于衷。"[2] 克拉克所说的"同样的无动于衷"就是在批评美国政府碌碌无为的表现。这种无所作为的政策仍然是民权运动后的常态。

在1967年种族骚乱之后，美国政府成立了著名的克纳委员会。它在随后完成的《克纳报告》中陈列了12项黑人民怨，其有8项与政府有关，其余4项与市场经济运作机制和白人的歧视有关。也就是说，隔都问题的根源首先在于美国政府，其次是市场运作机制和白人的歧视问题。尽管后4项与政府政策并无直接的逻辑关联，但在更深的层次上，其内在的逻辑关联还是存在的，因为美国经济、市场和种族关系方面的变化，不可避免地会受到美国联邦宪法、法律和司法体制的制约，属于美国联邦调控政策的范畴之内。因此可以说，隔都不仅仅是美国"自由"市场经济机制运作的产物，也是美国政府奉行自由主义政策的必然结果。关于这一点，克纳报告中讲

---

[1] 理查德·P.内森：《制度性变化与底层阶级的挑战》（Richard P. Nathan, "Institutional Change and the Challenge of the Underclass"），《美国政治与社会科学院年鉴》（The Annals of the American Academy of Political and Social Science）第501卷，1989，第175页，http://www.jstor.org/stable/1045657（2017年3月10日下载）。

[2] 美国全国民事动乱咨询委员会：《克纳报告》，第29页。

得很清楚:"隔离与贫困在隔都创建了一个绝大多数美国白人一无所知的毁灭性的环境……美国白人从来没有完全明白,而黑鬼却从来不能忘却的是……白人制度造就了它,白人社会维系着它,容忍它。"[1] 为了彻底解决隔都问题,《克纳报告》中提出诸多建议。可是,"20 年过去了,一切都没有变化"。[2] 一言以蔽之,隔都问题依然不在美国政府的视野之内。对此,1976 年,美国"郊区行动研究院"执行主任在国会做证时,道出了美国城市隔都问题产生的本质所在: "它是由愿意接受绝对和相对贫困的国家(按:美国)造成的,而且政府在根除贫困方面毫无作为。"如果美国不采取更加公平的社会和经济政策,允许已有的不公平的财富分配制度继续,那么,"越来越成为美国贫困人口家园的城市就不会获得新生"。从这个意义上说,"隔都贫困的新近动向,只有作为更加广泛的经济和社会变化的象征,从政策目的上去理解"。[3] 尽管这种要求从联邦政策上反思隔都问题主张属于美国人的内省行为,但其中揭示的问题本质却表明,美国城市隔都问题的主因在于美国的政治体制本身。

四 美国学界围绕底层阶级的辩论

隔都的永久化与扩张孕育出一个新的社会阶层——底层阶级 (underclass)。它生成于 20 世纪 60 年代,增长于 70 年代,到 80 年代已经形成一个稳定的群体。例如,底层阶级居民占底特律中心城市居民的比例从 1970 年的 5.9% 跃至 1990 年的 25.2%,纽约从 3.3% 上升到 9.3%,芝加哥从

---

[1] 与政府相关的八项民怨是:警察行为、教育机会缺乏、民怨解决机制缺乏、休闲设施不足、司法管理歧视、联邦计划不足、市政服务设施缺乏和福利计划不足;其他 4 项包括:失业与就业不足、住房不足、消费与信贷歧视,以及白人的不尊重行为。参见美国全国民事动乱咨询委员会《克纳报告》,第 2、8 页。
[2] 《评论与瞭望:克纳报告 20 年之后》("Review and Outlook: Kerner 20 Years Later"),《华尔街日报》(Wall Street Journal) 1988 年 3 月 28 日;ProQuest 历史报纸 (ProQuest Historical Newspapers):《华尔街日报》(The Wall Street Journal),第 16 页。
[3] 《郊区研究院执行主任保罗·达维多夫提交给美国众议院银行、货币与住房委员会的文书》("Paper Submitted to the U. S. House of Representatives Committee on Banking, Currency and Housing by Paul Davidoff, Executive Director, Suburban Action Institute"),载美国众议院《美国城市的新生:银行、货币与住房委员会听证》(in U. S. House of Representatives, The Rebirth of the American City: Hearings Before the Committee on Banking, Currency and Housing),美国众议院,第 94 结果会第 2 次会议,第一部分,政府印刷局,1976,第 61 页。

7.2%上升到16%，亚特兰大从7.2%上升到10.5%，洛杉矶从4.4%上升到6.6%。从种族构成看，少数民族比例较高。例如在1990年，底层阶级人口占纽约黑人的12.9%和西班牙裔的11.5%。在同年的费城市，底层阶级黑人的比例是21.7%，西班牙裔高达51%以上。芝加哥的黑人底层阶级比例是23.9%，西班牙裔为15.2%。[1]

从美国学界的研究看，尽管在19世纪末有人在论及"大城市的社会渣滓"时，就触及底层阶级的某些特征，认为"他们对礼仪、安静，甚至家庭和睦都一无所知……他们的身体、智力和道德上的不良行为在一定程度上是贫困以外的其他因素造成的"。到20世纪初，黑人领袖杜波依斯在评论贫民窟时，提出了同样的思想。[2] 但从严格的意义上讲，美国学界的真正研究始于20世纪60年代。但谁是研究这个问题的第一人，学界众说纷纭。美国著名学者威廉·威尔逊（William Julius Wilson）认为，最早对底层阶级概念提出界定学者是自由派作家肯尼斯·克拉克。他在1965年的一篇文章中使用了"底层阶级"概念。[3] 也有学者认为，底层阶级概念是贡纳尔·默达尔在1963年出版的《对财富的挑战》一书中提出的。之后，担任美国劳工部副部长的丹尼尔·莫尼汉在关于美国城市黑人状况的报告中道出了底层阶级的实质。[4] 尽管上述学者在概念等方面的论述有待完善，但其共性是不仅指出了底层阶级的地理位置、社会地位和经济状况，而且粗略地勾勒出其亚文化的内涵与特征，对后学研究提供了一定的启示和借鉴。

更重要的是，被誉为研究底层阶级的泰斗级人物的威尔逊在评价60年代的成果时，将其定性为自由派，认为其"多数证据是基于印象派的……忽略了长远趋势下民族或城市现场研究中采集的数据"。所以，自由派"描述的问题、倡导的解释或提出的政策性建议，都很少有共识。甚至对'底层阶级'的界定也几乎没有共识"。有鉴于此，威尔逊经过对芝加哥南区的长时研究，于1978年出版了《种族重要性的淡化》。他在宏观历史背景下，解释了美国种族关系和黑人中产阶级状况的改善，呼吁各界关注"城市底

---

[1] 美国住房与城市发展部、政策发展与研究局：《美国城市的再考察》，第274~276页。
[2] 梁茂信：《都市化时代——20世纪美国人口流动与城市社会问题》，第288~289页。
[3] 威廉·朱利叶斯·威尔逊：《真正的处境不利者：内城、底层阶级与公共政策》（William Julius Wilson, *The Truly Disadvantaged: The Inner City, the Underclass and Public Policy*），芝加哥大学出版社，1987，第4~5页。
[4] 胡金山：《20世纪美国黑人城市史》，厦门大学出版社，2015，第372页。

层阶级"的状况。在威尔逊看来,由于学界"忽略了我关于黑人底层阶级状况恶化的更加重要的观点",于是,他决定全面论述底层阶级产生的根源。在这一原则下,威尔逊在1987年出版了具有深远影响的扛鼎之作——《真正的处境不利者》。该书指出了底层阶级的"社会病理"与问题的表征,认为底层阶级在70年代就已形成并发展到"灾难性的比例"。[1] 他在分析底层阶级的成因时,既不同意保守派的贫困文化说,[2] 也不同意自由派的种族主义说,而是主张从超越种族的、更加广阔的社会组织视域下进行研究。他说:"解释这些问题的泛滥需要对一系列复杂的其他因素的具体解释,包括美国经济的转变。"在他看来,向贫困开战的观点和种族观"都没有将真正的处境不利者的命运与现代美国经济的功能联系起来,因而无法解释……少数民族在后伟大社会时代和后民权运动时代状况的恶化问题"。[3] 威尔逊强调的因素包括战后美国城市经济结构的变化、黑人大迁徙、黑人中产阶级郊区化以及白人郊区化的影响等。简言之,隔都内在运作系统的瘫痪是底层阶级问题加剧的根源。

由于威尔逊的研究对象囿于芝加哥南区的贫困黑人,其地域、种族和经济结构上的限制性衍生出一系列令美国学界争论不休的问题:底层阶级仅限于大都市区黑人吗?种族歧视因素消失了吗?如何测定某一个或某几个街区属于底层阶级范畴?底层阶级具有相对独立属性吗?底层阶级的隔离属于种族还是阶级隔离?

在《真正的处境不利者》面世后,学界很快掀起了讨论的热潮。里基茨和索希尔在《界定和观测底层阶级》一文中得出了与威尔逊既相似又不同的看法。相似之处是批评自由派强调地理因素的作用,把底层阶级看成某一固定地域上贫困人口中的一部分,在概念上混淆了贫困人口的经济地位与底层

---

[1] 威廉·朱利叶斯·威尔逊:《真正的处境不利者》,前言第7~8页;正文第3~5页。
[2] 关于黑人状况的"贫困文化"说,参见奥斯卡·路易斯《五个家庭:贫困文化中的墨西哥裔案例研究》(Oscar Lewis, *Five Families: Mexican Case Studies in the Culture of Poverty*),纽约贝斯克公司,1959;丹尼尔·P. 莫尼汉:《论贫困的认识:社会科学的透视》(Daniel Patrick Moynihan, *On Understanding Poverty: Perspectives from the Social Sciences*),纽约贝斯克公司,1968。
[3] 威廉·朱利叶斯·威尔逊:《真正的处境不利者的再考察:给霍克柴尔德与伯克希尔的答复》("The Truly Disadvantaged Revisited: A Response to Hochschild and Boxill"),《伦理学》(*Ethics*) 第101卷,1991年第3期,第595页,http://www.jstor.org/stable/2381471(2017年3月10日下载)。

阶级作为一种社会行为的本质区别。在分析底层阶级成因时，他们在威尔逊的结构主义理论与保守派的"文化贫困"说之间，采取了折中的路径，认为底层阶级的"行为是因为外部因素的作用（歧视性遭遇的历史，或者是因为缺乏就业机会），或者是自我气馁或生活方式进一步发展的反映。最大的可能是，底层阶级的行为是上述两方面因素相互作用的结果"[①]。后来，索希尔在另一篇文章中又提出了一个可能引起争论的观点，认为底层阶级"实际上具有鲜明的城市特征，在美国农村地区几乎不存在"[②]。对于这个问题，后文还会论及。这里首先要指出的是，甚至有学者否认底层阶级的存在，他们与"人数更多的贫困大军"并无区别。[③] 对于这种观点，还有学者从自由主义的角度进行了补充，认为美国是一个"由粗犷的个人主义组成的国家。其含义是没有阶级，没有群众，只有3亿……主宰自己命运的人"[④]。

然而，否定底层阶级存在观点并未引起学界的重视，相反，多数学者在视角和方法上积极探索底层阶级的成因，进一步完善了相关研究。例如，修斯等人在肯定威尔逊解释的同时，从地理学角度，强调客观环境对底层阶级行为的影响。他们强调说："研究内城变革恰当的组织原则应该是'受影响的隔都在孤立状态下的被剥夺'，而不是'被孤立于主流社会模式和行为准则之外的底层阶级人口'"。通俗地说，就是环境影响了人群，而非人群影响了环境。作为一个有效的研究框架，这种方法超越了既有的模式和表象，从城市结构性扩张中寻找动因，在方法上将隔都的变迁与中心城市

---

① 厄罗尔·R. 里基茨、伊莎贝尔·V. 索希尔：《界定并观测底层阶级》（Erol R. Ricketts and Isabel V. Sawhill, "Defining and Measuring the Underclass"），《政策分析与管理杂志》（*Journal of Policy Analysis and Management*）第7卷，1988年第2期，第318页，http://www.jstor.org/stable/3323831（2017年3月1日下载）。
② 伊莎贝尔·V. 索希尔：《附录一：底层阶级的回顾》（Isabel V. Sawhill, "Appendix A: The Underclass: An Overview"）第136卷，1992年第3期，第382页，http://www.jstor.org/stable/986911（2017年3月1日下载）。
③ 乔纳森·劳赫：《对底层阶级的过高估计，缺乏对贫困人口的认识》（JonathanRauch, "Overestimating the Underclass, Failing toUnderstand the Poor"），《洛杉矶时报》（*Los Angeles Times*）1989年6月25日；ProQuest历史报纸（ProQuest Historical Newspapers）：《洛杉矶时报》（*Los Angeles Times*），第A3页。
④ 加布丽埃勒·里什：《美国农村悲惨的收获》（Gabrielle Rish, "Rural America's bitter harvest"），《塔斯马尼亚星期日报》（*Sunday Tasmanian*）2010年8月22日，第26页，http://proxy-iup.klnpa.org/login?url=https://search.proquest.com/docview/746327208?accountid=11652（2017年8月17日）。

的经济结构变化联系起来，强调底层阶级的地理属性，否定了"街区"作为空间概念在研究中的局限性。有鉴于此，修斯提出用"底层阶级的隔都"来取代"隔都底层阶级"的概念。①

在此观点提出之后不久，北卡罗来纳教授、黑人学者伯克希尔刊文指出，威尔逊关于底层阶级成因分析的贡献是突破了自由派预设的研究框架，错误是他忽略了种族主义因素的影响。威尔逊认为"种族主义不是解释底层阶级的必要部分，但他对此没有提供有力的支持"。按照威尔逊的逻辑，"如果种族主义能有助于解释底层阶级，那么没有黑人是富有的"。这种逻辑与"威尔逊自己对底层阶级的解释关键前提是相互矛盾的"。因为威尔逊认为经济上的困境是底层阶级产生的前提。在伯克希尔的视域中，种族主义"是解释底层阶级不可缺少的部分因素"。因为在底层阶级形成之前，种族主义已根深蒂固。在美国这样一个鼓励个人主义和自由竞争的国家里，"生活机会的平等"无法实现，因为任何政治改革都不能打破美国既有的家庭不平等的事实，更不可能阻止富有家庭为其子女天赋的开发提供比贫困家庭更好的条件。因此，无论政府和社会怎样去改善底层阶级的条件，底层阶级的其子女"获得市场需要的劳动力技能比其他儿童所能得到的更少"。②伯克希尔的解释在一定意义上弥补了威尔逊研究成果中的不足。

底层阶级是一个阶级吗？宾夕法尼亚州社会学教授海斯勒从公民权利学说的角度指出，底层阶级与19世纪的流氓无产阶级十分相似。尽管在美国这样发达的工业资本主义语境中，底层阶级的出现表明社会的不平等在加剧，他们在迁移、就业、教育、住房、医疗照顾等方面的权利受到限制，但是，他们毕竟不是一个阶级，因为他们没有相应的社会和政治组织。他们只是"一种类型的人，展示出与主流社会行为截然不同的行为和文化特征"。他们作为美国公民中的组成部分，与主流社会追求的价值观目标无

---

① 马克·艾伦·修斯：《对权力的误读：关于"底层阶级"谬论的地理透视》（Mark Alan Hughes, "Misspeaking Truth to Power: A Geographical Perspective on the 'Underclass' Fallacy"），《经济地理》（*Economic Geography*）第65卷，1989年第3期，第187~188页，http://www.jstor.org/stable/143834（2017年3月1日下载）。

② 伯纳德·R. 伯克希尔：《威尔逊论真正的处境不利者》（Bernard R. Boxill, "Wilson on the Truly Disadvantaged"），《伦理学》（*Ethics*）第101卷，1991年第3期，第285~284页，http://www.jstor.org/stable/2381470（2017年3月10日下载）。

异，但又缺乏实现这些目标的手段，所以只能通过骚乱或犯罪发泄不满。从这个意义上说，"将底层阶级置于阶级结构之外可能更加合适"。①

然而，青年学者吉布在考察和比较了马克思和马克斯·韦伯的阶级观后认为，马克思按照生产关系，将生产过程中的人群划分为资产阶级和无产阶级，两者是一种竞争和对立关系。资产阶级利用资本优势，建立了满足自己利益需求的制度。韦伯的理论包含两个方面。一是"生活机会"，包括成功、幸福和财富。它们是由经济因素决定的，通过商品和技能交换获得收入。因此，阶级划分是按照"市场实力"决定的。二是，每个人的命运都会受到社会地位的影响，其发展就是"地位群体"，在同族通婚和生活方式的其他元素中，给予同族优先待遇，其核心就是财产。按照这种逻辑，吉布划分的阶级结构中具有明显的职业特征，即专业技术人士、管理阶层、技术人士、工艺工人、服务业工人、体力劳工和底层阶级。② 在各阶层中，唯独底层阶级不在就业市场。这种划分的弊端是：（1）它打乱了经济收入和财富分配的格局，颠倒了专业人士中与企业总管和总经理等的秩序；（2）不同的学历不仅对每个人的职业层次具有重要的影响，而且对其价值观和生活方式都会产生重要的影响。因此，在界定阶级概念时，不能忽略经济收入、学历、价值观和生活方式等，可是，这些元素并未体现在上述界定中。

与上述观点相似但界定方法不同的是，加里·罗利森也对马克思和韦伯的阶级学说进行了分析。他认为："按照我的方式界定底层阶级，我还是建议正统的马克思阶级分析学说"。从生产资料的占有角度看，凡拥有生产资料者属于资产阶级，反之则为卖劳动力的无产阶级，而劳动力缺乏市场价值并且未被资产阶级接受的劳动力人皆属于底层阶级。它作为资本主义生产关系中处于从属地位的阶级，被剥夺了劳动力交换的权力，因而处于

---

① 芭芭拉·施密特·海斯勒：《底层阶级的比较观》，第 456~457、460~461、463~464、475~476 页。
② 各阶层的构成是：（1）专业技术人员含工程师、科学家、教师、医生等；（2）管理阶层包括议员、行政执行官、会计、采购员、总经理；（3）技术人士包含技术员、销售员、后勤管理、秘书和办公室职员；（4）工艺工人包括精密生产工人、工匠、农场主和机械师等；（5）服务业工人包括洗衣工、消防员、警察、酒店和餐馆服务员；（6）体力劳工包括机械操作员、装配工、电机操作员、操作员；（7）底层阶级的构成是长期贫困者、退出就业市场者、非法职业人员（毒品贩子等）等。详见罗伯特·马梢·乔布《族裔与不平等》，第 28~29 页。

失业状态。这中界定一方面把阶级看作是生产、交换和分配领域内处于敌对关系的阶级对立,另一方面又将他们置于种族关系之中,认为"黑人底层阶级与贫困白人有着根本的差异,因为黑人被排挤在劳动力市场之外",丧失了平等交换劳动力的机会。[①] 这种将生产资料与劳动力作为商品交换的思考,及其与美国种族关系的结合,提高了底层阶级理论定性的层次,是所有成果中最富有说服力的解说之一。

如果把底层阶级看作阶级的解释是成立的,那么,与之相关的社会隔离是否可以被解释为阶级隔离?从80年代末到90年代初,普林斯顿大学社会学著名教授道格拉斯·马西等人通过对美国60座大都市区的研究,认为威尔逊所说的隔离实际上就是"阶级之间的隔离"。而且,"日益增长的阶级隔离产生了一个新的世界,其中城市空间组织和居住在其中的各群体的地理位置,越来越受到种族和阶级相互作用的影响"。在今后较长的时间内,种族和阶级隔离会成为美国以"地方"为基础的社会阶层和空间上的不平等。马西由此提出了"地方政治经济学"说,认为在以地方经济为标志的就业市场中,包含着许多相互竞争的政治和经济利益,例如地方商业、市政、学区和规划区等因素。它们都会影响地方经济的增长。[②] 这种观点得到了康奈尔大学教授李希特等人的肯定,认为自2000年起,种族和阶级隔离"是一个特色鲜明,相互重叠的现象"。贫困的少数民族"在宏观层面上(跨越城镇和县)存在着高度的隔都化"。"特别是农村黑人更容易集中在贫困的城镇和县"。如果仅仅关注中心城市的隔都,"可能会在一个高度贫困和收入不平等日益增长的时代,忽略贫困故事中大部分内容。"因此,从"地方隔离"(place segregation)的角度观察,可能是解释美国贫困问题的根本。由于贫困区的贫困人口属于"双重的处境不利者"——他们本身是贫困的,

---

[①] 加里·罗利森:《与黑人相关的底层阶级术语的探讨》(Garry L. Rolison, "An Exploration of the Term Underclass as It Relates to African-Americans"),《黑人研究杂志》(Journal of Black Studies)第21卷,1991年第3期,第293~294、297~299页,http://www.jstor.org/stable/2784338(2017年3月1日下载)。

[②] 道格拉斯·S. 马西、乔纳森·罗思韦尔和瑟斯顿·多米纳:《美国隔离基础的变化》(Douglas S. Massey, Jonathan Rothwell and Thurston Domina, "The Changing Bases of Segregation in the United States"),《美国政治与社会科学年鉴》(The Annals of the American Academy of Political and Social Science)第626卷,2009年,第74~90页,https://www.jstor.org/stable/40375925(2017年3月1日下载)。

又面临着所在区域就业机会、学校质量差,以及公共服务不足等因素的限制。因此,忽略地方层面上的贫困问题,可能会忽略美国"这个国家贫困故事中新出现的维度——宏观隔离与空间上的经济巴尔干化问题"。[1] 这种解释与马西等人观点具有异曲同工之妙,值得进一步研究和借鉴。

结　语

综上所述,隔都作为战后美国隔离的产物,经历了由种(民)族隔离向以黑人和民权运动后的种族和阶级隔离的方向转变,其中的亚文化也经历了由以犹太人为代表的外来移民文化向黑人的对抗文化和阶级文化的转变。它既是美国社会和经济机制运作的产物,也是美国政治制度的牺牲品。更重要的是,底层阶级作为一个新生的阶层,与上层社会、中产阶级和劳工阶级一起,构成了当代美国社会完整的阶级结构。在这样的结构中,隔都作为当代美国社会最高级别的隔离形式,对美国社会流动性机制及美国公民自由权利的行使产生了哪些不利性的影响?同时,社会隔离又在多大程度上扭曲了美国的公共价值观及其在政治制度上的表现?这些问题还有待进一步的研究。

(作者简介:梁茂信,东北师范大学美国研究所教授)

---

[1] 丹尼尔·T. 李希特、多梅尼科·帕里西、迈克·C. 塔奎诺:《种族排斥的地理、隔离与贫困的集中》,第366、383~384页。

民权运动与美国社会文化心理的变迁

于 展

内容提要：20世纪60年代席卷美国的民权运动不仅是一场深刻的制度变革，也是一场影响人心的大众运动。它通过举办非暴力讲习班、召开大众会议、唱自由之歌、建立公民学校与自由学校以及利用媒体等方法，既极大地改变了黑人民众的思想，也改变了公共舆论，唤起了白人公众的良知觉醒，削弱了根深蒂固的种族主义，从而深深改变了整个社会的文化心理。这种社会文化心理变迁是民权运动更为重要的成就与影响。

关键词：民权运动 非暴力直接行动 民众思想 种族主义 社会文化心理

20世纪60年代席卷美国的民权运动，是美国历史上发生的一场重大的社会运动。有的美国学者称之为"第二次内战"，或"第二次重建"，甚至是"第二次革命"，可见它对美国社会具有重要意义。它不仅改变了美国黑人的命运，赋予了他们很大程度上的平等、自由和正义，也深深影响了所有美国人的生活与思想。民权运动的标志性成就是推动联邦政府实行铲除种族隔离制的改革，推行民权立法，最终消灭了公开的白人至上主义。美国学界对此研究较多，尤其是对1964年《民权法》和1965年《选举权法》的研究成果较为突出。但民权运动不仅是一场深刻的制度变革，也是一场影响人心的大众运动。它在种族观念、民主理念以及社会价值方面对民众的思想影响很大。① 具体说来，它通过举办非暴力讲习班、召开大众会议、唱自由之歌、建立公民学校与自由学校以及利用媒体等方法，不仅影响了参与运动的精英上层，也极大地改变了黑人民众的思想，提高了他们的觉悟，克服了他们的恐惧，提升了他们的尊严，并赋予他们力量。它也改变了公共舆论，唤起了白人公众的良知觉醒，削弱了根深蒂固的种族主义，使自由、平等、民主和法治的观念深入人心。它推动美国社会从一个容忍种族主义、歧视黑人的社会，转变为一个不管肤色与种族、承认每一个公民的平等权利的社会，从而深深改变了民众的思想和整个社会的文化心理。相比民权立法等制度变革方面的研究，这一思想和社会文化心理方面的研究还较欠缺。② 本文力图通过大量口述史材料和当时的民意调查等资料，在原有成果的基础上，深入研究民权运动对当时以及后来民众的思想和社会文化心理的影响，以期抛砖引玉，促进相关研究的进一步开展。

---

① 本文侧重于民权运动中的非暴力直接行动对美国民众的思想影响研究，因为非暴力直接行动是民权运动的主要策略和象征，并且对民众思想观念和社会文化心理的影响最为深刻，它不仅仅指马丁·路德·金领导的大规模公民不服从运动。实际上，学生非暴力协调委员会、争取种族平等大会等民权组织也是公民不服从策略的主要实施者。它们还深入南部农村，组织地方黑人进行选民登记，直接与当地的种族主义分子对抗。在此过程中，民权积极分子们和地方黑人不断遭到地方当局和白人种族主义者的逮捕、殴打和经济威胁等，其危险性不亚于大街上的示威活动。因此，这种基层社会组织策略其实也是一种非常规的非暴力直接行动。总之，非暴力直接行动策略包括以马丁·路德·金为代表的"公民不服从"策略和以学生非暴力协调委员会为代表的基层社会组织策略。

② 代表性的成果有理查德·金《民权和自由思想》（Richard King, *Civil Rights and Idea of Freedom*），佐治亚大学出版社，1996；克莱鲍恩·卡森《在后革命时期重新思考美国黑人政治思想》（Clayborne Carson, "Rethinking African – American Political Thought in The Post – Revolutionary Era"），载布赖恩·沃德等编《马丁·路德·金和民权运动的塑造》（Brian Ward and Tony Badger, *The Making of Martin Luther King and the Civil Rights Movement*），麦克米伦出版社，1996；泰德·奥拜《思想在南方民权中的作用》（Ted Ownby, *The Role of Ideas in The Civil Rights South*），密西西比大学出版社，2002；詹姆斯·芬德瑞奇《理想的公民：民权运动的遗产》（James Max Fendrich, *Ideal Citizens: the Legacy of the Civil Rights Movement*），纽约州立大学出版社，1993；安德里亚·辛普森《联系的纽带：后民权一代的认同和政治态度》（Andrea Y. Simpson, *The Tie that Binds: Identity and Political Attitudes in the Post – Civil Rights Generation*），纽约大学出版社，1998；大卫·科克伦《自由的肤色：种族和美国当代自由主义》（David Carroll Cochran, *The Color of Freedom: Race and Contemporary American Liberalism*），纽约州立大学出版社，1999；等等。这些论著主要还是侧重于精英思想或政治理论的研究，本文的旨趣不同，强调民众思想和社会文化心理的变化。

一 黑人民众思想的变化

在民权运动前的种族隔离制时期,美国南方大部分黑人的思想、精神一直处于扭曲状态。詹姆斯·鲍德温评论说:"他们认为自己天生就是受歧视的,唯一的原因就是自己是黑人。这样的社会暴露出一个残酷的事实,黑人在许多方面都是没用的。"许多黑人指出,隔离的世界常常让人感到孤独和恐惧。底特律的一位医生回忆说,"我不得不走 5 英里去学校,我经过三个白人学校,才到达我们那破损不堪的学校"。底特律的一名教师理查德·梅肯回忆说:"作为一个孩子,我恨我自己,因为我是一个黑人,只配做三等公民……"芝加哥的威廉·特纳回忆说:"我上学的时候,一伙白人曾想杀我,我一直怕得要死。"[①] 孟菲斯的哈罗德·米德布鲁克则痛苦地回忆说:"你问我隔离是什么,它让我感觉自己不像一个人。"[②]

可见,种族歧视不可避免地使黑人孩子产生低人一等的感觉。很多普通黑人提到歧视都有一肚子苦水,他们纷纷回忆起在日常生活中最令他们痛苦的事情。华盛顿一位 28 岁的妇女说:"有时候,去百货商店,即使我先到,也必须等店员为白人妇女服务完才能轮到我,真让人气愤。"底特律一名失业男子说,"无论去什么地方,白人都会告诉我,他们不为黑人服务或他们不雇用黑人,那极大地伤害了我"。缅因州奥古斯塔的一名家庭主妇对"黑鬼"的称呼非常气愤,密苏里州的一名男子说,"到处都是'只为白人服务'的标记,让我们大多数人感到不满"。总之,二等公民的地位扭曲了黑人的个性,让他们感到痛苦。一些普通黑人诉说了受歧视的心理影响。底特律有个黑人妇女说:"长期以来,人们都跟我说,你是黑人,所以低人一等。我不停地问自己,为什么会这样?!心里非常痛苦。"新奥尔良的一名记者说,"我知道它对我产生了很大影响,却难以摆脱,这让我下意识地敌视白人"。华盛顿的一名男子说,"它让我感到痛苦和悲观"。[③]

[①] 威廉·布林克与路易斯·哈里斯:《美国黑人革命》(William Brink and Louis Harris, *The Negro Revolution in America*),纽约,1963,第 49~50 页。

[②] 拉塞尔·莫德范:《小马丁·路德·金:他的宗教目击者和他生活的口述史》(Russel Moldovan, *Martin Luther King, Jr.: An Oral History of His Religious Witness and his Life*),旧金山,1999,第 63 页。

[③] 威廉·布林克、路易斯·哈里斯:《美国黑人革命》,第 51~52 页。

经过了民权运动,尤其是非暴力直接行动的洗礼与冲击,美国黑人的思想逐渐经历了从屈从到觉醒、从恐惧到勇敢、从自卑到自尊的转变。他们对白人的看法也有了一定的改变。

第一,从屈服、冷漠、无知到政治觉醒与抗争

示威等非暴力直接行动唤起了黑人的觉醒。经过多年的压迫,很多黑人突然发现自己有了集体的目的、集体的勇气和集体的力量来迫使白人关注甚至答应他们的要求。大多数黑人获得了种族骄傲和成就感。在一次民意调查中,调查者问黑人示威对他们有什么影响,休斯敦的一位女士回答说:"有巨大的影响——这让美国白人意识到,我们厌倦了他们的自鸣得意,我们厌倦了100年来在'自由'的幌子下自己所遭受的这么多的虐待与不平等。"芝加哥人一名失业的黑人说,"这让白人颤抖"。芝家哥的一名女厨师说,"示威影响了其他黑人,推动他们也来做同样的事情,它就像发热病,迅速传播"。①

对大多数黑人来说,坐牢不再是一种耻辱的记录,相反,它变成了一种荣耀。梅德加遇害、伯明翰警察利用警犬与消防水龙残酷对待非暴力游行的黑人,动员了更多的黑人与白人参加到运动中来。在一次全国调查中,80%的美国黑人相信示威取得了效果,46%的人感到有责任参加运动,48%的人准备即使冒着坐牢的风险也要去示威。② 在这个民意调查中,许多人说,种种事件促使他们也想参加斗争,其他人进行斗争,自己是不能袖手旁观的。调查列举了很多典型的回答。孟菲斯的一名年轻技师说:"黑人正在觉醒,我也是。"亚特兰大一名女士说:"许多可怕的事情发生在别人身上,激发了我们的斗志。"费城的一名议员说:"我不再感到去监狱是一种耻辱,我曾经认为参加运动是一种耻辱,现在我认为不参加运动才是耻辱的。"调查表明在黑人中有一种紧迫感和一种参加运动的强烈愿望,他们厌倦了等待白人给予他们权利。③

学生非暴力协调委员会在南方腹地开展的社会组织与选民登记活动,

---

① 威廉·布林克与路易斯·哈里斯:《美国黑人革命》,第66页。
② 詹姆斯·芬德里克:《理想的公民:民权运动的遗产》(James Max Fendrich, *Ideal Citizens: The Legacy of the Civil Rights Movement*),奥尔巴尼,1993,第38页。
③ 威廉·布林克、路易斯·哈里斯:《美国黑人革命》,第68~69页。

同样唤醒了当地的黑人。1962年以前,范妮·鲁哈默是一直在种植园田地里辛苦劳作的黑人妇女,生活艰难,默默无闻。她回忆说:

> 登记投票的事我一点儿也不知道。一天晚上,我去了教堂,他们正在开大众会议。他们谈论着跟我们权利有关的事情,说我们能登记投票,听起来很有意思,我想试试。1962年以前,我从来没听说过黑人能登记投票,不知道自己也有这种权利。①

后来她在参与选民登记运动的过程中不断成长,最终成为一名杰出的地方领导人。

布莱克威尔的经历与鲁哈默很相似。她很晚才加入运动,直到1964年"自由夏天"发生,她才知道选民登记。她回忆了这一过程:

> 民权组织者鼓励我去登记投票,我才开始懂得我们需要一些自由。当地的白人不许在教堂召开民权会议,一个白人种族主义者恐吓要烧毁教堂,这唤起了黑人社会的政治觉醒。1964年以前,有关投票和第14条修正案的事情我一无所知。摩西和我谈话,让我懂得了很多事情。学生非暴力协调委员会的很多成员在这里工作,包括卡迈克尔。在1964年我也成了学生非暴力协调委员会的地方组织者。

摩西对布莱克威尔的影响很大,使她开始真正了解投票和政治。布莱克威尔清楚地记得:

> 那个星期天的早晨,摩西告诉我们,我们也能登记投票,那是我们的权利。他告诉大家关于修正案的事情,并说,大家如果去登记投票,那么在衣食住等各方面都会得到改善,所以投票很重要。我开始行动,竭力去登记投票,却没有通过考试。黑人很少能通过考试。美国民权委员会在杰克逊召开听证会,调查密西西比的选民登记情况,我去作证。我能读写,是很重要的证人,证明密西西比州反对选民登记制度,因此我们必须准备通过1965年《民权法案》。我去登记的时

---

① 《范妮·鲁哈默口述史》(http://www.lib.usm.edu/~spcol/crda/oh/hamer.htm/2015年4月15日获取)。

候,很恐惧,但是可以克服。

除了民权工作者的组织、鼓励,布莱克威尔加入运动的主要动力还有改善生活的渴望与对基督教的虔诚信仰。有人问她为什么突然参加民权运动,布莱克威尔很坦诚地说:

> 我参加运动,只是为了我自己。因为据说去登记投票就能吃饱,还可以有一个舒适的住处,而我住的房子那时已经破损不堪,马上快倒塌了。……我虔诚地信仰着基督教。我恐惧,但更兴奋。我本来想死,但上帝说,你不能死,你有事要做。我说,哦,上帝,如果我要死,也要尝试着做一些事情,我将为争取自由而死。

此后,这个普通的黑人妇女开始了解政治的含义,她觉得自己在学习中不断成长:

> 我对政治一无所知。卡迈克尔让我在格林维尔为第二次预备会议做一些工作,我不知道预备会议是什么意思。我主持召开会议,总是问下一步做什么。后来我参加了密西西比自由民主党。虽然开始不知道做什么,但我在学习中不断成长。摩西、卡迈克尔、摩尔、亨利等人和我一起工作,我从中学到了很多政治知识。①

大量原来对政治不感兴趣或一无所知的黑人经过运动的洗礼和教育,越来越对投票感兴趣,他们懂得那是自己应有的自由和权利。一位86岁的老人说:"我是一名自由选民,如果也能投票,就会变成一个真正的公民。"很多黑人以投票为骄傲。一位善意的登记官想知道一名老年黑人妇女属于什么组织,他问:"你是教会成员吗?"黑人妇女回答:"我也是美国公民。"后来当登记官提醒她不要弄丢登记表时,她答复说:"能把它丢掉也是我的骄傲。"② 总之,自由、平等、权利的观念逐渐在黑人中深入人心了。

---

① 《布莱克威尔口述史》(http://www.lib.usm.edu/~spcol/crda/oh/blackwell.htm/2014年5月3日获取)。
② 理查德·金:《公民与自尊:民权运动中的政治经验》(Richard King, "Citizenship and Self-Respect: The Experience of Politics in the Civil Rights Movement"),载《美国研究杂志》(*Journal of American Studies*)第22卷第1期,1988,第22页。

第二，从胆怯、恐惧到获得勇气和力量

重建以来，由于白人种族主义暴行不断，南方黑人经常生活在恐惧中。在《密西西比即将到来的时代》一书中，安妮·穆迪谈到，1955 年蒂里事件发生后，她整天都被"仅仅因为我是黑人就可能被杀死的恐惧"笼罩。① 人们如果公开参加或支持民权活动更要冒着失去生命的危险。1962 年，学生非暴力协调委员会组织者去密西西比农村进行选民登记工作，当地人非常害怕。布劳克回忆说："人们害怕我，妇女们不让自己的女儿接近我，因为我是一个自由乘客，他们认为我来这里只会带来麻烦。"②

运动组织者的任务就是帮助黑人克服恐惧。但他们自身首先要学会如何面对恐惧，学生非暴力协调委员会的成员伊凡诺沃·唐纳德森指出："恐惧是无法逃避的。如果你表现出恐惧，就会影响到身边的人，所以，你必须以平常心来对待。如果人们看到你自信，他们也会增强自信。对一个组织者来说，重要的是不要把恐惧传给任何人。"③ 组织者通过不辞辛劳、挨家挨户地游说，向当地人民表明他们不是来引起麻烦的，而是要让人们明白争取公民权是多么重要。④

人们克服恐惧通常有两种方式。一是通过参加大众会议和唱自由之歌。学生非暴力协调委员会的地方秘书查理·琼斯说："没有音乐，我们就不能与人民大众进行交流；他们也不可能与我们交流……通过歌声，他们表达了多年来被压抑的希望、苦难甚至快乐与爱。"⑤ 拉里·鲁宾是一名北方白人志愿者，也是一名犹太人。他很早就来到南方工作，并参加了"自由夏天"。他认为民权组织者的工作就是帮助黑人克服恐惧、赢得勇气和带来力量：

---

① 彼得·利维编《让自由之声响起：现代民权运动文件史》（Peter B. Levy, *Let Freedom Ring: A Documentary History of the Modern Civil Rights Movement*），纽约，1992，第 132 页。
② 约翰·迪特默：《当地人民：密西西比的民权斗争》（John Dittmer, *Local People: The Struggle For Civil Rights in Mississippi*），伊利诺伊州厄巴纳，1994，第 134～135 页。
③ 亨利·汉普顿等编《自由之声：民权运动口述史》（Henry Hampton and Steve Fayer with Sarah Flynn, *Voices of Freedom: An Oral History of the Civil Rights Movement*），纽约，1990，第 157 页。
④ 理查德·金：《公民与自尊：民权运动中的政治经验》，载《美国研究杂志》第 22 卷第 1 期，1988，第 13 页。
⑤ 桑福德·韦克斯勒编《民权运动目击史》（Sanford Wexler, *The Civil Rights Movement: An Eyewitness History*），纽约，1993，第 154 页。

我们的首要工作就是通过各种方式，如组织大众会议、与人们交谈等，帮助人们克服恐惧，然后再帮助人们通过文化测试。……选举权法通过后，虽然不再有文化测试，但恐惧与威胁仍然存在，因此黑人去登记投票仍然需要非常大的勇气。我们的工作就是帮助人们克服恐惧，让人们感到有了力量。……如果没有音乐，没有教会传统，人们很难获得必需的勇气。教会传统和它的音乐是增加登记投票勇气的一种方法。①

沃特金斯也强调音乐在南方黑人生活中发挥的重要作用："唱歌确实让人舒服，帮助人们彼此联系，帮助人们克服恐惧，从而奠定大家继续前进的基础。"② 一名白人志愿者在给他哥哥的信中这样写道："我们不再害怕……歌声驱散了恐惧，一些歌词本身没有什么特别意义，但是大家一起歌唱或者一个人安静地吟唱时，便有了超出歌词或节奏本身的新意义。"③

人们克服恐惧的另一个方式是信仰上帝或信任像金、摩西这样的民权领导人，让他们帮助克服恐惧。一个名叫斯夸尔·莫蒙的黑人后来回忆说："金所说'一个人如果没有找到某种东西为之牺牲，那他就不配再活着'这话给了他勇气。"④ 拉斯廷这样评价金的贡献："金不仅仅告诉给黑人是否该乘坐公车，更重要的是让他们具有了消除恐惧和成为人的能力。金博士让黑人感觉到，自己是更为强大、更有勇气的。"三K党的暴力恐吓政策因此不再有效了，金写道："在一个寒冷的晚上，我看见一个黑人小孩子在燃烧的十字架旁烤火，根本不怕什么三K党。"⑤ 摩西在克服恐惧方面为其他积极分子树立了榜样。例如，学生非暴力协调委员会在格林伍德的办事处被暴徒破坏后，摩西等人听到消息立刻赶到那里。他们晚上到达时，办公室已经空

---

① 《拉里·鲁宾口述史》（An Oral History with Mr. Larry Rubin），南密西西比大学密西西比口述史计划（http://www.lib.usm.edu/~spcol/crda/oh/rubin.htm/2015 年 6 月 12 日获取）。

② 《沃特金斯口述史》（http://www.lib.usm.edu/~spcol/crda/oh/watkins.htm/2014 年 10 月 30 日获取）。

③ 盖伊与坎迪·卡莱文编《为自由而歌唱：通过歌曲反映的民权运动的故事》（Guy and Candie Carawan, ed., *Sing For Freedom: The Story of the Civil Rights Movement Through its Songs*），宾夕法尼亚州伯利恒，1992，第 195 页；韦克斯勒编《民权运动目击史》，第 212 页。

④ 理查德·金：《公民与自尊：民权运动中的政治经验》，载《美国研究杂志》第 22 卷第 1 期，1988，第 13 页。

⑤ 杰克·布鲁姆：《阶级、种族与民权运动》（Jack M. Bloom, *Class, Race, and the Civil Rights Movement*），印第安纳州布卢明顿，1987，第 146 页。

空如也，人们都走光了，摩西竟然准备在那里睡觉。与摩西一同前往的皮科克这样评论："我感到很恐惧。我无法理解摩西是个什么样的人，他能走进一个私刑暴徒刚刚离开的地方，铺一张床准备睡觉，好像形势很正常。"受他影响，经过短暂的思想斗争之后，皮科克也上床睡了。① 很多民权积极分子和地方黑人正是在摩西身体力行的影响下，恐惧感大为减弱，勇气倍增。

总之，大量民权参与者纷纷表示，自己不再恐惧。例如，参加了自由选举运动的黑人学生克劳德·韦弗在入狱多次（并曾被警察举着枪威胁，因为他不说"是的，先生"）后，写信给他家中的朋友，只告诉他们："我们不再害怕了。"② 一名普通的密西西比黑人妇女在"自由夏天"计划会议上的发言最具代表性。她说："我们不再恐惧。我的祖母与母亲经常担惊受怕，但我不再恐惧，我的孩子也不再恐惧。他们利用恐怖行动来威胁我们，但总有一天他们不得不停止，因为我们不再害怕，他们的恐怖行动又有什么用呢？"③

除了克服恐惧，参加运动也给人们带来了勇气和力量。在1984年会见中，学生非暴力协调委员会积极分子约翰·奥尼尔描述了蒙哥马利公车抵制运动对他这样的黑人产生的"触电"似的影响："像爆炸似的，一种新思想注入激动万分的人们的脑中，……这对所有人都是一种震撼——全国的黑人一定都产生了同样的感觉，我们站起来了。"奥尼尔把抵制看作充电，因为它提供"做正确事情"的有效方法。黑人通过抵制得到解放，因为他们能既符合道德又有效地开展行动："它是如此简单，不要上公共汽车，简单得如此完美。"学生非暴力协调委员会积极分子谢劳德把他决定去南卡罗来纳的小石山坐牢看作一生的转折点："以前我从未经历那样的事情，对我来说没有比接受死亡更激进的事情了，我如果接受死亡，那还有什么不能承受的呢？他们还能对我做什么呢？如果我能坦然面对死亡，监狱只不过是另一所房子。"④

---

① 詹姆斯·福尔曼：《塑造黑人革命：个人陈述》（James Forman, *The Making of Black Revolutionaries: A Personal Account*），纽约，1972，第286页；约翰·迪特默：《当地人民：密西西比北的民权斗争》，第133页。
② 霍华德·津恩：《学生非暴力协调委员会：新废奴主义者》（Howard Zinn, *SNCC, The New Abolitionists*），波士顿，1965，第100页。
③ 桑福德·韦克斯勒编《民权运动目击史》，第211页。
④ 吉姆·罗杰斯：《口述史与民权运动》（Kim Lacy Rogers, "Oral History and the Civil Rights Movement"），《美国历史杂志》（*Journal of American History*）第75卷第2期，1988，第569~571页。

参加静坐的学生也纷纷体验到这种力量和勇气的增长。一个参加静坐的学生说:"我感到有了力量,一种超人的力量。我不知道圣战者是什么感觉,但我感到心中升腾起一种责任感。"另一个参加静坐的学生说:"我感到自己发生了很大变化。静坐前,我比较讨厌自己,觉得自己好像很没用……最后,我们实实在在地做了一些事情,不再是空谈了。"① 他们也不再害怕坐牢,一位参加静坐的学生刚刚出狱,就在新闻发布会上说:"如果认为在南方争取一等公民的地位是一种犯罪的话,那么,我很乐意为这个罪名再次回到监狱。"②黑人记者洛马克斯评价说:"对他们来说,无论是作为个人还是群体,当他们鼓足勇气面对隔离主义者说'我不再害怕了'时,胜利就到来了。"③

随着运动的发展,非暴力直接行动成为黑人争取自由最有力的武器,"我们想要自由"的呐喊回响在每一次游行示威的队伍中。为了追求自己的自由,黑人勇气倍增,已经不再害怕挨打、坐牢甚至死亡。安尼塔·伍兹年仅12岁,她在伯明翰游行示威时说:"我会一直游行,直到我得到自由。我希望不管哪个学校、哪个商店、哪个电影院、哪个咖啡馆自己都可以去。"一名伯明翰运动的地方领导人查尔斯·菲利普斯甚至这样坚定地说:"打开你们的水龙,放出你们的警犬,我们会一直站在这里,直到死去。"④

学生非暴力协调委员会通过自己的基层组织策略也为地方黑人带来勇气和力量。塞勒斯详细解释了学生非暴力协调委员会的方法:"学生非暴力协调委员会的计划重点放在发展当地的基层组织上,我们称它为参与性民主,让当地人民能够自我决策,掌握自己的命运。长年累月地在人民中间工作、吃饭、睡觉、信教和组织,这就是学生非暴力协调委员会的方式。"这要求他们长期奉献于当地。他们感到必须先变成当地人民的一部分,然后为这些人赢得力量和信心。⑤ 学生非暴力协调委员会积极分子的努力和奉

---

① 杰克·布鲁姆:《阶级、种族与民权运动》,第161页。
② 斯托顿·林德编《美国的非暴力:文献史》(Staughton Lynd, ed., *Nonvolence in America: A Documentary History*),纽约,1966,第414页。
③ 乔恩·米查姆编《我们血液中的声音:民权运动最好的记载》(Jon Meacham, ed., *Voices in Our Blood: America's Best on the Civil Rights Movement*),纽约,2001,第278页。
④ 桑福德·韦克斯勒编《民权运动目击史》,第172~173页。
⑤ 克利夫兰·塞勒斯:《一去不返的河流:一个黑人革命者的自传以及学生非暴力协调委员会的兴亡》(Cleveland Sellers, *The River of No Return: The Autobiography of a Black Militant and the Life and Death of SNCC*),密西西比杰克逊,1990,第117页;杰克·布鲁姆:《阶级、种族与民权运动》,第163页。

献鼓舞了地方居民的激进主义。邮局工人罗伯特·伯恩斯冒险让学生非暴力协调委员会组织者萨姆·布劳克住在自己家中，他多年来一直期望变革，一直在思考这些事情，遇到布劳克，他感到非常兴奋，深受鼓舞，有了勇气和力量，马上参与到运动当中来。① 学生非暴力协调委员会积极分子鲁比·史密斯也认为，非暴力帮助农村黑人赢得了勇气。她说："他们从来没有听说过马丁·路德·金或蒙哥马利抵制，但一个小女孩子告诉我，她和112名同学举行了抗议游行，穿过市区，大家都不再害怕麦考姆的警察了。固守传统宗教观念的老人也在非暴力中找到了勇气。……现在，孩子们和他们的父母都意识到，他们不仅可以帮助改变体制，而且这也是他们的责任。"②

第三，从自卑到自尊

除了恐惧，黑人常常感到耻辱和自卑，在白人面前低了一等。一个黑人对白人登记官说："我是一个公民，我有权利来这里登记。"这个怀有敌意的白人官员回答说："你是什么东西?!"民权工作者百般劝说，可是有一位黑人妇女还是不想去登记，因为她根本就没有姓名。③

非暴力直接行动大大改变了黑人对自身的看法。金认为："非暴力的方法不会立即改变压迫者的心灵，它首先触动的是黑人抗议者的灵魂，它给了他们新的自尊，为他们带来了从未有过的力量与勇气。最终它唤起对手的觉醒，从而使和解成为现实。"④ 非暴力大众行动使黑人变成了斗争的参与者，他们不再坐视别人为他们所做的努力。每个人都发挥了自己的作用，做出了自己的贡献，也产生了骄傲与自尊，有了尊严。连白人的恐吓与抵制也激发出黑人们的团结和勇气，唤起了黑人的觉醒。金引用一个看门人的话说，"现在我们把头抬起来了，我们不会再鞠躬服从——不，先生——除了在上帝面前"。⑤

---

① 吉姆·罗杰斯：《口述史与民权运动》，载《美国历史杂志》第 75 卷第 2 期，1988，第 563~564 页。
② 威廉·达德利：《民权运动：反对派观点》（William Dudley, *The Civil Rights Movement: Opposing Viewpoints*），加利福尼亚圣地亚哥，1996，第 154 页。
③ 理查德·金：《公民与自尊：民权运动中的政治经验》，载《美国研究杂志》第 22 卷第 1 期，1988，第 17 页。
④ 小马丁·路德·金：《迈向自由》（Martin Luther King, Jr., *Stride Toward Freedom*），纽约，1958，第 218 页。
⑤ 杰克·布鲁姆：《阶级、种族与民权运动》，第 144、146 页。

黑人开始重新认识自己,参加运动后他们觉得自己不再是"黑鬼"了。一位老年黑人说参加地方民权运动"参加运动后,我不再是他们的黑鬼,也不再是原来的我了"。密西西比的一位白人市长问鲁哈默的丈夫佩里·哈默:"让白人志愿者睡在你的屋子里,你有什么感觉?"他回答说:"我感到自己像个人了,因为他们像人那样对待我。"他开始有了男人的自信。①

　　民权积极分子和地方黑人都意识到了这种重要转变:从"黑鬼"到黑人,从男孩到男人,从儿童到成人。密西西比的一个地方居民安妮·德文记得,"人们正谈论着获得自由,头脑自由,精神自由,不骚乱,不抢劫,不焚烧,……成为真正的男人和女人,……我们真的长大了"。朗兹县自由组织的一名创始人约翰·休利特评论说:"有些人觉得自己在白人甚至自己人面前,都是低人一等的。现在这些人步入了新的生活,他们把自己看成是真正的男人和女人。"②

　　黑人开始从甘于接受低人一等的地位到追求新生活和新自我,从而要掌握自己的命运。在密西西比工作的学生非暴力协调委员会组织者查尔斯·麦克劳林这样鼓励人们去登记投票:"如果你不去法院登记投票,就表明你不想拥有权利,而是在告诉白人们'不要像人一样对待我,把我当成孩子!'……我们必须站起来!"另一个在佐治亚西南部工作的组织者谢劳德报告说,这不只是多少人登记投票的问题,"而是多少人能自我决策的问题"。③

　　黑人最终在集体行动中获得了自尊与自信。奥尔巴尼运动结束后,马丁·路德·金评论说:"奥尔巴尼运动已经获得了胜利,因为成千上万的黑人赢得了新的尊严和自尊感"。一名普通的奥尔巴尼市民也反思说,"我们赢得了什么?我们赢得了自尊。这场运动改变了我的态度,我要争取一等公民的地位"。④ 这种新的自我认识促使黑人去努力争取自

---

① 理查德·金:《公民与自尊:民权运动中的政治经验》,载《美国研究杂志》第22卷第1期,1988,第18页。
② 理查德·金:《公民与自尊:民权运动中的政治经验》,载《美国研究杂志》第22卷第1期,1988,第18页。
③ 理查德·金:《公民与自尊:民权运动中的政治经验》,载《美国研究杂志》第22卷第1期,1988,第19页。
④ 桑福德·韦克斯勒编《民权运动目击史》,第154页。

由，刘易斯评论说："参加运动能够让人争取到自由。看到了隔离，看到了歧视，人们就必须去解决。人们开始把自己看作一个自由人，能够行动。"① 这表明自由不仅意味着取得一定的法律权利与政治权利，也包括获得新的自尊。

通过实践，积极分子们也深刻认识到，自尊是通过基层水平的政治行动获得的，不是别人赐予的，不依赖于全国领导人的承认。黑人不得不依靠自己来争取自由与权利，自己来解放自己。鲁哈默起先以"古代以色列人出埃及"的事件为比喻，希望黑人牧师帮助黑人们摆脱枷锁，带他们去登记投票，但密西西比"夏天计划"使她明白，"我们该自己行动"。②

除了上述主要变化，参加非暴力直接行动也使黑人从愤怒、仇恨转向幸福、快乐，从孤立、分裂走向团结和认同。

积极分子参加运动前经常非常敌视和仇恨白人。在1968年的一次会见中，密西西比领导人布莱克威尔揭示了南方隔离体制下农村黑人的异化。她回忆说："白人总是提醒我，你是黑人，你没有白人拥有的权利，我一直很愤怒。"③ 参加运动使人们的这种愤怒和仇恨情绪全部释放出来，在行动中、唱歌中、游行和交谈中。人们感到充实与快乐。一个塞尔玛运动的参与者写道："我深刻地记得人们很快乐，……我们在日落时分出发，让所有人都知道我们也是美国公民。"④

参与者不仅克服了恐惧，决定为此冒险，而且努力克服掉围绕恐惧的孤独和被排斥感，产生了团结的感觉。学生非暴力协调委员会、南方基督教领导大会等民权组织发挥了重要的作用，在促进黑人团结的同时，又给他们带来了挑战白人隔离主义者的力量。它们发动的社会组织活动与公民不服从活动以团结合作为主要目的，把人们联系在一起，消除了他们单独

---

① 理查德·金：《公民与自尊：民权运动中的政治经验》，载《美国研究杂志》第22卷第1期，1988，第20页；布鲁姆：《阶级、种族与民权运动》，第161页。
② 理查德·金：《公民与自尊：民权运动中的政治经验》，载《美国研究杂志》第22卷第1期，1988，第20~21页。
③ 吉姆·罗杰斯：《口述史与民权运动》，载《美国历史杂志》第75卷第2期，1988，第569页。
④ 理查德·金：《公民与自尊：民权运动中的政治经验》，载《美国研究杂志》第22卷第1期，1988，第23页。

面对歧视时所感到的无助。像玛丽·金在有关密西西比政治组织的论述中所写的那样:"即使有个别黑人失败了,他们的集体也仍然是成功的,因为人们共同得到了很多经验。"①

第四,对白人的看法发生重大变化

民权运动前,甚至在民权运动进行过程中,大多数黑人对白人印象很坏。一位来自佛罗里达的家庭女佣说:"白人想把我们压到身下,他们不想看到有色人种进步。你要是穿上好看的衣服,他们就会问你在炫耀什么。我快疯掉了!"加利福尼亚一名57岁的妇女的说法很有代表性:"他们不喜欢我们,他们害怕我们。"一些黑人感到白人有一种歧视的心理需要,华盛顿的一名33岁的家庭主妇说:"没有黑人,白人就没有其他人可以藐视了。"一些黑人把白人对他们的歧视看作一种盲目的感情宣泄。一名44岁的黑人工人痛苦地说:"他们是无知的,他们那么仇恨黑人,不想让我们和他们一样平等。他们想得更多的是自己的狗,而不是黑人。"一些黑人把原因归结为从众心理,芝加哥一名25岁的女青年说,"大多数白人不得不与少数无知的白人站在一边,他们不想让别人说是'喜欢黑鬼的家伙'"。休斯敦的一位女教师把原因归结为白人对黑人缺少接触和了解。②

经过民权运动,大多数黑人认为,静坐、自由乘车、游行等直接行动唤醒了美国白人,使他们看到了黑人真正的困境。尽管还是怀疑白人的意图,但大多数黑人相信今天白人的态度比5年前好多了。凤凰城一名女教师说:"越来越多的白人开始接触黑人,逐步意识到黑人不是猿型的、比人低级的东西,而之前一些白人一直这样认为。"一些黑人感觉"黑鬼"这样的蔑称叫得少了,一些白人工人甚至愿意和黑人分享饮水杯等。孟菲斯的一名家庭主妇说:"白人会变得越来越开明,他们把黑人看作人了,而不是看作物。他们也懂得了,黑人想要的是公民权利,而不是白人老婆。"而且,大多数黑人也承认,他们革命的成功依赖于白人温和派的帮助。③

---

① 史蒂文·劳森:《奔向自由:1941年以来美国的民权与黑人政治》(Steven F. Lawson, *Running For Freedom: Civil Rights and Black Politics in America Since 1941*),纽约,1997,第116页。
② 威廉·布林克、路易斯·哈里斯:《美国黑人革命》,第126~127页。
③ 威廉·布林克、路易斯·哈里斯:《美国黑人革命》,第129~137页。

二 白人思想观念与社会公共舆论的变化

非暴力直接行动也深深改变、影响了当时白人的思想与社会舆论。白人公众越来越关注警察的暴行,并期望黑人得到法律的平等保护,这说明了运动积极分子非暴力直接行动策略的成功。1963 年 5 月,加利福尼亚奥克兰有人写信给总统,表达出对"公牛"康纳残暴对待伯明翰示威者暴行的愤怒:"联邦政府这么怯懦和谨慎,让我很厌恶,它不能保护伯明翰黑人市民的权利与安全,还到处插手世界其他地区的事务,真是可笑!"[①]

在冷战的背景下,非暴力示威充分暴露出了美国所谓的民主在国内外的矛盾:一方面向世界宣称民主,另一方面国内黑人却得不到真正的民主。1963 年 6 月,密歇根州迪尔伯恩的一位白人妇女写给总统的来信表达了这样的观点:

> 您能屈尊读一下一位 34 岁的白人家庭妇女关于非隔离的观点吗?我是无足轻重的,也许我的观点也是无足轻重的,但我不得不表达我的想法。美国站起来对世界说:"嗨,世界,看看我!你们该按照我的模式改革你们的政府!我们是自由的国度,我们的制度是民治、民享、民有。"世界轻蔑地看着我们美国说:"是的,如果人们的皮肤碰巧是白色的,这一说法是事实。"……我们美国是一个伟大的国家,却让种族融合问题分裂了我们。我们有极好的制度和大多数情况下有良知的政府。这一制度!政府该为所有的人服务,而不管他们的信仰和肤色是什么。[②]

非暴力直接行动呼吁的平等、正义与南方警察的暴行之间形成鲜明对比。而且,在大众媒体广泛报道的情况下,积极分子也有意在美国公众面前揭示这些暴行。塞尔玛警察暴行的影响尤其是惊人的,马上就有大量信件写给总统,把华莱士州长与克拉克警长比作希特勒和党卫军。来自明尼

---

① 泰库·李:《动员社会舆论:民权运动时期的黑人斗争与种族态度》(Taeku Lee, *Mobilizing Public Opinion: Black Insurgency and Racial Attitudes in the Civil Rights Era*),芝加哥,2002,第 169 页。泰库·李利用美国民众寄给总统的信件,分析了美国黑人、南方白人和北方白人在民权运动中的种族态度,笔者借鉴了他的研究成果。

② 泰库·李:《动员社会舆论:民权运动时期的黑人斗争与种族态度》,第 169~170 页。

苏达州的一位白人妇女的信很好地证明了这一点：

> 我以前从来没有如此担心或关切一件事情，以至于我要给总统写信，虽然也曾有很多次觉得自己应该写信，表达我的鼓励与关心，但今天我觉得必须得做了。昨天晚上，我在电视上看了电影"纽伦堡审判"。我的丈夫和我讨论起这一影片。……正在那时，电视上又播放了一则新闻，亚拉巴马警察在残酷地对黑人施加暴行，太可怕了，简直难以置信！看到他们的暴行，我们极为震惊，我想如果您能了解我们的感受，或许会给您提供一点帮助。一个州的执法官员像希特勒那样"执法"，让我们非常痛心。我确信，很多美国人都会有跟我有同样的感觉，但他们今天早晨可能没有时间给您写信。希望您能利用自己的权力和政府的权力为整个国家恢复真正的自由。[1]

人们还认为南方白人警察的残暴动摇了美国民主体制中的自由主义。纽约市的一个妇女曾经对此坚信不疑，但是1963年9月的伯明翰教会爆炸案让她彻底绝望了，她在信中悲愤地写道：

> 四个小女孩在教会中遇害，我们的国家笼罩上了黑暗的阴影。请记住，这是发生在您的政府任内。美国白人的良知觉醒了。虽然我跟很多白人一样，安全、自由，而且住得好、穿得暖、吃得饱，但有人却被剥夺了权利和尊严，看到这些，我无法心安理得地享受"美好"的生活。[2]

1963年伯明翰运动发生后，布林克和哈里斯通过《新闻周刊》杂志在全国范围内做了一次民意调查。调查也说明经过非暴力直接行动的影响，一些白人思想有了很大转变。例如，加利福尼亚州一名61岁的白人居民认为他是宽容的典型："他们和我们是一样的人，为什么有人会感到不舒服？我甚至愿意与他们一起跳舞。"内华达一名农场工人说："我没有种族偏见，我可以和他们一起上学。"[3]

这项调查还表明，白人的种族主义思想与根深蒂固的法治观念存在冲

---

[1] 泰库·李：《动员社会舆论：民权运动时期的黑人斗争与种族态度》，第170页。
[2] 泰库·李：《动员社会舆论：民权运动时期的黑人斗争与种族态度》，第171页。
[3] 威廉·布林克、路易斯·哈里斯：《美国黑人革命》，第141页。

突,但法治的观念最终占了上风。很多白人认为黑人作为公民的权利必须在美国的法律下得到保证。他们认为国会必须进一步进行立法以保证黑人的权利。即使在南方,大部分白人也认为黑人应该拥有选举权、不受限制地使用公车与火车的权利、工作机会和体面的住房等权利。但是在民权立法问题上,南方白人还是和其他地区的白人大不相同,大部分南方白人不同意立法,他们只同意其他形式的联邦干预。尽管存在不同意见,但是大部分白人觉得,国家必须给黑人以应有的权利。圣路易斯一名69岁的退休老人说:"联邦法律是高于州法律的,一个州不能任意妄为,违背联邦法律。"来自普林斯顿的一名32岁的家庭主妇说:"我觉得黑人虽然肤色是黑的,但他身上仍然流着红色的血。他是人,他和我们拥有同样的权利。"①

这项调查也揭示,一些白人亲眼看到黑人遭歧视,于是思想发生了变化,希望给予黑人平等的权利。伊利诺伊州有一个工人讲了这样一个故事:"我们和一个黑人同事去饭馆吃饭,但人家却不招待他。我觉得真是荒唐,他是黑人并不意味着他不饿,我们马上站起来走了。"这些白人看到黑人做很多脏活、累活却报酬微薄,而且即使聪明能干,也没有和白人一样的机会,为此感到愤愤不平。一些白人开始理解黑人,他们站到黑人的立场上,感到非常愤怒。加利福尼亚一位45岁的女士说:"很可怕,如果换成我,我一定会怒不可遏。我会痛恨、会诅咒,我要随时起来战斗,若有机会,我会用同样的方法来对待那些压迫我的人。"底特律一名办公室职员感到"黑人的那种遭遇一定会让人产生仇恨情绪,后果十分严重"。②

经过非暴力直接行动的冲击,虽然白人的偏见有了很大改变,但长期形成的种族主义思想很难在短期内消除,甚至还时有激化。例如,一个达拉斯白人居民在写给肯尼迪总统的信中,呼吁白人权利,表达了深深的种族主义观念:

> 如果你的妻子和孩子与一个大黑鬼一起游泳,你会怎样?所有的黑鬼都融合到我们中来,他们会调戏和强奸白人……我投票支持你,是因为我认为你是为每个人服务的,而不只是为黑鬼。希望您读了这封信后,多考虑一下白人的权利。③

---

① 威廉·布林克、路易斯·哈里斯:《美国黑人革命》,第141~143页。
② 威廉·布林克、路易斯·哈里斯:《美国黑人革命》,第146~147页。
③ 泰库·李:《动员社会舆论:民权运动时期的黑人斗争与种族态度》,第167页。

在1965年塞尔玛游行时，俄亥俄州一名白人妇女给总统写了一封信，也表达了同样的想法。在信的开头，她说她个人对黑人没有偏见，但马上话锋一转，说：

> 很多白人权利遭到了侵害。我们有权利选择朋友。我不介意跟有色人种一起工作、在公共场所一起吃饭，但我不希望他住在我的隔壁或和我住在同一栋楼里。……下层黑人是邪恶的，我甚至害怕晚上和他们一起在大街上走。你怎么知道他们脑子里真正想的是什么？这些有色人群的领导人！……如果给他们完全的选举权，在几年内，我们将有一个完全是有色人种的政府，那将发生什么？南方或其他地方的一些下层黑人会以半美元、一美元或一瓶酒的价格卖出他们的选票。这意味着什么样的政府都能选出来！[1]

在布林克和哈里斯的民意调查中，很多白人对黑人的看法同样令人震惊。佛罗里达的一名退休职员说："他们发出臭味，在咖啡馆，你点了你的东西，黑鬼用他那粗糙的大手送来，然后你还不得不给他小费，让他马上把盘子带走……"亚拉巴马医院一名57岁的雇员说："如果我在一个生病的黑人后面或旁边吃饭，我都无法下咽……"南方腹地的白人种族主义尤其严重，但种族主义不一定局限于南方。宾夕法尼亚州一位62岁的女士评论说："他们的皮肤看起来油乎乎的，不干净。"堪萨斯州一名老年妇女说："在1英里之外就能闻到他们的气味，他们同我们完全不是一路人。"密歇根州的一名家庭主妇说："如果他们的肤色不是太黑或气味不是太重的话，我不介意与他们相处。"宾夕法尼亚州一名家庭主妇说："我不喜欢接触他们，我感到恶心。"很多白人不仅厌恶黑人，还对他们感到恐惧。马里兰一名妇女说："我们不知道他们会做什么，必须时刻警惕。他们随身携带刀具，强奸妇女，让人恐惧。"马萨诸塞一名年轻的修理工说："我无法接受他们，他们到处打架斗殴。"巴尔的摩一家庭主妇认为，"无论怎样竭力教育他们或为他们做事，他们是无法摆脱掉野蛮的"。[2]

马丁·路德·金在他的很多著作中也多次对白人种族主义进行了精辟

---

[1] 泰库·李：《动员社会舆论：民权运动时期的黑人斗争与种族态度》，第111页。
[2] 威廉·布林克、路易斯·哈里斯：《美国黑人革命》，第139~140页。

的论述,并且越来越尖锐。在《迈向自由》中,他对种族主义者做了设身处地的分析,认为他们不是坏人,只是受到误导。他指出"黑人低劣"的观念在他们头脑中根深蒂固的原因是"他们成长的整个文化传统——一个有着250多年奴隶制和90多年隔离制的传统——告诉他们黑人不值得尊重"。在《爱的力量》一书中,金具体分析了种族主义产生的原因与表现,详细列举了白人种族主义者为维护种族主义而采取的各种手段,例如他们引用《圣经》或利用科学来证明黑人的天生低劣,认为上帝是第一个种族隔离者,黑人的脑子比白人的脑子小等。金很明白,"这种白人至上主义的教条传播得很广泛,遍布每本教科书、每个教堂,它变成了白人文化的一部分",因此是很难根除的。在《我们将从此去向何方:混乱还是和谐》一书中,金还进一步批评说,白人自由派往往意识不到他们潜在的偏见。他引用了一位白人妇女典型的看法,她说:"我对黑人没有偏见,我相信黑人有权利投票、找好的工作、住体面的房子和使用公共设施。但是,我不想让我的女儿嫁给一个黑人。"金一针见血地指出,这位白人妇女不接受种族通婚,主要原因是害怕她女儿"纯洁高贵"的特性被黑人"肮脏低下"的特性玷污。[1] 正因为如此,他对这些白人温和派非常失望,甚至"经常认为他们阻碍了黑人的进步,甚至比白人公民委员会和三K党更厉害"。[2]

但是这种根深蒂固的种族主义已经不能阻挡由非暴力直接行动带来的主流社会舆论的变化。例如,1963年5月5日,当伯明翰儿童游行惨遭镇压后,《纽约时报》发表社论说:"使用警犬和高压水龙镇压伯明翰的学龄儿童是全国的耻辱。把成百上千的青少年甚至是不满10岁的儿童驱赶进监狱或拘留所,只是因为他们要求他们天生的自由,这真是对民主法治的绝妙讽刺。"[3] 同样,1965年3月8日"流血的星期天"发生后,《华盛顿邮报》在第二天立即发表社论说:"亚拉巴马塞尔玛的警察殴打、虐待、毒害和平、无助和不冒犯他人的市民,这一消息震惊和警醒了整个国家。当今

---

[1] 小马丁·路德·金:《我们将从此去向何方:混乱还是和谐》(Martin luther King, Jr., *Where Do We Go from Here: Choas or Community*),波士顿,1968,第89页。

[2] 詹姆斯·华盛顿编《希望的自由:小马丁·路德·金基本著作集》(James Melvin Washington, *A Testament of Hope: The Essential Writings of Martin Luther King, Jr.*),旧金山,1986,355页。

[3] 《纽约时报》(*New York Times*)1963年5月5日,转引自桑福德·韦克斯勒编《民权运动目击史》,第172页。

时代,警察们宣誓要维护法律和保护市民,却会转而用暴力攻击他们,简直令人无法理解。……国会首先必须积极通过立法,利用联邦权力来确保选民登记,这样至少会赋予黑人公民竭力通过示威才能争取到的权利。"①可见,《纽约时报》和《华盛顿邮报》这两大主流媒体都旗帜鲜明地站在民权一边,这也在一定程度上代表了主流民意的走向。

而且,尽管白人种族主义短期内很难根除,民权运动与非暴力直接行动还是对白人种族观念的变化产生了长远的影响。随着时间的流逝,白人与黑人接触逐渐增多,他们开始相互了解,公开的种族主义思想慢慢削弱了。到20世纪七八十年代,白人的种族主义情绪不再那么严重,黑人极端主义分子也理智起来。

一位白人印刷工乔治·亨里克森在1979年的采访中说,10年前他相信黑人天生低劣,现在他认为所有人生来就是平等的,只是由于环境的因素才改变了人们后来的生活。他甚至自嘲地说,"不能随环境的变化而改变思想的人是傻瓜"。但他仍然不能同意种族通婚。② 一位白人家庭主妇莫德·威利在同一年的采访中说:"我们现在没有过去那么多的恐惧。……人们回过头看,会尊敬马丁·路德·金的工作。当时他领导静坐罢工时,人们非常反对他。金先生遇刺后,我非常难过,回家告诉丈夫,他说,'他们该多射他几枪'。现在他不会再那么说了,因为他不再有那种感觉了。他虽然有一些偏见,但已经很容易与黑人相处了。"她本人甚至能接受一个黑人女婿和外孙。③ 可见,很多普通白人不再仇视、害怕黑人,他们在与黑人接触的日常生活和工作中认识到,黑人同样是人——他们中当然都有好人、坏人以及普通人。④ 种族偏见由此在不同种族平等的交流与交往中被打破了。当然白人潜在的种族主义不会完全消失。

一些社会调查也表明白人公开的种族主义削弱了。有一份数据显示:1942年,有68%的美国白人支持种族隔离学校,到1985年,却只有7%的白人保持这一立场;同样,55%的白人在1942年认为白人应在就业领域受

---

① 《华盛顿邮报》(*The Washington Post*) 1965年3月9日,转引自桑福德·韦克斯勒编《民权运动目击史》,第235页。
② 鲍勃·布劳尔编《黑人生活,白人生活:美国30年的种族关系》(Bob Blauner ed., *Black Lives, White Lives: Three Decades of Race Relations in America*),伯克利,1990,第199~200页。
③ 鲍勃·布劳尔编《黑人生活,白人生活:美国30年的种族关系》,第204页。
④ 鲍勃·布劳尔编《黑人生活,白人生活:美国30年的种族关系》,第321~322页。

到优待,而到 1972 年,只有 3% 的白人支持这一观点。[①]

在 60 年代,那些最敌视黑人的白人种族主义者也改变了他们的态度,例如,密西西比的主要隔离主义者、参议员伊斯兰德承认:"黑人得到选票以后,我不会再像以前那样讲话了。"他后来甚至呼吁抛弃偏见,提倡在黑人的名字前加上"先生"这样的称呼,亚拉巴马的前州长华莱士在民权运动中曾极力反对种族融合,叫嚣"永远隔离",但在 1982 年的州长选举运动中,他甚至去亲吻黑人小孩,为的是获得他们父母的支持,并使他们相信他在种族态度上已经发生了完全的改变。[②] 虽然他们内心的真实想法我们不得而知,但他们的行动已经证明,公然的种族主义不复存在了。

余 论

总之,民权运动取得了两项重大的成就,一是以民权立法为主的制度变革,一是以民众思想观念改变为主的社会文化心理变革。从某种意义上讲,后者更为重要。因为首先社会文化心理变革是制度变革的前提条件。对黑人与白人民众思想观念的影响,冲破了长期以来根深蒂固的社会文化心理因素对制度变革的阻碍,推动联邦政府进行民权立法,并使之顺利开展与实施,取得实质性的成果。同时它也是促使制度变革的成果保持长久的重要因素,否则成果很可能得而复失。例如在重建时期,虽然当时共和党人以强力进行制度变革,颁布和推行第 14、15 条宪法修正案,开展民权立法,给予黑人以公民权和选举权。但由于南方白人根深蒂固的种族主义思想与实践的阻挠,黑人本身的思想和力量又远未成熟,这些成果很快就消失殆尽。在奴隶制时代结束以后,南方又进入了黑暗的种族隔离时期。历史的教训确实发人深省,但也证明了思想变革的重要性。

当然,制度变革也会促进黑、白民众思想和社会文化心理的转变,两者是相辅相成的。虽然短期内它的效果和影响没有明显体现出来,但由于

[①] 约翰·海厄姆编《民权与社会弊端——二战以来的黑、白关系》(John Higham ed., *Civil Rights and Social Wrongs: Black-White Relations Since World War II*),宾夕法尼亚州立大学,1997,第 36 页。

[②] 罗伯特·韦斯布劳特:《受局限的自由:美国民权运动史》(Robert Weisbrot, *Freedom Bound: A History of America's Civil Rights Movement*),纽约,1990,第 316 页。

美国是一个法治社会，在实行民权法的过程中，随着黑、白民众接触与了解的增多，以前严重的心理障碍（包括白人的种族主义思想与黑人的恐惧、自卑等不健康心理）得到了缓解或克服，他们长期以来扭曲的心理也在一定程度上恢复了正常。而且，自由、平等、民主的观念也愈加深入人心。当然，隐性的种族主义在美国社会中没有完全消失，要达到种族和谐的理想境地尚须进一步的努力。

除了改变黑人、白人的种族观念和社会文化心理，民权运动还对整个社会的民主理念、价值观念的变化产生了重要的影响。首先，它不仅完善了代议制民主，使更多的黑人获得公民权与选举权，还促进了参与式民主的发展。越来越多的普通民众开始自主地参与基层政治活动，做出影响他们生活的决策，重新塑造了自己的命运。激进的平等主义观念成为这一民主思想的核心。其次，它更新了美国自由主义的内容，使联邦政府担负起了保护地方公民自由的责任，从而打破了传统放任自流的自由主义与不干涉地方事务的联邦主义的束缚，使平等的诉求越来越成为自由主义的一项重要内容。约翰逊总统 1965 年在霍华德大学的演讲就深深体现了联邦要帮助黑人获得实质性平等的思想，他说："仅仅自由是不够的……仅仅开启机会的大门是不够的，所有的公民都必须有能力走进这些大门。""我们要求的不光是平等的法律与权利，更重要的是公正的事实和结果。"[1] 这成为联邦政府后来实行肯定性行动计划的指导思想。最后，它还引发了后来愈演愈烈的多元文化主义思潮。这一思潮要求美国社会承认不同种族与族裔的文化与历史的重要性，主张群体认同与群体权利，不再定美国白人文化尤其是盎格鲁－撒克逊白人清教徒文化为一尊，[2] 实际上也体现了一种文化平等的观念。

（作者简介：于展，首都师范大学历史学院副教授）

---

[1] 克莱鲍恩·卡森等编《目睹奖杯：民权读本——来自黑人自由斗争的文件、演说和直接陈述》（Clayborne Carson et al., eds., *The Eyes on the Prize: Civil Rights Reader: Documents, Speeches, and Firsthand Accounts from the Black Freedom Struggle, 1954 – 1990*），纽约，1991，第 613 页。

[2] 参见王希《多元文化主义的起源、实践与局限性》，《美国研究》2000 年第 2 期。

"消失"的浪潮
——战后美国劳工女权主义的兴起

余 卉

内容提要：自20世纪80年代开始，隐藏在女性主义第二次浪潮当中的劳工女权主义者才渐渐为美国学者们重视，为其著书立说给予她们应有的地位。无论是针对某一个工会还是全国范围内劳工女权主义发展演变的研究，学者们普遍承认这些工作在基层的女权主义者在争取两性平等的斗争中发挥了巨大的作用。由于雇佣领域内的性别歧视，参加工作的多数美国妇女不得不集中在所谓的"妇女的工作"里无缘晋升，例如秘书、酒店女仆、接线员等。随着战后女性主义第二次浪潮的发展，劳工女权主义者联合中产阶级精英女权主义者最终打破了美国劳动力市场的性别壁垒，对当代女性产生了深远的影响。

关键词：劳工女权主义 《平等权利修正案》 美籍亚裔妇女

自美国大萧条结束后兴起的劳工女权主义（Labor Feminism）[①] 是美国进步主义时期第一代女权主义者——社会主义女权主义者（Social Feminists）[②]

[①] 除了劳工女权主义（Labor Feminism）之外，也有学者使用工人阶级女权主义（Working-Class Feminism）或者产业女权主义者（Industrial Feminists）来代表这一和美国工会及工人运动紧密联系的女权主义。

[②] 最先使用社会主义女权主义者（Social Feminists）这个名称的是历史学家威廉·奥尼尔（William O'Neill）。更多关于社会主义女权主义者的论述见威廉·奥尼尔《作为一种激进主义意识形态的女权主义》（William O'Neill, "Feminism as a Radical Ideology"）；阿尔弗雷德·杨格编辑《分歧：美国激进主义历史探究》（Alfred F. Young ed., *Dissent: Explorations in the History of American Radicalism*），北伊利诺伊大学出版社，1968，第275~277页；威廉·奥尼尔《美国的女权主义》（William O'Neill, *Feminism in America: A History*），业务出版社，1989，第 xiv 页。

的继承者之一。如同她们的先辈，劳工女权主义者认为女性要想摆脱二等公民地位，必须经由一系列的社会变革来实现。在其发展早期，劳工女权主义者与同时期崇尚个人主义的"平等权利"女权主义者（主要是中产阶级精英女权主义）意见不同，争论不休。前者极力维护第一次女权运动的成果——"保护主义政策"（Protectionism）；后者则提倡完全的两性平等，消除就业市场的性别歧视。随着第二次世界大战的结束，战后美国的就业市场再次发生巨大的变化，由于战时男性劳动力的缺乏而大量进入所谓的"非传统女性职业"领域的女性面临大量失业以及回归"妇女的职业"。然而，经历过诸如在汽车制造业等工厂劳作的洗礼，以及彼时相当规模的女性进入就业市场，这些参加工作的女性开始重新审视自己的权利及地位，劳工女权主义者因而顺势渐渐拥抱两性平权的观念，并最终在20世纪六七十年代与主流女权主义合流成为第二次女性主义浪潮的生力军。劳工女权主义者在基层（工会）带领女性同胞借助法律武器和抗议示威活动配合中产阶级精英阶层女权主义者在国会推动《平等权利修正案》（*The Equal Rights Amendment*）的通过，最终打破就业市场的性别壁垒使美国妇女从事更高级别的工作成为现实。本论文将从美国劳工女权主义的诞生、其立场的转变以及亚裔劳工女权主义的概况三个方面对美国战后劳工女权主义的产生、发展，以及她们在美国20世纪沸腾的改革浪潮中为女性平权所作的贡献进行梳理。

一　劳工女权主义的诞生

受第二次世界大战的深刻影响，大量美国妇女走出家门进入劳动力市场以弥补战时劳动力的不足。与中产阶级及精英阶层女性不同，多数工人阶层的美国妇女首次从诸如餐厅服务员、家政服务等其他"传统"女性职位进入由于缺乏劳动力而不得不聘用妇女的"非女性"职位工作。伴随着第三次工业（科技）革命的发展，机械化大生产甚至使妇女进入军工企业成为可能，而此时美国社会对于女性——尤其是已婚妇女进入职场的态度也发生了深刻的变化。女性离开家庭从事非临时性有偿工作的必要性及价值已得到社会的普遍认可。这一新的社会文化氛围进一步促进了美国妇女对职业新的期待，并开始尝试打破劳动力市场的性别界限。尤其是对于那些初入职场的主妇而言，无疑是打开了一扇通往"新世界"的大门。因此，当战后打开眼界的大多数妇女面临失业或者重新回到固有角色当中时，战时迥然不同的职业体验和较高的收入水平让美国妇女体会到前所未有的自尊心及成就感，使她们意识到女性也可以从事专属于男性的工作并开始重新审视两性之间的差异。[①]

虽然战后的美国社会重新将注意力转移到重建家园及家庭生活上来，但随着女性不断进入就业市场这一趋势业已形成，在战后，妇女从事有偿工作不仅仅只是临时性的短期体验。到1950年，接近三分之一的女性进入职场，已婚并育有子女的妇女进入职场工作成为美国社会习以为常的现象。然而，女性经济生活上的变化并没有给她们带来相应的经济地位的转变。随着战后经济的不断发展以及对女性劳动力需求的持续增加使得女性对职业的期待和就业市场现实之间的矛盾越来越显著。大多数女性依然集中在蓝领或粉领等低收入服务行业，少数高级职业女性即使有幸从事和男性相同的工作却长期困于最底层的职位鲜有晋升的机会。拿律师职业来说，美国妇女自1920年获得选举权后，各州均允许妇女从事律师这一长期被男性垄断的职业，各大高校的法学院也渐渐向女性学生伸出橄榄枝，然而律师事务所及一些与法律相关的工作场所往往以各种借口拒绝雇用女性员工。虽然"新政"使这一现象有了转机，联邦政府部门开始雇用一些女性法学院毕业生，到1939年，纽约市与法律相关的从业人员中女性占总人数的14.2%，华盛顿特区占10.7%，麻省占9.4%，然而这些职务仅限于文书的工作。部分华尔街公司虽然从20世纪30年代开始雇用女性律师，但她们也

---

① 弗里达·米勒：《铆工露斯遭遇了什么？》（Frieda Miller, "What's Become of Rosie the Riveter?"），《纽约时报杂志》（*NYT Magazine*），1946年5月5日，第40页。铆工露斯是第二次世界大战时期对女工的统称；威廉·蔡菲：《变化的悖论：20世纪的美国女性》（William Chafe, *The Paradox of Change: American Women in the Twentieth Century*），牛津出版社，1991，第129~131页；乔安娜·迈耶罗维茨：《超越女性的奥秘：美国战后大众文化的再评价，1946~1958》（Joanne Meyerowitz, "Beyond the Feminine Mystique: A Reassessment of Postwar Mass Culture *1946-1958*"），乔安娜·迈耶罗维茨编辑《并不是琼·克利弗：美国战后女性和性别研究，1945~1960》（Joanne J. Meyerowitz ed., *Not June Cleaver: Women and Gender in Postwar America, 1945-1960*），天普大学出版社，1994，第239~262页；林恩·维纳：《从职业女性到职业母亲：美国的女性劳动力研究，1820~1980》（Lynn Weiner, *From Working Girl to Working Mother: The Female Labor Force in the US, 1820-1980*），北卡罗来纳大学出版社，1985，第85~90页。

只是获得了最低级的从业资格,女性直到70年代后期才开始逐渐晋升为律师合伙人。① 女性开始参与社会经济生活的新现状和她们尚未改变的传统"二等公民"身份之间产生了巨大的差距。这个发端于20世纪40年代被威廉·蔡菲(William Chafe)称为"奇怪的悖论"(Strange Paradox)的社会现象促使女性开始寻求经济公平(Economic Equity)以实现在工作场所的两性平等地位。②

从20世纪40年代开始,由第二次世界大战及第三次科技革命引发的女性大规模进入就业市场的浪潮有力地证明了女性在有偿工作领域里的劣势地位并不是由于女性自身能力所致,而是由于固有的男性特权及支配地位所造成的。然而如同在男性群体之间存在阶级区别,随着越来越多的女性加入劳动力市场,处于社会经济底层的劳工阶层女性数量显著增加。虽然一部分低收入底层劳动妇女的平权意识渐渐觉醒并积极参与到工会活动中,她们同当时主流的中产阶级精英女权主义者同样意识到女性因性别歧视而困于劳动力市场的不利地位当中,但对于低收入女性群体而言,解决温饱与生存问题在这一时期远远高于个人自我价值的实现。这些刚刚觉醒的工人阶级女性将本阶层女性的需求放在核心地位,明确表达出了一种具有特定指向的基于劳工阶层的女权主义倾向。

二 从支持"保护主义政策"到拥抱两性平权

劳工女权主义在诞生初期并不支持由中产阶级女权主义者提倡的男女平等原则,相反,她们是19世纪末20世纪初产生的"保护主义政策"

---

① 辛西娅·格兰特·鲍曼:《从20世纪20年代到20世纪70年代法律界的女性:我们从她们关于法律和社会变化的经验中能够学到什么?》(Cynthia Grant Bowman, "Women in the Legal Profession from the 1920s to the 1970s: What Can We Learn From Their Experience About Law and Social Change?"),《康奈尔大学法学部出版物》(Cornell Law Faculty Publications) 2009年第12期,第3~5页。
② 威廉·蔡菲:《变化的悖论:20世纪的美国女性》,第161~162页;艾伦·克莱夫:《二战女工:以密歇根州为例》(Alan Clive, "Women Workers in World War II: Michigan as a Test Case"),《劳工史》(Labor History) 1979年冬第20期,第44~72页;桃乐茜·休·科布尔:《另一个女权运动:近现代美国的工作场所正义以及社会权》(Dorothy Sue Cobble, The Other Women's Movement: Workplace Justice and Social Rights in Modern America),普林斯顿大学出版社,2004,第12页。

（Protectionism）的坚定拥趸。"保护主义政策"源于19世纪的工人运动，旨在确保所有工人受到最小的健康危害、在遇到工伤时获取相应的赔偿以及保障更短的工作时间。当时倡议的人们相信，工人一旦免于工业化的危险及长时间的工作，就可以投身于美国的民主建设事业当中。虽然，这些法律条文诞生的初衷并不是为了保障女性在就业领域的权利及福利，但对于那些辛苦工作在纺织厂、食品加工场、制衣洗衣车间以及其他类似的血汗工作里的女性工人而言，这些具有"保护主义"色彩的法律确实在客观上改善了早期少数有偿工作女性的工作状况。[①]

在"保护主义政策"大行其道的时期，女性仅占劳动力市场的20%，而且多数聚集在低收入没有晋升空间的工作环境当中。由于其对最低工资、工作环境等基本工作条件做出了限制，早期工作中的女性确实受益于"保护主义政策"。例如到20世纪中期，美国各州都出台法律保障女性的最低工资、工作时间、工作餐以及休假等权利；限制了女性的夜班工作、具有繁重体力劳工的工作；在工作场所，雇主必须给女性工人提供座位等。[②] 正因为这些客观的进步性，劳工女权主义者在20世纪上半期作为"保护主义政策"的支持者之一，认为只有这样才能保障低收入阶层女性的权益。来自妇女工会联盟（Women's Trade Union League）的玛格丽特·德里耶·罗宾斯（Margaret Drier Robins）在1920年谈到"保护主义政策"时说："我们必须帮助女性工人们与那些糟糕的不利于她们的工作条件抗争"。[③] 男性工

[①] 更多关于"保护主义政策"的相关论述见威廉·福尔巴斯《法律与美国劳工运动的塑造》（William E. Forbath, *Law and the Shaping of the American Labor Movement*），哈佛大学出版社，1991；丹尼尔·恩斯特《律师对劳工：从个人权利到企业自由主义》（Daniel R. Ernst, *Lawyers against Labor: From Individual Rights to Corporate Liberalism*），伊利诺伊大学出版社，1995；爱丽丝·凯斯勒-哈里斯《去工作：美国受薪妇女史》（Alice Kessler - Harris, *Out to Work: A History of Wage - Earning Women in the United States*），牛津大学出版社，1982；苏珊·莱勒《女性保护主义劳工立法的渊源，1905 – 1925》（Susan Lehrer, *Origins of Protective Labor Legislation for Women, 1905 – 1925*），纽约州立大学出版社，1987；琼·霍夫《法律、性别和不公正：美国妇女法律史》（Joan Hoff, *Law, Gender, and Injustice: A Legal History of U. S. Women*），纽约大学出版社，1991；莉丝·沃格尔《工作中的母亲：美国工作场所的生育政策》（Lise Vogel, *Mothers on the Job: Maternity Policy in the U. S. Workplace*），罗格斯大学出版社，1993。

[②] 玛乔丽·特纳：《女性与工作》（Marjorie B. Turner, *Women and Work*），加州大学与洛杉矶劳资关系研究院，1964，第21页。

[③] 玛格丽特·德里耶·罗宾斯：《报界女性反对"产育立法"》（Margaret Drier Robins, "Newspaper Woman Protests against 'Maternal Legislation'"），《生活与劳工》（*Life and Labor*）1920年第10卷第30期，第86页。

会领袖也往往支持这些"保护性"政策。来自国际雪茄制造商联盟（the Cigar Makers International Union）以及作为美国劳工联合会（the American Federation of Labor）的缔造者之一的阿道夫·斯特拉瑟（Adolph Strasser）就声称"政府有责任保护弱者，而女性则是社会中的弱势群体"。然而，斯特拉瑟致力于保护女性工人的出发点如其他支持"保护主义政策"的男性一样并不单纯，他们认为"保护主义政策"可以有效阻止女性大量进入就业市场并阻止她们进入由男性主导的高技能职业领域。正是出于这一目的，当时工会的官员们不惜处罚甚至开除那些指导女性职业技巧的工会成员。①

虽然"保护主义政策"在一定时期内确实在客观上保护了女性免于从事条件恶劣的工作，但由于该政策基于女性在社会中是天然的弱势群体，加上当时参与工作的女性并不像后期人数众多，因此其传递出这样一种讯息，即从事有偿工作的女性只是少数特殊群体，需要被区别对待，并再次定义女性的首要职责依旧是作为一名母亲而非一个家庭的经济供养人。这一讯息所隐含的"保护主义政策"的天然瑕疵直到战后伴随着越来越多女性走出家庭进入职场才渐渐显露出来。正如爱丽丝·凯斯勒－哈里斯（Alice Kessler－Harris）所说，从长远来看，这种一时的保护性措施的"代价是巨大的"。② 当战后美国妇女逐渐打破"女性的奥秘"（The Feminine Mystique）开始和男性在相同的环境里工作、竞争同一个职位的时候，她们发现正是"保护主义政策"使她们遭受了不平等的对待。

最先对"保护主义政策"说不的是主流中产阶级女权主义者。1923年，旨在确保男女平等的《平等权利修正案》被首次提交到国会。该修宪案一经提交立即引发关于是否应该废除"保护主义政策"的激烈争论。支持废除的一方主要是代表少数中产阶级及精英阶层的女权主义者，相比人数众多的低收入女性，中产阶级职业女性具有更高的收入，更灵活的工作时间，较少的失业和减薪的压力。她们工作的目的往往是追求个人的自我实现而非迫于生计。更重要的是，这些收入颇高具有很大独立性的女性中有相当比例是未婚或者已婚但相较低收入群体女性而言育有较少子女的女性，因而并未背负太大的经济压力。大多数高级职业女性，例如律师、教授或者

---

① 爱丽丝·凯斯勒－哈里斯：《去工作：美国受薪妇女史》，第202、209页。
② 爱丽丝·凯斯勒－哈里斯：《去工作：美国受薪妇女史》，第189页。

高级经理人甚至可以雇用其他女性做饭、打扫卫生以及照顾家庭成员。① 因此，代表广大工薪阶层女性的劳工女权主义者认为对于低收入女性来说以限制工作时间、改善工作条件来保障劳工阶层女性生活的"保护主义政策"才是她们真正需要的。早期的劳工女权主义者因而视《平等权利修宪案》为她们在进步主义时期争取到的来之不易的成果的威胁。然而，即使在低收入群体内部，情况也不尽相同，劳工女权主义在当时并没有意识到她们忽略了这样一个群体，即单身、离异和孀居的职业女性。她们作为家庭的主要甚至唯一的经济来源，无疑是男女不平等的最大受害者。遗憾的是，这些女性抗争的声音在"保护主义政策"大行其道时湮没无闻。②

随着美国战后进入职场的女性越来越多，社会文化对于女性甚至是已婚女性进入职场渐显宽容甚至予以肯定，关于是否在就业领域实现完全的男女平等的争论再次激烈起来。围绕是否通过《平等权利修正案》的争论使劳工女权主义心神不宁，她们既不愿反对"保护主义政策"这一她们固守多时的阵地，又不想将扛起解放女性大旗的职责拱手让给中产阶级和精英女权主义者。随着战后美国劳动力市场风向的转变，及至40年代早期，劳工女权主义者也意识到"保护主义政策"给低收入女性提供的些许"恩赐"远不及男女平等带来的深远影响更重要。只不过，这一时期参与工作的女性人数虽有增加，但仍远不及男性。加上工会斗争的需求，以及这一时期和中产阶级精英女权主义者为争夺女权运动领导权的矛盾尚未调和，劳工女权主义者仍然反对《平等权利修正案》。作为"保护主义政策"支持者之一的南希·科特（Nancy Cott）在回忆她20世纪20年代的女权主义工作时说道："20世纪早期的女权主义所面临的问题是如此复杂，以至于至少还需要半个多世纪才能解决。"③

---

① 桃乐茜·休·科布尔：《另一个女权运动：近现代美国的工作场所正义以及社会权》，第13页。
② 关于"工资"（wage）以及"养家者"（provider）意义变迁的讨论见爱丽丝·凯斯勒 - 哈里斯：《女性工资：历史意义及社会后果》（Alice Kessler - Harris, *A Women's Wage: Historical Meanings and Social Consequences*），肯塔基大学出版社，1990年。
③ 南希·科特：《历史观点：20世纪20年代的平权修正案》（Nancy Cott, "Historical Perspectives: The Equal Rights Amendment in the 1920s"），玛丽安·赫希、伊芙琳·福克斯·凯勒编辑《女权主义的冲突》（Marianne Hirsch and Evelyn Fox Keller ed., *Conflicts in Feminism*），劳特利奇出版社，1991，第54页。

从20世纪50年代晚期开始，随着女性持续不断地进入劳动力市场，到1970年有偿工作的女性已占就业总人口的38%，寻求男女平等的社会和经济条件渐渐成熟。[①] 劳工女权主义者意识到支持男女平等的历史性时刻已经到来，尤其是新一代更为激进的劳工女权主义者的加入，促使美国职业女性最终在诸如雇佣政策、薪酬待遇、晋升年资等领域拉开挑战性别歧视等社会不公现象的序幕。伴随着1963年《同酬法案》(The Equal Pay Act of 1963) 以及严禁性别歧视的1964年《民权法案》第七条 (Title Ⅶ of the Civil Rights Act of 1964) 的通过实施，劳工女权主义开始利用她们新获得的法律武器与职业领域里的各种不平等现象做斗争。到20世纪70年代劳工女权主义者最终同中产阶级精英女权主义者合流，成为女权主义第二次浪潮中的生力军。通过双方的共同努力最终使《平等权利修正案》在1972年国会参众两院通过。

三　种族问题与性别问题——以美国亚裔女性为例

作为一个包含多种族的移民国家，美国的许多社会运动都不免与种族问题相连，女权运动同样如此。无论是第一次还是第二次女权运动，中上层白人女性始终是女权运动最忠实的支持者。其他处于不同社会阶层的有色人种女性在争取男女平等、消除性别歧视的道路上因各自不同的历史文化背景体现出各具特色的参与程度。美国非洲裔女性在第二次女权运动的伊始就成为白人女权主义者最重要的盟友参与其中。此外，民权运动在五六十年代引发的社会变革也为女性主义第二次浪潮推波助澜。首先，民权运动促使更多的黑人女性进入工厂工作并开始加入工会；其次，1964年通过的《民权法案》第七条为黑人和白人女性进入职场提供了有据可循的反对性别歧视的法律武器。更为重要的是，由于黑人女性加入女权运动，使得政府官员和白人女权主义者开始意识到女权运动中同样存在着种族问题，不正确对待少数族裔妇女面临的种族歧视问题无法进一步吸引更多的姐妹推动女权运动的发展。[②] 这为20世纪70年代中后期美国亚裔女性加入反抗

---

① 丹尼斯·德斯利普：《权利，而不是玫瑰：工会与劳工女权主义的兴起，1945~1980》(Dennis A. Deslippe, "Rights, Not Roses": Unions and the Rise of Working-Class Feminism, 1945–1980)，伊利诺伊大学出版社，2000，第114页。

② 丹尼斯·德斯利普：《权利，而不是玫瑰：工会与劳工女权主义的兴起，1945–1980》，第9页。

性别歧视的大军做好了准备。

美国亚裔妇女同其他有色人种女性一样在客观上受惠于以白人为主的两次女权运动，但她们参与其中的程度非常低。造成这一现象的原因有多种：作为长期被美国主流社会排斥处于劣势地位的族群，受到诸如《排华法案》等一系列限制或禁止亚裔人口发展的法案的影响，[①] 亚裔人口直到1980年才达到350万（女性占亚裔人口的51%），仅占美国总人口的1.5%。[②] 长期遭受的种族压迫、单薄的人口以及文化的多样性曾使亚裔无法像非洲裔美国人一样形成稳定的具有广泛社会影响力的政治力量。20世纪60年代晚期由一部分亚裔学生发起的美国亚裔运动将饱受压迫却"长期沉默"的广大底层亚裔群众带进美国公众的视野。该运动包含了一系列社会经济变革以期打破亚裔长期遭受的政治经济压迫。

作为其中最具活力的组成部分之一的亚裔妇女运动，最初也把种族问题置于优先地位。亚裔女性纷纷在自己族群内部成立女性组织，例如1977年春成立的美华妇女会（Organization of Chinese American Women）最初隶属于男性占支配地位的美华协会（Organization of Chinese Americans）。然而随着亚裔运动的不断发展，以及受到女权运动的影响，一部分觉醒的中产阶级亚裔妇女意识到作为少数族裔女性，虽然她们和男性一样面临种族压迫，但这使她们遭遇的性别歧视更加隐蔽，尤其是来自种族内部的。美华妇女会在10年的发展过程中渐渐发觉美华协会所关注的问题诸如公民权利等虽然重要但往往需要她们将自身女性的权利置于其后，亚裔妇女不仅仅面临来自美国社会的种族歧视，还有来自美国社会和族群内部的双重性别压迫。女性意识的觉醒最终迫使美华妇女会在1987离脱离美华协会成为一支独立的华裔女性政治力量。[③] 与华裔女性一样，其他中产阶级亚裔女性纷纷成立自己的妇女组织反抗来自族群内部和主流社会的双重压迫。也有一些更为

[①] 1965年移民法案的颁布是亚裔及其他移民群体发展历史上的转折点。自此，在经历长期的被驱逐和限制的历程，该法案最终让亚洲、墨西哥、拉丁美洲及其他非欧洲国家移民不再受每年少量的移民配额限制。

[②] 周颜玲：《美国亚裔女性女权主义意识的发展》（Esther Ngan – Ling Chow, "The Development of Feminist Consciousness Among Asian American Women"），《性别与社会》（Gender & Society）1987年第1卷第3期，第296页。

[③] 威廉·魏：《美国亚裔运动》（William Wei, The Asian American Movement），天普大学出版社，2010，第72、92~93页。

激进的亚裔妇女以个人身份参与主流女权组织。

到20世纪60年代美国亚裔已取得了令人瞩目的社会经济地位的进步，越来越多的亚裔美国人进入中产阶级开始融入主流社会。这一时期"模范少数族裔"[①] 渐渐取代"黄祸"（Yellow Peril）等其他歧视性称呼成为亚裔的代名词，然而在一部分亚裔取得成功的同时，更多的是仍然困于唐人街、韩国城、小西贡等亚裔聚居地贫民窟中的广大下层群众，尤其是1965年移民法颁布后刚刚到来的新移民。处于社会最底层的亚裔妇女大多在诸如制衣车间等血汗工厂里从事着繁重机械的工作，领着微薄的薪水并饱受情感和精神上的压力。由中产阶级女性发起的亚裔妇女运动并不能改善她们的生活状况和社会地位，因此未能造成较大的社会影响。与此同时，20世纪六七十年代学生争取民主社会组织（the Students for a Democratic Society）中的学生活动家们受到民权运动的启发纷纷进入社区开始组织低收入底层群体进行斗争。这些学生活动家的"终极理想以及崇高的目标"就是在美国"消灭贫困、结束种族不平等并扩大民主的范围"。为此他们发动了一场穷人间的跨种族运动（Interracial Movement of the Poor）。[②] 从70年代初开始，一些受过高等教育并参与亚裔运动的美国亚裔妇女，也纷纷改变斗争策略选择进入社区或加入工会为广大底层亚裔女性服务。她们开始以一种新的面貌——美国亚裔劳工女权主义者——带领亚裔劳工阶层女性与美国社会的种族歧视和性别歧视做斗争，开始作为一支新生的政治力量登上美国女权运动的舞台。

20世纪70年代对于劳工女权主义者来说是一个充满了乐观主义情绪的时代。这一时期，由于女性工会积极分子渐渐摆脱了在工人运动中被边缘化的地位并逐渐走上领导层，使广大底层劳动妇女的权益受到关注。由于劳工女权主义同中产阶级精英女权主义的合作大大加强了女性主义第二次

[①] 20世纪60年代美籍日裔和华裔首先获得这一称呼，到20世纪80年代"模范少数族裔"这一称号再次出现，这一时期美籍柬埔寨裔、越南裔及其他新亚洲裔移民获此"殊荣"。见令狐萍和艾伦·奥斯汀编辑《美国亚裔历史和文化：一部百科全书》卷1（Huping Ling and Allan W. Austin ed., *Asian American history and culture: An Encyclopedia*, Vol.1），迈伦·夏普出版社，2010，第65~66页。

[②] 珍妮弗·弗罗斯特：《一场底层贫民中的跨种族运动：20世纪60年代的社区组织及新左派》（Jennifer Frost, "*An interracial Movement of the Poor: Community Organizing and the New Left in the 1960s*"），纽约大学出版社，2001，第1页。

浪潮的影响力，在打破劳动力市场的性别歧视，进一步提高女性的社会经济地位方面取得了非凡的成就。女性参与工作的人数进一步增加，从20世纪50年代到90年代早期，美国工会的女性成员从17%增加到37%。[①] 虽然到80年代，美国工人运动日渐式微，劳工女权主义同样面临转型的问题，但她们在美国妇女运动历史上所做的贡献反而渐渐得到学界的关注，并被给予应有的地位，正如南希·赛义夫（Nancy Seifer）在1973年所说，"低收入阶层的女性从此不再沉默"。

后　记

历史学家们往往用最大的热忱最谨慎的求索还原历史的原貌，然而由于受自身兴趣、偏见及政治信仰的影响，我们对研究客体的选择及如何看待他们难免会掺杂个人的倾向性。正如始于20世纪七八十年代的对劳工女权主义的研究几乎是以白人女性为主，鲜有对亚裔的研究。一是由于受到客观因素的影响。亚裔妇女行动主义（Activism）始于70年代初期，大多数现在事业有成的亚裔劳工女权主义者多在这一时期涉足该领域，而当她们开始在劳工领域大展身手的时候美国工人运动整体进入衰退期，工会的影响力到了80年代已远不如早年。二是因为即使当今亚裔已成为美国这个多种族移民国家最重要的少数族裔之一，美国主流文化价值观依旧是以欧洲移民为主。但有色人种妇女在美国女性寻求男女平等的道路上发挥了不容忽视的作用，对他们的研究给我们提供了一个绝佳的视角去洞悉人类社会在过去是如何运转，在未来又将走向何处，使得我们有机会打破历史研究的个人局限性，去丰富、完整过去发生的一切。

（作者简介：余卉，新西兰奥克兰大学历史系博士研究生）

[①] 丹尼斯·德斯利普：《权利，而不是玫瑰：工会与劳工女权主义的兴起，1945—1980》，第191页。

"美国历史上的社会转型"暨纪念历史学家杨生茂百年诞辰学术研讨会综述

王亚萍

2017年9月23~24日,"美国历史上的社会转型"暨纪念历史学家杨生茂先生百年诞辰学术研讨会在天津南开大学新校区举行。会议由南开大学历史学院、南开大学世界近现代史研究中心和中国美国史研究会主办,南开大学美国历史与文化研究中心和天津历史教学社协办。来自中国社会科学院、香港大学、香港科技大学、北京大学、复旦大学等50多所高校和科研机构以及《历史研究》《世界历史》《美国研究》等著名学术期刊的近150名专家学者参加了这次会议。

杨生茂先生是中国美国史研究的主要开拓者和奠基人之一,为中国的美国史研究、美国史学科建设以及人才培养做出了卓越的贡献。先生出生和成长于祖国战乱动荡时期,故民族忧患意识成为他一生的思想载体,民族与现实情怀始终是他做学问的出发点。他认为,中国学者研究外国史,绝不仅是为了求取知识,而是涉及民族文化的建设、爱国情感的培育以及对世界文明发展的贡献。中国人要有自己的历史解释方式,要发出自己的声音。[1] 研究美国史要学以致用、外为中用,要鉴别吸收,即批判地吸收西方的东西,不全盘西化,不做美国历史的传声筒,既不夜郎自大亦不妄自菲薄。这些观点对任何时代研究美国史的学者都是一种警醒与启示。

---

[1] 杨令侠、朱佳寅:《中国世界史学界的拓荒者——杨生茂先生百年诞辰纪念文集》,南开大学出版社,2017,第542页。

此次学术研讨会分大会主题报告与小组讨论两种形式进行。大会主题报告由复旦大学李剑鸣教授主持，香港大学徐国琦教授、东北师范大学梁茂信教授、上海大学张勇安教授与南开大学付成双教授分别做主题报告。会议第二阶段为小组讨论，会议主题为美国历史上的社会转型，这里"社会"一词取更广泛的含义，包含美国历史上的政治、经济、外交、城市、环境等各个层面，以下据此分类简要介绍参会者的观点。

（一）美国社会转型中的政治问题研究

政治是社会的一个重要层面，政治制度构建与发展是美国早期社会转型的重要组成部分，与会者围绕这一问题进行了交流与讨论。李剑鸣教授在《为了被统治者的安全》一文中提出，革命时期精英主义和民众主义两种国家构建路径与思维的博弈中美国统治阶层形成了倾向于被统治者的政治思维，成为"反国家权力主义"的思想底蕴。19世纪下半叶之后，美国国家权力不断扩张，政府权力被视为自由的维护者和推进器，以"反国家政权主义"为核心的被统治者政治思维这种政治变迁的强大潮流中成为一种重要的平衡力量。梁茂信教授提出，美国革命时期各州及联邦宪法都规定了选民财产资格制度，可见革命后美国建立的是一个政治等级制度而不是真正"民主"的共和制度。梁红光考察了美国早期"州的可起诉性"这一议题，她认为《联邦宪法》第十一条修正案获得批准标志着反对可起诉州权者获得胜利，是美国早期国家构建的重要组成部分。郭巧华提出，美国建国初期最高法院努力确立和强化司法独立的原则，对美国分权制衡的政治体制产生了深远的影响。王征考察了当代美国公众政治参与度的变化，提出社会信任度下降、社会规则、社会网络形式变化等因素导致90年代以来公众参与度降低，对美国公民社会政治生活产生了不良影响。江振春《美国18岁公民投票权的设定——宪法第二十六条修订案的历史考察》，讲述美国从米切尔案到宪法第二十六条修正案通过，确立18岁公民投票权的过程。胡晓进讲述了中国学界在1987年美国1787年宪法200周年之际举行的纪念活动和翻译著作的情况，认为美国宪法的精神是世界性的。刘祥探讨了社会转型时期美国社会组织在现代人权观念兴起中扮演的重要作用，提出20世纪三四十年代联邦基督教协进会、美国法学会、"研究和平委员会"等社会组织在现代人权观念的兴起中扮演了重要角色，为国际人权标准和人权保护机制的形成奠定了基础。

（二）美国社会转型中的经济问题研究

经济因素是促进美国社会转型的重要力量，与会学者探讨了美国历史上不同时期经济对社会转型的影响。董瑜在《1819年经济危机与美国政治文化的变动》一文中分析了1819年经济危机在美国国内引发的关于国家政治经济的各种争论，提出资本主义的发展推动了美国政治生活的民主化。路乾以马萨诸塞州银行业开放史为例提出，精英从权利开放秩序中比从权利限制秩序中获得更多利益是他们推动权利秩序变迁的动力，经济快速发展和民主政治框架以及向资本征税是促使精英受益结构变化的关键。王书丽认为，针对2007~2008年金融危机暴露的问题，美国国会通过《多德－弗兰克法》，开启了联邦政府加强金融监管的新局面。

随着美国资本主义经济的发展，美国国家在社会中扮演的角色也在随之发生变化，国家对经济事务的干预和构建福利社会是学者关注的议题之一。张庆熠在《开启福利国家之门——美国"社会保障法"初探》一文中提出，1935年美国《社会保障法》确立了美国社会保障和社会福利制度的基本框架，开启了美式福利国家之门，深刻改变了美国资本主义制度。黄贤全教授提出，二战后美国的区经济开发政策经历了三个阶段，四五十年代致力于田纳西河流域自然资源开发，六七十年代强调改善贫困地区的经济社会环境，八九十年代转为缓解偏远萧条地区的贫困问题，这些转变深受美国国内政治经济思潮和党派之争的影响。王娟娟（河南大学）《国家自主性视野下的美国淫秽物品委员会》以20世纪六七十年代美国淫秽物品委员会由成立到被取消的历程分析国家与社会的关系，认为国家自主性深受官员和社会舆论的约束。李文硕在《医疗产业与城市复兴：美国工业城市匹兹堡的转型之路》一文中提出，20世纪80年代以来，面临美国产业结构和城市功能双重转型的压力与挑战，以匹兹堡大学医疗中心为代表的医疗产业在匹兹堡市转型和复兴中起到了巨大的促进作用，是美国城市复兴的典型。李莉认为，美国二战后高层公共住房短期内由盛转衰的主要原因不在计划本身，而是美国政府牺牲低收入阶层利益、配合二战后城市政策转型造成的。

（三）美国社会转型中的社会底层及弱势群体研究

19世纪末20世纪初是美国社会发生转型的一个重要时期，工业化与城市化加速，社会矛盾突出，许多与会者提交的论文涉及这一时期劳工、移民等社会下层和弱势群体。原祖杰教授从宏观上考察了美国社会公正观念的演变，提出不同时期美国不同社会群体对社会公正的理解存在程度不同的差异，美国的社会进步有赖于这种非理性差异的削减。美国历史上社会公正观念是一种动态的不断演变的观念，适用范围在不断扩大。王心扬教授认为，19世纪美国戒酒运动中至少包含阶级冲突、宗教与族群对立以及性别对立三种社会矛盾，各种社会矛盾紧密交织在一起，相互制约，相互支持，他提出多宗教和多族群构成是美国工人阶级不能实现阶级团结的一个主要因素。焦娇分析了19世纪末20世纪初美国工业化时期有关生计工资和理想工资的调查与争论，认为劳工政治在这一时期逐渐脱离了原本的道德主义色彩，转向对消费品及其效用的具体分配。李婷提出，进步主义时期许多中上层女性积极参与城市公共健康运动，是进步主义改革力量的重要组成部分，这在某种程度上提高了女性的社会地位。王荣亮认为，南北战争不仅推动了美国资本主义经济迅速发展、社会政治进步，也推动了美国社会治理上的革新与转型。刘义勇提出，19世纪末以自由和基督教为核心的文明观念产生了对特定群体的排斥，这种文明观念在美国排华运动中发挥了重要作用。蔡萌提出，美国革命后自然权利观念成了社会边缘群体的一种"抗争性"话语，1820～1850年间劳工运动的参与者也正是利用自然权利观念为自己争取权益。

此外，有几位参会者探讨了美国社会转型时期女性的婚姻及社会地位的变化。付成双教授提出，在美国殖民地时期在毛皮贸易边疆开发模式下存在的毛皮商人与印第安人之间跨越种族的"乡村婚姻"随着白人妇女的到来以及白人种族主义的兴起而走向消亡。杨丽红指出，大萧条的特殊背景促使美国政坛涌现了一批杰出的女性政治家和活动家，但是她们多被限制在社会保障部门，作为一个群体女性的地位不仅没有提高，反而有所下降。余卉认为，二战后劳工阶层的女性从支持"保护主义"转向支持两性平权，在20世纪六七十年代与主流女权主义合流成为第二次女性主义浪潮的生力军，她们要求打破美国劳动力市场的性别壁垒，对当代女性产生了深远影响。

（四）社会转型时期的黑人、奴隶制及种族主义问题研究

美国黑人问题时至今日依然是美国社会的一个顽疾与伤痛，美国由默认奴隶制的社会转为种族和谐的社会是一个异常艰辛、漫长而且正在进行中的过程。与会者围绕奴隶制的废除、民权运动等引起美国社会发生重大变化的事件进行了讨论。高春常对《纳特·特纳的自白》进行文本分析后提出了奴隶制的道德问题，认为《自白》的畅销进一步激化了南北矛盾。梅祖蓉提出，卡尔霍恩捍卫奴隶制并非简单地否定洛克的自然权利论，而是将自然权利的主体限定为白人，从现实利益出发将黑人非人化，作者从种族正义的角度对近现代西方伦理学提出了批判。

赵文器分析了殖民地时期教友会废奴运动兴起的动因和意义，提出教友会内部反奴隶制思想的发展和成熟使得教友会在美国废奴主义和人道主义历史上扮演了先驱者的角色。杜华认为，从19世纪30年代开始美国北部州构建了一个"奴隶主权势集团"的观念，这个观念随着废奴运动的发展从边缘进入主流政治，对南北战争的爆发产生了巨大影响。李丹考察了1835年美国反奴隶制协会邮寄反奴隶刊物在南部州和北部州之间引起的分歧与冲突，认为这场冲突加强了南部的分离倾向。王金虎分析了1847年林肯作为律师为奴隶主马特森索取逃亡奴隶进行辩护的心理，认为林肯是一位努力工作的律师。

现代民权运动是美国黑人争取权利、促进美国社会发生转型的重要事件，谢国荣和于展从跨国的视角探讨了冷战因素给美国国内民权运动带来的压力和影响。谢国荣教授提出国际因素在1954年布朗案判决中发挥了重要作用，判决结果某种程度上提升了美国在国际社会中的声誉和形象，但未能真正解决种族问题。于展认为，伯明翰运动爆发后，国际舆论和谴责迫使肯尼迪政府积极推行民权改革，以图提升美国的国家形象。

（五）美国社会转型时期的外交问题研究

外交是内政的延伸，美国从殖民地时期开始的每次国家成长与社会转型都在塑造和改变这个国家的外交思想与政策，学者们针对这个问题进行了交流与讨论。王晓德教授对美国奠基时期的外交思想进行了思考，他提

出杰斐逊"重农轻商抑工"思想以及"农业共和国"的设想加剧了他对英国的敌意,对他担任总统之后的外交产生了很大的影响。王立新教授《"西方"是如何形成的?美国国家身份的重塑与大西洋同盟的构建》一文提出美国的身份认同在二战后发生了巨大转变,从美国例外论演进到构建"大西洋共同体",提出只有在二战以后美国才成为"西方"的一分子,这意味着美国的外交思想与理念、地缘政治身份和国家战略发生了重大变化。

冷战是影响美国社会转型、推动美国外交变化的重要因素。学者们就冷战视野下的美国外交、国际史研究进行热烈讨论。戴超武教授提出,中国因素是约翰逊政府升级越战的一个重要原因,认为美国对中苏分裂、对"文化大革命"的认识影响了其决策,而其决策中有误判的成分。白建才教授提出,美国在新中国成立初期隐蔽的宣传活动以失败告终,恶化了中美关系,加剧了东西方冷战,促使中国政府加强了社会管理。高艳杰认为东帝汶危机(1975~1977)是冷战中东南亚秩序的分水岭,美国战略收缩的战略使其在危机中保持沉默甚至私下支持印度尼西亚。吕桂霞提出,美国1968年在斐济的和平队积极融入当地社会,在推动当地教育、文化、卫生和社会的发展的同时也传播了美国文化和价值观。刘长新提出美国与越南两国的国家利益相悖是卡特政府时期双方建交失败的原因,这次失败使两国失去了在冷战中实现关系正常化的机会。徐振伟提出,二战后美国利用日本的粮食危机为其提供援助,本意旨在解决美国粮食过剩的问题,客观上改变了日本民众的饮食习惯和日本粮食的生产结构。孙晨旭提出,在中国收回香港以前,美国始终是从美中、美英大国关系的考虑来制定对港政策。郭华东认为,中国因素在艾森豪威尔决定加强对印度经济援助决策中发挥了重要作用,艾森豪威尔对印度不结盟政策的敌视转为尊重和理解,美印关系有所改善。杜晓东认为,泛阿拉伯民族主义是艾森豪威尔主义在埃及失败的重要原因,美国被迫与埃及缓和关系。刘欣提出,1961年中印边界冲突中美国考虑的是中国与印度在亚洲的长远斗争而不是冲突本身,美国联印制华政策对美国与印度、中国和巴基斯坦的关系都产生了影响。温荣刚提出,英美两国政府围绕1961年英国顾问团进驻南越问题进行了较量与妥协,是对英美特殊关系的考验。

国际化转向是美国外交史和冷战史研究的一个重要发展趋势,史宏飞关注美国科学家围绕如何合理控制原子能进行辩论并达成共识这一议题,提出科学国际主义在美国科学家联合会推动美国核政策向"国际控制"方向发展的过程中发挥了重要作用。王华提出，19世纪60年代兴起的太平洋强制劳工贸易在80年代由于白人至上种族主义观念的盛行而走向衰亡。张勇安提出，冷战中美国联邦麻醉品局局长兼美国驻麻醉品委员会代表哈里·安斯林格以毒品作为武器在联合国麻醉品委员会妖魔化新中国，1964年苏联也加入这一活动，其目标是抵制中国。此外，美国新任总统特朗普的外交受到了关注，王娟娟（四川大学）认为，特朗普提出的"美国优先政策"覆盖美国的政治、经济、外交各个领域，根本目的是促进就业，振兴美国经济，用实力维持美国的领导地位。石秋峰提出，杰克逊主义是美国长期外交实践中形成的一种外交传统，杰克逊主义重新回归政治舞台将会对特朗普的外交政策以及未来的国际秩序产生影响。

（六）美国社会转型中的疾病、医疗与环境问题研究

疾病史、医疗史、环境史等领域是美国史研究的新兴领域，几位参会者就美国历史上社会转型时期的疾病与环境问题进行了探讨。丁见民教授在《史前北美印第安人社会的疾病生态及其意义》一文中提出，哥伦布到达美洲之前，北美印第安人社会并不是"伊甸园"，而是已经存在着各种各样的疾病，这是后来白人带来传染性疾病入侵、印第安人人口剧减的重要因素之一。杨长云在《禁忌与社会政治：美国社会卫生学会成立始末》一文中提出各类社会组织在19世纪末20世纪初解决城市社会问题的过程中发挥了重要作用，认为时代转型中"社会卫生"一词的含义发生了变化。王林亚认为，美西战争后美国各界知识分子围绕美国白人在热带环境生活后是否退化、白人在热带的适应性等问题展开争论，加强了美国人具有种族主义色彩的热带环境观念以迎合这一时期美国扩张主义的需要。牛丹丹认为，美国从1946年至1958年在太平洋托管岛屿进行的核试验极大地危害了当地的生态环境和居民身心健康，世界和平人士的反对客观上推动了国际反核运动的发展。

（七）美国历史研究中的其他相关主题

王玮教授在其文《延续与断裂：全球视野下的美国史研究》中提出，世界历史本身就充满着"延续"和"断裂"两种取向，这种悖论观也可以

用来解读和阐释美国历史的发展演变过程。美国文明一方面是欧洲文明的延续，一方面经过北美新大陆的改造和重建所以也有一个文化历史的断裂。美国历史进程就是这种延续与断裂并存的过程，二者相对相依。牛可教授关注美国社会科学与国家的关系，以哈佛社会学家帕森斯1948年提出的报告《社会科学：一项基本的国家资源》为个案研究，认为这是美国社会科学史上一份被遗忘的重要文献，其在思想史和智识社会史上的意义尚待挖掘。吴金平教授提出，美国国家利益界定的变化使得美国移民政策经历了自由移民、限制移民和选择移民几个阶段，将移民政策与国家利益结合起来，有助于拓展对国家利益概念和内涵的理解。魏红霞研究员认为，今日的中国应该汲取美国二战后主导全球经济体系的经验，建设自己全球经济治理的能力，这些经验包括建立美元体系，创立全球性和地区性制度框架，不断进行产业创新转型，建立完善的对外援助机制，等等。

　　几位参会者提交的论文涉及美国史学史方向，吴万库认为帝国学派开拓者赫伯特·奥斯古德运用英帝国视阈加强对美利坚殖民地史的研究，这种空间转向的研究路径对美国早期史研究产生了重要影响。葛音认为，大历史理念从根本上改变了传统史学的研究对象，重新定义了人们对于"历史"这一事物的认知，在专业研究及大众科普领域都将有巨大的潜力。翟涛在《范式转移："文化转向"与美国冷战宣传史研究的兴起和嬗变》一文中提出，随着文化转向美国冷战宣传史从政治史嬗变为了带有新文化史的研究领域，超越冷战本身寻求对外宣传行为在美国国内和文化层面的历史根源。刘合波提出，冷战环境史是将冷战史与环境史结合起来的跨领域研究，具有丰富的研究内容和较大的挖掘潜力。于留振认为，20世纪90年代中期以来，美国资本主义史在美国史学界成为一种新的潮流，该潮流试图在社会史和文化史的背景下重新理解美国资本主义的发展历程，这股潮流对传统的经济史研究、现有的史学研究观念和方法都造成了冲击。

　　闭幕式上谢国荣教授、牛可教授、周祥森教授和原祖杰教授作为分组代表进行了总结汇报，他们肯定了与会者在研究主题、研究方法上的取向，总结了这次会议的几个特点：第一是会议论文题材众多，议题繁富，涉及美国历史上不同社会转型时期的政治、经济、外交、城市、环境等不同面向；第二是学者们都有强烈的现实关怀，美国社会转型时期的许多问题也是现在我们国家普遍关注和面临的问题；第三是参会论文中宏观的长时段考察和微观的个案考察兼而有之；第四是学者们在研究中注重思想性和理论性，有理论自觉；第五是许多学者主动运用了跨学科的方法，关注史学的新领域和新动向。周祥森教授认为，就这次会议来看，中国美国史领域受到后现代化史学的影响不太大，碎片化的倾向并不明显，中国的美国史研究有中国史学的特色，体现了知识分子的责任意识。

这次会议是中国美国史研究领域的一次大型学术研讨会，集中反映了中国学界关于美国史研究的最新研究成果，促进了学者之间的交流。中国学者将继承前辈学人的优良品德与扎实学风，继往开来，承担起推动中国美国史研究走向世界的责任。

（作者简介：王亚萍，南开大学世界近现代史研究中心博士研究生）

史学理论研究

绝对主义：一个历史概念的名与实

黄艳红

内容提要：对绝对主义概念的思考应放在近代早期欧洲的政治语境中。在这个时代的法国，君主绝对权力说的阐发，意在克服君主制的危机、巩固国家统一，增强君主的地位和主动性以实现更高层次的目标，因此绝对君主制从其源头上是有限度和条件的，它不等同于被目为非法的专制主义。19世纪的历史学曾高度评价绝对君主制在塑造现代政治生活和民族国家中的主导作用，但今天的研究者认为绝对主义在近代早期有一个兴起、巩固和衰落的过程。法国的绝对主义起初的目标是巩固既有的社会-法律基础，但当它的抱负日益增长时，便对后者构成威胁，并由此产生一系列的冲突，导致了它的衰败。绝对主义的政治逻辑只有在废除其社会-法律基础之后才得以延续。

关键词：绝对主义　绝对君主制　法国旧制度　史学史

近些年来，绝对主义（英文为 Absolutism）和绝对君主制（Absolute Monarchy）频繁出现于我国历史学界的探讨中。在通常的语境中，这两个术语指的是近代早期西欧和中欧的一种政治体制。我国学界过去长期把绝对主义或绝对君主制翻译成"专制主义""君主专制制度"等。对于这两类术语，刘北成教授等已经做过相关的探讨。[①] 本文拟在国际学界相关研究的基

---

① 刘北成：《论近代欧洲绝对君主制》，《北京师范大学学报》（社会科学版）1997年第1期。相关研究另有：庞冠群《从绝对主义理论看法国旧制度末年君主制改革的困境》，《浙江学刊》2008年第6期；常保国《西方文化语境中的专制主义、绝对主义与开明专制》，《政治学研究》2008年第3期；王云龙、陈界《西方学术界关于欧洲绝对主义研究述要》，《史学理论研究》2004年第2期；陆连超《西方没有专制体制——从绝对主义的中文误译问题谈起》，《贵族大学学报》（社会科学版）2011年第1期。

础上，结合笔者近年来的一点思考，对绝对主义概念的理解及对绝对君主制的研究发表一点浅见。

一 概念

以笔者所见，国内学者在讨论 Absolutism 或 Absolute Monarchy 时，大多注意到它们与 despotism 的区别，并主张将前两个概念译为"绝对主义"和"绝对君主制"，而 despotism 才是西方语境中的"专制主义"。[1] 本人赞同这种做法，并拟将这对概念放在具体的历史情境中做进一步的申述。由于笔者的研究范围所限，本文的讨论将主要集中于法国的绝对君主制，但会兼及德语学界的动态。

一般认为，"绝对主义"这一概念直到 18 世纪末才正式出现在西方语言中。根据鲁道夫·菲尔豪斯的说法，1796 年，法语中偶尔出现 absolutisme 一词，但它的流行要等到 19 世纪中叶。在英语中，absolutism 要到 1830 年后才零星出现。在德语中，Absolutismus 在 19 世纪 20 年代开始较为频繁地出现，多数情况下带有贬义色彩。菲尔豪斯还认为，"绝对主义"首先是由它的反对者——如旧的等级制度的拥护者，以及自由民主派和社会主义者——使用的，他们试图在对一概念的批判中彰显自己的主张。[2] 在法国，像"旧制度"（Ancien Régime）一样，"绝对主义"也是被摧毁它的法国大革命发明出来的。[3] 但需要指出的是，在大革命之前的时代，作为一个政治概念的绝对主义并非无迹可寻，而对我们的论题来说，尤为重要的是当时语境下对"专制主义"的表述。

---

[1] 刘北成：《论近代欧洲绝对君主制》，《北京师范大学学报》（社会科学版）1997 年第 1 期。相关研究另有：庞冠群《从绝对主义理论看法国旧制度末年君主制改革的困境》，《浙江学刊》2008 年第 6 期；常保国《西方文化语境中的专制主义、绝对主义与开明专制》，《政治学研究》2008 年第 3 期；王云龙、陈界《西方学术界关于欧洲绝对主义研究述要》，《史学理论研究》2004 年第 2 期；陆连超《西方没有专制体制——从绝对主义的中文误译问题谈起》，《贵族大学学报》（社会科学版）2011 年第 1 期。

[2] 鲁道夫·菲尔豪斯：《绝对主义》（Rudolf Vierhaus, "Absolutismus"），载《18 世纪的德国》（*Deutschland im 18. Jahrhundert*），范登霍克和鲁普莱希特出版社，1987，第 63~83 页。

[3] 雅克·勒维尔：《绝对君主制》（Jacques Revel, "Monarchie absolue"），载弗朗索瓦·孚雷和莫娜·奥祖芙主编《法国大革命批判词典：观念卷》（François Furet et Mona Ozouf éds., *Dictionnaire critique de la Révolution française. Idées*），弗拉芒里翁出版社，2007，第 293~316 页。

在18世纪的法国，一些知识分子曾把王权视为改革的原动力，为了推动法国的"理性化"，国王被赋予了"绝对"权力。在1750年围绕新开征的1/20税的舆论战中，① 一份为国王的改革措施辩护的小册子称："在君主制国家……君主的权利在所有方面都是也应该是最绝对的"；"君主有权暂停国家法律：政治和效用的理由使得这种暂停合法化"。② 可以说，在启蒙时期的舆论中，并不缺少典型意义上的"绝对主义"意识形态。1750年前后的伏尔泰也是绝对主义的支持者，当时他认为君主为了改革国家的弊端，可以废除"延续四千年的陋习"，③ 也就是说，君主的立法权不受"习惯"的约束，而"习惯""传统"正是当时的贵族反对派用以制衡王权的"专制"倾向的主要思想武器。

在18世纪法国的政治生活中，高等法院的穿袍贵族们是最重要的角色之一。就笔者所见，他们的确有过国王的"绝对"权力的说法。1776年3月，在巴黎高等法院驳斥杜尔哥（Turgot）的六项改革措施的诤谏书中有这样的字句："虽说绝对权力（pouvoir absolu）的最威严的做法……可以暂时压制一个忠实仆人和一个庄严的法律机关的抗议，压制您的高等法院、其它高等法院以及教士等级的申辩……"这个说法暗示，穿袍贵族们某种程度上承认国王的绝对权力可以压制他们的抗议，但他们并不满意，所以随后他们立刻补充说，即便如此，杜尔哥的改革还是不能推行下去，因为此类"新颖的做法"有悖于"事物的本质"，有冒犯"君主权威的合法界线"的危险。④ 应该说，这种言论反映出的是法院贵族对于绝对君主制的基本态度——大法官拉穆瓦尼翁·德·布朗梅尼尔（Lamoignon de Blancmesnil, 1683-1772）说"法国国王什么都可以做，但并不是什么都是允许的"，⑤

---

① 参阅黄艳红《法国旧制度末期的税收、特权和政治》，社会科学文献出版社，2016，第224～235页。
② 达米安·德·戈米古尔：《关于教会财产性质的评论》（Damiens de Gomicourt, *Observation sur la nature des biens ecclésiastiques*），（小册子，无出版社），1751，第4～6页。
③ 黄艳红：《法国旧制度末期的税收、特权和政治》，第228页。
④ 儒勒·弗拉麦蒙：《18世纪巴黎高等法院诤谏书》（Jules Flammermont, *Les remontrances du parlement de Paris au XVIIIe siècle*）第三卷，国民出版社，1888～1898，第280页。
⑤ 威廉·道伊尔：《高等法院》（William Doyle, "Parlement"），载基思·贝克主编《法国大革命与现代政治文化的创造：旧制度的政治文化》（Keith Baker ed., *The French Revolution and the Creation of Modern Political Culture: The Political Culture of the Old Regime*），培格曼出版公司，1987，第157～164页。

也正是这个意思。

　　放在今天的法学语境下,这种对于绝对权力的理解在逻辑上并不圆满。但它在历史语境中的生成某种程度上可以解释这种现象。庞冠群在论及 16 世纪和 17 世纪绝对主义的两位重要理论家让·博丹和波舒埃主教的王权理论时,曾强调他们给所谓绝对权力设置的某些"合法界线",如君主不能违反神法和自然法,而臣民的自由和财产权就是自然法中的根本元素之一,否则就是违反法国的"宪法"或基本法,是非法的"专制主义"。[①] 当然,这里所谓的"宪法"(constitution)与现代语境下的宪法并不是完全相等的概念。米歇尔·安托万(Michel Antoine)说,尽管宪法一词的使用在 17~18 世纪日益频繁,但它并不意味着"国家的法律根基,而是国家先天的、不可改变的体质(complexion),它分泌出政府的原则、行为方式和特殊的机构"。[②] 前引穿袍贵族所谓"事物的本质"的说法,与这种有机论的、近乎神秘的"宪法"观念是暗合的。

　　因此,无论是博丹——一般认为他是法国绝对主义理论的第一个集大成者——还是波舒埃——绝对主义最得力的鼓吹者——都认为君主的"绝对"权力是有条件的,从这个意义上说,绝对主义体制下的君主的权力根本不是绝对的。这似乎与绝对主义发展史中那句著名的法律格言有抵牾:"君主不受法律约束"(princeps legibus solutus est)。这句话与同样源自《查士丁尼法典》的另一句格言构成绝对君主制的基本法理来源:"凡君主合意的都具法律效力"(Quod principi placuit legis habet vigorem),这个说法与后来国王的法令末尾经常出现的一句套话意气相通:"因为这是朕的意思"(car tel est notre plaisir)。一百年多年前,法学家们已经指出,"君主不受法律约束"的说法在 13 世纪就已进入了法国的公法传统,[③] 因此有人认为美男子腓力时期(1285~1314)是法国式的绝对主义理论的奠基时代,而 15 世纪法国教会的头面人物让·尤文纳尔·德·乌尔森(Jean Juvénal des Urs-

---

[①] 庞冠群:《从绝对主义理论看法国旧制度末年君主制改革的困境》,第 42~45 页。
[②] 转引自雅克·勒维尔《绝对君主制》,第 299~300 页。
[③] 阿德玛尔·艾斯曼:《古代法国公法中的"君主不受法律约束"格言》(Adhémar Esmein, "La maxime Princeps legibus solutus est dans l'ancien droit français"),载保罗·维诺格拉道夫主编《1913 年伦敦历史研究国际会议法律史论文集》(Paul Vinogradoff ed., *Essays on Legal History Read before the International Congress of Historical Studies Held in London in 1913*),1913,第 201~214 页。

ins，1388 – 1473）同样是这一理论的重要阐发者。① 但是，让·尤文纳尔对君主主权的强调，是与对暴政（tyrannie）的谴责平行的，② 这就导致对"君主不受法律约束"和"凡君主合意的都具有法律效力"两句格言的另外一种解读：它们的主要意旨不在于君主具有任意而为的权力，而是君主有建立或改良法律的主动性和独立性，即做"一个真正的君主应该去做的事情"；这些格言固然意味着君主可以在现有法律面前保持某种自由，但"更重要的事情是服从理性，让王国服从法律"。③ 如果结合让·尤文纳尔著述的历史环境，他的这种立场可以得到理解。因为当时正值百年战争末期，满目疮痍、四分五裂的法国急需一个能够在立法方面发挥主动性的君主来重塑国家的统一和权威，这与一个多世纪后让·博丹的处境（宗教战争和国家的内部分裂）很接近。另外需要指出的是，波舒埃认为君主应明理晓事，善听良言，④ 这些看法同样见于尤文纳尔，他也认为君主应该接受明智的建议，应该在必要时召集王国各等级一起议事。⑤

结合庞冠群对让·博丹和波舒埃的分析，我们可以认为，绝对主义理论从一开始就是有条件的，它固然赋予君主很大的自由度，但它预设的一个前提是君主的作为需要符合一种更高的理想或普遍的原则，即尤文纳尔所说的"更重要的事情"，后者可以是理性、国家的安宁和法治，也可以是神法和自然法。从这个角度来说，绝对主义理论的阐发和深化，应该放在法国君主制的兴起、危机和巩固的长时段背景中进行考察，它应被视为君主制国家克服封建离心主义、外敌入侵、宗教对抗和贵族内乱等各种内外困境的一种意识形态，但它自始至终都是有条件的，如果国王忽略了"更重要的事情"，那他的统治就有被指责为暴政和专制主义的危险。

这种危险在 18 世纪中期之后的政治纷争中暴露得相当明显，它既反映了当时旧制度的政治危机，也揭示了绝对主义理念与"专制主义"（despot-

---

① 阿尔贝·李高迭：《让·尤文纳尔·德·乌尔森：绝对主义的先驱》（Albert Rigaudière, "Jean Juvénal des Ursins: Précurseur de l'absolutisme"），载罗塔尔·谢林主编《绝对主义，一个不可替代的研究概念？德法两国的回顾》（Lothar Schilling ed., *Absolutismus, ein unersetzliches Forschungskonzept? Eine deutsch-französiche Bilanz*），R. 奥登堡出版社，2008，第 55~106 页。
② 阿尔贝·李高迭：《让·尤文纳尔·德·乌尔森：绝对主义的先驱》，第 59~66 页。
③ 阿尔贝·李高迭：《让·尤文纳尔·德·乌尔森：绝对主义的先驱》，第 79~80 页。
④ 庞冠群：《从绝对主义理论看法国旧制度末年君主制改革的困境》，第 43 页。
⑤ 阿尔贝·李高迭：《让·尤文纳尔·德·乌尔森：绝对主义的先驱》，第 93~97 页。

isme）之间的紧张关系。这种紧张尤其表现在 1750 年之后国王与高等法院在税收问题上引发的冲突中。由于国王的新税收总是难以得到高等法院的合作，因而这一政策"越来越暴露出它的弱点，政府不得人心的专断做法受到越来越多的指责，这些指责中包括 18 世纪政治语汇中最糟糕的字眼——专制主义"。[1] 按照道伊尔的见解，即使是国王本人，也不愿意承认自己是专制主义者，因为他也认为自己是要遵守国家的"宪法"的。[2] 这就可以解释，为何国王在许多有关新税制的法令中，一方面总是在强调他想减轻人民的负担和税收中的弊端，为此就要让过去享有一定税收豁免权的人负担国家税收，但另一方面又说他要继续维护各种由来已久的特权：因为他的政策既要符合某种更高的政治和道德目标，又要考虑臣民的传统权益，即特权。[3] 这种表态是符合绝对主义的内在逻辑的。

然而，在旧制度的最后三十余年，尽管国王总有遵守绝对主义逻辑的表态，他仍然难免"专制主义"的指控，这是一场真正的政治危机，可以说，绝对君主制正是在这种指控中失去合法性的。仍以税收问题为例。1790 年 8 月 18 日，制宪议会税收委员会主席拉罗什福科（La Rochefoucauld）控诉说："法国已经在一种邪恶的税收制度下呻吟太久……它是专制主义酝酿出的恶果"；"如果回顾一下我们的历史，就会发现民族对开设公共捐税（contribution publique）的权利几乎一直是被认可的……但到最后几位国王治下，一些无耻的大臣常常试图以强迫手段来设立捐税"。[4] 这位公爵显然认为旧制度最后几位国王的大臣们在税收事务上犯下了"专制主义"的罪行。应该强调的是，这种看法在 18 世纪 60 年代国王与高等法院的冲突中已经表现得很明显，当时第戎高等法院的布罗斯（Brosses）谴责国王的做法是"东方专制主义，赤裸裸的暴政"，马勒泽尔布认为"国王有严重的专制主义倾向"。[5] 1775 年，巴黎税务法院在给国王的诤谏书中公开斥责国王的

---

[1] 朱利安·斯万：《路易十五时代的政治与巴黎高等法院》（Julian Swann, *Politics and the Parlement of Paris under Louis XV*），剑桥大学出版社，1995，第 192 页。
[2] 威廉·道伊尔：《高等法院》，第 157 页。
[3] 参阅黄艳红《法国旧制度末期的税收、特权和政治》一书的相关章节。
[4] M. J. 马维达尔和 M. E. 劳伦主编《1787～1860 年议会档案》（M. J. Mavidal et M. E. Laurent éds., *Archives parlementaires de 1787 à 1860*），国民出版社，1879～1913，第 18 卷，第 143～144 页。
[5] 黄艳红：《法国旧制度末期的税收、特权和政治》，第 198～199 页。

新税收导致了"专制主义"。① 在当时的舆论中,国家政策的合法性危机就体现在对"大臣专制"(despotism ministériel)的谴责上,② 前引拉罗什福柯公爵的话与此一脉相承。

面对这种指控,国王及其大臣则极力辩明他们的措施不是专制主义。1772年,财政总监泰雷在给地方官员的指令中说:"国王的大臣根本不是满怀专制主义精神的人",就算税收总额增加也"不会是任意专断的结果",因为"如有人负税超过正当比例……可以向督办申诉"。③ 这种辩解与前文提到的国王在其税收法令中的表态,在精神上是一致的。

综上所述,在18世纪后半期,绝对主义王权一方面仍然坚持它有"绝对"权威,直到1788年底,路易十六在巴黎高等法院强迫后者登记自己的法令时还说:"这是合法的,因为这是我的意思";④ 但另一方面,国王及其大臣又在努力避免受到"专制主义"的指控,竭力证明其行为符合君主制的目标和原则,换言之,符合让·尤文纳尔、让·博丹和波舒埃设定的绝对君主制的规范。从这个意义上说,absolutisme 不应等同于专制主义,虽然那时还没有使用"绝对主义"这一术语。正如前文提到的,法院贵族的确提到过国王的"绝对权力",但当他们谈到专制主义时,无一例外地都认为那是一种非法的体制,几乎是一种东方才有的现象。

二 19世纪史学及马克思主义中的绝对主义

19世纪号称历史学的世纪,在德国学界,人们认为是兰克(Leopold von Ranke)把历史学从黑格尔的哲学中解放了出来。但最近有学者强调,尽管这两位文化巨人存在很大的分歧,但他们对绝对主义的理解有着惊人

---

① 《关于税收事务的法国公法史备忘录》(*Mémoires pour servir à l'histoire du droit public de la France en matières d'impôts*),布鲁塞尔,1779,第674页。
② 黄艳红:《法国旧制度末期的税收、特权和政治》,第189页。
③ 见马塞尔·马里翁《旧制度时代的直接税》(Marcel Marion, *Les impôts directs sous l'ancien régime*),阿尔芒出版社,1910,第365~366页。
④ 让·埃格雷:《预备革命:1787~1788》(Jean Egret, *La Pré-révolution française. 1787-1788*),法国大学出版社,1978,第188~191页。

的一致。① 这基于他们对国家的某种典范式理解：国家对外是军事性的，对内是统一的臣民联合体；国家在本质上是独立于多元的社会力量、带有统合性和普遍性的权力机构。但这种国家不像是从具体的社会现实构建出来的，毋宁是一种"精神性的存在，甚至可以说是神的思想"。从这个理想类型出发，19世纪很多历史学家笔下的绝对君主制排斥了各种社会要素对于政治形态和公共生活的强大影响力。②

库尼什在评价19世纪德语学界的绝对主义研究时说，从兰克到古斯塔夫·德罗伊森（Gustav Droysen）等历史学家的著作，都把阐释国家的形成当作历史的真正目标，它们以国家的统治者、它的内部建设和"重大国家行为"为研究导向，从而对绝对君主制做出了积极评价，但他们对这一制度的基本理解是歪曲的。尽管当时的史料开拓十分广泛，但19世纪德国的历史学家对近代早期国家形成的研究，往往浸透着对革命的憎恶之情，这种情感是深受19世纪民族国家观念的影响的。这种国家观念左右着对绝对主义的解读，即认为这是一个一以贯之的、以效率和理性为原则的国家的强盛过程，这个过程不可抗拒，不断强化的绝对主义国家通常就强烈地体现在它的统治者身上。这在很大程度上与历史学的研究对象互为因果。直到20世纪最初几十年，人们仍然把伟大人物、中央集权化、行政机构的统一和扩张、常备军的建立和正规化当作历史认识的本质对象。"历史学家和读者们都对研究政治如痴如醉，在这些研究中，国家被视为自然的产物，它的扩张和权力的增长被视为自然过程"，统治者和政治家们则被看成国家理性得以实现的推手。③

库尼什提到，19世纪的一些大规模的资料汇编，如《普鲁士文献集》（Acta Borussica）和《奥地利史料集》（Fontes rerum Austriacarum），此后一

---

① 罗塔尔·谢林：《论一个神话的利弊》（Lothar Schilling, "Vom Nutzen und Nachteil eines Mythos"），载罗塔尔·谢林主编《绝对主义，一个不可替代的研究概念？德法两国的回顾》，第13~31页。

② 罗塔尔·谢林：《论一个神话的利弊》，第19~20页。按：德语学者指的绝对主义时代，一般是从威斯特伐利亚和约到法国大革命之间，这与法国通行的看法有所不同。见该引文第13页。

③ 约翰尼斯·库尼什：《绝对主义：从威斯特伐利亚和约到旧制度危机时代的欧洲史》（Johannes Kunisch, Absolutismus. Europäischen Geschichte vom Westfälischen Frieden bis zur Krise des Ancien Régime），范登霍克和鲁普莱希特出版社，1986，第179~202页。

直是历史研究的重要基础。① 菲尔豪斯认为,这种官方档案的大量发掘可能限制了学者们的视角,因为这使得研究者的注意力过分地集中于政府行为和中央行政制度,学者们完全从国家的角度、以国家行为为媒介来考察历史。②

菲尔豪斯还提到,托克维尔也是这一史学模式的肇始者之一。③ 我们都知道,托克维尔对绝对君主制和中央集权国家的发展是持强烈批判立场的。但19世纪的法国史学界对于君主制发展的认识也有明显的国家中心主义和进步论色彩,这一观念一直延续到第二次世界大战之前,经典的法国历史教科书拉维斯《法国史》中对路易十四的表述就是如此,皮埃尔·诺拉在《记忆之场》中就揭示了这一点。④

19世纪同样见证了马克思主义历史观的诞生。与当时德、法两国的政治史家不同的是,马克思和恩格斯在论述16~18世纪的欧洲历史时,对阶级和生产方式等因素有更多的关注。这种思路也影响了20世纪的一些马克思主义学者对绝对主义的研究,如国内学界熟知的佩里·安德森的著作。⑤ 本文从一些德语学者的研究出发,对马克思、恩格斯关于绝对主义的看法略作介绍。

根据施密特和迈因的分析,⑥ 马克思恩格斯对绝对主义的论述,内嵌于他们的历史辩证法、社会各阶段演进论和阶级斗争学说的。总体而言,他们认为绝对主义是封建主义向资本主义转变的漫长过渡阶段中的一个阶段,在这个阶段,资产阶级或市民阶层(Bourgeoisie)与封建势力的力量对比处于某种相对稳定的态势。

---

① 约翰尼斯·库尼什:《绝对主义:从威斯特伐利亚和约到旧制度危机时代的欧洲史》,第181页。
② 鲁道夫·菲尔豪斯:《绝对主义》,第63~65页。
③ 鲁道夫·菲尔豪斯:《绝对主义》,第64页。
④ 皮埃尔·诺拉:《拉维斯"法国史":对祖国的敬爱》(Pierre Nora, "L'' Histoire de France' de Lavisse, pietas erga patriam"),载皮埃尔·诺拉主编《记忆之场》(Pierre Nora dir., Les lieux de mémoire),加利马尔出版社,1997,第851~920页。
⑤ 佩里·安德森:《绝对主义国家的系谱》,刘北成、龚晓庄译,上海人民出版社,2001。
⑥ 艾伯哈德·施密特、马提亚斯·迈因:《马克思恩格斯论法国大革命的起因和特点》(Eberhard Schmitt und Matthias Meyn, "Ursprung und Charakter der Französischen Revolution bei Marx und Engels"),载恩斯特·欣里希斯等主编《从旧制度到法国大革命》(Ernst Hinrichs eds., Vom Ancien Régime zur Französischen Revolution),范登霍克和鲁普莱希特出版社,1978,第588~649页。

他们认为，不断上升的市民阶层与封建社会存在辩证关系，既相互对抗又相互制约，市民"挣脱封建联合体，又被封建联合体塑造，因为它与其生存的封建制度存在对抗"。16世纪以后，这种对抗导致了封建制度的解体，而绝对君主制就是从封建制度的解体中产生的："现代史学已经证明绝对君主制是如何在过渡阶段出现的，在这个阶段，旧的封建等级制没落，中世纪的市民阶层发展为现代资产阶级，但是斗争的一方还不能完全应付另一方。"马克思断言，在16世纪"相互斗争的封建阶级——贵族和城市——的废墟上"，崛起了欧洲的各大君主国。16世纪以后的君主们关心资产阶级（或译市民阶层）的利益，以利用后者的支持"摧毁封建贵族"。这一看法与托克维尔等人关于中央集权制国家之兴起的论述是非常接近的。马克思和恩格斯进一步指出，绝对主义最初保持了资产阶级与封建力量的平衡，但法国大革命最终打破了这一平衡，建立了资产阶级的统治。

在马克思和恩格斯看来，17~18世纪法国的旧制度，在政治上是绝对君主制所领导和支配的制度，作为"表面上的协调者"，它成功地平衡了贵族和资产阶级这两个对立的阶级。但在这种平衡中，王权和绝对主义国家不是贵族的政治执行工具，毋宁说是资产阶级实现其利益的制度。在这种视角之下，他们对高等法院与王权之间的冲突进行了一番阶级分析。高等法院的登记权只有在资产阶级产生后才出现，它具有如下目的：将资产阶级的意志——如对法国法律制度的统一化——打扮成国王的意志；资产阶级日益明显地获得司法权；在绝对君主制之下，官僚机构几乎只是为资产阶级的阶级统治作准备。马克思和恩格斯在绝对主义官僚制发展的问题上，看法与同时代的托克维尔相当一致：若从中央集权的角度来看，大革命是对绝对君主制的种种努力的延续，如摧毁形形色色的等级制和个别化权威。

菲尔豪斯则认为，[①] 在马克思的眼中，当时的德国仍处于绝对君主制这一过渡阶段，它发生在"旧的封建等级"衰落、中世纪的平民等级转变为现代资产阶级的过渡阶段。这一过渡是由于不断发展的劳动分工、手工工场经济和商业贸易的结果，从此农村对城市的物质优势、封建贵族对资产阶级的社会优势发生了逆转，等级社会开始向阶级社会转变。随着商业的扩展、不断增长的国家之间的贸易竞争，国家的保护变得日益必要，而资

---

① 以下论述参阅鲁道夫·菲尔豪斯《绝对主义》，第65~73页。

产阶级私人财产的增长也需要法律保护；随着劳动分工的进展，行政管理也在拓展，领主制也转变为国家管理制度。

在马克思和恩格斯那里，绝对君主制之所以会产生，是因为相互斗争的各阶级中没有谁强大到可以压倒对手；它压制了旧式的封建权力，促进了资产阶级的发展，资产阶级的兴起为绝对君主制的出现提供了可能。因此绝对君主制只拥有"某种表面上的独立性"。就世界历史的维度而言，这种制度是资产阶级同封建阶级斗争的工具。随着工商业的发展，资产阶级越是富有、在社会意义上越是强大，它为了获得政治权力就会日益反对拥有绝对地位的君主制度。因此一度作为"进步"因素的绝对君主制就变成了反动力量。这时它又与封建土地阶级紧密联系在一起，后者从绝对君主制那里寻求保护，以维持它的政治和社会上的优越地位。绝对君主制在剥夺了封建等级权力后，它"至少试图维持封建差异的外表"，因为旧社会的基础一旦松动，君主制也会失去它的物质基础。总之，绝对君主制一开始是封建主义中产生的资本主义的产物和工具，但是，当它出于自身利益而试图维持衰落中的封建社会的基础时，它成了反动势力，这就导致了资产阶级革命。

马克思和恩格斯对绝对主义的论述，是置于从封建主义向资本主义过渡的历史观中的，认为它是这一重大转变的过渡或酝酿阶段。不过，由于一个多世纪以来历史学的发展，马克思主义关于绝对君主制的一些基本判断要么不合乎历史实际，要么在概念上需要更新。最近50年来，在有关法国旧制度和大革命起源的研究中，贵族、资产阶级分别作为封建主义、资本主义生产方式的代表，法国大革命是资产阶级取代封建贵族统治的革命，这些经典论点已经被更具经验主义色彩的研究大幅度地修正了。[①] 另外，用阶级斗争方法来解释绝对主义的政治和社会运作，也受到罗兰·穆尼埃（Roland Mousnier）等社会史家的质疑。[②] 在具体问题上，如把高等法院与绝对主义王权的矛盾理解为新兴资产阶级的政治诉求，则是个方向性的错误。穿袍贵族本质而言是个守旧的群体，是等级制度坚定的捍卫者，这在18世纪后期围绕税收和特权问题的交锋中表现得很明显。[③]

---

① 可参阅威廉·多伊尔《法国大革命的起源》，张弛译，上海人民出版社，2009，第 2~68 页。
② 参阅黄艳红《制度、表现与社会：罗兰·穆尼埃的史学研究评介》，《贵州社会科学》2017 年第 7 期。
③ 黄艳红：《法国旧制度末期的税收、特权和政治》，第 203~216 页。

尽管有各种缺陷，① 相较于 19 世纪德国的主流历史学，马克思、恩格斯的论述仍有它的特色。它不把绝对主义国家理解为神的思想，而是试图将其置于社会经济的演进历程中，并力图揭示各种历史要素之间的关系。笔者以为，马克思、恩格斯等人有一个远比当时德国主流历史叙事更为深刻的观念或理解方式，这就是将绝对主义理解为一个从生成、发展到危机和衰落的过程，而不是一以贯之的中央集权国家的建设进程。

当然，这并不是说 19 世纪没有对绝对主义的分阶段理解。一个流行很久的分期方法是莱比锡的国民经济学家威廉·罗雪尔（Wilhelm Roscher）提出的，他首先于 1847 年，接着又于 1892 年再次详细阐述了三个不同的阶段：第一个阶段是 16 世纪的信仰绝对主义，它以著名的原则"教随国定"（cuius regio, eius religion）为标志，代表者是西班牙国王菲利浦二世；第二个阶段为 17 世纪的宫廷绝对主义，路易十四是它的化身；第三个阶段称开明绝对主义，普鲁士国王腓特烈二世是其最杰出的代表。这种三阶段的分期没有一个明显的界限，而且到处可见不清晰和重叠之处，因此罗雪尔运用的方法毋宁说是一种参照，而不应被看作令人信服的研究。1955 年在罗马举行的国际历史学家大会上，学者再次对分期问题进行了探讨，从此罗雪尔的分期逐渐被废弃了。②

但罗雪尔的分期提醒人们，绝对主义在欧洲各国或各地区发展是不同步的。当绝对主义的经典形式在法国开始形成时，它在西班牙已经衰落了。勃兰登堡—普鲁士、哈布斯堡帝国各领地稍后才产生和强化绝对君主制。因此早在 1932 年，德国历史学家弗里茨·哈尔同（Fritz Hartung）就指出：所有对绝对君主制"阶段论"的深入考察都会得出这样一个看法：不能从所有国家甚至是主要国家中得出一个有效的编年序列，而只能探讨个别现象。③

三 绝对主义在法国：一个演变的历程

20 世纪末，法国学者雅克·勒维尔在一篇高度浓缩的论文中阐述了法

---

① 另一些对马克思主义的绝对主义研究的批评，可参阅前引库尼什和菲尔豪斯的两篇综述。
② 约翰尼斯·库尼什：《绝对主义：从威斯特伐利亚和约到旧制度危机时代的欧洲史》，第 179~180 页。
③ 约翰尼斯·库尼什：《绝对主义：从威斯特伐利亚和约到旧制度危机时代的欧洲史》，第 180 页。

国绝对君主制三个世纪的历程。他认为，欧洲绝对主义最早的典范是教宗体制，随后绝对主义成为一种泛欧现象，但从13~14世纪开始，法国成为绝对主义的特选土壤，其中的原因是多方面的，但可以认为，让·博丹在《国家论六卷》（初次发表于1576年）第一卷的第八章中提出的君主主权的经典表述，应为被视为一个漫长进程的终点。① 博丹在该章开宗明义地指出："一个国家的主权是绝对（absolue）而永恒的权威"，② 这一表述强化了过去的论点，并在博丹的著作中形成了体系。博丹学说的重要性，很大程度上归因于它问世的环境，即宗教战争的艰难时刻，这个学说正是陷入绝境的君主制最为需要的，这一点至少和博丹思想的独创性一样重要。

但是，正如基思·贝克在分析旧制度时代的"主权"观念时指出的，博丹虽然拒绝臣民有给君主行为设限的权利，但他远非否认这种限制的存在。③ 这就是前文提到的，作为神在尘世的代理人，君主须服从神的法律。此外，他还服从一些"基本法"，如关于王位继承和王室产业不可让渡的习惯。④ 因此，当他合法行使自己的主权时，他就服从自然法，服从一个"贵族制"社会秩序中人们所要求遵守的那些原则，首先是尊重臣民的自由和财产权。

当然，"基本法"或"宪法"并没有现代宪政中的一些根本特征，尤其是缺少明确的违宪处置规章，但这并不意味着它没有影响。在启蒙时期，由于孟德斯鸠《论法的精神》的问世（1748年），基本法或宪法成为旧制度最后四十年舆论中的一个关键词。⑤ 但这绝非18世纪才有的现象。就在博丹《国家论六卷》问世10年之后，巴黎高等法院首席庭长阿尔莱（Harlay）特意提醒亨利三世："我们有两类法律，一类是国王的法律和敕令，另一类是不可更改、不可违反的王国的敕令，正是因为这些敕令，您才得以

---

① 雅克·勒维尔：《绝对君主制》，第295~296页。
② 让·博丹：《国家论六卷》（Jean Bodin, *Les six livres de la Répubiique*），雅克·迪皮书店，1577，第89页。
③ 基思·贝克：《主权》（Keith Baker, "Souveraineté"），载弗朗索瓦·孚雷和莫娜·奥祖芙主编《法国大革命批判词典：观念卷》，第483~507页。
④ 关于旧制度时代法国的"基本法"，可参阅丹尼斯·里歇《近代法国的制度精神》（Denis Richet, *La France moderne: l'esprit des institutions*），弗拉马里翁出版社，1973，第46~54页。
⑤ 埃利·卡尔卡松那：《孟德斯鸠和18世纪法国的宪法问题》（Élie Carcassonne, *Montesquieu et le problème de la constitution française au XIIIe siècle*），斯拉特金出版社，1970。

登上王位。愿您遵守王国的法律，若这些法律被违反，您自己的权力和主权也恐怕会被收回"。①

关于此类说法，基思·贝克认为，这是这个社会的本质决定的，因为社会是由众多的等级和阶层（états），社区和团体，外省和地方构成的：这是博丹的基本前提，也是绝对主义理论家们的前提。因此，负责保卫公共利益的主权就是在众多阶层和等级之中建立秩序和统一。没有主权，它们就不能维系。在绝对君主制的理论中，社会被想象成各不相同的团体的集合体，所以主权的秩序化功能至关重要。换言之，主动的立法权，如制定法律或修改法律的权利，的确是主权的标志，但人们认为，主权的实施只是在相对狭隘的政府职能范围之内，而且，政府职能就是在已然形成的社会秩序内部维持人和事物的合法组织状态。从这个意义上说，国家是个消极的实体，它主要是为了维持良好的社会秩序，作为最高立法者的绝对君主的能动性虽然存在，但它相对有限。贝克甚至认为，从绝对主义论者的理念而言，政府基本是司法性质的：在众多的团体、等级和阶层中赋予每个人应得的东西，无论是他的权利、责任还是特权，都是在事物的传统秩序之内。②

这里涉及作为一种政治体制的绝对主义的社会条件或社会组织基础的问题，即人们经常提到的，旧制度时代的法国是个等级—团体社会，而不是以个人主义原则组织起来的现代社会。③ 这不仅是博丹和阿尔莱所处的社会，也是他们认可的社会秩序，而且是大革命前夕所有正统派人士的社会理念。1776年3月12日，当国王要求巴黎高等法院批准杜尔哥关于取消行会的法令时，法官塞吉尔（Séguier）反驳道：

> 陛下，您所有的臣民都被分为不同的团体，其数目与这个王国中身份状况之差别相等。教士、贵族、高级法庭、低级法庭、科学院、财政团体、商业公司，所有这些团体遍布于国家的各个部分。团体像是一个巨大链条上的各个环节，而这首要的环节就在陛下您手中，您是构成为国家这个团体的所有环节的首脑和最高管理者……单是摧毁

---

① 转引自雅克·勒维尔《绝对君主制》，第298页。
② 基思·贝克：《主权》，第485页。
③ 黄艳红：《法国旧制度末期的税收、特权和政治》，第25~26页。

这一珍贵链条的想法就是极端可怕的。①

塞吉尔的这番话，是对前引基思·贝克的论点的生动注解：君主是最高的绝对统治者，但他不能扰动社会的有机结构，而只是这一结构的首脑和管理者。贝克进一步指出，绝对君主制的理论家们尽管对法国的宪政传统有所改造，但他们的主权学说并未摆脱其宗教、哲学和法学前提。绝对君主制仍然包裹在某种玄学、宪政和法学秩序之内，而且它的职责就是要人尊重这个秩序；主权从根本上说也受这一秩序的各种前提的限制。②

在笔者看来，虽然绝对君主制在其最后一个世纪中不断淡化塞吉尔所谓"王国身份状况之差别"——这尤其表现在其新的直接税政策上——但它从来没有打碎等级—团体秩序这一"珍贵链条"的想法。1695年，当绝对君主的典型代表路易十四决定对所有臣民"不分差异地"征收新的人头税时，还忘不了在这项法令的最后做出这样的表态：这项新税"并不表明朕过去和现在有意损害国家各等级之特权、权益和权利，这些是朕所要维护的"③。一些学者认为，路易十四从未说过"朕即国家"（L'État, c'est moi）这句话，从这份法令对传统社会秩序和法权的尊重来看，这一论断应该是有道理的。④ 还需要指出的是，绝大多数有改革意愿的旧制度大臣——也许杜尔哥是个例外——公开表示过应废除法国的等级—团体制度。直到1787年这个体制行将崩溃时，财政总监卡隆（Calonne）还在报告中称，贵族、官员和一些教士承担的人头税有悖于他们的"高贵"。⑤ 这就意味着，即使在改革意图十分明显和迫切的税制领域，绝对君主及其大臣们也尽力表明他们不会触动社会的根基。

但是，尽管路易十四有上述表态，他的实际政策仍然对绝对主义依赖

---

① 转引自雅克·勒维尔《团体和社群》（Jacques Revel, "Les corps et communauté"），载基思·贝克主编《法国大革命与现代政治文化的创造：旧制度的政治文化》，第225~242页。
② 基思·贝克：《主权》，第485~486页。
③ 这项法令的全文见德·布瓦里尔编《财政总监与外省督办通信集：1683~1715》（A. M. de Boislisle éd., Correspondance des Contrôleurs généraux des finances avec les intendants des provinces, 1683-1715）第一卷，国民印刷所，1874，第568~574页。
④ 德国历史学家弗里茨·哈尔同和法国历史学家罗兰·穆尼埃都有类似的看法，见约翰内斯·库尼什《绝对主义：从威斯特伐利亚和约到旧制度危机时代的欧洲史》，第185页。
⑤ 卡隆：《给缙绅会议的报告集》（Calonne, Collection des mémoires présentés à l'Assemblée des notables），巴黎，1787，第21~22页。

的社会—法律基础构成了明白无误的挑战,这就是混淆等级秩序,削弱各等级—团体在税收方面的特权或权益。① 用基思·贝克的话来说,路易十四亲政后,享有绝对权力的君主开始与传统的社会—法律学说疏离了,尽管它没有公开质疑后者。贝克认为波舒埃的学说完美地揭示了这一过程,因为这位主教将自己关于绝对主义的论述基于《圣经》,而不是基于法国的历史之上,这与博丹是不同的。从此,国王是主权者,因为国家仅仅存在于他个人,他是唯一真正具有公共人格的人。②

贝克认为,之所以会产生这种转变,是因为王权动员社会资源为国家服务的能力增强了。路易十四的扩张战争需要建立一套高效的行政管理体制,这样一来,以督办(intendants)为代表的集中化的官僚体制逐步取代传统的地方参与合作机制,这在税收体制中表现得较为明显。战争的成败取决于行政机构缔造繁荣的能力。为了动员社会资源,政府就必须将这种资源最大化。于是督办体制的角色发生了变化:它不再仅仅像博丹理解的那样,只是为了维护现有秩序,它还要增进社会的繁荣。由此产生了一种新的"行政伦理",即将政府工作从消极的司法职能扩展到普遍的公共利益领域。这就是托克维尔在《旧制度与大革命》中描绘的"行政风尚",③ 也是所谓从司法国家(Etat de justice)向财政国家(Etat des finances)或行政君主制(monarchie administrative)的转变。④ 贝克认为,这种行政风尚与启蒙哲学的普遍幸福论相当契合:君主可在需要时重组传统社会,甚至可以改造一个根据等级、特权和个别主义(particularisme)原则组织起来的王国,将全体公民整合进一个共同体。于是,绝对主义不再仅仅是从内部维护社会秩序,它还要从外部对社会采取行动。⑤

---

① 黄艳红:《法国旧制度末期的税收、特权和政治》,第 95~97 页。
② 基思·贝克:《主权》,第 486~487 页。
③ 托克维尔:《旧制度与大革命》,冯棠译,商务印书馆,1992,第 101~110 页。
④ 可参阅詹姆斯·柯林斯《近代早期的法国国家》(James B. Collins, *The State in Early Modern France*),剑桥大学出版社,1995,第 145 页;勒鲁瓦·拉杜里《法国的王朝国家:1460~1610》(Le Roy Ladurie, *The Royal French State, 1460-1610*),布莱克维尔出版公司,1994,第 3 页。米歇尔·安托万(Michel Antoine)认为法国从司法国家向财政国家的转变始于1661年,即路易十四开始其个人统治和科尔伯开始掌管财政的那一年,见弗朗索瓦·孚雷《革命的法国:1770~1880》(François Furet, *Revolutionary France, 1770-1880*),布莱克维尔出版公司,1992,第 6 页。
⑤ 基思·贝克:《主权》,第 487~488 页。

在绝对主义对社会采取行动的各种工具中，财政国家处于核心的位置。由于君主制完全被开支束缚了手脚，因此对金钱的需求既解释了行政机构的发展，也解释了平等化的趋向：但不是臣民身份的平等化，而是他们在国家财政要求面前的平等化。[①] 这就产生了一种奇特的悖论：绝对主义利用等级特权制度来增强自己的财政能力，即用金钱来购买特权身份，但这又进一步强化了社会等级制。16 世纪以来官职（office）买卖的普遍化就是最明显的例证。[②] 这样一来，特权便成为绝对主义国家构建过程中一个不可或缺的工具，旧制度的等级—团体结构并没有因为绝对君主制的平等化倾向而被削弱，托克维尔的论断需要做很大的修正。

但在 18 世纪，这种发展趋势在旧制度政治文化中埋下了深刻的矛盾，这反映在两类精英之间日益频繁的冲突之中：一类是大臣和督办组成的新的行政精英，另一类是官职持有人这一更为古老的司法精英。[③] 这些冲突导致某种批判绝对君主制的话语的出现，在这种话语中，绝对主义日益被等同于专断（arbitraire），国王的行政被等同于"大臣专制"。[④] 换言之，绝对主义的行政机构日益明确地将社会的等级团体—结构和基于各种差异的法权视为其政策的阻碍，这在 1776 年年初杜尔哥的改革方案中得到了最明确的表达；作为这一结构和法权的捍卫者，穿袍贵族们则越来越频繁地将绝对主义的行为视为越界。虽然绝对君主制自始至终没有彻底废除这种结构和法权的明确意愿，但它内在的运行逻辑却要求它有实质性的突破。绝对主义的社会原则和法学前提成了它生存和发展的桎梏。因此，从行政国家或财政国家发展的角度来看，法国大革命才真正使得绝对主义的政治逻辑得以继续延续，而代价是铲除等级—团体制的社会和基于差异性的法学前提，实现社会成员的均质化和其权利的统一化和"单数化"。

所以雅克·勒维尔强调，应该对法国的绝对主义有一个年代学上的明

[①] 雅克·勒维尔：《绝对君主制》，第 312 页。
[②] 参阅黄艳红《法国旧制度末期的税收、特权和政治》，第 75~89 页；黄艳红《钱与权：制度史视角下法国旧制度时代的职位买卖》；威廉·多伊尔《捐官制度：18 世纪法国的卖官鬻爵》，高毅、高煜译，中国方正出版社，2017。
[③] 关于绝对君主制时期法国官员的分类和研究，可参阅罗兰·穆尼埃《绝对君主制时期法国的制度》（Roland Mousnier, *Les institutions de la France sous la monarchie absolue*）第二卷，法国大学出版社，1980；另可参见黄艳红《法国旧制度末期的税收、特权和政治》，第 189~198 页。
[④] 基思·贝克：《主权》，第 488 页。

确划分。绝对主义发展的关键期是 16 世纪宗教战争的危机时代，在这场冲突中，王权在政治上被削弱，但这反而导致绝对君主制的理论阐发；1620~1630 年黎塞留当政时代，绝对主义制度上的草创期；路易十四亲政期间（1661~1715）可以视为制度上的全面发展和完备时代；最后是 1760~1770 年面对高等法院的反叛而进行的最后的重振的努力。从这些阶段性的发展中可以看到，当 17~18 世纪绝对主义开始日益深入地介入社会生活、在公共领域和国际舞台上扮演积极角色时，它与理论家们最初为它设置的各种社会和法学前提发生了日益频繁的冲突，并因而陷入某种合法性危机之中。只有从较长时段来考察这一进程，才能更好地理解德尼·里歇着力强调的那种悖论："绝对主义越是自我巩固就越是自我削弱。"[1] 这个悖论，从根本上说是由绝对主义自身的定义所决定的。

雅克·勒维尔和基思·贝克是从王权与社会之间关系的演变来理解绝对主义这一政治现象的兴衰，这是一种结构性分析。但有时结构的效应也会因为个人或偶然的因素而被放大或削弱。早在 19 世纪，伊波利特·泰纳就提到，不是所有国王都有路易十四那样的抱负和能力，他留给自己两位继承人的担子太重了，以致后者只能选择逃避。[2] 对于法国，绝对君主制某种程度上可能是因为路易十四个人而将自身的逻辑发展得十分充分，也可能是因为路易十五和路易十六而使其矛盾更为突出。勒维尔也承认这一点：由于路易十四的遗产，旧制度的最后两位国王与自己的形象和使命不相匹配，这可能比 18 世纪国王的"非神圣化"更合乎实际，也更为重要。[3]

结语及展望

上文关于近代法国绝对主义历程的简述，主要涉及一种政治体制与其社会和法学基础之间的关系的演进，这显然是一个非常有局限性的视角。如果考虑到中央权力的运作与社会各阶层和群体的关系，勒维尔和贝克的论述无疑是要做进一步的细化处理。即使在路易十四时期，绝对主义的行

---

[1] 雅克·勒维尔：《绝对君主制》，第 302 页。
[2] 伊波利特·泰纳：《现代法国的起源》（Hippolyte Taine, Les origines de la France contemporaine），罗伯特·拉丰出版社，2011，第 62~67 页。
[3] 雅克·勒维尔：《绝对君主制》，第 305 页。

政机器也不可能不顾及其赖以生存的社会基础和制度基础。例如，旧制度最后一百年所出台的各种新直接税，实际上都没有打破法国教会的财政独立地位；督办体制与旧的地方司法机构和代表机关也不是纯粹的对立关系。

尚待深入讨论的问题还有很多。比如，一个重要的领域是绝对主义所处的思想舆论环境，用一个更宽泛、更含混的术语来说，就是它的"心态基础"问题。就目前国内学界的研究来看，即使是对关注较多的法国绝对主义，我们也只是对18世纪启蒙时代有一些了解，对16世纪和17世纪则知之甚少。这就限制了我们对绝对主义的生成和强化的理解。

另一个问题是绝对君主制时代的制度发展问题，尤其是新型的官僚机构的创建。穆尼埃说过，战争是旧制度时代法国制度变迁的强有力甚至是决定性的因素。[①] 这就意味着，考察绝对主义时代集权化的过程，必须考虑到国内和国际竞争两方面的因素，这对近代早期的欧洲来说具有普遍意义。然而，国内学界在这方面仍然进展不大。就法国的情况而言，托克维尔对路易十四开创的"全权国家"的描绘仍然有很大的影响力。但这个图景明显夸大了以督办为代表的行政国家的力量。而且，对当时的整个政治和行政思维的理解也可能有待深化。举个简单的例子：绝对君主制为提高行政效率而增设新的机构，但过去承担相关事务的老机构并不随之废除，因此新的机构叠加到旧的机构之上，形成一种"立新但不破旧"的制度发展模式，由此造成了机构臃肿、职责不清的局面。[②] 这是一种很不符合现代政治和行政思维的现象，一种完全经验主义的行为方式。这种被革命者斥为"哥特式"的体制直到1789年之后才最终被终结。

不过，最后这个简单的例子也许能说明，绝对主义作为一个历史概念也许仍有它的分析价值，即能概括某个历史时段的一些显著特征。正如最近有学者指出的，尽管这个概念并非无可取代，但实际上它至今仍然没有被取代。[③]

（作者简介：黄艳红，中国社会科学院世界历史研究所研究员）

---

① 罗兰·穆尼埃：《绝对君主制时代法国的制度》，第二卷，第8页。
② 参见黄艳红《法国旧制度末期的税收、特权和政治》，第48页。
③ 法妮·柯桑岱：《绝对主义：一个没有被取代的概念》（Fanny Cosandey, "L'absolutisme: un concept irremplacé"），载罗塔尔·谢林主编《绝对主义，一个不可替代的研究概念？德法两国的回顾》，第33~51页。

西方思想史上的自然法和自然权利

王加丰

内容提要：本文介绍和分析自古希腊到今天西方"自然法"理论的演变史。自然法是西方思想文化中的基本概念之一，在西方历史的不同时期均起过重要作用，在近代资产阶级反封建斗争中的作用尤为显著，其所派生的"自然权利"（天赋人权）、"社会契约"、"反暴君"等概念在中国广为人知。作为人类行为的最高准则，自然法是西方法律理论的基础，是古罗马万民法和近代国际法的理论依据。19世纪中后期，资产阶级基本上掌握政权后社会条件发生了种种变化，加上实证主义思潮的影响，自然法理论一度走向衰微。但在20世纪里，面对法西斯的罪行和环境恶化等问题，人们重新思考实证法学的利弊，结果自然法以新的面目再度兴起，作为法律的最高道德权威，它依然在现代法律思想中起重要作用。

关键词：西方思想史 自然法 自然权利

英语里的natural law或拉丁文ius naturale，是西方思想文化中的基本概念之一，中文通常译为"自然法"。我国法学、哲学、政治学及社会学各学科对之有较为广泛的讨论，近20多年来大学历史系的世界史教科书也常常提到它，并把与它相关的几个概念——自然状态、自然权利、人民主权、社会契约、反暴君——中的一个或几个联系起来考察，把它们看成西方近代政治社会思想的一串核心观念。

什么是自然法？有人说："'自然法'这一范畴相当含混，它既是一种道德理论，同时也是一种法律理论——尽管此二种理论的核心内容在逻辑上是相互独立的。"① 还有一种更简洁的说法："自然法不外乎一套具有绝对效力的规律。"② 对它的界定，不同的学科有不同的侧重点，从历史学的角度看，也许称之为"自然准则"或"客观规律"更为合适。当然，对"准则"或"规律"，不同的阶级、不同的时代、不同的学者会有不同的解释。

本文叙述两千多年来西方自然法理论的变迁及其在西方思想史上所发挥的基本作用。由于近代以来的几百年间，"自然权利"这个概念是自然法所要阐述的核心内容，集中表达了资产阶级反封建斗争的要求，它也是19世纪中期以前广大劳动人民和女权主义者要求提高自己的经济、社会和政治地位的依据，本文将重点予以介绍。所谓自然权利，英语为 rights of nature，过去我国通常译为"天赋权利"或"天赋人权"，但当代学者更喜欢直译为"自然权利"，因为中国人的"天"与西方人的"自然"相差甚远。

一　古代中世纪的自然法理论及其相关概念

西方学者在讨论自然法时，一般追溯至古代希腊的赫拉克利特（Heraclitus，约公元前535～前475年），他认为宇宙是依照一定的"定则"运行的，这一秩序并非任何神或人所创造，而是永生之火，它按照定则而燃烧，又按照定则而熄灭。赫拉克利特称这一定则为逻各斯（logos）或"命运"，或一切事物中存在的理性。③ 逻各斯存在于一切自然事物中，也存在于社会中，高于人制定的法律，是后者的来源，可以说这是后来自然法的"思想萌芽"，所以赫拉克利特也被视为"自然法之父"。④ 由于赫拉克利所说的逻各斯是宇宙中存在的"神的普遍理性或普遍规律"，而且它为所有的人所分

---

① 埃尼尔·希曼：《当代美国自然法理论走势》，《现代法学》2002年第1期，第139页。
② 登特列夫：《自然法：法律哲学导论》，李日章等译，新星出版社，2008，第60页。
③ 梯利：《西方哲学史》上册，葛力译，商务印书馆，1975，第34页。
④ 姚介厚：《斯多亚学派的自然法与世界主义思想》，《社会科学战线》2010年第5期，第23页（或见海因里希·罗门《自然法的观念史和哲学》，姚中秋译，上海三联书店，2007，第14～17页）；詹姆斯·卢瑟·亚当斯：《希腊—罗马思想中的自然法》（James Luther Adams, "The Law of Nature in Greco - Roman Thought"），《宗教杂志》（The Journal of Religion）第25卷，1945年第2期，第99页。

享,遂为斯多葛学派的以下观点奠定了基础:所有人都是平等的世界公民,因为他们都分有神的理性。[1]

斯多葛学派(又译"斯多亚学派")是塞浦路斯人芝诺(Zeno,约公元前336~前264年)创立的。希腊思想家似乎都有设想美好社会的习惯,比如柏拉图写过《理想国》,与他大约同时期的犬儒学派的代表人物第欧根尼也有过自己的设想。芝诺在很大程度上以第欧根尼"所描述的基本框架为基础",向读者展示了自己所希望的一种美好社会,实际上是一幅前人未曾论及的世界国家和普世法律的图景。在那里没有家庭,没有私有财产,没有种族或等级的区分,不需要金钱,也不存在法庭。在这种世界国家中,人性与自然之间"存在一种根本的道德吻合",即人是理性的,神也是理性的,人的理性和神的理性都来自世界的本原"火"或"圣火","神和人都是这个国家的公民",治理人类的是自然法(理性法)。自然法是正义的普世性标准,无论是统治者还是臣民都要遵守,所以又称为神法(law of God)。[2] 简言之,斯多葛主义的核心思想是"神在每一事物之中",自然中的一切都充满着理性的原则或事物本性的法则或自然法。[3]

该学派还认为,随着人类进入私有制社会,人与人之间出现了不平等,为协调或管控这种不平等所造成的种种矛盾,国家出现了,同时还出现了管控的手段实在法(positive law,又译"实定法")(也称为"习惯法""市民法""国家法""人法")。实在法随不同的地点和时间而不同,是不同地区和不同时代的人们自己制定的法律,用来管理自己的城邦或共同体。国家和实在法的出现,提出了政治的正义、道德性和正当性等问题。要实现正义,立法者就必须使自己制定的各种实在法符合自然法的原则。

斯多葛学派把法律分为自然法和实在法两种,又认为前者高于后者,其直接影响是罗马法中出现了万民法(ius gentium 或 Law of Peoples,也译"万国法")和市民法(ius civile,也译"国内法"等)的区分。万民法的哲学基础是自然法,或者说万民法就是适用于人类的自然法(自然法按其

---

[1] 斯通普夫等:《西方哲学史》(第七版),丁三东等译,中华书局,2005,第21页。
[2] 萨拜因等:《政治学说史》(第四版)上卷,邓正来译,上海人民出版社,2008,第189、193页。
[3] 斯通普夫等:《西方哲学史》(第七版),第158页。

本义，是使用于宇宙万物的法典）。① 在罗马帝国，市民法（ius civile）指其所属各地区所沿用的传统法律，各不相同，是针对自己的部落、共同体或民族的内部事务做出的法律安排，只适用于本城邦或本共同体，而万民法则指通行于整个罗马帝国的法律，也就是帝国内所有民族、共同体共同遵守的法律。

自然法是根据自然本性的要求规定的法律。只有遵循所有人类都遵循的自然法，根据"人同此心，心同此理"的原则，万民法的制定才会得到各民族的遵守。拜占庭皇帝查士丁尼（Justinian，527～565 年在位）下令编写的《法学总论》对此有这样的阐述："每一民族专为自身治理制定的法律，是这个国家所特有的，叫做市民法，即该国本身特有的法律。至于出于自然理性而为全人类制定的法，则受到所有民族的同样尊重，叫做万民法，因为一切民族都适用它。因此，罗马人民所适用的，一部分是自己特有的法律，另一部分是全人类共同的法律。"② 很长时期内，罗马人在帝国内享有充分的公民权，而被征服的居民只享有部分公民权或只有部分人享有罗马公民权，其理论依据就在这里。

罗马共和国时期，自然法思想的代表人物是西塞罗（Cicero，前 106～前 43 年），他是这样论述自然法的："真正的法律乃是正确的理性，与自然相吻合，适用于所有的人，稳定，恒常，以命令的方式召唤履行义务，以禁止的方式阻止犯罪行为……对于所有的民族，所有的时代，它是惟一的法律，永恒的，不变的法律。"③ 西塞罗还说："我们的祖先认为，万民法和市民法是有区别的：市民法不可能同时是万民法，但是万民法应当同时也是市民法。"④

把万民法建立在自然法的基础上，影响深远，因为它使人们更多地从人类共同行为准则的角度来思考立法问题，混合在法典中的各种宗教或巫术的因素（包括神裁法中的那些严酷的做法）均退到次要地位或被清除出

---

① 格劳秀斯说："自然法也可以称作'万国法'"。见其《战争与和平法》，何勤华等译，上海人民出版社，2005，第 55 页。
② 查士丁尼：《法学总论——法学阶梯》，张企泰译，商务印书馆，1989，第 7 页。
③ 西塞罗：《论共和国》，王焕生译，上海人民出版社，2006，第 251 页；或见西塞罗《国家篇 法律篇》，沈叔平等译，商务印书馆，1999，第 101 页。两者的译文略有区别。
④ 转引自曾尔恕《罗马人观念中的自然法和罗马法中的自然法观念》，《法律文化研究》第三辑，中国人民大学出版社，2007，第 237 页。

去，有助于增强法律面前人人平等的理想。①

自然法向中世纪过渡的过程中，出现了新的解释，主要是把自然法置于上帝的管制之下。过渡时期的代表人物是奥古斯丁。奥古斯丁提出了永恒法的概念，永恒法是非人格化的上帝的理性和意志，用以维护事物的自然秩序，而自然法"是我们的理智对上帝真理的分有，也就是对上帝的永恒法的分有"。② 这样，原先人们所理解的自然法成了上帝或永恒法的附属品，以示人类虽然是上帝的造物，能部分拥有上帝的理性，但低于上帝，附属于上帝（上帝的某些奥秘是人类永远无法理解的）。

中世纪神学的集大成者托马斯·阿奎那（Aquinas, 1225–1274）对自然法的论证与奥古斯丁的类似，只是更详细一些。他说："宇宙的整个社会就是由神的理性支配的。所以上帝对于创造物的合理领导，就像宇宙的君王那样具有法律的性质……这种法律我们称之为永恒法。"他把法律分成永恒法、自然法、人法和神法四种。神法的作用是"指导人类的生活"。③ 人是上帝的造物，享有上帝的部分理性和智慧，"这种对永恒法的分有在理性的被造物中被称为自然法"。自然法由大量的一般原则构成，"这些原则反映了上帝在创世时为人所作的打算"。如果比较一下阿奎那所说的自然法与亚里士多德的自然法理论，可以看出中世纪自然法与古代自然法理论的最大差别还在于人生的目的上。阿奎那认为我们注定除了世俗的幸福之外，还要达到永恒的幸福，而要达到永恒的幸福只能靠神法的指导，因为这是一种超自然的目的；而对亚里士多德来说，人只怀有自然目的，要实现这种目标，人类理性所认知的自然法已经足以胜任这种指导。④

在自然法理论产生和演变的同时，一些学派、学者也对与其相关的自然状态、自然权利、社会契约、反暴君等概念做出了解释，使它们融合在自己的整个学说中。上面介绍斯多葛学派的自然法理论时已经涉及他们对自然状态（state of nature）的设想。古代希腊出现了三种关于自然状态的解释。第一种是亚里士多德提出来的，他认为人天生是政治的动物，也就是说人从事政治活动是一种自然状态，是人的本能和职责。第二种是斯多葛

---

① 萨拜因：《政治学说史》（第四版）上卷，第 202 页。
② 斯通普夫等：《西方哲学史》（第七版），第 203 页。
③ 《阿奎那政治著作选》，马清槐译，商务印书馆，1982，第 106~108 页。
④ 斯通普夫等：《西方哲学史》（第七版），第 206~207、267~268 页。

主义与后来的基督教哲学的主张,即在人类堕落前,人们是自由、平等、幸福的,那是人类的黄金时代。第三种是伊壁鸠鲁主义的主张:在前文明的时代,人们是自由、平等的,但孤独,彼此反对、战争,是混乱和普遍的不安全;为了避免这种并非人们自愿的战争、不安全的自然状态,人们同意联合在一起,形成文明社会。在中世纪中后期,这几种自然状态理论中,占统治地位的要么是第一种,要么是第二种,或是这两种的结合物。[①]

关于自然权利理论,施特劳斯认为在古代中世纪曾存在三种类型,一类是苏格拉底—柏拉图式,另一类是亚里士多德式,还有一类是托马斯主义式。他把斯多葛派的相关理论归入苏格拉底—柏拉图式,因为斯多葛主义与犬儒学派关系密切,而犬儒学派的源头是苏格拉底。[②]

关于社会契约理论,前面的讨论中其实也已经涉及了,因为黄金时代的单个的自由人出于种种原因结合成各个共同体,有一个如何结合的问题,社会契约论就是说明这一点的。马克思曾指出:国家起源于人们相互间的契约,即起源于社会契约,这是伊壁鸠鲁(Epicurus,前341~前270年)首先提出来的。[③] 伊壁鸠鲁还说,订立契约是为了实现社会正义,如果不订立契约"以防止彼此伤害",是谈不上所谓正义不正义的。[④]

反暴君理论也出现了。托马斯·阿奎那曾专门讨论过这个问题。他强调指出:如果一个社会废黜了它自己所选出的(即合法的)暴君,不应该被指责为"不忠不义"。[⑤] 教义中含有反暴君的思想,是基督教的一大特点。1215年英国贵族反抗约翰国王,迫使国王签署《大宪章》,是这种思想的实践。

二 近代自然法和自然权利理论的全面发展

文艺复兴开始以来,自然法在欧洲开始强劲发展,几乎所有重要的思想家都根据自然法阐述自己的思想。历史学家们通常认为,17世纪里,在

---

① 参见袁柏顺《自然状态说与近代西方政治学》,《求索》2006年第11期,第55页。
② 列奥·施特劳斯:《自然权利理论》,彭刚译,三联书店,2003,第148页。
③ 《马克思恩格斯全集》第3卷,人民出版社,1965,第147页。
④ 转引自姚介厚《伊壁鸠鲁学派的文明进步观与素朴的社会契约思想》,《中国社会科学院研究生院学报》2010年第2期,第133~134页。
⑤ 《阿奎那政治著作选》,第59~60页。

思想界本来相对"晦涩"（obscurity）的自然法，这时跃升为一种具有持续重要性的理论。使它发生这种变化的思想家是笛卡儿（Descartes, 1596 - 1690）。① 对这个理论做出最辉煌贡献的无疑是霍布斯（Hobbes, 1588 - 1679）、洛克（Locke, 1632 - 1704）和卢梭（Rousseau, 1712 - 1778）。此外，格劳秀斯、普芬道夫、康德、牛顿及法国启蒙运动中的其他代表人物也是人们经常讨论的对象。自然法理论最经典、最完整的表述由此形成，其基本特点或成就如下。

1. 成为各阶层、阶级反抗压迫、剥削和奴役的思想武器，特别是成为新生资产阶级反封建斗争的重要思想武器

几百年间，资产阶级思想家对自然法及与它相关的几个概念做出了一系列新的解释。正如罗素所说："像16、17、18 世纪所出现的那种天赋人权的学说也是斯多葛派学说的复活，尽管有着许多重要的修正。……最后到了17世纪，向专制主义进行有效斗争的时机终于到来了，于是斯多葛派关于自然法与天赋平等的学说就披上了基督教的外衣，并且获得了在古代甚至于是一个皇帝也不能赋给它的那种实际的力量。"② 斯多葛学派关于人人平等的思想在这时发挥了巨大作用，"自由、平等、博爱"成了资产阶级争取自身权利的最重要的口号。

自然法和自然权利也是普通劳动人民、早期工人阶级反对资本主义剥削的思想武器。如英国革命中平等派的代表人物利尔本（Lilburne）就宣称："根据上帝已经把所有其余造物的主权授予亚当和夏娃的假定，所有人都是生而平等的，这是他们的自然权利。"③ 长期以来，女权主义者也用人人生而平等的假定提出自己的权利要求。1792 年，玛丽·沃斯通克拉夫特就曾深刻地指出："把成规旧俗当作一种论点去为剥夺男人和女人的天赋人权而申辩，却是我们司空见惯的一种荒谬。"④

---

① 弗朗西斯·奥克利：《基督教神学和牛顿的科学：自然法观念的兴起》（Francis Oakley, "Christian Theology and the Newtonian Science: The Rise of the Concept of the Laws of Nature"），《教会史》（*Church History*）第 30 卷，1961 年第 4 期，第 433 页。
② 罗素：《西方哲学史》上卷，何兆武等译，商务印书馆，1982，第 341~342 页。
③ 理查德·A. 格莱斯纳：《平等派和自然法：1647 年的普特尼辩论》（Richard A. Gleissner, "Levellers and Natural Law: The Putney Debates of 1647"），《不列颠研究杂志》（*Journal of British Studies*）第 20 卷，1980 年第 1 期，第 75 页。
④ 玛丽·沃斯通克拉夫特：《女权辩》，谭洁等译，广东经济出版社，2005，第 2 页。

2. 从对自然法的探讨中产生了近代的国际法

19世纪后期梅因曾说道:"'自然法'所尽的最伟大的职能是产生了现代'国际法'和现代'战争法'。"[①] 通常认为格劳秀斯（Grotius, 1583 - 1645）是近代第一个伟大的自然法思想家，他的代表作《战争与和平法》是国家法或战争法的奠基之作。普芬道夫（Pufendorf, 1632 - 1694）的八卷本《自然法与国际法》也是这方面的巨著（已译成汉语出版的前二卷，就有近45万汉字）。他说道:"我将一切自然法都视为人类社会生活的基础，因为我找不到其他能够让所有人在不违背其自然状态并给予任何其所持信仰以应有尊重的情况下都认可的规则。"[②] 这句话足见自然法在近代国际法形成中的基础性作用。

3. 人从神或上帝的附属品演变成认识客观规律的主人

帕金森说:"人类是否可以称得上是自由的问题长期以来困扰着许多哲学家。在17世纪以前，这个问题采取了神学的形式。"即使人文主义者洛伦佐·瓦拉，所思考的也是人类的自由如何得以与上帝的先知与神意相一致。17世纪时对这个问题的讨论发生重大变化，当时的先进思想家开始认为"所有的物质事件都是由必然规律决定的"。他们在回答是否可能存在任何人的自由时，其答案也发生相应变化，斯宾诺莎和莱布尼茨都认为自由和决定论是可以调和的，在今天这被称之为"兼容派"的理论。[③] 认识上的这种变化归之于自然神论（Deism）的兴起，这是一种机械论的宇宙观，是在16、17世纪的宗教改革、宗教战争及在新教与天主教的大论战中产生的。它认为全能的上帝按自己的意图（计划）创造世界并给了它第一次推动后，就退居天边懒洋洋地欣赏自己的杰作，宇宙万物不停地按上帝创世的准则运行着。实际上，上帝创造世界的准则在这里已变成了理性的概念"自然规律"，人类理性对宇宙的认识就在于揭示这个计划或准则。[④] 自然神论曾被恩格斯称为唯物主义的一种新的"形式",[⑤] 它承认有一个客观世界，而

---

① 梅因:《古代法》，沈景一译，商务印书馆，1984，第55页。
② 普芬道夫:《自然法与国际法》，罗国强等译，北京大学出版社，2012，"拉丁文版第二版前言"第78页。
③ H. R. 帕金森主编《文艺复兴和17世纪理性主义》，田平等译，中国人民大学出版社，2009，第9页。
④ 参见王加丰《西方历史上的"理性"概念》，《历史教学》2012年第7期，第6页。
⑤ 《马克思恩格斯选集》第3卷，人民出版社，1995，第709页。

且这个客观世界是有规律地运行的。当然,这种唯物主义保留了上帝创世说,与现在我们奉行的唯物主义还是有相当大的差距。牛顿是个典型的自然神论者,他发现了万有引力,但他视自然界为一个既成事实,似乎没有发展过程,这种机械唯物主义无法科学地解释自然界的起源问题,所以他只能借助于上帝创造世界并推动它运行的传统理论,来完善自己的学说。不过,这一缺陷并不妨碍这时期的人们把整个世界作为一个科学的认识对象,那种冥冥中直接决定人类命运的神的力量从此消失了。"神"退居幕后,人走向前台,这是探讨人的本质和人的权利的基础性条件。

一般说来,在近代自然法发展的过程中,有一个宗教意识弱化或消退的过程。不过,上帝虽然从一切事物的决定者退隐为一个只管创造世界但不再过问世事的造物主,人们依然希望利用上帝的权威来强化自己主张的道德力量。所谓披着宗教外衣的英国革命是这样,美国独立战争也是这样。杰斐逊主张"自然权利明确地产生于一种神创的行为"。他在《独立宣言》的草稿中说道:"我们认为这些真理是神圣的、无可争辩的:所有的人生而平等和独立;从这种平等的创造中,人们获得各种固有的、不可转让的权利。"[①] 值得注意的是,在宗教改革中出现的新教在这一点上没有与天主教决裂,而是接过自然法理论,并在或多或少继承传统的同时,根据变化了的历史条件提出新的看法,这也是近代自然法理论得以全面发展的一个重要条件。有人提出:人文主义者着重的不是自然法和自然权利,而是人类制定的法律;从中世纪晚期发展起来的自然权利理论在文艺复兴时期一度衰落,在宗教改革中才得以复兴。[②] 即便如此,也难以否定近代自然法、自然权利理论有一个总的发展趋势。

4. 自然法理论从强调义务转向强调个人的权利

古希腊哲学中虽然已经蕴含着对人的主体性的关注,但古典时代的权利观尚是朦胧的、朴素的,像雅典公民所享有的自由,主要也只限于政治方面。古希腊哲学家们主要只议论什么是正当的或什么是正义的,并不讨

[①] 里克·费尔班克斯:《自然法和自然神之法:神学主张在独立派的论据中的地位》(Rick Fairbanks, "The Laws of Nature and of Nature's God: The Role of Theological Claims in the Argument of the Declaration of Independence"),《法律和宗教杂志》(Journal of Law and Religion)第11卷,1994~1995年第2期,第554页。

[②] 理查德·塔克:《自然权利诸理论:起源与发展》,杨利敏等译,吉林出版集团,2014,第46、2页。

论权利问题。"自然权利"这个概念产生于中世纪，但产生于中世纪什么时候，是有争论的。有的说开始于阿奎那，有的说产生于13世纪初的经院哲学中，有的说产生于14世纪。① 但总的说来，古代与中世纪自然法学的权利观是以正义为基础的；即使维权，也要说成了维护神的正义或上帝的权威，并视此为自己的义务。

文艺复兴以来，人们的关注点日益从"神"转向"人"，社会上渐渐形成人人都应该拥有自己的权利的观念。注重个体对社会的责任和义务的古代自然法，从此渐渐转变成近代的自然法，即着重关注独立的个人如何实现自己的自然权利。登特列夫曾直截了当地指出："近代自然法理论根本就不是关于法律的一套理论，而是有关权利的一套理论。"② 这样，在自然状态—自然法—自然权利—人民主权—社会契约—反暴君"这组概念中，其核心内容从一个社会、民族或共同体如何在自然法的指导下获得公正和稳定，转向了独立自主的个人如何实现自己拥有的各种自然权利。这一转变，导致上述各个概念的内涵均产生重要变化。施特劳斯说："传统的自然法，首先和主要地是一种客观的'法则和尺度'，一种先于人类意志并独立于人类意志的、有约束力的秩序。而近代自然法，则首先和主要是一系列的'权利'……一系列的主观诉求，它们肇始于人类意志。"③ 国内也有学者指出："古典自然法和中世纪自然法，都是以社会共同体的价值为旨归，而近代自然法强调自然权利和个体本位，两者截然有别。"④

自然权利理论从强调义务向强调个人权利的过渡，有许多学者做出了贡献。这方面较早的是16世纪下半叶法国宗教战争中出现的一批思想家，加尔文宗的和天主教的都有。中世纪的反暴君论强调上帝与信徒的神圣契约，强调信徒有义务反对暴君，因为这是上帝所喜欢的事情。但在1572年圣巴托罗缪大屠杀后的宗教大论战中，一些人开始把人民与上帝的神圣契约解释成人民与君主的契约，把反暴君看成基督徒的权利而不仅仅是义务，这是中世纪的社会契约论和反暴君论向近代转变的关键一步，近代的"自

---

① 琼·波特：《从自然法到人权：或为什么权利话语很重要》（Jean Porter, "From Natural Law to Human Rights: Or, Why Rights Talk Matters"），《法律和宗教杂志》（*Journal of Law and Religion*）第14卷，1999~2000年第1期，第78页。
② 登特列夫：《自然法：法律哲学导论》，第68页。
③ 施特劳斯：《霍布斯的政治哲学》，申彤译，译林出版社，2001，《前言》第2页。
④ 朱晓喆：《格劳秀斯与自然法传统的近代转型》，《东方法学》2010年第4期，第86页。

然状态—自然法—自然权利—人民主权—社会契约—反暴君"的理论初步形成。这方面,加尔文宗的思想家有贝扎、诺克思、莫尔奈、布坎南,天主教方面的思想家有马里亚纳等。① 斯金纳指出:"认为近代的'自由主义的'立宪主义理论的发展基本上是17世纪的成就,那是错误的。"因为洛克他们在阐述"关于民众主权和革命权利的观点时所依据的概念",早在一个多世纪之前一些人的著作中,及在加尔文主义者的著作中,都已得到"广泛地表述并臻于完善"。② 稍后的代表人物是荷兰革命中产生的阿尔色秀斯和格劳秀斯。不过后者依然在偏重社会与偏重个体之间摇摆,只有到霍布斯手中自然状态下个体绝对优先的地位才最终确立,由此完成了向近代自然法的全面过渡。③ 霍布斯是近代讨论自然法最有代表性的人物之一,在霍布斯手中,自然状态"成为政治学说逻辑推演的起点,在政治学说当中占了突出的地位"。他塑造了近代政治学说的一种典型的论证方式,后来的学者虽然可能批判他提出的自然状态的内容,但一般只能从自然状态出发来展开自己的思想。④

5. 17、18世纪的思想家们所着重讨论的自然权利,即个人的那些不可剥夺、不可转让的权利,指的主要是生命、自由和财产权

霍布斯说:"著作家们一般称之为自然权利的,就是每一个人按照自己所愿意的方式运用自己的力量保全自己的天性——也就是保全自己的生命——的自由。因此,这种自由就是用他自己的判断和理性认为最适合的手段去做任何事情的自由。"⑤ 洛克指出:"所谓公民利益,我指的是生命、自由、健康和疾病以及对诸如金钱、土地、房屋、家具等外在物的占有权。"⑥ 这些权利在当时被认为是人类自然拥有的,或按中国人以往的译法是"天赋"的。同时,它们也构成了那时人们所说的"自由"的基本内容。

---

① 王加丰:《西欧16~17世纪的宗教与政治》,安徽大学出版社,2010,第191页。
② 斯金纳:《近代政治思想的基础》下卷,奚瑞森等译,商务印书馆,2002,第480~493页。
③ 以往对格劳秀斯的评价很高,后来有人认为不妥。见登特列夫《自然法:法律哲学导论》,第56~57页。
④ 袁柏顺:《自然状态说与近代西方政治学》,《求索》2006年第11期,第55页。关于自然状态的描述:洛克的见其《政府论》下篇第二章(叶启芳等译,商务印书馆,1983);卢梭的见其《论人类不平等的起源和基础》的"第一部分",特别是其中第106~107页(李常山译,商务印书馆,1996)。
⑤ 霍布斯:《利维坦》,黎思复等译,商务印书馆,1985,第97页。
⑥ 洛克:《论宗教宽容》,吴云贵译,商务印书馆,1982,第5页。

美国的《独立宣言》、法国的《人权宣言》是表达这些权利的最典型的文件。

必须注意权利的具体内容是随时代而变化的。到了19世纪，普选权成为普遍性的要求，尽管英国革命和法国革命都已经提出这个问题，但那时支持者甚少，或者得不到实行的机会。至于宗教自由的权利则还要晚一些。在18世纪，所谓信仰自由，主要指信仰天主教和新教的自由，而且只在欧洲小部分地区得到实施。

三 自然法理论的衰落和复兴

大约从19世纪中期开始，自然法思想开始走向衰落。1832年，英国法学家奥斯丁发表《法理学的范围》，是法律实证主义形成的标志，各国法学都直接或间接地受其影响。值得注意的是，在古典自然法并不发达的德国，这时却走在攻击和否定古典自然法学的前列，"法律实证主义，包括与之有着亲缘关系的功利主义法学和历史法学以及哲理法学，成了德国人四处挥舞的旗帜，古典自然法学的余晖几乎全被遮蔽了"。[①] 自然法的衰落出于多种原因，具体有以下三个方面。

1. 自然法赖以发生作用的社会条件发生了重要变化

资产阶级在取得革命胜利后，其为之奋斗的"天赋权利"变成了现实的宪法权利，启蒙思想家的自然法变成了宪法。又由于在工业革命和科学革命的推动下，西方资本主义国家的法律体系不断完善，对权利的研究进入了实证阶段。人们开始看到个人或公民的权利从来不是自然的、生而有之的或天赋的，而是后天的，是一定的社会、经济、政治和文化发展的结果。[②]

2. 科学主义和以孔德为代表的实证主义的盛行

科学主义从16世纪开始发展，到19世纪走向全盛。持科学主义或实证主义的人认为，科学就是能够证实的理论和思想，各种逻辑上不能证明或经不起经验或实践检验的思想和理论，都不能称为科学。古典自然法理论

---

① 杨忠民等：《自然法，还是法律实证主义》，《环球法律评论》2007年第1期，第12~13页。
② 征汉年等：《西方自然法学派主要权利理论解读》，《思想战线》2005年第6期，第43页。

的某些环节和要素不可能加以证实,遂被排斥于科学的领域之外。

3. 自然法理论本身存在建构上的缺陷,特别是在逻辑上存在一些含混、相互矛盾和不易证明的难题

比如,关于人们为什么会根据理性发现自然法则的问题,就存在两种很不相同的假说,一种是格劳秀斯的人性论,另一种是霍布斯的人人反对人人的战争状态论。格劳秀斯认为人在本质上是一种社会群居的动物,所以人天生具有和平共处的能力,并由此发现了各种和谐相处的自然法则。霍布斯则认为人在本质上是自私自利的、富于攻击性,在无政府的自然状态下人与人之间始终处于不断的战争之中;但在战争与和平之间,人们又更倾向于和平,所以才有理性存在的空间,这种理性指引着人们制定出各种和谐相处的自然法则。这两种假说虽然看起来似乎都能做到自圆其说,否则就难以证明其自然法的合理性和必然性,但在现实中却无法用实证的材料或经验来证明。[①]

大约在同一时期,自然权利的观念也因为种种原因开始走向衰微。早在18世纪后期,在一些学者的理论中自然权利的观念已经风光不再。施特劳斯说:"在卢梭的自然状态学说中,现代自然权利论达到了其关键阶段。通过对那一学说的透彻思考,卢梭面对着完全抛弃它的必然性。"[②] 帕格登则说:"自然法传统,及其关于某种'自然的'权利的观念因康德而结束了。"到19世纪第一个十年,杰里米·边沁甚至把自然权利贬为"夸夸其谈的胡说"(nonsense upon stilts)。值得注意的是,18世纪法国大革命中颁布的《人权和公民权宣言》已经不用"自然权利",而是用了"人权"。当然它并非完全摆脱"自然"(天赋)的概念,因为它仍以"人人生而自由和平等"的思想来论证人权的来源,所以这里的"'人权'仍然是自然的权利,它们对人来说是自然的、不可转让的和神圣的"。[③] 这种情况,在19世纪上半叶仍然流行。

逐渐放弃"自然"或"天赋"的提法,其原因与自然法的衰落类似,

[①] 参见杨忠民等《自然法,还是法律实证主义》,《环球法律评论》2007年第1期,第16页。
[②] 列奥·施特劳斯:《自然权利理论》,第280页。
[③] 安东尼·帕格登:《人权、自然权利和欧洲的帝国遗产》(Anthony Pagden, "Human Rights, Natural Rights, and Europe's Imperial Legacy"),《政治理论》(*Political Theory*)第31卷,2003年第2期,第188、189页。

但可能与新的社会条件特别有关。这是因为在资本主义取得高歌猛进的同时，一系列前所未有的社会问题开始涌现，需要政府采取强有力的措施加以缓和或解决。一些人开始认为，个人的权利不是天赋的，而是来自社会，因为"个人的权利只有在社会共同体中才能得到实现和保障"。就财产权来说，在承认近代建立起来的私有财产不可随意侵犯的同时，还必须承认政府加以调整的权力。这样，"个人的财产权不再是纯粹个人的绝对性权利，为了社会的利益可以对私有财产进行再分配。这也就意味着，个人的权利要与社会共同体的共同权利保持一致。"[1] 换言之，个人或公民的权利不是先天就有的或天赋的，而是后天的，既与一定的经济社会发展情况有关，也与各阶级、阶层的冲突或斗争有关，财富和权利都是在社会内部各种力量的相互作用中实现的。政府有责任调节这些相互作用和可能发生的冲突，使之达到某种平衡，维持社会稳定。在贫富极端分化的条件下，政府必须通过向富人合法征税等手段来应对社会冲突，以便缓和或消除贫困。消除贫困并非仅指简单的救济，也包括人人享有"体面的教育和合适的营养"之类的问题。[2] 这些认识为后来的福利国家理论做好了思想准备。

与自然法、自然权利理论衰落的同时，是社会契约论、反暴君论等的衰落。随着普选权的实施，反暴君的必要性已经在制度上得到保障。社会契约、人民主权的学说则与自然状态、自然法脱钩，以一种新的方式发展起来。它们的来源已无须传统的自然法理论的支撑，与生而平等的观念一样，国家一切权力均来自人民授予的观念已经深入人心，成为人民不可剥夺、不可转让的权利，几乎不可能碰到任何挑战，议会的立法权成为人民拥有主权的标志。

但上述发展并不意味着自然法理论真的退出了历史舞台。它在衰落一段时间后，到20世纪初，一度只残存在苏格兰、意大利和一些天主教人员著作中的自然法思想，开始在西欧各国复苏，像韦伯（Weber, 1864 - 1920）、庞德（Pound, 1870 - 1964）等一些著名学者都对自然法哲学持

---

[1] 李宏图：《"权利"的呐喊——19世纪西欧的社会冲突与化解》，《探索与争鸣》2007年第6期，第7页。
[2] 安东尼·帕格登：《人权、自然权利和欧洲的帝国遗产》，《政治理论》第31卷，2003年第2期，第187页。

同情态度。新康德主义者施塔姆勒（Stammler，1856－1938）试图根据先验的推论创立一种现代的自然法哲学。到 20 世纪 20 年代，自然法学说几乎在所有国家中都重新出现。① 新自然法理论在当代西方天主教中特别得到青睐，成为其"最重要、最有影响的伦理学思潮之一"，它"追随阿奎那，承认存在绝对的道德规范"。② 这与教会历来是道德的守护者的身份分不开。

自然法复活的原因，是 20 世纪人类经历的一系列前所未有的大灾难和民权运动等一些重大历史事件，促使世人深刻反思的结果。特别是经过两次大战的人们不再满足于实证主义的解释方式，因为正是在实证主义法学所主张的"恶法亦法"的掩护下，纳粹分子通过一系列灭绝人性的法律，杀害了几百万犹太人。二战后，法学家痛定思痛，强调"恶法非法"，强调必须考虑任何法律的内在道德价值。于是"重归自然法"成为许多学人的呼声。当然，新自然法学家不是简单地恢复以前的自然法理论，而是试图对新的历史条件和实证主义的攻击做出创造性的回应。换言之，回归自然法，不是重新肯定自然状态等已经被历史证明不存在的假设，而是由于看到实证主义法学过分迷信实在法的所谓科学性造成的种种不良后果，希望用某种道德的力量对"科学"加以限制。新自然法学派的主要代表富勒（Lon L. Fuller，1902－1978）批评实在法学忽视了法律的正义，认为真正的法律必须符合一定的内在道德（程序自然法）和外在道德（实体自然法）。程序自然法保证法律的形式合法性，实体自然法则为法律制度确定目标。该学派的代表人物还有罗尔斯、德沃金等。罗国强说："新自然法学派依然坚持了自然法的外部特征，即高于实在法以及对实在法的指导性和评价性。他们注意到了自然法与实在法的互动，并且普遍重视探讨自然法体系的具体框架。他们擅长将现实中的各种问题与自然法联系起来，并通过各种不同的视角来讨论这些与自然法有关的问题，从而为自然法思想体系在具体层面的丰富作出了巨大贡献。"但为了让人们更容易理解与认同自己的主张，"他们竭力减少自然法的抽象性……自然法不再被归结为晦涩难懂的理性或规律，而被世俗化为道德"，而且各位学者对道德的偏好也各不相同，

---

① 罗国强：《西方自然法思想的流变》，《国外社会科学》2008 年第 3 期，第 37 页。
② 林庆华：《论当代西方天主教新自然法理论》，《复旦学报》2008 年第 2 期，第 76、81 页。

有的强调人权，有的则强调民主，等等。① 可见，新自然法的本质是强调道德对法律的引领作用。

自然法的复兴也意味着自然权利理论的某种复兴，因为这个世界依然需要某种最高的道德和某个最高的道德权威的存在。比如，登特列夫曾谈及这样一个例子：当纽伦堡审判案被说成一个"正义的问题"时，说这句话的人实际上已经逾越了法律实定论的范围，而且他必须这样做。他还说，这次判决所依据的原理是"没有一种罪是不受惩罚的"，这与最普遍为人们所接受的实定法理学原理"没有法律即没有惩罚"完全矛盾；法庭所使用的一些词句，如"处罚他绝无不合正义，反之，如果他的罪行被纵容而不受处罚，那才是真正不合正义"，显然会使人回想起古老的自然法的论点。② 这里讲的实际上是根据自然法（正义原则）惩罚纳粹分子的权利，是一种"自然"的权利。此外，从《独立宣言》《人权和公民权宣言》在20世纪的影响来看，包括其在美国黑人民权运动中的影响，可看到"天赋"或"自然"的观念依然受到人们喜爱，因为人们希望强化自己权利的权威性和不可转让性。

当代自然权利的复苏还特别表现在保护环境的理论中。环境伦理学家主张伦理学必须"从只关心人扩展到关心动物、植物、岩石，甚至一般意义上的大自然或环境"，因为这些都是上帝之国的"公民"，都享有上帝赋予的"不可剥夺的权利"，或者说"植物、动物和人类一样都是权利的拥有者"。③ 初看起来，这里所说的自然权利似乎与古典的自然权利理论是两回事，其实不然。首先，以前的自然法理论虽然以人类为中心，但其本意指的就是上帝以一定的法则创造世界，这些法则不仅支配人类社会，也支配宇宙万物，所以自然法适用于整个自然界和人类社会。其次，保护动植物或保护宇宙中所有的有机物和无机物，归根结底是为了人类自己的生存和

---

① 罗国强：《西方自然法思想的流变》，《国外社会科学》2008年第3期，第37、39页。关于新自然法特点的另一种表述："新自然法不是对传统自然法的复归……它把法律、道德、人类社会和政治生活联系起来，既强调高于法律的自然法原则，又把自然法实体化。自然法与实体规则紧密结合，息息相关，这是新自然法学对传统自然法的重大突破"（郭俊：《简析新自然法学派》，《法制与社会》2010年第20期，第4页）。
② 登特列夫：《自然法：法律哲学导论》，第134页。
③ 纳什：《大自然的权利》，杨通进译，青岛出版社，1999，第2、6页。本书的英文名是 The Rights of Nature。

发展。也就是说，保护自然的权利，归根结底是保护人类自身享有生机勃勃的大自然的权利。有人因此说道："从古希腊、罗马的政治家所推崇的自然法，到近代霍布斯、洛克等人演绎的自然权利，再到当代环境伦理学家所推崇的自然的权利，人类为了维护自身的权利，走过了一条曲折的道路。古代、近代，人们借'自然'之名来维护自身的利益，而现代人类为了自己的生存和发展赋予自然以权利，两者本质上都是一种人权的扩展。"[①]

四　自然法的历史作用

自然法（包括自然权利等）的历史作用，在上面已经多方涉及。两千多年的历史中，自然法学说几经变化，但有两个特征是恒定的。一个是它的世界性。长期以来自然法之所以能不断地发挥它独特的作用，主要在于它适用范围的世界性，在于它被视为宇宙或世界万物运行的基本准则，任何人定的法律均必须以它为依据。它的这一特点，萌发于古代希腊人对万物本原的思考及其对共同体和个人命运的关注，然后得力于亚历山大帝国、罗马帝国的广阔性和复杂性。文化史家塔恩（W. W. Tarn）曾这样谈及早期自然法理论的形成：伊壁鸠鲁和斯多葛派创始人芝诺的学说"都是亚历山大缔造的新世界的产物"，因为他们首先感觉到自己已经不再从属于城邦，而是面对着一个庞大的世界，因而需要新的理论来说明自己的存在状态，引导自己和他人的现实生活。[②] 罗马帝国在更大的范围内显示了自己的世界性质，帝国的有效统治需要有统一的法律准则，但又需要照顾各地的具体条件，不粗暴地干预其各自独有的法律体系的运行，这成为区分万民法和市民法的现实根源。中世纪人们对基督教王国的追求，保证了他们在世界或宇宙的范围内思考法律问题，近代第一个具有鲜明特点的自然法理论表现为国际法（格劳秀斯的《战争与和平法》）的创立，并非偶然。自然法的另一个重要特征是它认为世界上的人都是自由的、平等的，这非常适合资产阶级意识形态的需要，所以近代资产阶级在反封建斗争中的一系列要求，都是以"自由、平等"为基础提出来的，并最终在法国形成了"自由、平

[①] 俞田荣：《自然法·自然权利·自然的权利》，《浙江社会科学》2005 年第 1 期，第 112 页。
[②] 姚介厚：《伊壁鸠鲁学派的文明进步观与素朴的社会契约思想》，《中国社会科学院研究生院学报》2010 年第 2 期，第 126 页。

等、博爱"的口号。尽管在具体的历史发展过程中，自然法曾用来论证奴隶制、农奴制、殖民战争和殖民制度等的合理性，但自然法的这个基本特征始终在发生作用。这里的矛盾只能用西方文化或资本主义的内在矛盾来解释：在近代资本主义世界，自由雇佣制、奴隶制、农奴制长期并存，美国还为此爆发内战，资本主义需要通过这种方式来发展。在今天，这种矛盾典型地表现为各种各样的双重标准。

撇开这些矛盾不谈（应该有专门的文章来讨论这个问题），撇开不同时代自然法理论的那些宗教的或神秘的色彩，自然法长期来是西方所有立法和重要政治理论观点的基本依据。可以说，自然法学者都承认有一种较高法或理想法的存在，都把它作为世界上存绝对价值或绝对正义的表现，是制定实在法的终极根据。他们一般认为：（1）法从本质上说就是客观规律，立法者所制定的法律必须以客观规律为基础，法律对人们行为的规范不能有悖于客观规律；（2）法根源于人的永恒不变的本性，即其社会性和理性，真正的法律或自然法应符合这种本性，人的理性所发现的人的行为准则或法律是"理性之光"，它能照亮人前进的道路；（3）法的功能和目的在于实现正义，所谓正义就是人人都在社会中各得其所，享受他应该得到的权利，并平等地承担义务；（4）法律作为一种行为准则能使人们辨事非、知善恶，所以它应该与人们的价值观念、道德观念相一致，不能有悖道义。这里指的道德不是某个特定社会的道德，而是指所有社会通用的道德，实际上这是人们所追求的终极性的价值目标，如自由、平等、秩序等。[①] 这些也是当代新自然法理论所强调的东西。

另外，从古希腊到今天，不同时期、不同国家的学者尽管都使用自然法、自然权利等概念，大家的理解也有一些共性，但不同的人或不同的学派对自然法的理解相差甚大。比如，霍布斯强调通过契约，人们已把权力转到统治者手中，不能反悔，而卢梭则认为如果统治者行为不端，人们随时可以撤销授权，因为主权始终在自己手中。再如大多数近代思想家都主张建立民选的议会来代表人民意志，卢梭却认为通过议会来代表人民的意志是荒唐的，他说："代表的观念是近代的产物；它起源于封建政府，起源

[①] 严存生等：《自然法·规则法·活的法——西方法观念变迁的三个里程碑》，《法律科学》1997年第5期，第33~34页。

于那种使人类屈辱并使'人'这个名称丧失尊严的、既罪恶而又荒谬的政府制度。"① 他主张每一个人都应该"直接"表达自己的意志，其结果只能是建立那种小国寡民的城邦国家。当代新自然法学派在阐释自己的权利理论时，也从不同的视角来理解权利问题，出现了个人权利本位、国家权利本位和社会权利本位的纷争。② 有人说："自然法既能存活于'黑暗时代'，又能存活于理性时代，甚至成为号召社会的有力手段。无论在什么环境中，处于什么时代，西方社会都能听见自然法的声音。亚里士多德、阿奎那利用自然法论证奴隶制的合理性；斯多葛派利用自然法论证人的平等性。中世纪的世俗君主派利用自然法反对教会的干涉；反暴君派利用自然法维护教会，反对'暴君'。"③

但所有这些，并不是说自然法理论杂乱无章，我们最好把它们看成自然法在西方思想史中发挥重要作用的条件，因为争论的人多，争论得激烈，意见纷纭，说明关注这个问题的人多，说明这个问题非常重要，需要不断进行讨论，才能发挥它的全部作用。上引文作者因此说道：在很大程度上，"正是对自然法的不断思考，对其蕴含的人的平等、自由、权利、正义、安全等的不懈追求，才有今天的西方文明，才建构起西方现代法治"。英国的《权利法案》、美国的《独立宣言》和1787年宪法及其修正案，法国的《人权和公民权宣言》，都是"自然法学说发展的结晶。西方社会的'私有财产神圣不可侵犯'、'契约自由'、'罪刑法定'、'无罪推定'及'司法独立'等法律原则和制度，首先也应归功于自然法学说。可以说，西方尊崇法治的传统的根源，就来自于普遍性的这样一种认识"。④

可见，"自然法"是体现西方文化特色的一个基本概念，了解自然法的历史是我们了解西方文化的一个必要步骤。

（作者简介：王加丰，浙江师范大学历史系教授）

---

① 卢梭：《社会契约论》，何兆武译，商务印书馆，1980，第125页。
② 征汉年等：《西方自然法学派主要权利理论解读》，《思想战线》2005年第6期，第43页。
③ 吕世伦等：《西方自然法的几个基本问题》，《法学研究》2004年第1期，第156页。
④ 吕世伦等：《西方自然法的几个基本问题》，《法学研究》2004年第1期，第157页。

地区国别史

战前日本促进巴西移民运动的医疗卫生服务措施

郝祥满

内容提要：从1895年通过《马关条约》掠取台湾之后，日本加快了海外殖民的步伐。1905年取得日俄战争胜利后，日本将巴西等南美地区视为"海外移民新天地"。为推动移民运动的发展，日本政府移民机关和民间各种移民组织相互配合，为移民巴西的日本民众提供各项服务。本文选取其中对日本殖民政策的推行有着特别意义的医疗卫生防疫服务加以剖析。基于日本人移民巴西后的健康和安全，日本政府非常重视调查巴西引发传染病和地方病的气候环境，并为移民提供相应的医疗卫生辅导，在远洋航行船中严格卫生和健康管理，在移民到达巴西后继续提供各种医疗卫生服务。这一移民保护政策及其服务措施的推行等足以证明，移民成为日本海外扩张的重要国策。

关键词：日本　巴西　移民　医疗卫生　公共服务

向巴西移民是日本近代海外殖民运动中较为重要的一环，国内拓殖省的设置，政府和民间各种移民机关和组织的成立，各项服务措施的推行等足以证明移民成为日本海外扩张的重要国策。健康的国民，作为身体政治，是殖民主义日本的重要话语，是日本军国主义宣传的关键词。

作为日本国策推进的巴西移民活动

早在16世纪中叶，葡萄牙人东来，在中国澳门站住脚跟，拓展航海贸易，"形成了澳门、日本长崎和南美巴西之间的大三角贸易圈"，[1] 茶叶、陶瓷、丝绸、白银成为主要流通商品。可以说巴西与东亚中国、日本的贸易由来已久。

1889年11月，巴西成立共和国，巴西历史进入"新巴西"时代，开始努力拓展外交空间。1894年，代表咖啡种植园主的普鲁登特·德·莫赖斯·巴罗士（M. Barros）当选新总统，同一年，中国取消海外移民限制，准许国民移居他国。1895年（明治二十八年）取得中日战争胜利的日本也推进海外殖民运动；同年11月6日，"日巴修好通商条约"在巴黎签订。1897年（明治三十年），日本在巴西开设公使馆、领事馆，互派使节。19世纪末，日本人口增加过剩与土地稀少的矛盾日益尖锐，引起了日本政府的重视，移民成为日本解决这一问题的重大国策，"海外发展是必然的国是"，[2] 国际自由经济和自由主义成为其海外移民的理论支持。

虽然酝酿很久，日本正式向巴西移民是在1907年（明治四十年）至1908年（明治四十一年）。第一批781人（男601人、女180人），主要来自日本西南部，其中冲绳人325名。[3] 作为"契约移民"（区别于自由移民），注明期限为半年。这批移民从1907年召集，于1908年4月28日乘坐"笠户丸"号船从神户港出发，6月28日抵达巴西圣多斯港，登上了开往圣保罗州的火车。[4] 值得关注的是，冲绳1879年以后才成为日本本土的殖民地，现在移出海外殖民，其原因值得探讨。

第二批日本巴西移民470户906名，1910年6月28日抵达巴西圣多斯

---

[1] 张海鹏：《为"一带一路"建设提供历史根据》，载《光明日报》2017年5月10日，第16版。

[2] 〔日〕大日本文明协会编《日本人的海外发展》（日本人の海外発展），大日本文明协会事务所，1916，第1页。

[3] 〔日〕皇国殖民合资会社编《赴巴西移民名簿 明治四十一年》（伯剌西爾行移民名簿 明治41年），皇国殖民，1908。

[4] 〔葡〕阿·甘比拉济：《日本向巴西移民七十年》，鲍宁译，载武汉师范学院历史系巴西史研究室编《巴西史资料丛刊》，1980，第1页。

港，刚好是第一批移民两周年的纪念日。该年日本共移民911人，其中1人为自由移民。①

日本第一阶段的巴西移民，是在1905年日俄战争取得胜利和1906年北美（美国为主）排日运动高涨之后。帝国主义战争的胜利促使日本军国主义者将殖民的目光投向全世界，而美国、加拿大、英国的排日运动有如当头棒喝，迫使日本在并非和东亚之外寻找新的突破口。独立而不依附任何欧美列强的巴西，对于谋求出路的日本劳工输出来说，可谓是"柳暗花明又一村"，对一心拓展殖民事业的日本政府来说，如同"久旱逢甘霖"。②

面对一般的日本民众，日本政府在做移民宣传时，回避海外"排日"这一点。黑石清作在其著作中承认，移民巴西是在北美等地遭遇闭门羹的新出路。③日本初代驻巴西武官伊丹松雄也承认，1906年日本向巴西派遣武官，引起德、美两国的猜疑，认为这是"日本侵略巴西的第一步"④。其中有日本第四代驻巴公使内田定槌极力推动的功劳；另一方面巴西也需要移民。为吸引日本移民，巴西为日本移民修建了移民收容所，提供短期免费住宿服务。

第一次世界大战爆发后，1915年、1916年日本向巴西的移民剧减，到1917年开始回升。第一次世界大战结束后，由于美国1920年（大正九年）开始掀起新的一轮排斥日本移民运动，随着运动在美国各州的高涨，1922年美下议院通过了新的排日法案。与此同时，"加拿大拒绝接纳日本移民、澳大利亚排斥日本移民、北美（美国）嫌弃日本人，对应的是，巴西对日本移民敞开大门热烈欢迎"⑤。日本移民进一步转向南美，其主要动力还有，日本参与欧美各国开发南美的竞争，当时各国元首纷纷访问巴西，缔结条约，投资巴西，日本政府督促驻巴西使节堀口等，促进日巴亲善关系，与巴西各方人士联络感情，培养巴西人的亲日情感。⑥南美因此被日本人称为

---

① 〔日〕日本植民协会编《移民讲座　第2卷　南美洲指南　上　巴西篇》（移民講座　第2卷　南米案内　上　ブラジル篇），日本植民协会，1932，第111页。
② 〔日〕横山源之助：《南美洲迁移指南》（南米渡航案内），成功杂志社，1908，序言第1页。
③ 参见〔日〕黑石清作《最近的巴西》（最近の伯剌西爾），拓殖新报社，1922。
④ 〔日〕《16.（1）伊丹松雄中将开创时期的巴西移民》（16.（1）伊丹松雄中将　創始時代ニ於ケル「ブラジル」移民），第5、10页。JACAR档号：B12080959800，外务省外交史料馆藏。
⑤ 〔日〕黑石清作：《最近的巴西》（最近の伯剌西爾），拓殖新报社，1922，第1页。
⑥ 〔日〕《帝国与诸外国外交关系杂纂/日巴西间》（帝国諸外国外交関係雑纂/日伯間），JACAR档号：B03030311000，外务省外交史料馆藏。

"雄飞的新天地"。昭和时代外务省在其编辑的刊物《海外移住》的封面上旗帜鲜明地呼吁："扩张吧日本，向世界扩展。"①

1921年（大正十年）以后，日本在巴西的移民进入第二阶段。在社会达尔文主义思想的指导下，日本加速巴西移民。从1924年开始，巴西取消了对日本移民的补贴，但日本移民的劲头并未因此挫伤。从1925年开始，日本政府开始对移民实行津贴。原因之一大概是，从这一年开始，美国新移民法案实施，其十三条C项为排日条款。日本国内"米骚动"、东京大地震造成大量贫困且无家可归的人口，只能到海外碰运气。对政府来说，向海外移民还可以解决东京大地震的遗留问题，日本多震灾的不安定感，是推进移民的说服力之一。为推动移民，日本政府还以"实习移民"方式引导日本青年、东京海外殖民学校的学生到巴西实习、预备移民。② 另外，巴西和最大的移民国意大利之间因移民待遇问题不能达成一致，意大利停止向巴西输出移民。故从1926年（大正十五年、昭和元年）开始，巴西圣保罗州咖啡园主大力吸引日本移民，致使日本移民巴西的人数大增，当年达到8000人，1927年达到1万人。③

日本海外兴业株式会社、南美拓殖株式会社、亚马孙兴业株式会社是当时组织和服务移民的三大机构，此外还有一些外务省承认的三社下属的移民业务代理人和代理机构事务所。到1932年11月1日，日本的巴西移民总数达到116505人，而同时期的中国巴西移民只有2000人左右。④ 1925～1934年是日本第二阶段移民巴西的高峰期。

1931年日本实行奖励移民的政策，1932～1934年，在巴西各国移民中日本人在人数上居于首位。⑤ 日本在发动太平洋战争之前，重视移民巴西，主要是南洋（西太平洋、东南亚地区）华侨势力太强，日本无法与华侨竞

---

① 〔日〕《海外移住 昭和14年1月号－12月号/1939年/第1分册》（海外移住 昭和十四年1月号－12月号/1939年/分割1），JACAR档号：B10070008300，外务省外交史料馆藏。
② 参见〔日〕外务省美洲局编《实习移民的书信及报告集录》（実習移民の書簡及報告集録），外务省美洲局，1937。
③ 〔日〕《3、墨西哥及中南美/3、巴西国相关》（3、墨国及中南米/3、伯剌西爾国関係），第150页，JACAR档号：B13081544300，外务省外交史料馆藏。
④ 〔日〕日本植民协会编《移民讲座 第2卷 南美洲指南 上 巴西篇》（移民講座 第2卷 南米案内 上 ブラジル篇），日本植民协会，1932，第24、110、123页。
⑤ 〔英〕莱斯利·贝瑟尔主编《剑桥拉丁美洲史》（第四卷），社会科学文献出版社，1991，第133页。

争。还有就是老殖民者荷兰、法国对日本的恐惧和抵制心理，南洋的荷兰人中流传着这样的一句话："日本人是一种大胆的人物，在自己的国内是绵羊，在人家的地方是恶魔。"① 但日本此时已经进入所谓的"国防移民"阶段②，不过重点在中国东北。

1941年12月太平洋战争爆发之后，日本第二阶段的巴西移民运动才告一段落，走向低潮。直到战后，20世纪50年代新一轮巴西移民运动兴起，至今再次走向平缓。以国别论，日本在巴西形成最大的日本移民社会（或称"日系社会"），约有150万日系人居住在巴西③。

由于海外殖民是近代日本明治维新后努力加入列强竞争行列的一大国策，为此，日本建立了各种专门的移民服务机构，民间组织积极协助，促进国家殖民战略的推行，这些服务措施也就是移民（殖民）政策的促进措施。

其突出的移民服务措施是，外务省（包括驻巴西公使）、拓务省、海外兴业会社、海外情报社等调查、宣传机构的行动，对于移民对象国这一未知国家的国情等加以调查，其实也是为将赴未知国度的移民提供信息服务（亦即"预备知识"），避免政府具体实施时的盲目性。日本的巴西移民运动，从各种结构的设置和运作看，并非盲目进行，并非贸然之举。

本文集中探讨日本政府和移民组织为巴西移民提供的医疗防疫卫生相关的服务措施，其他服务措施此处略。

对巴西气候医疗卫生防疫的实况调查和移民的鼓动宣传

近代以来，自信本土清净、"神国日本"的日本人，心目中境外的污秽、疾病传染往往是其移民的危途，巴西因是日本传说中的"岩溶瘴疠"之地，因此传说中的"热带风土病"使巴西和南美较晚成为日本移民的选择，中国东北、台湾很长时间成为移民的首选。因此，在日本政府组织的

---

① 〔荷〕阿莱文特·波须：《荷属东印度概况》，费振东译，商务印书馆，1938，序第420页。
② 〔日〕古关德弥：《南方开拓者的指引 南美洲移民的体验为基础》（南方开拓者的指標 南米移民の体験を基として），文宪堂，1942，序第2页。即"国防国家建设的必要，以五族协和为目的的'满洲'移民"。
③ 〔日〕ODA评价有识者会议：《巴西国别评价（第三方评价）报告书 平成21年度外务省第三方评价》[ブラジル国別評価（第三者評価）報告書 平成21年度外務省第三者評価]，外务省，2010，第3章等2页。

各种宣传讲座中和移民宣传资料中，卫生是必不可少的内容，而且占有重要的篇幅和地位。

首先是支持日本政府巴西移民运动的民间医学者的宣传工作。医学博士兼记者的细江静男所著《巴西的农村生活与疾病》①，1900年出版，是日本较早介绍巴西疾病的书籍。这些工作应该得到了日本政府的资助。1926年（大正十五年）4~12月，医学博士石原喜久太郎对南美卫生医疗进行了细致的考察，其后于1931年出版的《卫生视察南美纪行》，是较为系统和专业的介绍，宣传的动机也很明显。②

其次是日本政府（外务省）通过驻巴西使节开展的调查和宣传工作。日本政府留意对巴西医疗、卫生、热带病等情况的调查，从日本驻巴西公使兼领事杉村濬1905年（明治三十八年）8月的寄送巴西产治疗急性下痢特效药标本回日本一事可知。③ 偎川基氏1915年前出版的《热带病学》介绍了巴西特有的十三四种疾病。

一战结束之后，随着移民巴西运动的高涨，日本更加重视对巴西的卫生、医疗、防疫等的调查，包括对巴西国的卫生行政状况的巡视。例如，受日本外务省的嘱托，1927年6月1~30日，视察南美医事卫生的石原喜久太郎在给外务省的报告《南美巡视地医事卫生之概要》中，介绍了巴西北部帕拉州贝伦市的医疗卫生，涉及该市的卫生行政、医院、医院相关设施（隔离医院、精神病院）、医师、药学校、动植物园、医科大学等各个方面。其中都市卫生行政涉及上水道、下水道、垃圾处理、街道设备等。疾病方面涉及各种地方流行病和寄生虫。④

日本的巴西移民汇集在南部的圣保罗州，原因之一是，日本国内早在1907年出版发行的移民宣传资料《今日巴西》就告诉移民，巴西南部地区

---

① 〔日〕细江静男：《巴西的农村生活与疾病》（ブラジル農村生活と疾病），细江静男，1900。
② 〔日〕石原喜久太郎：《卫生视察南美纪行》（衛生視察南米紀行），博文館，1931。
③ 〔日〕《14. 自驻巴西公使寄赠有关急性下痢特效药品样本的文件 明治三十八年八月》（14. 急性下痢特効薬品見本ニ関シ在伯公使ヨリ申進之件 明治三十八年八月），JACAR档号：B12082260900，外务省外交史料馆藏。
④ 〔日〕《各国医学及医术相关杂件 1. 一般（2）南美洲巡视地医事卫生之概要》（各国ニ於ケル医学及医術関係雑件 1. 一般（2）南米巡視地医事衛生ノ概要），JACAR档号：B04012756200，外务省外交史料馆藏。

比较卫生，不太有流行病的肆虐，即"南巴西是巴国中的健康地，特别是南巴的一些东方，几乎堪称世界第一等的健康地"。里约热内卢府的皮特罗普里斯避暑地，"风景似瑞士，其气候之好使黄热病不可能产生"[1]，堪称日本的日光轻井泽。故而"1908～1932年在桑托斯港登陆的日本人中有92%在圣保罗定居"。[2] 驻巴西公使堀口九万一，1923年（大正十二年）8月在新潟等三县作《巴西移民事情》的演讲时也称："日本移民主要集中的圣保罗周边气候的温和超乎大家的想象，既不炎热也不寒冷，确实是适宜的气候。"[3] 在日本1931年发布的《巴西共和国》中是这样介绍巴西的气候的："（巴西）国土几乎全部位于赤道以南，在南方温暖地带与赤道酷暑地区之间，占据着恰好的位置。且国土大部分在高原上，海岸线颇长，且国内拥有世界最大的水系，能极大限度地减轻暑气，基本上不会引发日照病等，特别是居住地区，气候良好，没有值得恐惧的。"[4]

1924年出版的由神户川崎轮船公司的"荷兰丸"号船长川村丰三所著的《乘船所见的南美洲巴西》一书，在标题下就公开呼吁："特意提倡得到资本后援的自营农移民，应该在巴西国第一健康地巴拉那州集中。"[5] 总之，要详细调查巴西气候与疾病的关系，选择气候最适宜日本人的地区作为移民居留地。

再次是移民组织的相关调查和宣传工作。最为突出的是，在日本政府的援助下，"在巴西日本人同仁会"组织成立，以其专业医疗技术服务于日本移民。该组织的宣传社会影响很大。

为了移民巴西国策的顺利推行，日本政府对巴西等南美国家医事、卫生的巡视和调查一直都很重视，医务人员的巡视报告成为日本政府进一步决策的重要参考。这些报告本身也多被作为移民的宣传资料。

---

[1] 〔日〕中岛铁哉：《今日巴西》（今のブラジル），中西屋，1907，第5、55页。
[2] 〔英〕莱斯利·贝瑟尔主编《剑桥拉丁美洲史》（第四卷），社会科学文献出版社，1991，第135页。
[3] 〔日〕《巴西移民事情/1923年》（ブラジル移民事情/1923年），JACAR档号：B10070552600，外务省外交史料馆藏。
[4] 〔日〕《巴西共和国/1931年》（伯剌西爾合衆国/1931年），JACAR档号：B10070590400，外务省外交史料馆藏。
[5] 〔日〕川村丰三：《乘船所见的南美洲巴西》（船乗りの覗いた南米伯剌西爾），日本海员组合，1924，封面、序言第2页。

移民宣传着重介绍巴西的热带气候及其流行病

宣传的客观性很重要，尤其是政府主导的移民宣传。服从权威的日本民众非常相信政府和官员，而对于明治以来力图"海外雄飞"的日本政府来说，无疑希望更多日本民众移民巴西，为了让更多的日本人有勇气跨出国门，早期的相关宣传不够客观。

土井权大1908年出版的《南美巴西国的丰富资源》一书认为，里约热内卢市（书中称之为"府"）的黄热病率和死亡率不高，与东京差不多，东京为千分之19.35，里约为千分之20.43，"死者1000人之中，因黄热病而死的不过58余人"①。显然巴西的流行病不比日本国内更可怕。1908年公开的《移民调查报告　第一》中，关于巴西圣保罗州"卫生情况"，亦有"传染病基本控制，甚至根除"之类的宣传。② 实际上，日本巴西移民初期，有关巴西气候卫生疾病等的介绍，鼓动宣传的成分较大，真实性、客观性欠缺。

因此，初期到巴西的日本移民，因对巴西国土气候、卫生、疾病等知识的缺乏，盲目相信宣传，出发前心理和物质上的准备都不充分，一旦遭遇了黄热病，损失惨重。明治四十一年（1908）开拓的"平野殖民地"，甚至发生了一天之内死52人的大牺牲，可称巴西移民之哀史。③ 这对后来的日本移民产生了不利的影响，明治四十四、四十五年（1911、1912），日本移民的人数急剧减少。

此后，日本政府主导的移民宣传不得不直面严峻的传染病问题、水土不服问题等，要求具体介绍巴西各州的气候与风土病（下痢等），以及黄热病、天然痘、黑死病等传染病（特别是作为地方病的黄热病）等④，这是无

---

① 〔日〕土井权大：《南美巴西国的丰富资源》（南米伯国の富源），南米协会，1908，第11页。
② 〔日〕《移民调查报告　第一/1908年/第1分册》（移民调查报告　第一/1908年/分割1），第50~52页。JACAR档号：B10070224600，外务省外交史料馆藏。
③ 〔日〕佐藤勇香：《邦人的发展地巴西　舒适无比的天惠的富饶乐土在召唤》（邦人の発展地ブラジル　好適無比　天惠豊かなる楽土は招く），实业之日本社，1932，第325~326页。
④ 〔日〕高冈专太郎：《在巴西的卫生注意事项》（ブラジルに於ける衛生の注意）（同仁会卫生丛书　第4编），拓务省拓南局，1941。

法回避也不能隐瞒的问题。日本移民当局和驻巴西使领馆还会随时通知国内，告诉准备移民巴西的日本人，近期巴西有什么样的流行病，这些疾病有什么样的预防手段，例如大正七年（1918），在巴西的临时代理公使野田良治及时向日本国内通报，巴西国内正严密预防"西班牙流行感冒侵入巴西"①，一时人心惶惶，移民机构及时得到情报，可以调整移民的推进工作。

日本外务省外交史料馆所藏档案《传染病报告杂纂》中收集有日本驻巴西公使发回日本国内的有关巴西各种传染病爆发情况的系列报告。例如昭和三年（1928）七月，日本驻巴西大使有吉明向国内外务大臣田中义一报告：巴西里约热内卢市发生黄热病流行事件，"自5月31日到6月27日，患者总数达50人，其中死亡22人，治愈19人，治疗中9人，前供参考，特此报告"②。此后，直到昭和四年、昭和五年，里约热内卢（以及其他州）黄热病流行情况的追踪报告不断送回日本，日本政府则依据此情报下令停止派遣移民船，中止日本海军舰船对巴西的访问，或警告不得不经过巴西的日本船只，谨慎停靠附近港口，注意消毒。

一旦巴西传染病得到控制，也会立即通知日本国内。更多的时候，日本移民机构和驻巴西使领馆为了鼓动更多的日本人移民巴西，往往会这样宣传：在巴西的一些疾病在可控制范围之内，至少日本准备移民的区域内已经被控制，并且日本国将加大力度加以控制，保证日本移民的健康与安全。

进入昭和时代，日本各移民组织编纂的与巴西卫生相关的介绍资料称，巴西圣保罗州，各种流行病基本得到控制，甚至绝迹。虽然有宣传鼓动的成分，但已经相对透明许多，不回避讨论疾病卫生问题。

移民出发后提供的卫生防疫咨询和指导

为了让日本国人大胆地移民巴西，移民离开故乡出发到巴西前，先住

---

① 〔日〕《46. 巴西政府关于预防"西班牙流行性感冒"侵入手段报告送付的文件》（46. 伯国政府ノ「西班牙流行性感冒」侵入ズ防手段ニ関スル报告送付ノ件）。JACAR档号：B12082404500，外务省外交史料馆藏。
② 〔日〕《传染病报告杂纂/中、南美部分 1. 驻巴西大使馆》（伝染病報告雑纂/中、南米ノ部 1. 在伯大使館）。JACAR档号：B04012605500，外务省外交史料馆藏。

在神户的移民收容所（一般称"移住教养所"），设置收容所的目的就是对移民进行健康管理和卫生教育，以免在巴西登陆时遭遇拒绝。移民在收容所接受政府和移民组织安排的各种免费的身体检查，以及种痘、伤寒（腸チフス）和霍乱（コレラ）预防注射等，乃至大便检查，收容所配备有专门的医务人员和医疗设施。

在收容所暂住休整期间，日本政府和民间组织还对移民进行临时的卫生、疾病防治的教育讲座（亦即所谓的"卫生讲话"），大约两个上午。①

此外，日本政府和移民组织还在各县开展卫生防疫相关的宣传和指导，积极对日本国内有意移民的人进行巴西各处"日本人殖民地"卫生健康、疾病预防设施齐备的宣传。②

宣传指导的方式包括印刷文字的宣传散发。例如昭和五年（1930）出版发行的高冈专太郎著的《在巴西卫生注意事项》一书，到昭和八年4版印刷，昭和十六年9版印刷③，该书在移民出发前，在神户收容所免费分发给移民。日本驻圣保罗领事馆昭和八年（1933）编辑发行的《谈在巴西的体验》，让老移民向即将到巴西的新同胞谈预防巴西风土病的卫生经验。④

还有防疫、防流行病宣传影片的拍摄和播放。这一方式效果很好，寓宣传教育于娱乐。例如，为预防砂眼病（トラホーム，音"托拉霍姆"），日本政府拍摄了记录昭和二年在巴西同仁会成功扑灭该流行病的宣传片。昭和六年（1931），在巴西的日本同仁会理事长江越信胤通过日本驻圣保罗总领事向外务省和内务省卫生局申请，将该宣传片借给同仁会，以便在巴西日本人居住地播放，警示移民。⑤

用于船中按日讲座的语言教材《实用巴西语会话 巴西移民者必携》，其第

---

① 〔日〕山田迪生：《从轮船看日本人移民史》（船にみる日本人移民史），中央公论社，1998，第156～157页。
② 〔日〕佐藤勇香：《邦人的发展地巴西 舒适无比的天惠的富饶乐土在召唤》（邦人の発展地ブラジル 好適無比 天惠豊かなる楽土は招く），实业之日本社，1932，第321～323页。
③ 〔日〕高冈专太郎：《在巴西的卫生注意事项》（ブラジルに於ける衛生の注意）（同仁会卫生丛书 第4编），拓务省拓南局，1933。
④ 〔日〕《谈巴西的体验 附 笃实农家代表给新来同胞的忠告/1933年》（ブラジルの体験を語る 附 代表的篤農家と新来同胞への忠言/1933年）。JACAR档号：B10070243100，外务省外交史料馆藏。
⑤ 〔日〕《疾病预防宣传相关杂件 3.砂眼预防宣传相关》（疾病予防宣伝関係雑件 3.トラホーム予防宣伝関係）。JACAR档号：B04012594200，外务省外交史料馆藏。

二十五日的讲义是"人体、健康、生病、疗养及医药"（参见图1）①，将葡语的学习和在巴西卫生防疫知识、求医买药的会话等社会技能一同介绍，非常详细。

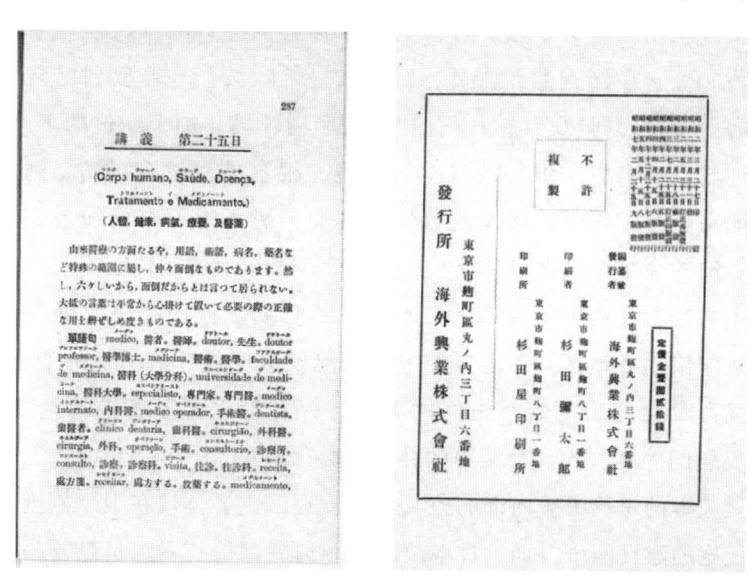

图1 《实用巴西语会话》一书有关医疗卫生的内容及该书印刷版次

移民从日本出发之前，日本殖民机构在卫生医疗服务方面做了很多工作。神户、横滨、长崎等地的收容所，为移民进行体格检查、鼠疫等的免疫注射、种痘等。特别是移民出国前的检疫，目的之一是维护日本国家的"文明开化"形象，比如大正十四年，巴西曾经质疑日本传入"虎烈拉"病毒②，让日本感觉有失颜面。此类事件最让日本人担心的是，巴西因日本特有疾病等理由排斥日本移民。

日本移民在迁移巴西轮船中的医疗卫生管理

为保证被鼓动起来的日本移民安全到达巴西，移民运送船（特称"移民船"）中的卫生防疫管理，是移民健康保护中极为重要的一环。立足于预防，

---

① 〔日〕海外兴业株式会社编《实用巴西语会话 巴西迁移者必携》（実用ブラジル語会話 ブラジル渡航者必携），海外兴业，1932，第287~305页。
② 〔日〕《3、杂说/1、本邦移民特有的疾病与禁止入国问题》（3、雑説/1、本邦移民ニ特有ナル疾病ト入国禁止問題）。JACAR档号：B13081594900，外务省外交史料馆藏。

防患于未然，日本政府重视这一问题，有意识地向欧美移民大国看齐。[①]

海上航行的轮船是一个相对狭小而封闭的空间，人员集中，一旦出现流行病很容易相互传染扩散。日本的巴西移民从神户港（或从横滨、长崎港）出发，经过中国香港、西贡、新加坡、科隆坡、开普敦到巴西里约热内卢，海上航行时间40天左右[②]，拥挤的船内环境，加上经过的多是热带、亚热带地区，对出生于温带的日本人来说，很容易引发流行病。例如大正七年，船在航行过程中，爆发流行性脑膜炎，船不得不在新加坡停泊，甚至接到返航的命令。虽然有幸扑灭了疾病，但最终死亡53人。

为了防御移民船中的疾病，日本移民尽量要求及时调查、通报移民船可能通过的沿途各地区、各港口的卫生状况及其气候、流行病的变化情况，并分析气温变化与疾病流行之间的关系。针对沿途国家各港的卫生状况，确定移民船的停靠。水、蔬菜等的补充都必须谨慎。

尤其关键的是移民船内部的公共卫生管理，主要体现在卫生制度的制定和卫生设施的建设两个方面。日本政府还派遣专门的技术人员随同一些移民船出发，跟踪调查船内卫生情况，及时提出整改措施，具体见《各国卫生相关杂件（第三卷　13. 巴西国》所收录的医学博士新垣恒政的报告。[③] 各移民船的船长亦被要求提供相关资料，内容包括船只出发年月、乘客数、患者数、死亡人数、患病率、死亡率等，日本政府有这一记录的统计资料。

卫生制度方面，以立法的形式推行移民船航行中的卫生管理，如《移民保护法》《船舶检查法》，以及《船舶检查规程（规定）》等的颁布和实施。根据《船舶检查规程（规定）》的规定，移民船上配有医生1人、助手1人、护士2~4人。

《船舶设备规程》对运送移民的船只构造、医疗设施有具体的规定，具体到浴室、盥洗室、厕所、医务室、隔离室、医疗室、病房等，具体参照英国的同类船只[④]，以卫生防疫为主旨。基于疾病预防隔离的指导思想，医

---

① 〔日〕《移民运送船之研究/1930年》（移民運送船之研究/1930年），绪言第1页。JACAR档号：B10070603800，外务省外交史料馆藏。
② 〔日〕《各国卫生相关杂件　第三卷　13. 巴西国》（各国ニ於ケル衞生関係雜件　第三卷　13. 伯国），第5页。JACAR档号：B04012586000，外务省外交史料馆藏。
③ 〔日〕《各国卫生相关杂件　第三卷　13. 巴西国》（各国ニ於ケル衞生関係雜件　第三卷　13. 伯国），第23~33页，JACAR档号：B04012586000，外务省外交史料馆藏。
④ 〔日〕山田迪生：《从轮船看日本人移民史》（船にみる日本人移民史），中央公论社，1998，第125~129页。

疗室设置在船的中部，病房、传染病隔离室却在船尾，尽管这样设置不方便。这种设置后来有改进，即隔离室依然留在船尾，一般病房设置在中部，和医疗室在一起。

1908年日本首次航行巴西使用的移民船"笠户丸"，就是东洋轮船公司（东洋汽船）1906年7月从海军省借用的海军医用船，由海军医用船改造成客轮。在船体改造过程中，"追加工事的对象主要是内部设施，医疗设施的整备是其重点"。[①] 1908年建成投入使用的客船"天洋丸"和"地洋丸"排水量13000吨，是非常豪华的客船，有很多中国赴美洲的移民搭载，日本特意在船中开设了鸦片室。

移民在乘船期间，医疗人员引导或监督移民自我管理公共卫生，船内卫生因此非常好。例如昭和五年的那次移民，政府派遣的"移民监督"督导移民组织了家长会，将移民分成若干组，推荐出风纪卫生委员2人，负责管理全船的公共卫生，如大扫除、消毒等。必要的时候（发生流行病的时候）选出了28名风纪卫生委员，在1名医生、1名助手、2名护士的指导下，为全船移民提供预防、治疗、看护等服务。[②]

昭和八年以后，根据《移民保护法》，在移民船乘组人员中设置卫生职员，专门监督移民船的卫生，卫生职员人数根据搭乘的移民数而定。在50天左右的海上航行途中，强调移民船中的个人卫生，在船中保证能常洗浴，常洗换衣物。

日本按照国际通例（即1926年签订的《国际卫生条约》），利用瓦斯和硫黄对移民船进行熏蒸式的消毒，清理易于传播疾病的鼠类和昆虫。对于移民船航行中出现的病死者，一般实行水葬，尽管水葬仪式并非日本传统，但这是基于集体安全不得不作的变通。

移民船中的医疗卫生防疫服务，具体可参见1930年圣保罗市总领事馆移民部副领事海本徹雄、渡边勋编《移民运送船之研究》。[③]

日本移民政策重视经验教训的积累，故船中卫生疾病调查工作很受重视，根据统计得出以往巴西移民在船中易患疾病为麻疹、流行性结膜炎、感冒等，采取相应的预防措施和预防教育。

---

① 〔日〕山田迪生：《从轮船看日本人移民史》（船にみる日本人移民史），第18页。
② 〔日〕今村忠助：《巴西故事》（ブラジル物語），信浓每日出版部，1931，第17页。
③ 〔日〕《移民运送船之研究/1930年》（移民運送船之研究/1930年），JACAR档号：B10070603800，外务省外交史料馆藏。

另外，重视对移民施以精神上的疗养，体现在航行途中各种文化祭、音乐会的开展，相扑大会及各种趣味运动会的举行等，船内报纸的编辑和印制、阅读、宣传等，尽量丰富移民枯燥的海上旅行生活。

日本移民到达巴西后继续提供的医疗卫生服务

江户时代日本幕府将海外移民视为弃民，日本也因此受到野蛮的诟病。移民海外的国民不应当是"弃民"，应当尽量给予各种保护。基于这一理念，基于"文明开化"的自我宣扬，日本明治政府在和巴西联邦政府建交开始就议定，选作日本移民使用之地，必须是经过调查确定健康之所，至少符合以下条件，适合农业、牧业的富饶之地，且卫生状况良好，有干净的饮用水。在巴西的日本移民组织，对日本移民房屋的建造也有严格要求，房间要求门窗高大，光线好，能通风，家具高床张帐，能防蚊虫之害。①

早期巴西日本移民（1912年第三次之前的）达到巴西后的医疗服务，主要是通过巴西的日本移民契约，由巴西方面提供。在圣保罗州的日本移民，在一些移民点的日本移民每星期四享受一次免费的巡回治疗，药费亦免，单独召请医生整治除外。② 但是好景不长，巴西政府很快终止了相关福利，其实巴西政府对意大利等欧洲移民的福利也是如此，日本政府不得不主动承担起来。

至少在1915年前，日本就派遣了2名以上医生随同移民船只开赴巴西，在巴西开业常住行医③，有的医生在巴西取得行医资格。④ 日本驻巴西使领馆为日本医师在巴西取得行医资格提供各种咨询和帮助，帮助理解巴西的各种政策和规章；在日本取得医师资格的日本医师，到巴西后还要接受葡

---

① 〔日〕《谈巴西的体验 附 笃实农家代表给新来同胞的忠告/1933年》（ブラジルの体験を語る 附 代表の篤農家と新来同胞への忠言/1933年），JACAR 档号：B10070243100，外务省外交史料馆藏。

② 〔日〕《巴西圣保罗州本邦新移民状况视察报告书》（伯国サンパウロ州本邦新移民状況視察報告書），第21页。JACAR 档号：B16080670000，外务省外交史料馆藏。

③ 〔日〕伊东仙三郎：《巴西移植民的真相》（ブラジル移植民の真相），高踏书房，1915，第16页。

④ 〔日〕在巴西日本人发展史刊行委员会编《在巴西日本人发展史·下卷》（ブラジルに於ける日本人発展史．下卷），在巴西日本人发展史刊行委员会（拉丁美洲中央会内），1942，第324页。

萄牙语、巴西历史地理等一系列的考试,并向巴西医科大学提交三个科目的论文,再通过实践和口语考试方可行医。[①]

巴西方面,在第一批日本移民1908年到达之时设置了移民收容所,其中设有检疫室和医院,免费为日本移民提供服务。之后,巴西政府不断增加预算,改善农村医疗卫生防疫服务,包括日本侨民居住地。这些努力行为和措施,日本驻巴西使节密切关注,并及时向国内报告[②],这种关注其实就是对巴西的督促。某种疾病、传染病被扑灭则及时通知国内。

在巴西日侨居住区的卫生环境管理依然受到日本政府和移民组织的重视,不时派遣人员赴巴西视察,督促完善,作健康卫生的宣传讲演。之前北美华侨居住区,由于管理不善、卫生状况很差,成为美国种族主义分子排斥华工的口实,日本显然引以为戒了。

医疗卫生的支持是移民保护政策的重要内容。日本移民到达巴西后,到大正十三年(1924),成立了"在巴西日本人同仁会"这一医疗卫生组织,该组织为预防卫生及医疗相关设施的建设而设立,成立后积极为移民提供资讯支持和服务,该协会编辑有卫生丛书,介绍在巴西应注意的卫生事项,并且多是免费派送。从大正十三年开始,日本政府为在巴西日本人同仁会提供事业补助金,例如为同仁会在巴西各处开设的医院提供资金补助。

"在巴西日本人同仁会"最突出的一项工作是,从大正年代开始到昭和年代初,历时多年发动日本社会各阶层参与,促成了圣保罗市日本医院的建设。为解决其建设资金问题,日本外务省美洲局成立了"圣保罗日本医院建设后援会",政府(外务省、拓务省等)高官纷纷出面,组织募捐活动、集会,昭和六年结成"圣保罗日本医院建设期成同盟会",圣保罗日本医院的建设得到了日本国内各界人士的普遍支持[③],广泛的社会捐献、巨额的募集资金可以看出其移民组织宣传工作的成效。

日本政府和民间组织力争在巴西建日本医院,是因为当时巴西的医院有限,且日本移民进这些医院求医,语言交流上不方便,致使心理上益发

---

① 〔日〕日本植民协会编《移民讲座·第2卷 南美指南 上 巴西篇》(移民講座·第2卷 南米案内 上 ブラジル篇),日本植民协会,1932,第219页。

② 〔日〕《35. 关于巴西国政府农村防疫事务开始的文件 同七月》(35. 伯国政府ノ農村防疫事務開始ニ関スル件 同七月)。JACAR档号:B12082403400,外务省外交史料馆藏。

③ 〔日〕《在外本邦人社会事业相关杂件 第二卷 5. 巴西国》(在外本邦人社会事業関係雑件 第二卷 5. 伯国)。JACAR档号:B04013215800,外务省外交史料馆藏。

不安，导致患者死亡率增加。且患者与本土派遣来的医生、护士间自由的语言交流，有关病状的充分的问答，可以给患者带来心理上的安慰，减少病患者的焦虑，有利于疾病的治疗。[1]

在巴西日本移民医疗卫生状况的调查统计

为了给在巴西的日本移民提供医疗卫生的服务和管理，日本政府在外务省设立医务课，或称"移民卫生课"。[2] 其职责之一是调查整个过程中日本海外移民的卫生健康状况，不仅包括在神户、长崎的移民收容所（或称"教养所"），还包括在航行中的移民船上的卫生疾病情况。[3] 重点是派官员和医学技术人员赴巴西等南美国家实地考察，调查在巴西等国的日本移民的一般卫生情况、各种热带病和流行病、移民的健康状况，提交调查报告书或意见书（即"献策"），以便于制定正确的移民服务措施。医学博士等专门技术人员的派遣，主要是受外务省的嘱托，调查时间一般在半年以上，具体可参见医学博士新垣恒政昭和十一年11月提交的相关报告。[4]

官员和医学技术人员调查和统计了日本移民在巴西卫生、疾病和医疗状况、存在的问题，严密调查和统计男女移民的出生、死亡情况，按年登记造册。移民的卫生状况的调查报告及时报告国内，以促进政府不断改进移民的医疗服务措施。特别是在圣保罗州，在各地设有移民卫生观察所。[5] 观察内容包括日本巴西移民的"精神卫生"和"身体卫生"，以便提供心理安抚和身体治疗。

---

① 〔日〕《本邦医院相关杂件/在圣保罗日本医院建设相关　第一卷　第1分册》（本邦病院関係雑件/在「サンパウロ」日本病院建設関係　第一卷　分割1）。JACAR 档号：B04012793500，外务省外交史料馆藏。
② 〔日〕《各国卫生相关杂件　第三卷　13. 巴西国》（各国ニ於ケル衛生関係雑件　第三卷　13. 伯国）。JACAR 档号：B04012586000，外务省外交史料馆藏。
③ 参见《在巴西邦人的卫生状态/1936年》（在伯邦人の衛生状態/1936年），JACAR 档号：B10070000800，外务省外交史料馆藏。
④ 〔日〕《各国卫生相关杂件　第三卷　13. 巴西国》（各国ニ於ケル衛生関係雑件　第三卷　13. 伯国）。JACAR 档号：B04012586000，外务省外交史料馆藏。
⑤ 〔日〕《移民地事情第13卷　在巴西邦人卫生状态视察报告　在阿根廷邦人卫生状态视察报告/1927年》（移民地事情第13卷　在伯邦人衛生状態視察報告　在亜邦人衛生状態視察報告/1927年），JACAR 档号：B10070553300，外务省外交史料馆藏。

日本巴西渡航过程中移民船的卫生疾病调查发现，发病死亡率高的是婴幼儿，幼儿航行的保健便成为医学者和管理者的研究课题；其次是呼吸系统、消化系统的疾病发生率高，与航行中的气候气象因素有关，于是选择合理的出发时间非常重要。[1]

在巴西的日本移民卫生健康状况的调查，主要是传染病死亡率及其原因的调查。死因主要是巴西风土病（マラリヤ）引起的白血病等。[2]

与巴西建立医疗卫生防疫技术的交流是调查研究的重要一环。早在明治三十年代，日本内务省就委托驻南美巴西等国外交官，调查巴西等南美国家的医学教育程度、医疗水平、从医资格考试的相关规则等。[3]

因此，日本驻巴西使馆官员，积极推动日本与巴西的医学交流。具体活动有，向巴西赠送日本的欧文医学论文，应巴西有关医科大学教授的要求向日本国内请求复制京都大学所属医科大学教授的子宫癌手术录像，等等。重视日本和巴西的医学交流，主要是巴西的医学颇受重视，医学水平在各学科中名列前茅，医生的社会地位很高，社会影响力很大。而在日本，明治维新后医学教授的社会地位也很高。

医学博士为代表的从医者的交流、互访是战前巴西日本两国文化交流和促进两国友好运动的主旋律。[4] 日本在巴西逐步建立起医疗卫生研究机构，设置医院乃至公共墓地，特别是提升巴西医院在防治毒蛇等血清研究及相关各种服务[5]（因为巴西原始森林中毒蛇众多，且日本人在伐木和开垦

---

[1] 〔日〕《各国卫生相关杂件 第三卷 13. 巴西国》（各国ニ於ケル衛生関係雑件 第三卷 13. 伯国），第33页。JACAR档号：B04012586000，外务省外交史料馆藏。

[2] 〔日〕《本邦医院相关杂件/在圣保罗日本医院建设相关 第二卷 4. 在巴西邦人发展概势》（本邦病院関係雑件/在「サンパウロ」日本病院建設関係 第二卷 4. 在伯邦人発展概势）。JACAR档号：B04012794200，外务省外交史料馆藏。

[3] 〔日〕《4. 内务次官请求调查巴西、秘鲁、阿根廷共和国、墨西哥、美国各州、同加拿大各州的医学教育程度及医术开业考试规则的文件 明治三十一年八月》（4. 伯剌西爾、秘露、アーゼンチン共和国、メキシコ、北米合衆国各州、同カナダ各州ニ於ケル医学教育ノ程度及医術開業試験規則取調方内務次官ヨリ依頼ノ件 明治三十一年八月）。JACAR档号：B12082201200，外务省外交史料馆藏。

[4] 〔日〕在巴西日本人发展史刊行委员会编《在巴西日本人发展史·上卷》（ブラジルに於ける日本人発展史·上卷），在巴西日本人发展史刊行委员会（拉丁美洲中央会内），1942，第130~131页。

[5] 〔日〕《学术相关杂件 第二卷 1. 一般（含本邦相关）(6) 本邦产毒蛇标本送巴西相关》（学術関係雑件 第二卷 1. 一般（本邦ノ関係ヲ含ム）(6) 本邦産毒蛇標本伯国へ送附関係）。JACAR档号：B04011389200，外务省外交史料馆藏。

土地的过程中习惯赤脚，容易被毒蛇蛟伤），以便对后续移民进行卫生、防感染、防传染的教育和服务。

在殖民地的医院建设，为日本移民提供服务，医疗服务的输出，可以展示日本的医疗技术，进而展示日本的软实力，帮助在巴西的日本移民获得巴西政府和人民的尊重。

余 论

从日本政府的巴西国情调查等措施看，日本朝野各种组织对移民巴西的日本人（日本的各类文书称为"在巴西邦人""在巴西同胞"）提供的服务非常周密、周到，仅在巴西圣保罗州，日本人就组织60多个协会团体，相互协助。

医疗卫生服务是日本政府为移民提供的各种措施中最具人性化的一项，各方面的服务力求周到。日本政府为移民提供如此周到的服务，其目的是加强移民与母国的"连带感"，并让移民"知己知彼"，能够尽快融入巴西社会。

为加强移民与母国的"连带感"，使其"不忘本"，日本政府不断对巴西移民生活状况进行调查，[①] 力求改善后续工作，表现出母国对移民的负责和牵挂。再结合日本政府在巴西为其移民子弟开设的学校，在移民出发前提供的巴西语言、文化的辅导，既方便日本移民融入巴西社会，又让他们不忘母国的语言文化。[②] 相比之下，"华侨在居留地保持着祖国的语言、风俗和习惯，不肯舍己从人，历代相传"，虽然"这种不忘本的精神"值得钦佩，但容易招致排斥和抵制。[③] 因此，日本朝野为移民提供的这种服务和引导措施，值得其他移民输出国家参考，其中医疗卫生服务尤其值得借鉴。

（作者简介：郝祥满，湖北大学中日社会文化比较研究中心教授）

[①] 〔日〕《关于在巴西本邦移植民的视察报告》（在伯本邦移植民ニ關スル视察报告），外务省通商局，1926。

[②] 参见郝祥满《日本战前促进巴西移民运动的服务措施——以出发前的医疗卫生、语言文化辅导为中心》，载程晶主编《巴西及拉美历史与发展研究》，武汉大学出版社，2017，第58~71页。

[③] 〔荷〕阿莱文特·波须：《荷属东印度概况》，费振东译，商务印书馆，1938，序第1页。

穆巴拉克时期埃及经济发展方略评析*

陈天社

内容提要：穆巴拉克时期，埃及主要实施三大经济发展战略：一是继续推行外向型经济发展模式；二是实施工业现代化，发展新兴产业；三是致力于经济平衡发展。该时期埃及经济取得长足发展，呈现四个特点：外向型，受国际形势变化影响大；对外援依赖性强，经济自主权受到损害；经济发展不平衡；财政赤字、通货膨胀、外债、外贸逆差、失业等问题长期存在。该时期埃及经济发展主要受两大制约因素影响：一是受制于自身客观条件；二是埃及经济发展战略存在许多问题。总的来说，穆巴拉克政权的经济发展战略符合世界经济发展潮流，也取得了许多成绩，但经济发展成果并没有惠及普通民众，是民众无感的发展，这是穆巴拉克政权失去民众支持的重要因素。

关键词：穆巴拉克　埃及　经济发展方略

穆巴拉克执掌埃及30年，却几乎在一夜之间被赶下了台，其原因是多方面的，经济因素是关键因素之一。尽管穆巴拉克时代已寿终正寝，对该时期埃及经济发展也应予以客观评价。本文试阐述穆巴拉克时期埃及经济发展方略，客观评价该时期埃及经济发展，揭示穆巴拉克被迫下台的经济因素。

---

* 本文为笔者主持的国家社科基金项目"埃及民生问题研究"（14BSS041）、2015年河南省高等学校哲学社会科学研究优秀学者资助项目（2015-YXXZ-02）、2013年度河南省高校科技创新人才支持计划（人文社科类）（2013-09）以及教育部国别和区域研究备案中心——郑州大学埃及研究中心阶段性研究成果。

一 穆巴拉克上任时埃及的经济状况

萨达特执政后,埃及经济开始转型。萨达特希望从发达的资本主义国家、阿拉伯产油国以及国际金融组织、区域金融组织吸收外资,以改善国家的经济状况。1974年4月,埃及政府正式宣布实行经济自由化和对外开放政策,其基本点是吸引外资,发展私有经济。

开放政策使埃及经济在20世纪70年代中后期取得快速发展,但也产生了许多问题。一是国民经济发展比例严重失调。外资所建的企业大多集中在风险小、利润大的住宅建设、旅游业和食品工业等方面,而对一些利润小、风险大的冶金部门、机器制造等部门很少投资。农业发展滞后,造成严重的粮食短缺问题。埃及的农业人口占全国人口的60%,但农业部门在总投资中所占比例越来越小,60年代占20%,60年代末下降到15%,1973年降到12%,1976年再降到8%。[1] 粮食(包括副食)自给率已降至50%。2000万城市人口的商品粮全靠进口,1980年进口农产品花费了34亿美元,1981年升至44亿美元。[2] 二是物价飞涨,贫富不均。1973年至1978年,埃及必需品价格增长了68.7%,食品价格增长了88.6%,通货膨胀率已达25%~30%,[3] 埃及普通民众苦不堪言。两极分化加剧。据世界银行关于20世纪70年代埃及经济情况的报告,埃及20%的家庭占有国民收入的50%,国民收入其余的50%由80%的家庭来分配。[4] 尤需指出的是,埃及产生了因经济开放政策获利的"肥猫"阶层。据统计,1974年埃及有183个百万富翁,1977年增至600个,到1981年已超过2000个。另外,80%以上的家庭生计困难。[5] 三是外债问题。经济开放政策实施以前,埃及外债约为80亿美元,1978年底已达208亿美元,每年需要偿还的债务达十多亿埃镑。[6] 世界银行和美国及西欧各国在提供财政援助的同时,还提出改革埃及经济

---

[1] 姚宇珍:《埃及经济发展战略初探》,《西北大学学报》1986年第2期,第109页。
[2] 孙鲲、张吾英:《穆巴拉克执政后的埃及》,《世界知识》1982年第5期,第5页。
[3] 姚宇珍:《埃及经济发展战略初探》,第110页。
[4] 王宝孚:《埃及经济改革开放的成就、难题和前景》,《现代国际关系》1996年第5期,第35页。
[5] 孙鲲、张吾英:《穆巴拉克执政后的埃及》,第5页。
[6] 姚宇珍:《埃及经济发展战略初探》,第109页。

结构，为外国投资创造更有利的条件等要求，这使埃及民族经济主权受到很大的制约。

可以说，在1981年10月就任总统时，穆巴拉克面对的是个经济困难重重的埃及：国内生产总值不到210亿埃镑，预算赤字达到26%，通货膨胀率为33%，外债占国家总收入的50%。[1] 同时，普通民众生活艰难，贫富分化加剧，整个社会充满着不稳定情绪。

二 穆巴拉克时期埃及经济发展方略

客观地说，穆巴拉克当局非常重视发展经济，主要推行了以下三大经济发展战略。

其一，继续推行外向型经济发展模式

埃及经济在萨达特时期就开始走上外向型经济发展道路，穆巴拉克政府延续了这一发展战略，并做出新的调整。主要举措有三。一是继续重点发展石油、侨汇、苏伊士运河和旅游四大创汇产业。这四大产业在萨达特时期就是埃及的主要创汇产业。1980/1981年度，这四大产业总收入共64.1亿美元，而到2006/2007年度，已达295亿美元，增加了4倍多。[2] 到2009/2010年，不包括石油业，苏伊士运河、旅游业和侨汇三大产业收入已达259亿美元。[3]

二是继续加大投资，重点吸引外资。穆巴拉克政府颁布、实施了1989年第230号法、1997年第8号法等投资法律，还建立自由区，以加大投资，特别是吸引投资。从1982/1983年度到2000/2001年度，埃及执行的投资总额为7421亿埃镑，[4] 2007/2008年度、2008/2009年度分别达2005亿埃镑和

---

[1] 黄培昭：《穆巴拉克亦铁血亦悲泣》，《环球人物》2007年第7期，第38页。
[2] 1980/1981年度数字参见世界知识年鉴编辑委员会编《世界知识年鉴》(1982)，世界知识出版社，1982，第224页。2006/2007年度数字参见黄培昭《埃及经济形势良好》，《人民日报》2007年8月29日，第7版。
[3] 姜英梅：《中东经济：稳步复苏，风险犹存》，载杨光主编《中东非洲发展报告No.13 (2010~2011)》，社会科学文献出版社，2011，第190页。
[4] 阿拉伯埃及共和国新闻部新闻总署：《在埃及投资：稳定与发展》，埃及驻华使馆新闻处，2001，第20页。

2000亿埃镑。① 在引进外资方面，1981年到2001年初，埃及共吸引外资293.82亿埃镑。② 到穆巴拉克晚期，外资依然增加较快。2007年、2008年流入埃及的外国直接投资均超过百亿美元，分别为111亿美元、132亿美元，受金融危机的影响，2009年才降至71亿美元。③

三是积极融入全球经济，大力发展对外贸易。1993年4月，埃及开办证券交易所。在2000年制定的《现代化计划》中，明确提出必须继续扩大与国际社会经济接轨的规模。20世纪90年代后，埃及开始致力于区域经济合作和贸易自由化。1995年6月，埃及加入了世贸组织。1998年，加入库米萨集团（东南非国家共同市场）。2004年12月，埃及与美国、以色列达成合格工业区（Qualified Industrial Zone）协议。2004年6月，埃及—欧盟合作伙伴协议（Egypt - EU Partnership Agreement）生效。埃及对外贸易有了很大发展。1981年，埃及对外贸易总额100.92亿美元，④ 1996年增加到562.21亿埃镑，⑤ 到2008/2009年度，埃及商品和服务进口货值约3310亿埃镑，占国内生产总值总额的33.4%，出口货值2601亿埃镑，占国内生产总值总额的26.3%，外贸赤字252亿美元。⑥

其二，实施工业现代化，发展新兴产业

穆巴拉克认为，现代化进程由农业革命开始，接着是工业革命，其后是信息和生物工程等新科技的现代科技阶段，再后是新科技时代。他认为，埃及现代化的核心是工业现代化计划，该计划的目的在于推动埃及加工业和制造业的发展，加强其在周边和世界市场的地位，优化其在国内外的竞争力，主要途径是政府和工业部门重点对中小型公司给予技术上的支持，优先发展食品、纺织与成衣、皮革和矿产四个行业，使工业产值从2000年的1600亿埃镑增加到2011年的2170亿埃镑。该计划还规定要增加出口，

---

① 阿拉伯埃及共和国新闻部新闻总署：《埃及年鉴》（2009），埃及驻华使馆新闻处，2009，第57页。
② 阿拉伯埃及共和国新闻部新闻总署：《在埃及投资：稳定与发展》，第48页。
③ 姜英梅：《中东经济：稳步复苏，风险犹存》，第186页。
④ 世界知识年鉴编辑委员会编《世界知识年鉴》（1984），世界知识出版社，1984，第107页。
⑤ 毕健康：《1998年埃及回顾与展望》，《西亚非洲》1999年第2期，第49页。
⑥ 阿拉伯埃及共和国新闻部新闻总署：《埃及年鉴》（2009），第52页。

目标是由2000年的80亿埃镑增加到2011年的750亿埃镑。①

为实现埃及工业现代化,穆巴拉克政府主要采取了两大举措:一是国有企业私有化、大力发展私有经济。埃及的国有企业是纳赛尔时期建立的。到80年代,埃及国有企业发展停滞,效率低下,亏损严重。在20世纪90年代,埃及推行经济改革,核心是国有企业私有化。1991年12月,埃及颁布第203号法(《国有企业法》),私有化改革启动。到2003年6月底,已有194家国企被私有化,私有化共获得资金166.19亿埃镑。②

鼓励私有经济发展,是萨达特时期主要经济政策之一,穆巴拉克延续了这一政策,私有部门已成为埃及经济发展的主要动力。2002/2003年度,埃及国内生产净值约3745亿埃镑,而私有企业在其中的贡献率为66.4%,增长额为153亿埃镑。③ 2008/2009年度,私人投资占埃及国内生产总值的11%,④ 私有部门在埃及国民生产总值中的贡献额达1431亿埃镑,占国民生产总值的87%。⑤

二是推动工业现代化,发展信息产业。2002/2003年度起,埃及开始实施工业现代化计划,旨在提高埃及工业的竞争力,使埃及产品能够受益于市场开放政策,并入世界经济,增加就业机会和国民收入。2006年,埃及又开始实施千座工厂计划。到2008/2009财政年度末,已建设工厂2700家,投入资金627亿埃镑,提供27.8万个就业机会。⑥ 截至2008/2009年度,已开始实际生产的工厂数量为1327家,投资额380亿埃镑,吸纳14.8万工人。此外,还对已有的1373家工厂进行了扩建。⑦

信息产业是经济全球化的主要体现与载体,也是埃及重点发展的行业之一。1997年第8号法将信息与通信列入埃及享有投资保证和支持的领域。

---

① 阿拉伯埃及共和国信息部新闻总署:《埃及》2002年第27期,第8页。
② 戴晓琦:《阿拉伯社会分层研究——以埃及为例》,黄河出版传媒集团、宁夏人民出版社,2013,第92页。
③ 阿拉伯埃及共和国新闻部新闻总署:《埃及年鉴》(2003),埃及驻华使馆新闻处,2003,第57页。
④ 阿拉伯埃及共和国新闻部新闻总署:《埃及年鉴》(2009),第58页。
⑤ 阿拉伯埃及共和国新闻部新闻总署:《埃及年鉴》(2009),第75页。
⑥ 阿拉伯埃及共和国新闻部新闻总署:《埃及年鉴》(2009),第77页。
⑦ 阿拉伯埃及共和国新闻部新闻总署:《埃及年鉴》(2009),第77页。

埃及政府实施了举办计算机培训班、建立智慧村、电子政府工程等项目。2009年，埃及通信和信息技术行业吸引地方和外国投资达80亿美元。[1] 到2009年8月，埃及的通信和信息公司达3288家，通信行业从业人数近18万。2007年底到2008年底，通讯公司的收入由340亿埃镑增加到388亿埃镑，同比增长14%。[2] 2005～2008年，埃及通信与信息产业为国库提供了近497亿埃镑的资金收入。[3] 在推翻穆巴拉克政权的斗争中，互联网发挥了特殊作用，这也从一个侧面反映了穆巴拉克时期埃及信息产业的发展程度。

其三，致力于经济平衡发展

区域经济发展不平衡，各经济部门发展不平衡，是埃及经济发展的痼疾。对这些痼疾，穆巴拉克政府采取的主要政策有二：

一是推动地方发展，建设新经济区。穆巴拉克当局在地方发展方面实施的计划和措施有：民众参与地方发展计划、地方发展信息建设工程、发展工业区、快速发展计划、棚户区改造计划、建立地方发展基金等。穆巴拉克时期对地方的投资在加大。1999/2000年度，埃及分配到各省的投资为6.916亿埃镑，[4] 2008/2009年度增加到30.975亿埃镑。[5] 在2004/2005年度，埃及各省实施的投资项目339个，共耗资1489万埃镑，创造就业岗位34968个。在22个省份和卢克索市设立了青年就业中心，为6个省的41883名青年解决了就业问题。[6]

埃及可耕地面积少，大部分又集中在尼罗河三角洲和河谷地区，人口也基本上是集中在这一地区。为改变这一制约埃及发展的瓶颈问题，穆巴拉克政府实施了一系列重大工程，主要有新河谷水渠工程（开发西部沙漠的主体工程）、和平渠（开发西奈半岛的主体工程）等，实施运河经济区计划（包括塞德港东部工程和苏伊士湾北部工程两大部分）。埃及还推行新城

---

[1] 阿拉伯埃及共和国新闻部新闻总署：《埃及年鉴》(2009)，第100页。
[2] 阿拉伯埃及共和国新闻部新闻总署：《埃及年鉴》(2009)，第100页。
[3] 阿拉伯埃及共和国新闻部新闻总署：《埃及年鉴》(2009)，第100页。
[4] 阿拉伯埃及共和国新闻部新闻总署：《埃及年鉴》(2000)，埃及驻华使馆新闻处，2000，第227页。
[5] 阿拉伯埃及共和国新闻部新闻总署：《埃及年鉴》(2009)，第146页。
[6] 阿拉伯埃及共和国新闻部新闻总署：《埃及年鉴》(2005)，埃及驻华使馆新闻处，2005，第183页。

建设计划。该计划始于20世纪70年代末,兴建了第一座新住宅城——斋月10日城。到2009年,埃及的新城市和新城区有22个。在2008/2009年度,通过新城市社区管理局落实的投资总额达376亿埃镑,新城总面积71万英亩,建筑群面积34.2万英亩,实施建造的住房79万套。①

二是发展农业、农村。穆巴拉克时期在这一方面实施的计划和工程有:穆巴拉克国家农业计划、开垦新耕地、日出工程等。实施的农村发展项目有:农村结构规划、在沙漠腹地建立400个村庄、贫民区开发项目、国家建设固体及农业废物循环利用工厂项目等。穆巴拉克时期,埃及的耕地面积、对农业的投资、农业产值等方面都有所发展。20世纪80年代初到2004年底,埃及耕地面积由580万费丹增加到820万费丹,同期完成改良土地超过13万费丹。② 1994/1995年度,埃及农业投资28亿埃镑,占该年度投资总额的6.7%,农业产值237亿埃镑,增长4.5%,占国民生产总值的16.3%,农产品出口额14亿埃镑。③ 2008/2009年度,埃及用于农业和水利部门的投资为66亿埃镑,农业部门对埃及国内生产总值的贡献率为14%,占埃及出口总额的20%,农业部门的工人占总劳动力的31%,农业总产值达1354亿埃镑。④

三 穆巴拉克时期埃及经济发展

1. 国内生产总值

该时期,埃及经济得到不小的发展。1981/1982年度到2001/2002年度,埃及国内生产总值由1267亿埃镑增加到3631亿埃镑,年均增长4.7%。⑤ 进入21世纪后,埃及国内生产总值不断增长。2004/2005年度为5285亿埃镑,2007/2008年度猛增到8553亿埃镑,2008/2009年度再增到9902亿埃镑,2009/2010年度突破万亿埃镑大关,达11810亿埃镑。2004/2005年度到2008/2009年度,埃及国内生产总值增加了87.4%。⑥ 根据国际

---

① 阿拉伯埃及共和国新闻部新闻总署:《埃及年鉴》(2009),第135~136页。
② 阿拉伯埃及共和国新闻部新闻总署:《埃及年鉴》(2005),第86页。
③ 周顺贤:《埃及经济初露峥嵘》,《阿拉伯世界》1998年第1期,第4页。
④ 阿拉伯埃及共和国新闻部新闻总署:《埃及年鉴》(2009),第64页。
⑤ 埃及信息部新闻总署:《埃及二十一年成就》(1981~2002),埃及驻华使馆新闻处,2002,第5页。
⑥ 阿拉伯埃及共和国新闻部新闻总署:《埃及年鉴》(2009),第51页。

货币基金组织的估测，2010 年的埃及国内生产总值为 2170 亿美元。[1]

在整个穆巴拉克时期，埃及经济一直保持增长态势。总体来看，80 年代起伏大，1988 年高达 8.9%，而 1987 年只有 0.3%。90 年代为低增长，最高为 1999 年的 5.4%，大多年份在 5% 以下。2004 年后增长较快且比较稳定。如 2006/2007 年度、2007/2008 年度经济增长达 7.1% 和 7.2%，2008/2009 年度、2009/2010 年度受金融危机影响，经济增长率有所下降，分别为 4.7% 和 5.3%。[2]

从人均国内生产总值和国民收入来看，埃及在该时期也是呈增长态势。1981/1982 年到 2001/2002 年，埃及人均国内生产总值由 534 埃镑增加到 5873 埃镑。[3] 1981 年，埃及人均国民收入 602 美元[4]，到 1999 年翻了一番多，达 1417 美元。[5] 到穆巴拉克执政晚期，埃及人均国民收入已经超过 1 万埃镑，2007/2008 年度、2008/2009 年度分别达到 12300 埃镑和 13657 埃镑。[6]

2. 工业

穆巴拉克执政时期，采取多种措施加快工业发展。1982/1983 年度到 2000/2001 年度，工业部门共实现投资 1398.241 亿埃镑，占总投资额的 18.8%。[7] 1981～2002 年，埃及工业部门年均增长率为 6.9%，工业区从 20 个增加到 83 个，工业出口额从 5.145 亿美元增加到 38.1 亿美元；地方制造业产值由 27 亿埃镑增加到 698 亿埃镑；地方工业产值从 89 亿埃镑增加到约 1835 亿埃镑。[8] 2002 年之后，埃及工业依然保持增长态势。一是投资继续加大（见表 1）。2002/2003 年度到 2007/2008 年度，埃及工业投资额增加了 480%，2007/2008 年度的工业投资额达 423 亿美元；受金融危机影响，

---

[1] 《执掌埃及 30 年，强人黯然下课》，《钱江晚报》2011 年 2 月 12 日。
[2] 戴晓琦：《阿拉伯社会分层研究——以埃及为例》，第 194 页，2008 年、2009 年、2010 年数字是笔者所加，2008 年、2009 年数字参见阿拉伯埃及共和国新闻部新闻总署《埃及年鉴》（2009），第 50 页；2010 年数字参见《埃及 5 年内经济增长率达到 8%》，《北京商报》2010 年 12 月 27 日。
[3] 埃及信息部新闻总署：《埃及二十一年成就》（1981～2002），第 5 页。
[4] 世界知识年鉴编辑委员会编《世界知识年鉴》（1983），世界知识出版社，1983，第 108 页。
[5] 世界知识年鉴编辑委员会编《世界知识年鉴》（2001/2002），世界知识出版社，2001，第 304 页。
[6] 阿拉伯埃及共和国新闻部新闻总署：《埃及年鉴》（2009），第 54 页。
[7] 埃及信息部新闻总署：《埃及二十一年成就》（1981～2002），第 36 页。
[8] 埃及信息部新闻总署：《埃及二十一年成就》（1981～2002），第 36 页。

2008/2009年度下降到297亿美元。① 二是工业产量增长率持续提高。2002/2003年度，埃及工业产量增长率仅1.7%，2003/2004年度上升到2.4%，2004/2005年度再提高到4.4%，2005/2006年度到2007/2008年度增长速度更快，分别为5.8%、7.3%和8%。受金融危机影响，2008/2009年度降为3.7%。② 2003/2004年度至2008/2009年度，埃及工业生产总值增长了79.9%，2008/2009年度达4540亿埃镑，占埃及国内生产总值的16%。③ 工业部门也是吸纳劳动力的重要领域。1981~2002年，埃及工业部门的就业人数从127.8万人增加到166.14万人，增加了13.4%④，2008/2009年度再增加到300万人⑤。

表1　埃及工业投资额

单位：亿美元

年度	2002/2003	2003/2004	2004/2005	2005/2006	2006/2007	2007/2008	2008/2009
金额	73	57	127	145	419	423	297

资料来源：阿拉伯埃及共和国新闻部新闻总署：《埃及年鉴》（2009），第75页。

3. 农业

穆巴拉克时期，埃及农业也在缓慢发展。一是投资力度加大，农田和耕种面积增加。1981~2002年，埃及农业部门共实现投资约737亿埃镑，农田面积由620万费丹增加到820万费丹，耕地面积从1120万费丹增加到1403万费丹。⑥ 之后，埃及继续重视对农业的投资，农田面积和种植面积也有所增加。2002/2003年度，埃及对农业和水利部门的投资约为89亿埃镑⑦，2008/2009年有所下降，为66亿埃镑。⑧ 在农田面积和种植面积方面，2009/2010年度分别增加到860万英亩和1630万英亩。⑨

二是农业产值增加，但在国民经济中的地位呈下降趋势。1981~2002

---

① 阿拉伯埃及共和国新闻部新闻总署：《埃及年鉴》（2009），第75页。
② 阿拉伯埃及共和国新闻部新闻总署：《埃及年鉴》（2009），第74页。
③ 阿拉伯埃及共和国新闻部新闻总署：《埃及年鉴》（2009），第75页。
④ 埃及信息部新闻总署：《埃及二十一年成就》（1981~2002），第36页。
⑤ 阿拉伯埃及共和国新闻部新闻总署：《埃及年鉴》（2009），第74页。
⑥ 埃及信息部新闻总署：《埃及二十一年成就》（1981~2002），第33页。
⑦ 阿拉伯埃及共和国新闻部新闻总署：《埃及年鉴》（2003），第67页。
⑧ 阿拉伯埃及共和国新闻部新闻总署：《埃及年鉴》（2009），第64页。
⑨ 阿拉伯埃及共和国新闻部新闻总署：《埃及年鉴》（2009），第65、67页。

年，埃及农业生产总值从 41 亿埃镑增加到 620 亿埃镑，农业出口由 4.71 亿埃镑增加到 24.36 亿埃镑，农业部门从业者由 400 万人上升到 510 万人。①2008/2009 年，埃及农业总产值 1354 亿埃镑，农业部门对埃及国内生产总值的贡献率为 14%，占埃及出口总额的 20%，农业部门的工人占总劳动力的 31%。②而农业部门占国民经济总产值的比重 1966 年为 28%，1990 年为 17%；农业人口占总人口的比例 1966 年为 55%，1990 年为 41%。③

三是长期低位徘徊，农产品不能实现完全自给。整个穆巴拉克执政时期，埃及农业的年增长率大多在 3% 上下浮动。到 2008 年，埃及在蔬菜、水果、洋葱、水稻、玉米和马铃薯方面完全实行自给，但小麦的自给率仅为 58%（2007 年为 54%）。在畜产品方面，禽肉、鸡蛋、鲜牛奶完全自给，红肉自给率为 71.5%，鱼类自给率 79.5%。④

4. 投资、引进外资、外贸

在投资方面，从 1982/1983 年度开始实施第一个五年计划到 2000/2001 年度，埃及执行的投资总额为 7421 亿埃镑，⑤ 从 2004/2005 年度到 2008/2009 年度，埃及投资额增长了 106.6%，2007/2008 年度、2008/2009 年度已超过 2000 亿埃镑。⑥ 2007/2008 年度，埃及国内投资占国内生产总值的 22.4%，2008/2009 年占 19.2%。⑦ 在引进外资方面，1981 年到 2001 年初，埃及共吸引外资 293.82 亿埃镑。⑧ 到穆巴拉克执政晚期，外资依然增加较快。2007 年和 2008 年流入埃及的外国直接投资均超过 100 亿美元。⑨ 阿拉伯国家和美国等西方国家是埃及外资的主要来源国。在对外贸易方面，1981 年的埃及对外贸易总额 100.92 亿美元，其中进口 73.76 亿美元，出口 27.16 亿美元。⑩ 到 2008/2009 年度，埃及商品和服务进口货值约 3310 亿埃镑，占

---

① 埃及信息部新闻总署：《埃及二十一年成就》（1981～2002），第 33 页。
② 阿拉伯埃及共和国新闻部新闻总署：《埃及年鉴》（2009），第 64 页。
③ 朱丕荣：《埃及的经济调整与农业政策改革》，《国际社会与经济》1996 年第 6 期，第 15 页。
④ 阿拉伯埃及共和国新闻部新闻总署：《埃及年鉴》（2009），第 67 页。
⑤ 阿拉伯埃及共和国新闻部新闻总署：《在埃及投资：稳定与发展》，第 20 页。
⑥ 阿拉伯埃及共和国新闻部新闻总署：《埃及年鉴》（2009），第 57 页。
⑦ 阿拉伯埃及共和国新闻部新闻总署：《埃及年鉴》（2009），第 58 页。
⑧ 阿拉伯埃及共和国新闻部新闻总署：《在埃及投资：稳定与发展》，第 48 页。
⑨ 姜英梅：《中东经济：稳步复苏，风险犹存》，载杨光主编《中东非洲发展报告 No.12（2009～2010）》，社会科学文献出版社，2010，第 186 页。
⑩ 世界知识年鉴编辑委员会编《世界知识年鉴》（1984），第 107 页。

国内生产总值总额的31.8%，出口货值2601亿埃镑，占国内生产总值总额的25%。① 对外贸易在埃及经济中的地位不断提升。1992年，出口占埃及国内生产总值的7.6%，1993年上升到12.4%。② 2007/2008年度、2008/2009年度，埃及对外贸易在埃及国家资源总额中的比重分别是27.8%、24.1%。③

四 穆巴拉克时期埃及经济发展特点

1. 外向型，受国际形势变化影响大

穆巴拉克时期，面对全球化浪潮，埃及继续奉行萨达特时期开始的经济开放政策，选择融入全球经济之中。如前所述，埃及经济主要支柱是石油、旅游、外汇和苏伊士运河四大产业，其投资有相当大比例来自外国资本，对外贸易也在国内生产总值中占有不小的比重。因此，埃及经济发展呈现明显的外向型特征。

外向型的特点使埃及经济很容易受到国际环境变化的影响。如1984年，利比亚政府决定结束某些行业中非利比亚劳工的服务，科威特和沙特阿拉伯也决定解雇20%的非本国劳工，1986年17万埃及劳工从伊拉克回国，结果造成侨汇减少约60%。大量埃及劳工回国还加剧了国内的失业问题。1990年海湾危机爆发后，40万埃及劳工从伊拉克、科威特、约旦突发性逃难回国。④

2003年伊拉克战争的爆发对埃及经济也产生了非常大的影响。经济界人士估计，2003年的伊拉克战争给埃及带来的直接和间接经济损失为80亿~100亿美元。另据埃及中央银行公布的数据，在2003年一季度，埃及经济增长率为2.3%，年通胀率由2002年的2.7%上升到2003年的3.7%，食品涨价幅度为5.4%，失业率由7%上升到9%，非石油领域吸引外商直接投资仅为8082万美元。截至2003年3月末，外汇储备由2002年末期的143.5亿美元下降到141.4亿美元，与一年前的银行挂牌价相比，埃镑的贬值幅度达33%。⑤

2008年国际金融危机对埃及影响更大。2008年埃及旅游收入109亿美

---

① 阿拉伯埃及共和国新闻部新闻总署：《埃及年鉴》（2009），第52页。
② 安国政主编《世界知识年鉴》（1997/98），世界知识出版社，1997，第259页。
③ 阿拉伯埃及共和国新闻部新闻总署：《埃及年鉴》（2009），第51页。
④ 毕健康：《埃及现代化与政治稳定》，社会科学文献出版社，2005，第415页。
⑤ 《2003年埃及经济总体状况及政府措施》，《化工文摘》2003年第9期，第15页。

元，同比增长15.9%，但2008年8月到2009年3月，埃及入境游客同比下降了12%，其中欧洲赴埃及游客人数下降最大。[①] 自2008年10月开始，受国际贸易下滑影响，过往苏伊士运河的船只减少，运河过境费逐月下降。2008年10~12月，苏伊士运河收入12.6亿美元，同比下降2.9%。2009年上半年，苏伊士运河收入19.99亿美元，同比减少6.387亿美元，降幅32%。[②] 2008年7月31日到2009年6月12日，埃镑对美元汇率下跌5%，CASE 30种股票指数由9251.19点下降到6193.43点，跌幅33.1%。[③]

2. 对外援依赖性强，经济自主权受到损害

埃及经济长期面临着资本匮乏问题，举债是常态。在纳赛尔时期，苏联、阿拉伯国家就给埃及提供了巨额援助。萨达特时期，特别是1974年实行开放政策后，美国等西方国家成为埃及外援的主要提供者。1974~1980年，美国向埃及提供了54亿美元的贷款与援助。1972~1980年，联邦德国对埃及提供援助25.82亿德国马克。1974~1980年，法国向埃及提供贷款31.59亿法国法郎。1973~1979年，日本向埃及提供援助7.25亿美元。1971~1979年，国际复兴开发银行及其所属机构向埃及提供贷款14.32美元。[④] 穆巴拉克执政后，埃及经济依然沿着依赖外援的方向走。1982年，美国向埃及提供了10.46亿美元的贷款与经济援助，联邦德国提供了3亿马克经济援助，日本同意向苏伊士运河第二期扩建工程提供2.5亿美元贷款，欧共体同意提供3.24亿美元援助。[⑤] 此后，直到穆巴拉克倒台，埃及经济越来越依赖外援。1985~1992年，埃及共获得了阿拉伯发展援助的21%。[⑥] 20世纪80~90年代，外援占埃及国民生产总值的比例保持在6.5%左右。[⑦] 2000~2008年，埃及年均接收外援13.88亿美元，占对非洲援助总额的3.93%。[⑧] 自20世纪70年代中期以来，美国是埃及的主要援助国之一。

---

① 姜英梅：《金融危机对中东支柱产业的影响》，第57页。
② 姜英梅：《金融危机对中东支柱产业的影响》，第57页。
③ 张春宇：《金融危机对非洲主要产业的影响》，载杨光主编《中东非洲发展报告 No.12 (2009~2010)》，第66、68页。
④ 世界知识年鉴编辑委员会编《世界知识年鉴》(1982)，第224页。
⑤ 世界知识年鉴编辑委员会编《世界知识年鉴》(1983)，第108页。
⑥ 毕健康：《埃及现代化与政治稳定》，第413页。
⑦ 毕健康：《埃及现代化与政治稳定》，2005，第417页。
⑧ 毛小菁：《国际社会对非洲和中东国家的援助》，载杨光主编《中东非洲发展报告 No.13 (2010~2011)》，第256页。

1979~2006年，埃及共获得美国260亿美元以上的经济援助款项。[1]

毋庸置疑，外援对埃及经济发展发挥了重要作用，但也带来了一些负面影响。其一，造成埃及外债长期居高不下。除了小部分赠款，埃及获得的外援主要是贷款。1981年底，埃及外债为132亿美元，[2] 2000年达265亿美元，翻了一番，[3] 2009年再增加到283.47亿美元，还本付息额高达28.8亿美元，[4] 2010年再攀升到308.07亿美元，还本付息额24.66亿美元。[5] 可见，外援已成为埃及经济发展的沉重负担。其二，埃及经济受到外援干预，在一定程度上损害了埃及的经济主权。如美国对埃及的经济援助，不像对以色列那样是现金援助，而大多是美国国际开发署同意的特殊的项目援助。美国国际开发署在开罗设立代表团管理美援，负责批准美援投资项目。美国的援助多要求埃及购买美货物，这使美国公司受益。美国国际开发署埃及使团被称为"影子政府"，在美国对埃及的渗透中起先锋作用。[6] 来自亚历山大的人民议会议员阿布·伊兹·哈里里（Abu al-Izz al-Harriri）甚至称埃及"不是由埃及政府统治，而是由美国国际开发署统治"。[7] 早在80年代，穆巴拉克就对美援的使用与安排颇有微词："你们给我每年8.15亿美元的援助，而我作为军事贷款的利息又返回给你们5亿美元。剩下的仅3亿美元，它不能帮助我提高人民生活水平。"[8] 另外，外援常常附加一些政治条件。在80年代中期，埃及就向国际货币基金组织、世界银行求援，也曾达成协议，但后因埃及无法接受两者提出的经济改革条件而放弃。到90年

---

[1] 陈天社：《合作与冲突：穆巴拉克时期的埃美关系》，《西亚非洲》2008年第5期，第70页。
[2] 世界知识年鉴编辑委员会编《世界知识年鉴》（1983），第108页。
[3] 世界知识年鉴编辑委员会编《世界知识年鉴》（2001/2002），第304页。
[4] 陈沫：《2009年西亚北非国家经济指标》，载杨光主编《中东非洲发展报告 No.12（2009~2010）》，社会科学文献出版社，2010，第291页。
[5] 陈沫：《2010年西亚非洲国家经济指标》，第307页。
[6] 马尔文·G.魏鲍姆：《对外援助中的政治与发展：1975~1982年美国对埃及的经济援助》（Marvin G. Weinbaum, "Politics and Development in Foreign Aid: US Economic Assistance to Egypt, 1975-1982"），《中东学刊》（*The Middle East Journal*）1983年第4期，第651页。
[7] 索希尔·A.莫尔西：《美国对埃及援助：美国对外援助政策的实例与说明》（Soheir A. Morsy, "U. S. Aid to Egypt: an Illustration and Account of U. S. Foreign Assistance Policy"），《阿拉伯研究季刊》（*Arab Studies Quarterly*）1986年第4期，第383页。
[8] 索希尔·A.莫尔西：《美国对埃及援助：美国对外援助政策的实例与说明》（Soheir A. Morsy, "U. S. Aid to Egypt: an Illustration and Account of U. S. Foreign Assistance Policy"），《阿拉伯研究季刊》（*Arab Studies Q.*）1986年第4期，第38页。

代初，埃及面对经济困局，不得不接受国际货币基金组织和世界银行的要求，对埃及经济进行改革。虽然国际货币基金组织为埃及经济开出的新自由主义药方在刺激经济增长方面取得一些成效，但同时也造成诸多问题，使埃及经济患上"拉美病"，社会财富高度集中，两极分化严重。埃及草率推出激进的私有化计划，部分接近政权的商人趁私有化之机，将大批国有企业划转至名下，导致国有资产大量流失和寡头经济的出现。更重要的是，埃及不是按照自己的意愿，而是被迫按照国际货币基金组织的意图进行经济改革，这显然是对埃及经济主权的损害。

3. 经济发展不平衡

穆巴拉克时期，埃及国民经济发展依然不平衡，最突出的表现是第一、第二、第三产业发展不平衡。在穆巴拉克时期，埃及致力于工业现代化，积极推进信息产业，也取得了不少成绩，但工业总体上发展水平不高，在国民经济中的地位不突出。如2004/2005年度，旅游产业占埃及国内生产总值的19.5%，苏伊士运河占19.8%，交通和通信产业占7%，各种加工工业仅占11%。[1] 到2008/2009年度，工业总产值也仅占埃及国内生产总值的16%。[2] 本时期埃及比较突出的工业部门是纺织和成衣工业、建筑材料和建筑工业、化工工业、工程工业、食品工业、家具工业和木材工业、珠宝工业和制药工业，而大型/重型设备、高精尖设备等都需要进口，其工业经济体系仍不完善。

农业发展缓慢，在国民经济中的地位更是不断下降，连主要粮食产品都不能完全自给，埃及成为世界上最大粮食进口国之一，粮食安全问题颇为严峻。1979年，埃及农业产值占国民生产总值的23%，农村人口占总人口的60%左右。[3] 到90年代末，农村人口仍占总人口的56%，农业产值占国民生产总值的16%，小麦自给率为50%，玉米为77.3%，肉类84.5%，食油23.5%，食糖64.8%。[4] 到2010年，食品成为埃及家庭支出的最大项目，埃及家庭平均将40%的收入用于购买食物，而收入最低的25%家庭则要将50%的收入用于购买食物（20%的收入用于购买主食、食

---

[1] 阿拉伯埃及共和国新闻部新闻总署：《埃及年鉴》（2005），第68页。
[2] 阿拉伯埃及共和国新闻部新闻总署：《埃及年鉴》（2009），第75页。
[3] 世界知识年鉴编辑委员会编《世界知识年鉴》（1982），第223页。
[4] 世界知识年鉴编辑委员会编《世界知识年鉴》（2001/2002），第304页。

用油和糖）。①

石油、侨汇、苏伊士运河和旅游这四大产业已在埃及国民经济中居主导地位。2002/2003 年度，埃及经常项目总收入 191 亿美元，其中石油、天然气出口 28.55 亿美元，占 14.9%；苏伊士运河过境费 18.6 亿美元，占 9.7%；旅游业 28 亿美元，占 14.7%；侨汇 25 亿美元，占 13.1%；工业出口 38.05 亿美元，占 19.9%；农业出口 6.9 亿美元，占 3.6%；投资获利 8 亿美元，占 4.2%，其中四大产业就占了 52.4%。② 到 2009/2010 年，不包括石油业，苏伊士运河、旅游业和侨汇三大产业收入已达 259 亿美元。③ 但这些产业都易受国际形势的变化而波动。

除了产业发展不平衡，埃及的城乡、地区经济发展也不平衡。在埃及，经济资源多集中在开罗、亚历山大等大城市，这些城市的经济发展较快，而广大的乡村地区依旧比较落后。就地区经济发展而言，北部的尼罗河三角洲地区经济发展要明显好于上埃及地区、西奈半岛。埃及政府对各地方的投资也有不同。如 1999/2000 年度，埃及分配到各省的投资 6.916 亿埃镑，而在开罗地区投资 1.813 亿埃镑，占 26.3%；亚历山大地区 7400 万埃镑，占 10.7%；三角洲地区 9710 万埃镑，占 14%；苏伊士运河地区 9010 万埃镑，占 13%；上埃及北部地区 8490 万埃镑，占 12.3%；上埃及南部 1.642 亿埃镑，占 23.7%。④ 在 2008/2009 年度，埃及对各省投资中，开罗地区获得 7.019 亿埃镑，亚历山大地区 5.063 亿埃镑，三角洲地区 5.466 亿埃镑，苏伊士运河地区 2.093 亿埃镑，上埃及北部地区 3.24 亿埃镑，上埃及中部地区 2.242 亿埃镑，上埃及南部地区 5.552 亿埃镑。⑤ 就地方经济部门的投资来看也是有差异。在 1999/2000 年度，埃及对各省的投资中，工业 170 万埃镑，占 0.2%；电力 8110 万埃镑，占 11.7%；交通运输 1.691 亿埃镑，占 24.5%；公共设施 3.54 亿埃镑，占 51.2%；服务项目 8570

---

① 刘冬：《埃及政权变更的前因后果》，载杨光主编《中东发展报告 No.14（2011～2012）》，社会科学文献出版社，2012，第 34 页。
② 阿拉伯埃及共和国新闻部新闻总署：《埃及年鉴》（2003），第 63 页。
③ 姜英梅：《中东经济：稳步复苏，风险犹存》，载杨光主编《中东非洲发展报告 No.13（2010～2011）》，第 190 页。
④ 阿拉伯埃及共和国新闻部新闻总署：《埃及年鉴》（2000），埃及驻华使馆新闻处，2000，第 227 页。
⑤ 阿拉伯埃及共和国新闻部新闻总署：《埃及年鉴》（2009），第 146 页。

万埃镑，占 12.4%。[1] 在 2008/2009 年度，埃及对各省主要投资到四个领域：交通，16.517 亿埃镑，占 53.3%；电力，5.568 亿埃镑，占 18%；公用事业，6.304 亿埃镑，占 20.4%；服务，2.586 亿埃镑，占 8.3%。[2]

4. 经济问题依旧

财政赤字、通货膨胀、外债、外贸逆差、失业是埃及经济长期面临的严峻问题。到穆巴拉克时期，这一局面依旧。

(1) 财政赤字

埃及的高额财政赤字并不是从穆巴拉克时期开始的，在萨达特时期就有不小的财政赤字。如 1978 年埃及财政赤字为 20.977 亿埃镑，1979 年增加到 26.801 亿埃镑。[3] 穆巴拉克上任后，埃及的财政赤字继续加大。1981/1982 年为 35.26 亿埃镑，1982/1983 年就增加到 48.45 亿埃镑[4]，1988/1989 年度再增加到 60.67 亿美元。[5] 90 年代后，埃及财政赤字变化幅度剧烈。如 1993/1994 年高达 90.83 亿埃镑，而 1994/1995 年剧减为 52.83 亿埃镑，1995/1996 年又上升到 63 亿埃镑。[6] 在 2001/2002 年，埃及财政赤字仅为 2 亿美元[7]，2002/2003 年度又高达 71.345 亿埃镑，2003/2004 年度就锐减为 11.285 亿埃镑[8]，2004/2005 财年又猛增到 80 亿美元，2005/2006 财年则接近 100 亿美元。[9] 造成埃及财政年年出现巨大赤字的主要原因是工农业生产亏损严重，国家用于企业生产和居民生活的补贴远远超过国家财力所能承担的范围。

(2) 通货膨胀

在萨达特时期，特别是其执政晚期，埃及通货膨胀率就非常高，物价飞涨。从 1974 年到 1981 年，通货膨胀年均增长率达 25% ~ 30%。1973 ~ 1981/1982 年，城市消费品价格指数增长了 1.5 倍多，农村增长了近 2 倍。[10]

---

[1] 阿拉伯埃及共和国新闻部新闻总署：《埃及年鉴》(2000)，第 224 页。
[2] 阿拉伯埃及共和国新闻部新闻总署：《埃及年鉴》(2009)，第 146 页。
[3] 世界知识年鉴编辑委员会编《世界知识年鉴》(1982)，第 224 页。
[4] 世界知识年鉴编辑委员会编《世界知识年鉴》(1983)，第 108 页。
[5] 韩继云：《埃及经济改革简析》，《外国经济与管理》1993 年第 12 期，第 22 页。
[6] 安国政主编《世界知识年鉴》(1997/98)，第 259 页。
[7] 周华：《埃及现政府经济改革思路探析》，《阿拉伯世界》2005 年第 4 期，第 31 页。
[8] 阿拉伯埃及共和国新闻部新闻总署：《埃及年鉴》(2003)，第 61 页。
[9] 周华：《埃及现政府经济改革思路探析》，第 31 页。
[10] 杨灏城、江淳：《纳赛尔和萨达特时代的埃及》，商务印书馆，1997，第 379 页。

在穆巴拉克就任总统时,埃及通货膨胀率高达33%。① 虽然埃及采取了一些措施,但在80年代通货膨胀率依然比较高,物价也是大幅度上升。埃及1985年的通货膨胀率高达50%②,1980~1986年埃及国内物价每年平均上升40%,而同一时期职工工资平均每年仅增长25%。③ 90年代埃及新的一轮经济改革开始后,埃及通货膨胀率开始降低。由1989年的27%降到1992年的14%④,1996年再降至7.4%。⑤ 进入21世纪后,埃及的通货膨胀率总体上又呈上升趋势。2004年3月为10.4%,2004年4~5月微升到11.4%,2005年5~6月降至4.2%,2007年7~8月再回升至11.7%。⑥ 到穆巴拉克执政晚期,埃及通货膨胀率开始剧烈攀升。2007~2008年,由9.5%猛增到18.3%,2008年8月高达25.6%⑦,2009年、2010年有回落,但也有11%。⑧ 随之而来的是物价扶摇直上。如果以2000年平均消费价格指数为基准(100)的话,2010年则为213.57;如果以2000年总价格指数为基准(100)的话,2010年则为220.11。⑨

(3) 债务

在近代,债务问题,特别是外债问题就是困扰埃及经济发展乃至政治发展的主要问题之一。穆巴拉克时期,债务问题也是埃及面临的非常棘手的问题。1982年,埃及在世界上负债最多的国家中名列第九,外债达130亿埃镑。⑩ 80年代后半期,经济增长减慢,出口收入因国际市场石油降价有所减少,埃及政府仍以大量开支补贴粮食和能源,并支持着国有企业,国家不得不借外债,到1990年埃及全部外债高达510亿美元,相当于国民生产值的144%,还债额达出口收入的一半。⑪ 1995年,埃及内外债务总额达659

---

① 黄培昭:《穆巴拉克亦铁血亦悲泣》,《环球人物》2007年第7期,第38页。
② 王东来:《埃及经济开放政策的实施及其调整的措施与政策》,《阿拉伯世界》1988年第2期,第71页。
③ 王东来:《埃及经济开放政策的实施及其调整的措施与政策》,第71页。
④ 朱丕荣:《埃及的经济调整与农业政策改革》,《国际社会与经济》1996年第6期,第15页。
⑤ 安国政主编《世界知识年鉴》(1997/1998),第258页。
⑥ 阿拉伯埃及共和国新闻部新闻总署:《埃及年鉴》(2009),第54页。
⑦ 王林聪:《中东政治动荡的原因和影响》,载杨光主编《中东非洲发展报告 No.13 (2010~2011)》,第10页。
⑧ 王林聪:《中东政治动荡的原因和影响》,第10页。
⑨ 安维华:《埃及的经济发展与社会问题探析》,《西亚非洲》2011年第6期,第23页。
⑩ 周顺贤:《埃及经济初露峥嵘》,《阿拉伯世界》1998年第1期,第3页。
⑪ 朱丕荣:《埃及的经济调整与农业政策改革》,第15页。

亿美元（其中外债 290 亿美元）。① 1981 年底，埃及外债为 132 亿美元，② 2000 年增加到 265 亿美元，③ 2010 年再升至 308.07 亿美元。④

大量举借外债对埃及产生了严重的负面影响。美国自由撰稿人斯蒂芬·马希尔（Stephen Maher）分析道："债务周期是另一种机制，通过它，国际债权人将埃及与全球资本主义链接，迫使其政府继续进行新自由主义改革。通过永续债务循环，埃及需要不断获得新的信贷以偿还其长期债务，埃及将竭尽所能来保持新增贷款。这种债务循环导致了从埃及到国际贷款机构的资金外流。2000 年至 2009 年间，埃及长期债务的净转移（收到的贷款和偿还债务之间的差额）达到 34 亿美元。同一时期，埃及的债务增长了 15%，尽管事实上它偿还了总额为 246 亿美元的贷款。这种依赖自我强化的循环，把数十亿美元从埃及的贫困人口重新分配给西方金融家，使这些机构拥有对埃及政府的巨大影响力。因此，尽管事实上这笔债务被称为恶债，但却受到了国际货币基金组织、世界银行和其他机构的鼓励。"⑤

除了外债，埃及还有大量的国内债务。从表 2 可以看出，从 1991 财政年度开始，埃及的内债节节攀升。1991 年度为 970 亿埃镑，2000 年度为 2460 亿埃镑，上涨了 1.5 倍多。⑥ 从 2000 年度到 2009 年度，又从 2460 亿埃镑攀升至 7615.77 亿埃镑，再增加了 2 倍多。可见，债务问题已成埃及经济发展的瓶颈。以 2005 年度为例，埃及内债占国内生产总值的 90%，外债余额占国内生产总值的 41%，两者相加占国内生产总值的 131%，高达 940 亿美元。⑦

（4）贸易逆差大

由于进口大于出口，埃及形成巨额对外贸易逆差。当然，这一状况也不是穆巴拉克时期开始的。在萨达特执政晚期，埃及的外贸逆差就开始加

---

① 安国政主编《世界知识年鉴》（1997/1998），第 259 页。
② 世界知识年鉴编辑委员会编《世界知识年鉴》（1983），第 108 页。
③ 世界知识年鉴编辑委员会编《世界知识年鉴》（2001/2002），第 304 页。
④ 陈沫：《2010 年西亚非洲国家经济指标》，第 307 页。
⑤ 〔美〕斯蒂芬·马希尔：《埃及动荡的政治经济学分析》，王维平、郭晓云译，《国外理论动态》2012 年第 7 期，第 82 页。
⑥ 埃及中央银行年度财政统计，转引自戴晓琦《阿拉伯社会分层研究——以埃及为例》，第 195 页。
⑦ 周华：《埃及现政府经济改革思路探析》，《阿拉伯世界》2005 年第 4 期，第 31 页。

大。1977年，对外贸易逆差为12.158亿埃镑，1978年增加到19.5243亿埃镑，1980年回落到12.6979亿埃镑。① 穆巴拉克上任后，埃及的外贸逆差状况没有改善，仍然继续加大。1981年，埃及外贸逆差42.43亿美元②，1993年增加到211.37亿埃镑，1995年达313.04亿埃镑。③ 2002年后，埃及外贸逆差更是急剧扩大。2002/2003年度外贸逆差为68亿美元④，2004/2005年度增加到95亿美元⑤，2009/2010年度已高达251亿美元。⑥

表2 埃及内债

单位：亿埃镑

年份（到各年6月30日）	金额	年份（到各年6月30日）	金额
1991	970	2001	2900.777
1992	1060	2002	3298
1993	1140	2003	3706.19
1994	1260	2004	4348.46
1995	1370	2005	5108.05
1996	1510	2006	5934.93
1997	1720	2007	6371.97
1998	1890	2008	6668.35
1999	2170	2009	7615.77
2000	2460		

资料来源：埃及中央银行年度财政统计，转引自戴晓琦《阿拉伯社会分层研究——以埃及为例》，第195页。

（5）失业

高失业率也是埃及长期面临的经济困境之一。从表3可以看出，在萨达特晚期以前，埃及的失业问题并不太突出。如1960年的失业率仅2.23%，1970年更低至1.55%。但从1976年起，埃及的失业问题开始凸显，失业率居高不下。整个穆巴拉克时期，埃及失业问题非常严重。除2000年的失业

---

① 《世界知识年鉴》编辑委员会：《世界知识年鉴》（1982），第224页。
② 《世界知识年鉴》编辑委员会：《世界知识年鉴》（1983），第108页。
③ 《世界知识年鉴》编辑委员会：《世界知识年鉴》（1997/1998），第259页。
④ 阿拉伯埃及共和国新闻部新闻总署：《埃及年鉴》（2003），第58页。
⑤ 阿拉伯埃及共和国新闻部新闻总署：《埃及年鉴》（2005），第72页。
⑥ 姜英梅：《中东经济：稳步复苏，风险犹存》，第190页。

率为7.9%，其他所有年份均在8%以上，1986年高达14.7%。而民间机构估计的数字更高。如2010年埃及官方公布的失业率是9%~10%，而民间机构称实际为15%~20%。①

表3 埃及失业率

单位：%

年份	失业者占劳动力比例	年份	失业者占劳动力比例
1960	2.23	1998	8.2
1970	1.55	1999	8.1
1976	7.7	2000	7.9
1986	14.7	2001	8.8
1990	8	2002	9.1
1991	8.8	2003	11
1992	8.9	2004	9.9
1993	10.9	2006	9.3
1994	11.2	2007	9.3
1995	11.3	2008	8.3
1997	8.4	2009	8.8

资料来源：埃及中央银行年度财政统计，转引自戴晓琦《阿拉伯社会分层研究——以埃及为例》，第179~180页。

失业人数也是接连创高。2000~2008年，埃及各年份的失业人数基本上在200万人以上，2005年高达约245万人。女性失业更为严重。2000~2008年，埃及女性失业率基本上在20%以上，比男性失业率高3~4倍，2005年甚至高达25.09%。②

年轻人失业问题非常突出。1976年，15~24岁的高中和大学毕业生失业者占埃及新失业者的39.5%，1986年达75%，1995年为71%。1960年，持毕业文凭者占失业人数的不到25%，1976年增至大约60%，1986年达85%，1995年高达98%。③ 2006年，埃及失业大军中的90%是30岁以下的年轻人。④ 失业率尚不能完全展现埃及青年人就业的艰难。2010年《埃及人权发展报告》引用SKYPE的一项调查显示，埃及58.5%的年轻人没有被列

---

① 王林聪：《中东政治动荡的原因和影响》，第10页。
② 转引自戴晓琦《阿拉伯社会分层研究——以埃及为例》，第180页。
③ 毕健康：《埃及现代化与政治稳定》，第316页。
④ 刘冬：《埃及政权变更的前因后果》，第38页。

入劳动力范围之内，这些人大都没有工作，他们要么放弃寻找工作，要么对工作没有兴趣，再加上劳动人口中6.9%失去工作的年轻人，埃及18～29岁青年人中65.4%是没有工作的。[1]

可以说，与穆巴拉克当局的愿望与努力相反，埃及经济发展不尽如人意，问题多多，主要原因有以下两个。

一是埃及经济发展受制于自身客观条件。埃及国土以沙漠为主，自然资源匮乏，人口、耕地主要集中在尼罗河河谷和三角洲地区，农业主要为灌溉为主，这些都成为埃及经济发展的制约因素。特别是人口爆炸，已成为制约埃及经济发展的重要因素。20世纪以来，埃及人口快速增长。1897年，埃及人口约970万，到1947年增加到1900万，1976年又翻了一番，达约3800万；10年后的1986年，再增加1000万，达约4820万，1996年再增加1000万，达约5940万。[2] 后不到10年，又增长1200多万，到2005年1月1日已达7189.7万。[3] 2009年1月1日，埃及境内人口估计已高达约7610万。[4]

埃及人口发展的特点是出生率高，年轻人多。如1979年的人口增长率为2.81%，比世界人口平均增长率1.7%高出1.1个百分点。[5] 到2001年1月，埃及总人口为6465.2万人，其中6岁以下人口有950.19万人，占14.7%；6～24岁人口2748.86万人，占42.5%；65岁以上人口有227.49万人，占3.5%。[6] 另据世界银行的数据，15～29岁青年人占埃及总人口的比例不断上升，1991年为25.91%，1995年为27.95%，2000年为29.19%，2008年为29.69%。[7]

人口的快速膨胀，吞噬了埃及经济发展的成果。以农业为例，由于粮食产量增长速度慢于人口增长速度，埃及人均粮食占有量有所下降。如以1978～1981年埃及平均人均粮食占有量指数为100，1987年则降到99，而世界平均为103。[8] 2000～2009年，埃及粮食年产量提高了18.9%，由

---

[1] 刘冬：《埃及政权变更的前因后果》，第39页。
[2] 阿拉伯埃及共和国新闻部新闻总署：《埃及年鉴》（2005），第14页。
[3] 阿拉伯埃及共和国新闻部新闻总署：《埃及年鉴》（2005），第14页。
[4] 阿拉伯埃及共和国新闻部新闻总署：《埃及年鉴》（2009），第20页。
[5] 姚宇珍：《埃及经济发展战略初探》，第110页。
[6] 阿拉伯埃及共和国新闻部新闻总署：《埃及年鉴》（2001），第15、16页。
[7] 转引自王林聪《中东政治动荡的原因和影响》，第12页。
[8] 朱丕荣：《埃及的经济调整与农业政策改革》，第16页。

2010.6万吨增加到2389.7万吨,高于全球17.1%的增长率,但同期埃及人口却增长了17.8%,抵消了粮食生产取得的成果。① 由于需要进口大量粮食和对食品、能源补贴,埃及财政不堪重负。农业增长缓慢还助长了人口流向城市。1980~1990年间,埃及城市人口年均增长3.1%,而全国人口年均增长2.4%。到1990年,全国5200多万人口中,47%生活在城市里,其人口密度属于世界最高之列。②

二是埃及经济发展战略存在许多问题。如前所述,穆巴拉克时期的埃及经济发展主要依赖投资,特别是依赖外援,以私有经济为主,重点发展石油等四大产业,造成埃及经济对外依赖性强,易受外部因素影响,自主性差,经济发展脆弱,可以说没有形成完整、独立自主的国民经济体系。加上埃及普遍存在的腐败、两极分化、贫困等现象,使埃及经济发展受到很大程度制约。

总的来说,穆巴拉克时期埃及奉行外向型经济发展战略,努力融入世界经济之中,应该说符合世界经济发展潮流。如果单从经济数据看,埃及经济确实也获得了不小的发展,但经济发展成果并没有惠及普通民众。一是埃及社会两极化现象严重。1960年,埃及社会的上层经济(即中产阶级)占总人口的20%~25%,下层占75%~80%。③ 到穆巴拉克时期,两极化进一步加剧。如在1991年,上层(年收入1万埃镑以上)占3%,中层占45%,下层(年收入低于300埃镑)占52%。到2006年,上层占18.4%,中层占12.4%,下层占69.1%,中层剧烈减少。④ 到2008年,不到20%的埃及富人拥有该国几乎80%的财富。⑤ 埃及农村也是如此。特别是1992~1997年《租赁法》的实施,保护小农与佃农的法律被取消,导致大量佃农失去租种的土地,成为失业者,中农、小农的土地拥有量比例明显下降,95.8%的小农只拥有50%的土地,而4%的地主则拥有30%的土地,0.2%的大地主拥有15%的土地。土地占有结构重新回到1952年革命前的状况。⑥

---

① 刘冬:《埃及政权变更的前因后果》,第35页。
② 朱丕荣:《埃及的经济调整与农业政策改革》,第16页。
③ 戴晓琦:《阿拉伯社会分层研究——以埃及为例》,第88页。
④ 戴晓琦:《阿拉伯社会分层研究——以埃及为例》,第89页。
⑤ 阿拉丁·埃拉萨尔:《不稳定的埃及:埃及稳定吗?》(Aladdin Elaasar, "Unsteady Egypt: Is Egypt Stable?"),《中东季刊》(*Middle East Quarterly*) 2009年第3期,第1页。
⑥ 戴晓琦:《阿拉伯社会分层研究——以埃及为例》,第89页。

二是普通民众贫困依旧。1974/1975 年，埃及农村的贫困率为 44%，城市为 34.5%。1981/1982 年埃及的贫困率为 16.1%，1995/1996 为 23.3%。[1] 2000~2005 年，埃及的贫困率（每天生活费 1.25 美元以下）由 16.7% 上升到 22.5%，2010 年仍为 21.6%。如果按照明天生活费不低于 2 美元为贫困线计算，埃及贫困人口占总人口的 40%。[2] 埃及官方估计全国有 1000~1200 个贫民窟，分布在 20 个省，以开罗省、吉萨省和盖尔尤比省所在的大开罗地区最为集中。埃及民主中心调查也发现，埃及约有 1800 万人每月生活费用在 200 埃镑（约合 35 美元）以下，主要居于贫民窟，人口密度高达每平方公里 12.85 万人。贫民窟生活非常艰难，华夫脱党报称贫民窟内 60% 的儿童没有受教育机会，其中大部分还须为养家奔波。[3] 就地区而言，上埃及地区的贫困尤甚。根据 1996 年埃及人力发展报告，上埃及的城市贫困率为 35%，农村为 33.7%，其贫困人口占埃及全国的 48.5%。[4] 即使在首都开罗，也有大量贫困人口，1994 年时就达到 240 万，亚历山大也有近 200 万。[5] 埃及的工资水平比较低。按 2004 年固定价格计算，2010 年埃及的最低工资为 336 美元，远低于中国（1728 美元），在非洲也属于低工资水平。[6] 简言之，该时期的埃及经济发展是普通民众无感的经济发展，这也是穆巴拉克政权失去民众支持的重要因素。

（作者简介：陈天社，郑州大学历史学院教授）

---

[1] 戴晓琦：《阿拉伯社会分层研究——以埃及为例》，第 120 页。
[2] 王林聪：《中东政治动荡的原因和影响》，第 11 页。
[3] 刘冬：《埃及政权变更的前因后果》，第 40 页。
[4] 毕健康：《埃及现代化与政治稳定》，第 388 页。
[5] 毕健康：《埃及现代化与政治稳定》，第 391 页。
[6] 世界银行：《2013 年世界发展报告》，中国财政经济出版社，2013，第 368 页。

国际关系史

夏威夷与北太平洋的早期商业化*

王 华

内容提要 18世纪80年代至19世纪中叶，伴随着航海探险和资本的扩张，北太平洋实现了最初的现代商业开发。跨域贸易的发展带来商品的流通和人员的迁移，将一片"大洋荒漠"改造成了充满资本活力的新经济场域，为19世纪末资本主义世界经济市场体系的全面形成奠定了基础。这场商业化因毛皮贸易、檀香木贸易、捕鲸业和甘蔗种植园的发展而顺序推进，既构建起了常态化的北太平洋国际商业贸易网络，也将该地区融入了世界资本主义经济市场体系中。作为关键的海路中继站，夏威夷从最初的商路"驿站"，逐步发展成为北太平洋上最重要的商业"枢纽"，而其自身也在地区经济贸易整体化的进程中渐渐商业化，成为近代太平洋殖民体系的结构要件。

关键词：北太平洋 商业网络化 世界贸易 夏威夷

在近代贸易全球化的历史进程中，海洋贸易航线的开辟往往是促成跨域贸易网络的基础。18世纪下半叶至19世纪中叶，太平洋在航海探险的基础上实现了国际化的商业开发，初步形成以商品流通、人员流动和种植园经济扩展为中心的大区域经济贸易网络化，并由此带来世界贸易结构的完善和向自由贸易主导的多中心化新格局的转变。[①] 在此过程中，受欧美资本全球性流动的驱动，北太平洋的贸易整体化、南太平洋的经济整体化和太平洋内部

---

* 本文是国家社科基金一般项目"美国太平洋商业扩张与太平洋国家身份建构研究（1783~1900）"（18BSS016）的阶段性成果。

[①] 19世纪太平洋经济整体化和全球化在一定程度上引发了世界贸易格局的新调整。首先，真正意义上的现代全球贸易体系得以构建。其次，以工业资本为基础的世界自由贸易结构得以确立。最后，传统的以大西洋、印度洋为中心的国际贸易格局逐渐向更均衡的大西洋—印度洋—太平洋多中心格局转移。

的贸易网络化几乎同步快速推进。相较而言,北太平洋[①]最先进入欧美商业资本扩张的视野,也最先开启了贸易整体化和全球化的进程。在联通太平洋两岸市场的前提下,北太平洋地区以北美—中国贸易为中心,改进和丰富了16世纪以来的"马尼拉大帆船"贸易航线,形成贯通两岸的常态化直通贸易网络,通过商品流通和人员迁移将一片"大洋荒漠"改造成了充满资本活力的新经济场域,为19世纪末资本主义世界经济市场体系的全面形成奠定了基础。

北太平洋的商业化兴起发生在风力帆船为主的海洋贸易时代,正因如此,地处北太平洋中心位置的夏威夷群岛被贸易商"发现",并以跨洋贸易枢纽的身份被动地卷入和支撑了该地区的近代贸易网络化进程。因此,任何试图对18世纪末以来北太平洋商业贸易发展进行的研究都不能不适度涉及夏威夷。21世纪初开始,受到全球史和海洋史研究范式的影响,太平洋历史研究出现了"太平洋世界"(the Pacific World)路径转向,全球视角、"去陆地中心"和在跨域联系中构建地区整体性成为新的研究热点。然而迄今为止,学术界对夏威夷在北太平洋商业化中的作用的研究仍基本散布在对具体贸易种类个案研究或对特定国家间贸易关系的个案研究中,缺乏从整体的北太平洋商业化视角观察和分析其地位及影响的论著。[②]

---

① 文中所涉之"北太平洋"(the North Pacific),在地理上是指赤道以北的太平洋海域、岛屿以及周边所附的美洲和亚洲沿海陆地区域,在近代世界贸易的发展中,北太平洋具有相对的独立性;在学术研究的范式意义上,"北太平洋"(甚至"太平洋")被置于"太平洋世界"的新框架下,属于新区域史研究的范畴,体现以海域为观察中心的主体意识:首先,它受到"去陆地中心"的视野规范,重视对海洋在世界历史发展中的作用的发掘(即恢复其应有的历史主体性),但并不完全属于所谓的"海洋史";其次,它注重区域的整体性,海洋、岛屿和陆地被视为一体,以人类的活动为核心考察内容,观察世界历史发展在该区域的呈现,以及该区域发展在世界历史发展中的位置和影响。

② 国内外学术界对18世纪末至19世纪中叶北太平洋早期商业化或国际贸易的网络化缺乏足够的关注,西太平洋贸易网和与之相联系的传统欧洲—印度洋—东南亚贸易是更具普遍性的研究热点。何芳川先生是国内太平洋历史研究的奠基者,其《太平洋贸易网500年》在论及"产业革命前后太平洋贸易网的巨大发展"时,也主要是分析了西太平洋贸易网的发展,对于美国与北太平洋贸易网的初奠基本没有涉及。至于夏威夷在北太平洋早期商业化中的作用,国外学者也仅有一些论述夏威夷与某些特定贸易类型的关系的文章,最典型的如哈罗德·惠特曼·布拉德利《夏威夷群岛与太平洋毛皮贸易,1785-1813》(Harold Whitman Bradley, "The Hawaiian Islands and the Pacific Fur Trade, 1785-1813"),《太平洋西北海岸季刊》(The Pacific Northwest Quarterly)第30卷,1939年第3期;乔治·I. 昆比《美洲西北海岸毛皮贸易中的夏威夷,1785-1820》(George I. Quimby, "Hawaiians in the Fur Trade of North-west America, 1785-1820"),《太平洋历史杂志》(The Journal of Pacific History)第7卷,1972年第1期;威廉·J. 巴杰《桌上的新玩家:美国人是如何主导了早期北太平洋贸易的》(William J. Barger, "New Players at the Table: How Americans Came to Dominate Early Trade in the North Pacific"),《南加利福尼亚季刊》(Southern California Quarterly)第90卷,2008年第3期;等等。

本文尝试从北太平洋的近代商业全球化视角入手，通过对该地域国际贸易网络形成历程的梳理，呈现和分析夏威夷在其中的位置及其所发挥的作用。

一 太平洋毛皮贸易时期夏威夷作为商业"驿站"的兴起

从16世纪下半叶开始，太平洋就初步进入了欧洲商业资本的视野，"远洋航行开创了世界性的联络体系"[①]，太平洋作为连接欧洲、新大陆和东南亚、南亚的重要海上通道被纳入世界贸易网络。"马尼拉大帆船贸易"奠定了西欧—拉美—东南亚（中国）之间的往返贸易线，承载了此后两个半世纪跨太平洋物资和人员的常规流动，在形式上支撑起资本主义世界贸易的环状运行。然而在这一跨洋商业联系中，北太平洋只是相对孤立地体现为一条海洋贸易往返航线，其在作为一个具有可独立区域属性的意义上基本缺位：相对完整的内太平洋商业网络尚未形成，北太平洋两岸的跨洋直通贸易线和南北太平洋纵向贸易路网也还在初步的构建中。[②] 北太平洋的确已经被纳入了环球贸易航线之中，但其自身的经济价值还未得到开发，因而显得有些微不足道，其对世界性经济发展的象征性意义远大于实际的影响。

18世纪最后二十年，当世界经济从商业资本主义向大资本控制下的大工业和蓬勃发展的国际贸易相结合的工业资本主义过渡，开始出现"真正

[①] 费尔南·布罗代尔著《十五至十八世纪的物质文明、经济和资本主义》第1卷，顾良、施康强译，商务印书馆，2017，第505页。

[②] 在新航路开辟之前，西太平洋地区早已形成一个由内太平洋民族经营的"古代型的西太平洋半环贸易网"，它以中华帝国为中心，向北联通日本和朝鲜，向南覆盖印度尼西亚、菲律宾、马来半岛等东南亚岛国，向西与印度洋贸易网连接。从16世纪开始，葡萄牙人和西班牙人开始了"西方人编织近代太平洋贸易网的工程"。葡萄牙人更新了印度洋—西太平洋贸易网，构建起里斯本—果阿—马六甲—澳门—长崎和澳门—马尼拉两条贸易支线，以此为基础形成西太平洋近代海洋贸易体系。西班牙人则向西横跨两大洋，通过"马尼拉大帆船"贸易，开辟了拉美—菲律宾的跨太平洋贸易航线，与葡萄牙人经营的西太平洋贸易航线一起，"奠定了近代太平洋全洋性贸易网的根基"。"马尼拉大帆船"贸易航线的横跨太平洋部分地处北太平洋，从阿卡普尔科前往马尼拉的贸易航线循东北信风和北赤道洋流，沿北纬10～13度海域横跨太平洋，经关岛至马尼拉；由西向东的航线从马尼拉出发北上，循"黑潮"经日本外海域转而向东，一般是循北纬40～42度海域，在抵近加利福尼亚海域时沿海岸南下，直达阿卡普尔科。"马尼拉大帆船"贸易确立了西太平洋地区与拉丁美洲之间的跨洋贸易航线，并将之与葡萄牙人开辟的马尼拉—中国（澳门）、澳门—长崎贸易航路以及里斯本至澳门航线连了起来。参见何芳川主编《太平洋贸易网500年》，河南人民出版社，1998，第60～61、64～66、85、94页；何芳川《澳门与葡萄牙大商帆——葡萄牙与近代早期太平洋贸易网的形成》，北京大学出版社，1996，第63～64、68～74页。

的世界经济"① 的时候,北太平洋才被资本主义的商业"发现"。随着航海探险的深入、商业资本的延伸和北美西北海岸区域经济的开发,北太平洋的商业化得以起步。北美西北海岸的海洋动物毛皮对华贸易成为该商业化进程的开端。1783~1784年,有关库克船长第三次太平洋探险的航海日记在欧、美两地出版,其中提到的北美西海岸蕴藏优质海獭毛皮资源及其在中国的高利润市场前景,很快引起了大西洋两岸商业资本的关注。② 1785年初,经英属东印度公司授权,詹姆斯·汉纳前往温哥华岛的努特卡湾收集毛皮,于次年销至广州,率先开辟了横跨北太平洋的毛皮贸易。③ 此后至1793年间,英国主导着该项贸易。1785~1794年十年间,总计有35艘英国商船忙碌在西北海岸到中国广州的航线上。④ 1787年,美国人正式加入对华海洋动物毛皮贸易中。该年9月,约翰·肯德里克和罗伯特·格雷从波士顿远赴西北海岸开拓海洋毛皮贸易。⑤ 美国毛皮贸易商与英国商人迅速形成了激烈的竞争。18世纪末19世纪初,美国已经实现了对该贸易的完全垄断,并一直延续到30年代初。1804~1814年,共计有90艘美国商船在从事西北海岸与中国(广州)之间的毛皮贸易,英国同期则只有12艘。⑥ 在美国

---

① 费尔南·布罗代尔:《十五至十八世纪的物质文明、经济和资本主义》第1卷,顾良、施康强译,第 xliv 页。
② 詹姆斯·库克、詹姆斯·金:《詹姆斯·库克船长的远航》(James Cook and James King, The Voyages of Captain James Cook)第2卷,威廉·史密斯出版社,1842,第273、529~532页;约翰·莱迪亚德:《库克船长最后一次太平洋远航日志》(John Ledyard, A Journal of Captain Cook's Last Voyage to the Pacific Ocean),纳撒尼尔·巴滕出版社,1783,第70页。
③ 乔治·迪克逊船长:《环球远航》(Captain George Dixon, A Voyage Round the World),乔治·古尔丁出版社,1789,第315~316页。
④ F. W. 霍维:《关于海运毛皮贸易概况的主席报告》(F. W. Howay, "An Outline Sketch of the Maritime Fur Trade: Presidential Address"),《加拿大历史协会年度会议报告》(The Canadian Historical Association, Report of the Annual Meeting) 1932年第111期,第7页。
⑤ 凯瑟琳·H. 格里芬、彼得·德鲁米:《马萨诸塞历史学会有关美中贸易的手稿》(Katherine H. Griffin and Peter Drummey, "Manuscripts on the American China Trade at the Massachusetts Historical Society"),《马萨诸塞历史学会会议记录》(Proceedings of the Massachusetts Historical Society)第三辑,1988年第100卷,第129页;唐纳德·D. 约翰逊:《太平洋上的美国:私人利益与公共政策,1784~1899》(Donald D. Johnson, The United States in the Pacific: Private Interests and Public Policies, 1784-1899),普雷格出版社,1995,第25页。
⑥ A. 乔恩·吉姆林、菲利普·L. 杰克逊:《西北太平洋海岸的阿特拉斯》(A. Jon Kimerling and Philip L. Jackson, Atlas of the Pacific Northwest),俄勒冈州立大学出版社,1985,第11页;F. W. 霍维:《关于海运毛皮贸易概况的主席报告》,第7页;理查德·麦基:《大山彼侧的贸易:英国的太平洋毛皮贸易,1793~1843》(Richard Mackie, Trading beyond the Mountains: the British Fur Trade on the Pacific, 1793-1843),UBC出版社,2000,第36页。

贸易商的主导下，北美（美国）与东亚（中国）间的跨太平洋直通贸易得以稳定下来。随着毛皮贸易的迅速繁荣，北美西海岸从北至南得到初步的商业开发。19世纪30年代，西北海岸的海洋动物毛皮贸易走向衰败，并在1832年之后基本结束。

毛皮贸易之所以可被视为北太平洋商业化的开端，主要基于以下几个方面因素的考虑。首先，毛皮贸易是以北美西北海岸的海洋动物毛皮资源和中国市场为基础确立起来的，欧美商业资本的全球性扩张流动是该贸易发展的内在驱动力。因此，它以北美太平洋岸的持续性经济开发为基础，初步开辟了跨太平洋直通贸易，这也是北太平洋地区近代资本主义经济市场化的发端。随着该贸易的频繁化和趋于稳定，在资本的驱动下，以跨洋海路为载体，北太平洋上原本相对孤立存在的多个地区——北部的堪察加半岛、阿留申群岛，北美大陆的阿拉斯加、西北海岸，大洋中部的夏威夷群岛——被有机联系了起来，与以中国（广州）为中心的西太平洋贸易网衔接，构成一个统一的北太平洋国际贸易网络。其次，以毛皮贸易为基础开辟出的跨太平洋贸易很大程度上改变了"马尼拉大帆船贸易"时代的"中国商品—美洲白银"对流贸易模式，高利润的奢侈性消费货品流入中国市场，一定程度上冲抵了白银的过度消耗，既起到适当平弥贸易逆差的作用，也使得贸易形态更趋"平等"。再次，毛皮贸易从一开始就是作为全球性市场体系的一个延伸部分出现的。这不只体现在它以欧美商业资本作为内在驱动力，还因为它是北美—欧洲传统毛皮贸易的发展分支（由此决定了它与跨大西洋贸易和北美经济开发的密不可分），以及与欧洲—印度—中国传统贸易网络的自然衔接（借此形成"扬基人著名的三角贸易：马萨诸塞人的廉价小玩意儿卖到西北部；西北部的毛皮销往广州；中国货物环球一圈进入［欧洲和］波士顿的市场"[①]）。最后，毛皮贸易发展于世界海洋贸易的重商主义时代末期。然而毛皮贸易让太平洋商业从一开始就呈现出新的面貌：自由贸易成为主要的竞争形态。美国商人以自由贸易的精神和实践挑战和冲击了西太平洋地区和"马尼拉大帆船贸易"中传统的垄断性经营，为北太平洋国际贸易的发展注入了新的活力。因此，在一定意义上，

---

① 戴维·拉文德：《巨人之地：冲向西北太平洋海岸，1750~1950》（David Lavender, *Land of Giants, the Dive to the Pacific Northwest, 1750–1950*），双日股份有限公司，1958，第23页。

北太平洋商业的兴起最先预示了国际贸易的"自由贸易时代"的到来。

在北太平洋商业化的起步过程中，夏威夷群岛发挥了重要的作用，对夏威夷的商业利用几乎与毛皮贸易的发展同步。继汉纳之后，1786 年 5 月，第二批投身西北海岸海獭毛皮贸易的英国商人纳撒尼尔·鲍德洛克和乔治·狄克逊最先在搜集毛皮的途中到达夏威夷，在岛上短暂休息，补充淡水和给养。① 此后，夏威夷可作为毛皮贸易商业"驿站"的作用迅速被其他贸易商熟知。1787 年，至少有 6 艘毛皮贸易船在前往西北海岸的中途于夏威夷停靠。② 美国人进入毛皮贸易竞争之后，更推进了夏威夷在毛皮贸易中的作用。1789 年 6 月，格雷带领"哥伦比亚"号结束毛皮搜集，先取道西南，于 8 月抵达夏威夷补充给养，后继续沿洋流向西航行，于 11 月抵达广州。他将海獭毛皮高价售出后，购置了 2.2 万磅茶叶，然后西行沿印度洋—好望角—大西洋航线返回美国。次年 8 月，"哥伦比亚"号回到波士顿。③ 格雷辟出的这条贸易线路，成为此后多数美国太平洋贸易商的选择。贸易商们通常是利用夏威夷作为歇脚地和食物补给站，维修船只，补充航行中所需的淡水、食品、烧柴，并作为过冬地。④ 1810 年，约翰·A. 阿斯特组建太平洋毛皮公司，并试图"取得夏威夷的一个岛作为基地，供其船只从美洲海岸向中国运送毛皮时使用"⑤。1811~1817 年，太平洋毛皮公司的毛皮贸易船多次在夏威夷的威基基和瓦胡岛招募本地契约劳工，送往阿斯托利亚和西北海岸的其他地区。⑥ 所以，在整个毛皮贸易期间，夏威夷主要在三个时间段上发挥作用：贸易商在经拉美西海岸航线北上西北海岸的途中先到夏威夷临时歇脚；商船在从西北海岸向西南横跨太平洋的途中到夏威

---

① 纳撒尼尔·鲍德洛克：《环球远航》（Nathaniel Portlock, *A Voyage Round the World*），约翰·斯托克代尔出版社，1789，第 58~80 页；乔治·狄克逊：《环球远航》（George Dixon, *A Voyage Round the World*），约翰·斯托克代尔出版社，1789，第 50~55 页。

② 哈罗德·惠特曼·布拉德利：《夏威夷群岛与太平洋毛皮贸易，1785-1813》，第 276 页。

③ S. E. 莫里森：《马萨诸塞海运史，1783-1860》（S. E. Morison, *The Maritime History of Massachusetts, 1783-1860*），河畔出版社，1961，第 43~44 页。

④ U. S. 帕克：《夏威夷群岛经济史》（U. S. Parker, *The Economic History of the Hawaiian Islands*），莫纳克印刷公司，1907，第 16 页。

⑤ 华盛顿·欧文：《阿斯托里亚：落基山以西的企业轶事》（Washington Irving, *Astoria; or Anecdotes of an Enterprise beyond the Rocky Mountains*）第 2 卷，凯里、利和布兰查德出版社，1836，第 185~186 页。

⑥ 乔治·I. 昆比：《美洲西北海岸毛皮贸易中的夏威夷，1785-1820》，第 95~103 页；哈罗德·惠特曼·布拉德利：《夏威夷群岛与太平洋毛皮贸易，1785-1813》，第 281 页。

夷休息和补充给养；贸易商在需要长时间滞留西北海岸搜集毛皮时到夏威夷过冬。

由此，夏威夷成为北太平洋海洋商路上的"驿站"和北太平洋东部的商贸中转地，或者用毛皮贸易商们的话说，是从美洲海岸到中国商路上的"大旅店"（a great caravansary）。① 继毛皮贸易之后，在檀香木贸易繁荣和19世纪20年代起太平洋捕鲸业发展的影响下，夏威夷作为北太平洋商业"驿站"的作用得到进一步的发挥，渐有成为北太平洋海路枢纽的迹象。

二 檀香木贸易与夏威夷的初步商业化

檀香木贸易作为毛皮贸易的附属产物，在北太平洋的商业发展中具有独特的地位。1810年前后，北美西北海岸海獭皮资源减少，加之市场价格的波动，毛皮贸易出现间歇性衰退。为了填补毛皮贸易的这一短暂空窗期，毛皮贸易商在夏威夷发现了檀香木，将之补充进了对华贸易的货源。夏威夷檀香木贸易以或独立运营或依附于毛皮贸易的双重形态，存续了近30年时间，与毛皮贸易一起支撑了北太平洋的跨洋商业发展。

1811年，夏威夷国王卡梅哈梅哈一世与波士顿毛皮贸易商温什普兄弟合作，向广州销售了一船檀香木，得到了相当可观的利润，由此正式拉开夏威夷檀香木贸易的序幕。② 到1817年，从事太平洋毛皮贸易的商人纷纷投身檀香木贸易。夏威夷檀香木贸易步入繁荣，1816~1818年成为夏威夷檀香木贸易的第一个高峰。随着1819年之后西北海岸毛皮资源的剧减，檀香木作为更好的谋利品在跨太平洋贸易中占有越来越重要的地位。1821~1823年，夏威夷檀香木出口贸易空前膨胀，很多原以毛皮贸易为主的美国贸易商转而主营檀香木贸易，夏威夷由贸易中转站变成向广州口岸直接提

---

① C. P. 克拉雷·弗勒里厄：《艾迪安·马尔尚的环球远航》（C. P. Claret Fleurieu, *Voyage Autour du Monde par Etienne Marchand*）第1卷，国家印刷厂，1798，第410页，转引自哈罗德·惠特曼·布拉德利《夏威夷群岛与太平洋毛皮贸易，1785–1813》，第282页。
② W. D. 亚历山大：《夏威夷人民简史》（W. D. Alexander, *A Brief History of the Hawaiian People*），美利坚图书公司，1899，第158页。

供商品的重要货源地。① 过度开发导致了资源的不可持续性，这成为檀香木贸易走向衰落的主因。从 1825 年起，夏威夷檀香木贸易急速走向衰落，并于 1839 年最终结束。② 就北太平洋贸易发展而言，檀香木贸易的作用是不容忽视的。如果没有夏威夷檀香木贸易，毛皮贸易也许从 1812 年战争开始就会渐趋没落。因此，至少在一定意义上，夏威夷檀香木贸易挽救和支撑了北太平洋国际贸易。

檀香木贸易也大大提升了夏威夷的地位，巩固了夏威夷在这一商路上的核心中转站地位，并使夏威夷在一段时期中成为跨洋贸易的特定商品供应地。

首先，在毛皮贸易和檀香木贸易期间，北美西北海岸和中国之间的北太平洋上基本形成了一个贸易内网。以夏威夷为支点，其以东部分联系起了加利福尼亚至阿拉斯加的太平洋海岸，毛皮商人通常或者先在夏威夷得到生活物资补给，前往北美西海岸地区通过与印第安人（或俄国人）的贸易获取毛皮，或者直接先到北美西海岸地区交易，然后来到夏威夷补充给养。之后，贸易船再从夏威夷动身，向西横穿太平洋，经北马里亚纳群岛以北海域，从菲律宾和中国台湾之间穿过后，进入中国东南沿海。③ 随着檀香木贸易的兴起，毛皮贸易商大多调整了其贸易过程。他们先在北美西北海岸搜集毛皮，然后到夏威夷装运檀香木，补充给养，再前往广州销售。一般认为，在 19 世纪中叶之前的帆船贸易时代，跨太平洋贸易的航线和航向必须循洋流和季风而行，从广州直接东行回返夏威夷到北美西海岸是不可能的。这的确是毛皮贸易运行期间最普遍的情况，但也并非完全没有例外。在檀香木贸易期间，的确出现过几个从广州直接折返夏威夷的案例。比如，1812 年上半年，"阿尔巴特鲁斯"号用了六个月的时间完成了一次从夏威夷到广州的檀香木贸易往返航程。④ 此后至 1815 年 10 月间，它又数次

---

① 马士：《东印度公司对华贸易编年史》第四、五卷，区宗华译，广东人民出版社，2016，第 403 页。

② 夏威夷州农业部：《夏威夷农业史》（Department of Agriculture, State of Hawaii, "History of Agriculture in Hawaii"），http：//hdoa. hawaii. gov/wp - content/uploads/2013/01/HISTORY - OF - AGRICULTURE - IN - HAWAII. pdf, 2013 年 12 月 21 日查阅。

③ 詹姆斯·R. 吉布森：《海獭皮、波士顿商船与中国货：西北海岸的海运毛皮贸易，1785 ~ 1841》（James R. Gibson, *Otter Skins, Boston Ships, and China Goods*: *The Maritime Fur Trade of the Northwest Coast, 1785 - 1841*），华盛顿大学出版社，1992，第 50 页。

④ 哈罗德·惠特曼·布拉德利：《夏威夷群岛与太平洋毛皮贸易，1785 ~ 1813》，第 289 页。

往返于北美西北海岸—火奴鲁鲁—中国之间,其中在夏威夷和广州之间均使用了同样的路线。①

其次,檀香木贸易是夏威夷深度卷入近代世界市场经济的开始。与毛皮贸易使夏威夷成为一个大洋商业"驿站"、提供最初级的商业服务不同,檀香木贸易是以夏威夷自产的原料商品为基础的,因此夏威夷真正意义上成了近代国际贸易的货品供应方。正是这一角色强有力地推动了夏威夷的初步商业化和资本依附化。该贸易不仅为夏威夷统治者带来了前所未见的巨额财富,迅速改变了他们对物的理解,形成现代贸易观念和私有财产观念,而且与其他贸易类型形成合力,推动了夏威夷的农业经济结构的变化,使得"夏威夷从封闭、自给自足的传统单一农业经济,向以檀香木和其他农产品出口为重点的更为开放的现代经济形态转型"②。1819年以后,夏威夷的农业开始走出自给自足的自然农业,向以贸易为主导的经济型农业生产转变,大量种植用于贸易的粮食作物和蔬菜,新的农产品品种也被引入。经济作物的种植园式经营也普及开来,19世纪40年代,主要用于生产蔗糖的种植园开始建立。从19世纪中叶始,甘蔗的种植和蔗糖出口成为夏威夷农业的支柱。夏威夷经济开始失去独立发展,逐步被卷入全球资本主义经济体系。

就连夏威夷最初的"城市化"也与檀香木贸易和毛皮贸易密不可分。出于贸易商中转停留和商品交易的需要,夏威夷群岛的部分港口被贸易商开发出来,瓦胡岛的火奴鲁鲁、考爱岛的威美亚和毛伊岛的拉海纳都是这一时期重要的供贸易商停留和交易的港口。其中火奴鲁鲁是外国商人最青睐的港口,为了檀香木贸易的便利,卡梅哈梅哈一世在火奴鲁鲁建起了一个大型的货仓,很多贸易商也在该处安排常驻代理人,为其在收集檀香木、安排外运和外来货物的岛内销售。③ 由此带来的商业机遇又吸引了一些零售商和其他类型服务商的入驻,形成以物易物的新型贸易市场,并促成居民

---

① 拉尔夫·S. 凯肯德尔:《早期夏威夷商务发展》(Ralph S. Kuykendall, "Early Hawaiian Commercial Development"),《太平洋历史评论》(*Pacific Historical Review*)第3卷,1934年第4期,第371页。

② 王华:《夏威夷檀香木贸易的兴衰及其影响》,《世界历史》2015年第1期,第116~117页。

③ 西奥多·摩根:《夏威夷:一个世纪的经济变化,1778~1876》(Theodore Morgan, *Hawaii: A Century of Economic Change, 1778–1876*),哈佛大学出版社,1948,第62~63、65页。

点的扩张。到 19 世纪 20 年代初，檀香山已发展成为岛上外国人聚居最多、贸易最繁荣的港口市镇。北太平洋捕鲸业的兴起，进一步提升了夏威夷商业化港口的作用，促进了其发展。① 火奴鲁鲁的规模不断扩张，渐趋从一个单纯的港口市镇向一个商业性市镇发展，各类商业店铺纷纷兴建，外来人口迅速增加。到 19 世纪 30 年代中期，火奴鲁鲁已经发展得像"一个英国二等海港"，成为群岛上商品经济最发达、服务设施最完善、人口最多的商业市镇。②

到 19 世纪 30 年代，北太平洋的商业化进程已经在毛皮贸易和檀香木贸易的支撑下初见成效，借助跨洋两岸之间贸易往来的频繁化，一个相对稳定的北太平洋贸易路网基本成形。它由两个相互依存的部分组成：一是将作为货品供应地的北美西海岸、夏威夷群岛和作为市场终端的中国（广州）连接起来的跨太平洋贸易商路，新英格兰地区则因为提供该贸易必需的商业资本动力支撑并作为中国—美国返程贸易的终端市场也被联系进来；一是东北太平洋地区的内贸易路网，它连接起阿拉斯加、俄勒冈、加利福尼亚和夏威夷，通过频繁的商业活动对北美西海岸的资本主义经济开发发挥着推动作用，并与拉美航线实现联通。夏威夷群岛因其在贸易路网中的特殊位置，实现了自身初步的商业化，并反过来对区域商业的继续发展起到一定的推动作用。毛皮贸易和檀香木贸易的相继衰落，并没有造成北太平洋商业化进程的中断。一方面，美国人主导的捕鲸业在 1835～1854 年的兴盛，稳定了北太平洋东部商业网络的繁荣，并让夏威夷成为名副其实的太平洋捕鲸业主作业基地；③ 另一方面，夏威夷种植园经济的兴起和与之相联系的劳工移民浪潮的出现，为北太平洋的商业化增添了新的生命力，也揭开了产业经济条件下太平洋经济全球化的序幕。

---

① 哈罗德·W. 布拉德利：《美国的夏威夷边疆：1789－1843 的先驱者》（Harold W. Bradley, *The American Frontier in Hawaii, the Pioneers, 1789－1843*），斯坦福大学出版社，1942，第 216 页。
② 弗雷德里克·D. 贝内特：《1833－1836 年环球捕鲸远航纪事》（Frederick Debell Bennett, *Narrative of a Whaling Voyage Round the Globe, from the year 1833 to 1836*）第 1 卷，理查德·本特利出版社，1840，第 208 页。
③ 王华：《夏威夷近代社会转型研究：1778－1854》，人民日报出版社，2016，第 132～137 页。

三 捕鲸业、蔗糖与夏威夷商业枢纽地位的形成

除了贸易,北太平洋的商业化还与捕鲸业和甘蔗种植园的兴起密切相关。19世纪20年代,由于美国市场对鲸油的巨大需求,众多美国人投身到捕鲸行业中,北太平洋捕鲸业骤兴。北太平洋海域蕴藏着丰富的鲸类资源,日本海域、夏威夷群岛以南的赤道一线和阿拉斯加与堪察加海域是最重要的三个捕鲸场。赤道一线的捕鲸场最先得到开发,接着是日本海域,最后转移到阿拉斯加和堪察加海域。[1] 捕鲸业从1835年始进入繁荣期,并一直延续到1855年。其中1845~1854年被称为美国太平洋捕鲸业的"黄金时代",此期间,由于阿拉斯加和堪察加海域捕鲸场的发现,太平洋上的捕鲸船只数量达到历史高峰。据统计,1845~1860年间美国在北太平洋海域的捕鲸船数量超过500艘的年份总共有七次,尤以1846年、1853年、1859年三年数量最多。[2] 疯狂捕捞导致北太平洋海域的鲸鱼数量锐减。1860年,捕鲸业骤然衰退。美国内战爆发后,美国捕鲸者绝大部分退出,北太平洋捕鲸业暂告一段落。尽管北太平洋捕鲸业并非以传统的中国市场为中心,但它对该地区的商业化仍作用明显。以新英格兰市场为导向的北太平洋捕鲸业密切了北太平洋地区与美国东海岸的商业联系,促进了对该地区海洋资源的掠夺式开发。而且,北太平洋商业路网也在捕鲸船的大规模流动中被进一步开发和丰富。不仅如此,随着美国经济的逐步崛起,北太平洋商业化发展和贸易联系的重心,开始从东亚市场转向北美市场,加上19世纪40年代末以后加利福尼亚的开发和美国西进到太平洋海岸,以美国为中心的太平洋新经济贸易板块初露端倪。

自从1819年捕鲸者开发出日本海域的抹香鲸捕鲸场后,夏威夷就开始

---

[1] 乔治·辛普森爵士:《1841~1842年环球之旅纪事》(Sir George Simpson, *Narrative of a Journey round the World during the Years* 1841-1842)第2卷,亨利·科尔伯恩出版社,1847,第137页。

[2] 拉尔夫·S. 凯肯德尔:《夏威夷王国》(Ralph S. Kuykendall, *The Hawaiian Kingdom*)第1卷,夏威夷大学出版社,1938,第307页;加万·道斯:《时光的浅滩:夏威夷群岛史》(Gavan Daws, *Shoal of Time, A History of the Hawaiian Islands*),夏威夷大学出版社,1968,第169页。

成为捕鲸船的中途停靠补给站。① 此后的整个捕鲸贸易期间，从事北太平洋捕鲸业的商船大约七分之六会选择来夏威夷落脚。② 1845~1854 年到达过夏威夷群岛的捕鲸船总计达到 4402 艘。1851~1860 年间，共计有 4440 艘捕鲸船进入过夏威夷，年均 440 余艘。③ 捕鲸船一般在两个固定的捕鲸季节来夏威夷落脚：每年的春天和秋天，每次持续大约三个月。他们在岛上修理船只、招募工人、休息和补充食品淡水，并以这里的港口为基地运送鲸油和鲸骨去美国。美国捕鲸船非常看重夏威夷在捕鲸贸易中的重要性，认为"要是捕鲸者们不再被允许使用夏威夷的港口的话，那么西太平洋的捕鲸业将会严重受损"④。

捕鲸业不只稳固了夏威夷在北太平洋国际贸易网络中的中心地位，还促使人口出现更普遍的跨域流动。不仅岛上的外国居民人数激增，而且有更多的当地人通过募工等途径离开本岛。1820 年，夏威夷的外国定居人口不超过 50 人，到 1853 年，岛上的外国居民增加到了 2119 人。从 19 世纪 30 年代开始，许多夏威夷本地人受捕鲸船的招募，离开土地，做了水手，甚至还有人远赴美国海岸做了雇工。辛普森在 1842 年断言，当时有近一千人离开群岛去做工。1844 年时，据估计有三四百个夏威夷人在俄勒冈做工，其中大部分在为哈得孙湾公司服务。19 世纪 50 年代，每年都会有不少于四五百的夏威夷人去做水手。⑤

捕鲸业对夏威夷的繁荣的作用是不言而喻的，1844 年曾有人预言："一旦捕鲸船离开了，……夏威夷将一下子倒退回原始状态。"⑥ 幸运的是，在资本全球化的力量推动下，此时夏威夷乃至北太平洋的商业化已经不再是单一类型的演进，农业的现代产业化也通过种植园经济发展了起来，将北太平洋地区的商业化进程推进到一个新阶段。

---

① C. 哈特利·格拉顿：《美国与西南太平洋》（C. Hartley Grattan, *The United States and the Southwest Pacific*），哈佛大学出版社，1961，第 85~86 页；吉尔伯特·F. 马西森：《1821~1822 年巴西、智利、秘鲁和桑威奇群岛旅行叙事》（Gilbert Farquhar Mathison, *Narrative of a Visit to Brazil, Chile, Peru, and the Sandwich Islands, during the years 1821 and 1822*），查尔斯·奈特出版社，1825，第 459 页。
② 加万·道斯：《时光的浅滩：夏威夷群岛史》，第 169 页。
③ U. S. 帕克：《夏威夷群岛经济史》，第 29 页。
④ 哈罗德·W. 布拉德利：《美国的夏威夷边疆：1789~1843 的先驱者》，第 216 页。
⑤ 拉尔夫·S. 凯肯德尔：《夏威夷王国》第 1 卷，第 312~313 页。
⑥ 拉尔夫·S. 凯肯德尔：《夏威夷王国》第 1 卷，第 310 页；U. S. 帕克：《夏威夷群岛经济史》，第 41 页。

19世纪上半叶以来，各种现代资本经济要素被渐趋引入太平洋传统岛屿社会，在改造当地传统经济形态的同时，也将之纳入世界性的经济体系之中，种植园经济在太平洋地区的兴起就是其中之一。欧美殖民者引入甘蔗、咖啡、棉花等国际贸易农产品，建起单一类型的商业种植园，形成了地域范围广阔的太平洋种植园经济网络。夏威夷是太平洋地区除英属澳新殖民地外最早发展起种植园经济的岛屿。1835年，美国拉德公司进驻考爱岛，在可洛亚租地1000英亩开发甘蔗种植园。三年后，拉德雄心勃勃地声称"夏威夷将会成为一个蔗糖王国"[1]。在拉德公司之后，其他一些美国公司也追随而入，夏威夷的甘蔗种植园数量和甘蔗种植面积迅速增加。到1846年时，整个群岛已经有11个甘蔗种植园，其中考爱岛2个、大岛3个、毛伊岛有6个。各岛都有了榨糖机，蔗糖出口也在1836年出现，当年出口量为8000磅。到1840年，出口就增加到了360000磅。[2] 1848年以后，大型甘蔗压榨厂的建设给夏威夷的蔗糖业带来了最好的榨糖机械和最先进的制糖技术。甘蔗种植也改用大面积集中种植。这些都大大提高了劳动效率，保证了资本投入和产出的高效性，甘蔗种植产业因此在夏威夷迅速发展。加利福尼亚"淘金热"对夏威夷的蔗糖有了旺盛的需求，导致蔗糖价格短时间暴涨，1849～1850年间，夏威夷的蔗糖供不应求。[3] 1858年后，夏威夷的甘蔗种植和蔗糖生产实现突破性增长。1858年，夏威夷的蔗糖出口量首次突破100万磅，三年后此数字更是达到2567497磅。[4] 夏威夷进入"甘蔗为王"的商品化种植园经济主导时代。甘蔗种植园的蓬勃发展，使夏威夷走上了现代殖民经济结构下依附性农业发展道路，实现了更彻底的商业化，并更深入地卷进资本主义世界市场化体系之中。

　　夏威夷甘蔗种植园经济的发展直接引发了劳动力问题，从19世纪50年代起，夏威夷开始从东亚进口劳工，华工成为最早进入夏威夷的外来劳工。[5] 这

---

[1] U. S. 帕克：《夏威夷群岛经济史》，第54～55页。
[2] 拉尔夫·S. 凯肯德尔：《夏威夷王国》第1卷，第315页。
[3] 夏威夷甘蔗种植园主协会：《夏威夷蔗糖的故事》（Hawaiian Sugar Planter's Association, *Story of Sugar in Hawaii*），火奴鲁鲁，1926年，第9页。
[4] 拉尔夫·S. 凯肯德尔：《夏威夷王国》第1卷，第315页。
[5] 凯瑟琳·科曼：《夏威夷群岛契约劳工史》（Katharine Coman, "The History of Contract Labor in the Hawaiian Islands"），《美国经济协会出版物》（*Publications of the American Economic Association*）第3辑第4卷，1903年第3期，第11～12页。

股华工移民潮与 19 世纪 40 年代末至 60 年代加利福尼亚、澳大利亚和新西兰"淘金热"中的华工移民潮一起，汇成了 19 世纪中叶第一次跨太平洋移民大浪潮。60 年代末，为了补充更廉价的劳动力，夏威夷的美国种植园主们又从波利尼西亚输入强制劳工①，从而进一步打通了夏威夷与南太平洋之间的人员迁徙联系。移民的跨域流动也是北太平洋商业化的一种表现。诚如何芳川先生所论，"近代移民的实质是劳动力作为特殊商品，在世界劳动力市场上形成全球性和经常性的流动"，他们"对太平洋各大陆的开拓和太平洋贸易网的发展，起到了相当重要的作用"。②

截至 19 世纪 60 年代，夏威夷已经发展成为北太平洋东部重要的国际商业枢纽。在美国资本主导的与东亚直通贸易发展的影响下，以夏威夷为海路中枢、加利福尼亚为核心的美国西海岸经济网与中国为核心的东南亚贸易网和日本为核心的东北亚贸易网实现初步整合，北太平洋被联系成了一个统一的现代经济贸易网络。不仅如此，原有的"西密东疏"的北太平洋贸易格局也开始发生变化，美国扩张至太平洋海岸并着手对"太平洋商业帝国"的追求，使得北太平洋东部的世界经济作用日渐提升，北太平洋的完全商业化得以加速。与此同时，北太平洋的商业化与南太平洋的商业化之间也在海路上实现了密切的联动，现代泛太平洋经济贸易体系开始构建。

18 世纪 80 年代至 19 世纪中叶北太平洋的商业化进程，是海洋区域视角下近代太平洋整体化的有机组成部分。作为一个在探险和资本扩张推动下不断被"发现"进而被开发的地区，北太平洋的世界经济意义是不断被更新的。从最初"马尼拉大帆船贸易"时期的单一性贸易海道，到毛皮贸易和檀香木贸易期间其自身的世界经济贸易价值被发掘，进而到其商业化重心从东亚市场向北美市场转移，最后走向与南太平洋地区的经济贸易网络整合，北太平洋一步步呈现出日趋重要的现代世界经济价值。而夏威夷作为此区域内关键的贸易路网辐辏要地，也从最初的商路"驿站"，发展成

---

① J. A. 贝内特:《移民、"黑奴贸易"抑或劳工招募? 1877 - 1887 年的夏威夷经验》（J. A. Bennett, "Immigration, 'Blackbirding', Labour Recruiting? The Hawaiian Experience 1877 - 1887"）,《太平洋历史杂志》（Journal of Pacific History）第 11 卷，1976 年第 1 期，第 17 页；唐纳德·罗兰:《美国与夏威夷契约劳工问题，1862 - 1900》（Donald Rowland, "The United States and the Contract Labor Question in Hawaii, 1862 - 1900"）,《太平洋历史评论》（Pacific Historical Review）第 2 卷，1933 年第 3 期，第 254 页。

② 何芳川主编《太平洋贸易网 500 年》，第 396、401 页。

为国际贸易的海洋商业"枢纽",并在服务于地区经济贸易体系发展的同时实现了自身的商业化转型。正是借力于欧美资本驱动下的北太平洋经济贸易的整合性发展,夏威夷的战略地位变得越来越重要,最终在19世纪70年代之后成为欧美殖民者"太平洋帝国"扩张的竞逐目标。

北太平洋的早期商业化进程,发生在近代世界贸易从重商主义向自由贸易过渡的时期,也恰逢资本主义经济的发展步入工业资本主义的时期,北美尤其是美国资本主义经济的崛起,为北太平洋的商业化提供了最重要的动力,因此也一定程度上预示了美国为中心的世界经济"大西洋—太平洋"新时代的萌芽。

(作者简介:王华,中国社会科学院大学教授)

建国初期爱尔兰自由邦对美国的外交政策探析（1921～1928）

刘长新

内容提要：20世纪20年代初，为了寻求外交突破，独立后的爱尔兰自由邦采取了积极主动的外交政策，寻求与美国政府确立外交关系。出于对本国利益的考虑，美国政府的态度较为谨慎，这在一定程度上延缓了双方外交关系发展的节奏。自由邦的对美外交为自己在政治、经济及移民等方面赢得了利益，而美国政府也在国内民族问题及外交领域有所收获。与美国之间的不对称外交成为建国初期自由邦外交政策的主要内容。

关键词：美国 移民 外交 《英爱条约》 爱尔兰自由邦

第一次世界大战结束后，爱尔兰人通过武装斗争，迫使英国政府在1921年与其签署了《英爱条约》，爱尔兰南部成立了自由邦，成为享有自治权力的自治领。出于对自身国家利益的考量，尤其是获得国际社会对其存在合法性的认可，独立后的自由邦积极寻求外交领域的突破与进展。而同一时期的美国外交受到威尔逊理想主义以及国际局势变化的影响，传统的孤立主义外交政策也进行了相应调整。在这一背景下，境内有着大量爱尔兰移民、与爱尔兰颇有历史渊源的美国成为自由邦发展对外关系的重要目标。从1921年独立之初到1928年彼此高层官员实现互访，自由邦与美国的关系在双方的互动中稳步发展，在这一过程中，自由邦的对美政策有力地增进了自身的国家利益。本文主要利用近些年来相关的解密档案资料及国内外学者研究成果，探讨建国初期自由邦对美外交政策的轨迹，分析政策制定的背景、影响及实质。①

一 建国初自由邦对美外交政策制定的背景

12世纪，通过军事入侵，英格兰国王亨利二世成为"爱尔兰的领主"。② 此后的数百年间，英国的殖民程度日益加深。1800年，在英国政府的主导下，英国与爱尔兰正式合并，后者失去了独立的政治身份，在合并后的联合王国内部，爱尔兰的自身事务受到了来自英国人越来越多的干涉。英国政府认为只有通过合并举措，才能确保大英帝国的利益。

与此同时，爱尔兰的民族独立运动也逐步高涨。19世纪初，爱尔兰国内针对《合并方案》而兴起的"解除联盟"运动对联合王国形成了冲击，爱尔兰国内的政治局面愈加不稳定，民众的反抗手段从和平的宪政转向了军事，1848年及1867年先后出现了两次较大规模的暴动，1916年的复活节起义是最重要的标志。③ 经过1919~1921年的英爱战争，爱尔兰自由邦取

---

① 学术界对于建国初期美爱关系的研究论述较为匮乏，较为相关的代表作为杰拉德·基翁：《制定模板？对建国头十年爱尔兰与美国外交关系的思考》（Gerard Keown, "Creating the template? Reflections on the first decade of Irish diplomacy and the United States"），《爱尔兰国际事务研究》（Irish Studies in International Affairs）第26卷（《特别关注：南亚的冲突解决》），2015，第137~145页。已有研究主要集中于爱尔兰内战本身、美国国内的爱尔兰移民以及美国在北爱尔兰和平进程中的角色等问题。如彼得·科特雷尔《爱尔兰战争1913~1923》（Peter Cottrell, The War for Ireland 1913–1923），鱼鹰出版社，2009；迈克尔·霍普金斯：《爱尔兰独立战争》（Machael Hopkinson, The Irish War of Independence），麦吉尔皇后大学出版社，2002等相关著作关注于内战的相关问题；科尔比·米勒：《移民与流亡者：爱尔兰人向北美的移民》（Kerby Miller, Emigrants and Exiles: Ireland and the Irish Exodus to North America），牛津大学出版社，1988；马库斯·L. 汉森：《大西洋迁徙：1607~1860》（Marcus Lee Hansen, The Atlantic Migration: 1607–1860），西蒙&舒斯特出版社，2001等著作探讨了爱尔兰移民对美国产生的影响。胡志谦：《美国爱尔兰裔对北爱尔兰和平进程影响研究》，暨南大学博士学位论文，2014；艾德里安·古尔克：《美国、爱尔兰裔美国人与北爱尔兰和平进程》（Adrian Guelke, "The United States, Irish Americans and the Northern Ireland Peace Process"），《国际事务》（International Affairs）第72卷第3期，1996；等等。这些著作论述了美国在北爱问题中的角色及作用。总的来说，国内外学术界对自由邦时期的美爱关系，甚至自由邦整体的外交政策关注不足。

② 约翰·O. 拉内勒夫：《爱尔兰简史》（John O. Ranelagh, A Short History of Ireland），剑桥大学出版社，1995，第38页。

③ 康纳·穆拉瓦：《从议员到准军事成员》（Conor Mulvagh, Parliamentarians to Paramilitarians），都柏林大学/爱尔兰独立1916年系列（UCD/Irish Independent 1916 Collection），http://centenaries.ucd.ie/published-articles/。

得了事实上的独立地位。随后，围绕是否接受条约的问题，爱尔兰国内又爆发了持续一年的内战，这场内战给爱尔兰带来了严重的财产损失及数以千计的人员伤亡。最终，支持条约派获胜，自由邦的地位得到了巩固。内战结束后，自由邦领导层开始重点关注外交事务。外交是内政的延伸，成功的外交将有助于实现本国利益的最大化。对自由邦而言，来自其他国家的认可与支持将推动自身主权国家的身份建构，在处理跟其他国家（尤其是英国）的关系时，减少双方政治地位的不对称性，提升自身的国际形象，成为真正意义上的"主权国家"。事实上，早在19世纪中叶，爱尔兰的民族主义者就已经认识到外交对爱尔兰的重要性，认为与大国的密切关系会帮助自身免于英国的干涉。①

经过对所面临的国内外环境的分析，自由邦的建立者们在独立初期确定了外交政策的几项基本目标：加入国际联盟，扩大在英联邦内部的自由，以及发展与其他国家的双边关系。其中，在发展双边外交问题上，建立与美国的外交关系成为自由邦的首要关注点，这主要是受两个因素的影响：两国在历史上的深刻渊源；一战后的美国外交政策。在英属北美殖民地时期，爱尔兰人就开始移民美国，到美国建国时，数量已经超过10万人。② 19世纪中叶，持续五年之久的爱尔兰大饥荒导致了超过100万人向外移民。③ 他们中的大多数来到了美国，使得在美爱尔兰移民的数量不断增加，从1820年到爱尔兰内战结束的20世纪20年代，有超过450万移民来到了美国。④

美国国内存在的庞大爱尔兰移民群体一直关注着母国的发展，尤其是正在进行的反抗英国殖民统治的斗争。那些因大饥荒而逃难到美国的移民，认为英爱关系的不平等以及英国政府政策的失误推动了大饥荒的发生，贯穿整个危机期的英国皮尔内阁的有限救济思想要承担重要的责任。⑤ 要从19

---

① P. H. 皮尔斯：《宗教国家》（P. H. Pearse, "The Spiritual Nation"），《时论册集》（*Tracts for the Times*）第12期，第12页，爱尔兰国家档案，1916年4月20日报告，http://www.nationalarchives.ie/wp-content/uploads/2016/04/CSO-JD-2-251_pdf。
② 陈静瑜：《美国族群史》，"国立编译馆"，2006，第95页。
③ 艾尔·杰克逊：《爱尔兰，1798~1998，战争、和平与超越》（Alvin Jackson, *Ireland, 1798~1998, War, Peace and Beyond*），约翰威立出版有限公司，2010，第68页。
④ 罗杰·丹尼尔斯：《来到美国：美国的移民与种族史》（Roger Daniels, *Coming to America: A History of Immigration and Ethnicity in American Life*），柯林斯出版公司，1990，第129页。
⑤ 皮尔内阁的这一思想体现在相应的公开表态中，如：皮尔1846年4月17日在议会下议院的讲话（Peel, speech to the House of Commons, April 17, 1846），《英国议会下议院辩论集》（*The Parliamentary debates - Commons*）第三辑第85卷，1846。

世纪初开始，他们便通过诸如"天主教解放运动"等方式支持母国的反抗斗争，到19世纪五六十年代发展成为规模巨大的"芬尼亚运动"（Fenian Movement），从人力、物力及财力方面参与爱尔兰的民族解放运动，部分移民甚至直接通过武装斗争的手段，例如从美国本土攻击英属加拿大，来支援国内的斗争。[①] 来自美国爱尔兰裔移民的支持是自由邦最终获得自治地位的重要因素。

美国政府在一战后的外交政策调整是另一个影响自由邦外交决策的因素。1796年，华盛顿总统在告别演说中提出了影响深远的孤立主义外交思想，这成为此后百年间美国外交的指导思想。但是随着国力的提升以及垄断组织的发展，美国海外扩张的规模与力度迅速扩大，国际主义的外交理念日益盛行，典型代表就是威尔逊主义的出笼。在威尔逊看来，已经具备强大实力的美国在对外行动中必须推动人类的公正与自由，美国有责任将民主传播到其他国家。[②] 在自由与和平的口号下，美国卷入了一战，试图按照自己的规划对世界格局进行根本性变革。虽然一战结束后，在国内外多种因素的影响下，国际主义再次让位于孤立主义，以"十四点"计划为基础的国际新秩序未能建立，但此时的孤立主义已经具有了新的特征，加入了国际主义与理想主义的因素。

在20世纪20年代，美国政府倡导召开了限制海军军备的华盛顿会议，参加了由国际联盟主导的国际裁军会议，维持着与国联的合作，成为《非战公约》的发起者之一。在亚洲，积极介入中国事务，通过调停中日争端等维护自身在华利益。经济上，通过"道威斯计划"与"杨格计划"，介入欧洲的经济事务。这些举动表明在孤立主义回归的背景下，美国政府意识到孤立于世界事务之外的做法已无法有效地保证自身的海外利益，哈定总统与柯立芝总统时期美国的外交安全理念已不是传统的孤立主义，而这种政策的转变为自由邦的外交行动提供了前提条件。基于上述的历史渊源，建国初期自由邦将美国作为了外交的突破口。

[①] 艾德里安·古尔克：《美国、爱尔兰裔美国人与北爱尔兰和平进程》（Aderian Guelke, "The Unite States, Irish American and the Northern Ireland peace process"），《国际事务》（*International Affairs*）第72卷第3期，1996，第522页。

[②] 肯德里克·A. 克莱门茨：《伍德罗·威尔逊总统》（Kendrick A. Clements, *The Presidency of Woodrow Wilson*），堪萨斯大学出版社，1992，第92~93页。

二 互设公使馆与美爱关系的逐步升温

由于受到自身所处环境的影响,在 20 年代初美爱两国的交往过程中,自由邦表现得更为主动积极,美国政府则顾虑重重。当爱尔兰独立战争还在进行之际,在国会部分参议员的支持下,美国民间曾组建了一个四人代表团,准备赴英国及爱尔兰了解当地的状况,但却被英国政府所拒绝,为此多名参议员还联名向美国国务院递交了请愿书,要求美国政府向英国政府提出抗议,指责英方的举动会严重影响两国的关系。[1] 但助理国务卿诺曼·H. 戴维斯(Norman H. Davis)在回复中却指出,根据国家利益拒绝外国人入境属于英国的内政,政府并不认为英国的举动是对美国的歧视,因而国务院不应质疑英方的举动。[2]

但对自由邦而言,在内战结束后不久,就将建立与美国的正式外交关系视为外交政策的重要目标。1923 年,自由邦政府决定在华盛顿开设公使馆,以加强与美国政府的官方交往。事实上,早在 1922 年底,自由邦就已派遣爱尔兰考克大学经济学教授蒂莫西·斯米迪(Timothy Smiddy)作为非官方代表常驻华盛顿,1923 年 10 月,斯米迪被正式任命为自由邦首任驻美国的外交代表,一年后,斯米迪向时任美国总统柯立芝递交了国书。在这一过程中,自由邦始终保持着主动的姿态,但美国政府一开始却对建立与自由邦的正式关系较为谨慎,对于自由邦政府提出的相互设立公使馆的请求,美国政府犹豫不定,这主要是考虑到自身与英国的关系。对于英国政府而言,任何其他国家与自由邦正式外交关系的确立都将会强化后者独立的国际政治行为体的身份,进而会引起英帝国内部众多自治领的效仿,而这显然不是英方愿意看到的。

英国政府通过外交途径向美国政府施加压力,寻求挫败自由邦的外交努力,减缓或阻止两国外交关系的建立。1924 年 6 月,英国政府主动提议在华盛顿设立一名专门处理自由邦事务的外交代表,认为此举将有助于英

---

[1] 美国国务院编《美国对外关系文件集》,1921 年第 2 卷,https://history.state.gov/historicaldocuments/frus1921v02/d107。

[2] 美国国务院编《美国对外关系文件集》,1921 年第 2 卷,https://history.state.gov/historicaldocuments/frus1921v02/d108。

美两国关系的发展。① 美国政府很快就给予了回应,同意了英国的提议。② 对于美国政府而言,在一战爆发之前,就已确立了避免因自由邦问题而导致美英关系复杂化的政策方针,这也是其为何不支持四人代表团访英的主要原因。英爱战争前后,美国与英国保持着较为稳定的关系。1919年底,英国威尔士亲王访问了美国,受到了美国政府的热情接待,体现出了两国之间的友好关系。③ 在美国与加拿大合作开发圣劳伦斯河问题上,英国政府也在积极发挥着桥梁的作用,使得谈判进展顺利。④ 在威尔逊总统任期末的几次国情咨文中,虽然涉及了支持独立民主自决运动的问题,但立场较为模糊,也没有提及英国及爱尔兰相关问题。⑤

面对美国政府的犹豫,自由邦政府一方面不断派遣外交人员及政府高官赴美进行游说,另一方面则通过美国境内的爱尔兰裔移民问题向政府施加影响。官方层面的深入交往一定程度上消除了美国政府的顾虑,更重要的是,在这一过程中,自由邦承诺将帮助时任总统柯立芝在1924年国内大选中获得爱尔兰裔选民的支持。除了选举的考量,对美国政府而言,数量庞大的爱尔兰裔移民的稳定问题也是促使其态度转变的原因。19世纪来到美国的多数爱尔兰移民仍处于社会的底层,成为美国的贫民。⑥ 再加上他们的天主教信仰不同于主流的新教,导致他们长时期受到排斥,另外英爱战争时期"芬尼亚"运动带来的政治激进主义仍发挥着影响,这些都成为影响美国国内稳定的因素,而来自自由邦的帮助将有助于民族问题的解决。同时,自由邦在1923年被接纳为国际联盟的成员国,与部分欧洲国家的关系也取得了进展,互派了外交官,自由邦的国际认可度有了提升,这在一

---

① 美国国务院编《美国对外关系文件集》,1924年第2卷,https://history.state.gov/historicaldocuments/frus1924v02/d190。
② 美国国务院编《美国对外关系文件集》,1924年第2卷,https://history.state.gov/historicaldocuments/frus1924v02/d191。
③ 美国国务院编《美国对外关系文件集》,1919年第2卷,https://history.state.gov/historicaldocuments/frus1919v02/d197。
④ 相关资料可见:美国国务院编《美国对外关系文件集》,1920年第1卷,https://history.state.gov/historicaldocuments/frus1920v01/ch24subch1。
⑤ 美国国务院编《美国对外关系文件集》,1919年第1卷,https://history.state.gov/historicaldocuments/frus1919v01/message-of-the-president。美国国务院编《美国对外关系文件集》,1920年第1卷,https://history.state.gov/historicaldocuments/frus1920v01/message-of-the-president。
⑥ 〔美〕丹尼尔·布尔斯廷:《美国人——民主历程》,生活·读书·新知三联书店,1993,第288页。

定程度上也减轻了美国政府的顾虑。因而，柯立芝总统在 1924 年同意了自由邦在华盛顿设立公使馆的请求。

对于自由邦提出的希望美国政府能在都柏林设置公使馆的请求，美国政府则更为慎重，因为此举会给美英关系带来更严重的冲击。随着一战后各自治领独立意识的增强以及英帝国实力的相对衰落，1926 年英帝国会议调整了英国与各自治领的关系，双方从隶属关系转变为平等关系，后者成为独立的国际政治行为体。① 英国政府希望通过这种政策上的调整让步，一方面减轻自身的压力，"让刚成长起来的巨人们帮助英国分担责任"②，另一方面，通过部分满足领地的自治要求，从而遏制英帝国内部的分离势力。利用这一有利时机，自由邦政府再次提出了请求，考虑到英国政府态度的转变，美国政府最终宣布了开设公使馆的决定。③ 国务院官员弗雷德里克·斯特林（Frederick Sterling）在当年 7 月份被任命为首任公使。

三 1928 年美爱的外交互访

在完成美爱建交的目标后，自由邦政府在 1928 年决定派遣时任总统 W. T. 科斯格雷夫（W. T. Cosgrave）出访美国。自由邦的这一举措具有两个方面的考量，一是国内政治斗争的需要，二是深化双方的关系。

在 1922～1923 年的内战中，虽然支持条约派最终获胜，但这并未结束自由邦内部的政治斗争，反条约的新芬党及部分共和军仍作为一股重要的政治力量而存在，爱尔兰前临时总统、新芬党前主席埃蒙·德·瓦莱拉（Eamon de Valera）是主要代表。瓦莱拉很早就参加了新芬党，领导爱尔兰的反英斗争，并因此受到了英国当局的密切监控。④ 他曾主张《英爱条约》

---

① R. F. 霍兰：《英国与英联邦 1918～1939》（R. F. Holland, *Britain and The Commonwealth Alliance 1918 - 1939*），麦克米伦出版社，1981，第 57～58 页。
② 尼古拉斯·曼瑟：《英联邦事务调查：对外政策问题，1931～1939》（Nicholas Mansergh, *Survey of British Commonwealth Affairs: Problems of External Policy, 1931 - 1939*），牛津大学出版社，1952，第 61 页。
③ 美国国务院编《美国对外关系文件集》，1927 年第 1 卷，https://history.state.gov/historicaldocuments/frus1927v01/d348。
④ National Archives of Ireland, http://www.nationalarchives.ie/wp-content/uploads/2015/12/CSO_JD_2_163.pdf。

必须获得议会的批准，但后来又拒绝接受表决结果，并离开了国会。① 后来瓦莱拉放弃了与自由邦政府的直接对抗，选择在形式上跟政府合作，重新回归宪政体制，但实际上仍坚持爱尔兰彻底独立，成立单独共和国的主张，在他看来，《英爱条约》是对民众愿望的背叛。值得注意的是，出于自身利益的需要，英国政府及议会对条约持基本肯定的态度，英国议会上、下两院早在1921年12月便分别投票批准了该条约。②

1927年到1928年，瓦莱拉赴美进行了多次访问，目的在于加强与爱尔兰裔美国人的联系，从美国筹集资金，同时争取美国政府对自由邦内部反条约派的支持。这一举动将自由邦内部的政治斗争扩展到了美国境内。对于自由邦政府而言，瓦莱拉仍然是一名实质上的反对派，他与美国官方的往来将对两者的关系造成冲击。另外，来自美国人（尤其是爱尔兰裔美国人）的财政支持对自由邦而言极为重要。早在19世纪后期的"芬尼亚"运动时期，爱裔美国人就曾筹集了50多万美元。③ 独立战争期间，爱尔兰议会曾在美国发行了总额高达400万美元的战争债券，有力地支援了自由邦的独立事业。④ 战后，许多移民仍关注着母国的发展，继续提供着数额不少的经济支持。瓦莱拉的美国之行在政治及经济层面都是一种威胁，自由邦需要作出相应的回应。实际上，在瓦莱拉出访之前，自由邦驻美国公使斯米迪就曾向美国国务院建议不要向前者发出官方邀请，瓦莱拉到美国后，斯米迪更是进行了全程监视，并向都柏林进行了详细汇报。

另外，在双方建交过程中，美国国内部分爱尔兰裔移民支持反条约派的立场，拒不承认自由邦，甚至游说美国政府不要采取任何承认自由邦的举动。为了应对这种敌对情绪以及瓦莱拉访美带来的冲击，科斯格雷夫1928年1月动身访美，于1月20日抵达美国。值得注意的是，从政府做出决定到最终成行，中间仅仅相隔了一个月的时间，这归功于斯米迪的努力

---

① 《英爱条约》（Anglo‐Irish Treaty），https：//en.wikipedia.org/wiki/Anglo‐Irish_Treaty。
② https：//api.parliament.uk/historic‐hansard/commons/1921/dec/16/irish‐free‐state.Hansaard Commons debate online，HC Deb 16 December 1921，vol 149，cc305‐63。
③ 艾德里安·古尔克：《美国、爱尔兰裔美国人与北爱尔兰和平进程》（Aderian Guelke，"The Unite States, Irish American and the Northern Ireland peace process"），《国际事务》（International Affairs）第72卷第3期，1996，第522页。
④ 美国国务院编《美国对外关系文件集》，1928年第3卷，https：//history.state.gov/historicaldocuments/frus1928v03/d99。

以及爱尔兰裔美国社团发挥的影响力,例如芝加哥爱尔兰联谊会(Irish Fellowship Club of Chicago)就向科斯格雷夫发出了公开邀请,并且在访问过程中提供了一系列协助,包括在 21 日举行欢迎晚宴等。①

按照计划,科斯格雷夫访问了纽约、芝加哥、华盛顿以及费城,还绕道访问了渥太华。在这一过程中,他会见了众多的美国政府高官,柯立芝总统及凯洛格(Frank B. Kellogg)国务卿分别主持了欢迎宴会,他还在国会发表了演说。同时,他与美国民众也进行了密切接触,在芝加哥等城市的街道频频亮相,发表演说,参观纽约证券交易所,接见移民代表,等等。为了扩大宣传的效果,在轮船抵达美国之前,科斯格雷夫就给柯立芝发了一封致谢电报,感谢美国政府在自由邦独立过程中给予的帮助。之后在爱裔社团的协助下,他的巨幅肖像遍布芝加哥市中心,他的演讲面向全美广播,听众达到 3000 万人。

科斯格雷夫的高调举动以及所受到的热烈欢迎实现了自由邦政府所预定的访美目标,即一方面向爱裔美国人(尤其是反条约派的移民)表明美爱之间的牢固关系,更重要的是向世界宣示了自由邦存在的合法性与正当性。《纽约时报》在 1926 年曾评论认为自由邦并未达到进入国际联盟的资格,但科斯格雷夫这次访问所受到的热烈欢迎极大地改变了人们的这种认识。②

为了回应自由邦的善意,柯立芝政府决定派遣政府高官回访,而这正是自由邦政府所期望的。1928 年 8 月,刚刚在巴黎签署完《非战公约》的国务卿凯洛格受命出访自由邦。在动荡不安的 20 年代,非战公约宣称要废弃战争作为国家政策工具,以和平方法解决国际争端,建立和平世界。③ 这一公约在当时产生了很大影响,虽然柯立芝表示公约"不能取代美国不可剥夺的国防权利与义务",但还是认为"公约比其他任何协议都要充实"。④ 值得注意的是,凭借着英联邦成员国的资格以及自身的争取,自由邦成为

---

① 爱尔兰国家图书馆(National Library of Ireland),http://sources.nli.ie/Record/MS_UR_080644/Details#tabnav。
② 《纽约时报》1926 年 9 月 26 日。
③ 美国国务院编《美国对外关系文件集》,1928 年第 1 卷,https://history.state.gov/historicaldocuments/frus1928v01/d133。
④ 卡尔文·柯立芝:《第六年年度报告》,1928 年 12 月 4 日,http://www.presidency.ucsb.edu/ws/index.php? pid=29569&st=&st1=。

条约创始国之一。此前1926年英国政府出台的《贝尔福报告》以及后来的《威斯敏斯特法案》赋予了自由邦外交领域的独立选择权,在这一背景下,自由邦将这一举措变为展示自己的一个舞台。

凯洛格对自由邦进行了为期四天的访问,在这一过程中,他受到了自由邦政府的高调接待,几乎所有的政府高层都与他进行了会面,并安排他在议会进行了演讲。在官方接见之外,还参观游览了都柏林,接触了普通民众。与科斯格雷夫之行一样,自由邦及美国的报纸与广播进行了大幅度的报道。对自由邦执政党而言,这次访问有力地巩固了他们的执政地位,进一步向外界展示了近些年来国家建设方面所取得的成果。与重视美爱关系形成对比的是,凯洛格此次欧洲之行并未在伦敦停留,以至于外界谈论是否冷落了英国。

四 国家利益视角下的自由邦对美外交

现实主义学派的奠基者汉斯·摩根索指出:维护自身的国家利益是各国政府制定及推行外交政策的基本目标。[1] 20世纪20年代,自由邦采取了积极主动的外交政策,与美国政府确立并发展了外交关系,其出发点正是自身在政治、经济及外交等领域的国家利益。

对独立不久的自由邦而言,维护国内政治环境的安全稳定是首要任务。虽然内战已经结束,但是爱尔兰共和军及新芬党仍在从事着反对自由邦的行动,国内仍有为数众多的同情者与支持者,认为他们才是"国家事业的引领者"[2]。在国外,他们得到了部分海外移民的煽动与支持,最主要的是美国境内爱尔兰社区的反条约者,因此,自由邦希望通过发展与美国的外交关系来更好地监控两者之间的交往与联系。斯米迪到任后,经过一段时间的努力,在爱尔兰社区内部建立了秘密的情报网,搜集反对者的相关活动资料。在政府层面,自由邦与美国政府也建立了初步的情报沟通机制,这些都有效地维护了国内的政治稳定。

移民问题是推动自由邦发展对美关系的动力之一。除了监视美国国内

---

[1] 汉斯·摩根索:《政治学的困境》,徐昕等译,中国人民公安大学出版社,1990,第54页。
[2] 迈克尔·霍普金森:《爱尔兰内战》(Michael Hopkinson, *Green Against Green: The Irish Civil War*),麦克米伦出版社,2004,第268页。

的反条约者，建立良好的双边关系有助于获得更多的移民配额。从 19 世纪 70 年代开始，外来移民的数量迅速增长，由此带来的经济与社会问题使得美国民众民族主义情绪高涨，并最终导致了 1921 年移民法案的出台。该法案限定了 1921/1922 年度各国进入美国的移民数额。[1] 该法案到期后，国会又制定了具有永久效力的 1924 年《移民法》。这部法案包含了极具争议的民族来源条款，按民族来源分配限额，由总统及专门委员会负责具体的核算。

对于自由邦而言，由于国内经济不景气，向外移民成为缓解国内经济压力的重要途径，如同大饥荒时期的海外移民潮一样。同时，内战结束后，大量的反条约派无法在国内立足，纷纷跨过大西洋，出逃到美国，这些人的出走在很大程度上缓解了自由邦内部的政治斗争，客观上推动了国内和平进程。基于上述两点原因，自由邦对美国政府不断出台的移民法案非常担忧。1924 年《移民法》的民族来源条款在具体实施过程中，由于计算的标准并不明确，具有一定的弹性空间，为了争取对自己有利的方案，部分移民团体及外国政府展开了游说活动，自由邦政府也加入了其中，但是由于缺少明确的外交地位，其前期的外交努力受到了极大的制约，但这种状况在双方外交关系正式确立后得到了改善，自由邦的年度限额由 1927 年委员会报告中的 13862 人增加到 1929 年报告中的 17853 人。[2]

在经济层面，战后的自由邦面临着发展经济的重要任务。多年的战争沉重打击了国内经济，截止到 1923 年 9 月，仅军费开支就达到了 1700 万英镑，当年的财政赤字达到了 400 万英镑。[3] 科斯格雷夫 1928 年美国之行的目的之一就是吸引美国的投资。为了发展经济，自由邦政府 1927 年在纽约发行了首笔国际债券，但是国内政局的不稳定以及糟糕的财政状况引起了投资者的疑虑，科斯格雷夫在访问过程中强调政府将会承担财政责任，并致力于维护国内政治经济的稳定。作为具体行动，科斯格雷夫在与美国助理国务卿卡斯尔的会谈中表示自由邦将会偿还瓦莱拉政府 1921 年发行的战争

---

[1] 美国劳工统计局：《劳工评论月刊》（U. S. Bureau of Labor Statistics, *Monthly Labor Review*）第 13 卷第 1 期，1921，http://www.jstor.org/stable/i40086363。

[2] 罗伯特·A. 迪文：《美国移民政策，1924~1952》（Robert A. Divine, *American Immigration Policy, 1924–1952*），耶鲁大学出版社，1957，第 30 页。

[3] 迈克尔·霍普金森：《爱尔兰内战》（Michael Hopkinson, *Green Against Green: The Irish Civil War*），麦克米伦出版社，2004，第 273 页。

债券,虽然这笔钱并不在自由邦的控制下,而且纽约最高法院也已经判决自由邦政府并不需要偿还这些债务。① 另外,自由邦还积极致力于与美国达成一份双边贸易协定,以此在关税等方面获得优惠。此前,在英国政府协调下,双方就美英财产协定在自由邦的适用问题上达成了一致。②

外交方面,由于担心触怒英国政府,自由邦独立后一段时间,很多国家并未与其建立正式的外交关系,为了打破外交孤立局面,自由邦将美国作为进入国际政治舞台的突破口,希望在对美关系取得重大进展的基础上,通过与美国政府的合作,成为日益活跃的国际角色。由于孤立主义的影响,继哈定政府之后,柯立芝政府重申了美国不会加入国际联盟的态度。③ 自由邦于是将自己定位于美国与欧洲之间连接的纽带,希望自身成为美国政府在国联的代理人。自由邦首任驻国联代表迈克尔·麦克怀特(Michael MacWhite)认为自由邦将作为美国与日内瓦之间的桥梁,在自由邦政府的指示下,他与美国驻日内瓦总领事保持着密切的关系,与美国人共享国联的会议文件,在某些国联内部会议上代为传达美国政府的态度。在1926年竞选国联行政院非常任理事国的过程中,麦克怀特公开表示自由邦的当选将有利于美国的国家利益。在国联之外,自由邦也积极配合美国政府,在20年代的国际鸦片会议、武器贸易会议及日内瓦海军会议上进行了多次合作,后来还提议美国担任世界裁军会议的主席国。

自由邦外交领域的亲美举措给自身带来了显著的利益,白宫顾问、著名记者艾伯特·肖(Albert Shaw)向麦克怀特表示,在某种程度上,他将自由邦视为美国在日内瓦的代表。④ 不少国家政府也将其视为美国政府的代言人,在诸多国际会议上,作为一个独立不久的小国,自由邦的态度受到了

---

① 美国国务院编《美国对外关系文件集》,1928年第3卷,https://history.state.gov/historicaldocuments/frus1928v03/d94,https://history.state.gov/historicaldocuments/frus1928v03/d95。
② 美国国务院编《美国对外关系文件集》,1924年第2卷,https://history.state.gov/historicaldocuments/frus1924v02/d192。
③ 卡尔文·柯立芝:《美国总统致国会的报告》(Calvin Coolidge, Message of the President of the United States to Congress),1924年12月3日,https://history.state.gov/historicaldocuments/frus1924v01/message-of-the-president。
④ 杰拉德·基翁:《制定模板?对建国头十年爱尔兰与美国外交关系的思考》(Gerard Keown, "Creating the template? Reflections on the first decade of Irish diplomacy and the United States"),《爱尔兰国际事务研究》(Irish Studies in International Affairs)第26卷(《特别关注:南亚的冲突解决》),2015,第143页。

更多的重视，客观上扩大了自身的国际影响，这也是其后来成功当选行政院非常任理事国的原因之一。在美爱关系的带动下，越来越多的国家与其确立了外交关系，自由邦的外交处境取得了一定的改善。在此基础上，自由邦在30年代制定了新的宪法，将国名正式改为"爱尔兰"，并在40年代脱离了英联邦，取得了完全的独立地位。

纵观自由邦建国初期的对美外交，可以发现美爱双方政策行为存在不对称性。国与国之间的合作往往是不对称的。[①] 不对称的合作导致双方之间存在着不平等的关系，大国的想法通常成为主导因素，而小国往往只能依赖于大国的意愿来获益。美爱两国在领土、人口、国家实力等方面存在明显的差异，作为弱势的一方，自由邦希望利用美爱合作来提升自己的实力，改变自身的国际地位。而作为强势方的美国在考虑与自由邦的合作问题上则拥有更多的选择，对合作收益的评估更加多元化。因而，自由邦表现出了更多的自主性与自愿性，对于建立并发展两国外交关系具有强烈的意愿，这体现在整个20年代自由邦的对美外交政策中。

这种不对称性背后所反映的是国家利益在对外政策及行为中的重要作用。在这种不对称的合作中，大国与小国通常都是双赢的，正是这种利益上的各取所需才促成双方关系不断取得进展。国内爱尔兰移民的民族问题是推动柯立芝政府允许自由邦开设公使馆以及派遣凯洛格出访的重要推动因素，借助自由邦在国联发声促使柯立芝政府进一步强化双方的关系，但是美国政府不允许与爱尔兰的有限合作影响到美英之间更广泛的关系的发展，也不希望移民问题对国内政治产生过度影响，因而在双边关系中保持着谨慎立场，延缓双方建交的节奏，并避免在建交之初将爱尔兰裔外交官派驻都柏林。对于自由邦而言，通过采取积极主动的外交政策，最大限度地在既有的双边关系格局中寻求两国利益的共同点，利用外部资源增进本国利益，成为这一时期外交政策的主要内容。

（作者简介：刘长新，山西师范大学历史与旅游文化学院博士研究生）

[①] 罗伯特·基欧汉：《霸权之后：世界政治经济中的合作与纷争》，苏长和等译，上海世纪出版集团，2012，第7页。

研究综述

拉丁美洲城市化历史的研究综述*

张昀辰

内容提要：对于拉丁美洲城市化的研究，国内外学术论著层出不穷。国内学者的研究主要集中在城市化进程、经济发展与人口流动、城市化问题等方面。而国外学者的研究则呈现出了研究角度和研究方法的多样性，本文以"殖民地时期城市发展史的研究"和"独立后至20世纪中期城市化史的研究"为题，分两个历史时段，介绍了国外学者对拉美城市发展进程、工业化与城市化、人口流动与城市空间布局、城市发展的差异等问题的研究概况，并期望通过回顾拉美城市历史研究的学术史，推动中国学界对拉美城市史的研究，为中国的城市化提供经验借鉴。

关键词：拉丁美洲　城市史　城市化　工业化　非正规住房

拉丁美洲是世界上城市化水平较高的地区，早在20世纪中期，拉美城市化进入快速发展的同时，国外学术界就已开始关注这一进程。改革开放以后，随着我国城市化水平的逐步提高，国内学者也开始研究拉美城市化进程，并期望从拉美城市化经验教训中寻求借鉴。本文试图就国内外学界对殖民地时期至20世纪中期拉美城市化问题的研究情况做一简要介绍。

一　国内学者的相关研究

国内学者关于拉美城市化的研究成果并不少见，主要可分为三大类。

---

* 本文是国家社科基金重大项目"20世纪世界城市化转型研究"（16ZDA139）的阶段性成果。

第一类是关于城市化的历史进程研究，周厚勋[1]对拉美城市发展做了综合性的探讨，追溯至前哥伦布时代的城市，总结出了数量增加、规模扩大、职能多样化、结构复杂化、布局分散化的城市发展特点。刘文龙、罗平峰[2]将殖民时期和近代拉美城市与美国城市进行了对比研究，认为拉美城市继承了中世纪末期伊比利亚传统的城市特点，城市发展受经济依附的影响大，城市地位较脆弱。张宝宇[3]分析了殖民时期以来巴西城市的类型、发展情况和特点，在工业化进程开始之前，城市基本上起着国内物资集散地和进出口商品中转站的作用，随后城市为工业化的进行提供了基地和其他社会、政治与经济条件。韩琦[4]认为，拉美"城市化"始自西班牙和葡萄牙的殖民地开拓，此时是一种人口向城市或城市地区的集中过程，并形成了后续城市体系的基础，19世纪后期城市化得到了快速的发展，与之相伴的是一系列城市问题的产生。林玉国[5]将战后拉美城市化的成因追溯到工业化、农业现代化、土地制度不合理与人口迁移，总结出城市化速度快、发展差异大的特点。还有许多学者对拉美城市化的起因、影响、启示做了综合性的阐述。[6]

第二类是关于城市化与工业化的关系以及城市化中的人口与人口流动问题研究。吕军[7]和林玲[8]将城市化与工业化联系在一起，围绕工业化与经济发展分析了20世纪墨西哥城市化进程的三个阶段及其表现。翟雪玲、赵长保[9]分析了重工抑农政策下巴西城市化发展产生的问题，认为巴西城市化的主要原因是国家对农业、农村的忽视促成的推力，而非由工业化发展所带动，这种趋势下促成的农村移民具有低技能素质与低消费水平的特点，

---

[1] 周厚勋：《拉美城市化的发展与演变》，《拉丁美洲研究》1991年第3期。

[2] 刘文龙、罗平峰：《近代拉美与美国城市化的不同进程与经济职能》，《拉丁美洲研究》2000年第5期。

[3] 张宝宇：《巴西城市化进程及其特点》，《拉丁美洲研究》1989年第3期；张宝宇：《巴西城市化刍议》，《拉丁美洲研究》1999年第2期。

[4] 韩琦：《拉丁美洲的城市发展和城市化问题》，《拉丁美洲研究》1999年第2期。

[5] 林玉国：《战后拉丁美洲的城市化的进程》，《拉丁美洲研究》1987年第2期。

[6] 万素珍：《拉丁美洲的人口和城市化》；程洪、陈朝娟：《论20世纪拉美城市化进程及其对中国的启示》，《拉丁美洲研究》2006年第2期。

[7] 吕军：《试论墨西哥的城市化进程》，《拉丁美洲研究》1995年第5期。

[8] 林玲：《墨西哥的城市化与经济发展》，《拉丁美洲研究》1993年第3期。

[9] 翟雪玲、赵长保：《巴西工业化、城市化与农业现代化的关系》，《世界农业》2007年第5期（总第337期）。

使得这种情况下的城市化成了工业化的阻碍。张卫岭[①]主要分析了20世纪墨西哥城的人口增长，总结了地理交通优势、政策鼓励和经济发展三点原因。赵慧英[②]认为拉美人口与劳动力的迅速迁移主要是由于工业化过程中农村生存条件的恶化和生存机会的减少造成的，她总结了四类影响因素，即城市的工业发展、农业的现代化、不适当的政策因素以及不合理的土地制度。郑文晖[③]从现代部门的拉力和传统部门的推力进行分析，指出了城市化过程中拉力有限、推力巨大的特点。

第三类是城市化问题及经验教训研究，其中成果较多的是关于首位城市现象、非正规住房、非正规就业和城市贫困的研究。郑秉文的专著《拉丁美洲城市化：经验与教训》《住房政策：拉丁美洲城市化的教训》[④] 对拉丁美洲城市化及其产生的社会问题，包括住房、贫困、资源分配、社会保障等多个方面，做了较为详细的阐述，在《住房政策》一书中还探讨了多国案例。张家唐[⑤]谈到了拉美城市化中的贫富差距、住房短缺、毒品和犯罪猖獗的问题。王文仙[⑥]阐述了20世纪墨西哥城市化发展及其中存在的基础设施和发展差异等问题，并对墨西哥政府的治理政策做了说明。杜凤姣、宁越敏[⑦]概述了拉美城市化首位度高、城市化与经济发展水平不协调、城市治理面临严峻挑战的特点，重点分析了失业与非正规就业、贫困化、贫民窟与住房问题，介绍了部分国家的治理经验。

总体来看，国内学者对城市化问题的研究侧重在其成因、特点、产生的问题方面的总结与概括，但在主题上缺乏多样性，没有形成更为深入的判断。

二　国外学者的相关研究

关于国外学者的研究，本文着重介绍其对殖民地时期至20世纪中

---

① 张卫岭：《20世纪墨西哥城人口剧增的原因》，《城市问题》2000年第3期。
② 赵慧英：《拉美和非洲地区工业化过程中农村人口迁移分析》，《首都经济贸易大学学报》2007年第1期。
③ 郑文晖：《拉美城市化的发展特点及启示》，《科技风》2008年第7期。
④ 郑秉文：《拉丁美洲城市化：经验与教训》，当代世界出版社，2001；郑秉文：《住房政策：拉丁美洲城市化的教训》，经济管理出版社，2001。
⑤ 张家唐：《拉美的城市化与"城市病"》，《河北大学学报》2003年第3期。
⑥ 王文仙：《20世纪墨西哥城市化与社会稳定探析》，《史学集刊》2014年第4期。
⑦ 杜凤姣、宁越敏：《拉美地区的城市化、城市问题及治理经验》，《国际城市规划》2015年第30卷。

期的城市化历史的研究,为了细化介绍内容,笔者又将这一时期分为两个阶段,即殖民地时期城市发展史研究、独立后至 20 世纪中期的城市化史研究。

(一) 殖民地时期城市发展史的研究

城市是殖民地时期拉丁美洲社会经济发展的关键因素,殖民地城市框架的搭建为拉美城市的后续发展提供了合乎逻辑的连续性。因此,随着拉美城市化的高涨,对殖民地城市史的研究自然会越来越受到重视,殖民地城市的确立、城市的增长与收缩、新的社会群体的出现等,都得到了国外学者的关注,随着时间推移,相关研究越来越从宏观讨论走向微观研判。

城市的性质。16 世纪以来,西班牙与葡萄牙在拉丁美洲建立了殖民地。这一环境中兴建的城市,多数在人为因素的影响下建成,而非经济发展所自然形成,这一事实形成了最初的城市格局。国外关于殖民时期西班牙美洲城市的研究著述繁多,亚历杭德罗·博特斯和约翰·沃尔顿[1]将殖民时期的城市定义为剥削性质的,它们有些是覆盖在以前的印第安城市之上,有些是随着对矿产的狂热追求而增长的,即便是农业定居点也与世界其他地区的类似定居点不同,其目的是征服和占有周围的劳动力。休斯顿[2]将这一时期的城市分为五种类型:军事市镇、农业中心、采矿定居点、行政中心和印第安人的重新安置点。乔治·E. 哈多伊和卡门·阿拉诺维奇[3]考察了 1570~1580 年至 1630 年西班牙美洲的城市化率和城市功能,并通过行政、宗教—行政、宗教和服务四种功能分类对不同城市进行权重分析。

---

[1] 亚历杭德罗·博特斯、约翰·沃尔顿:《拉丁美洲城市:从上到下的政治状况》(Alejandro Portes, John Walton, *Urban Latin America: The Political Condition from Above and Below*),得克萨斯大学出版社,1976。

[2] J. M. 休斯顿:《西班牙美洲殖民地城镇的基础》(J. M. Houston, "The Foundation of Colonial Towns in Hispanic America"),见 R. P. 贝金赛尔、J. M. 休斯顿主编《城市化及其问题》(R. P. Beckinsale and J. M. Houston eds., *Urbanization and its problems*),牛津大学出版社,1968。

[3] 乔治·E. 哈多伊、卡门·阿拉诺维奇:《17 西班牙美洲城市规模和功能:第一个结论》,(Jorge E. Hardoy, Carmen Aranovich, "Urban Scales and Functions in Spanish America toward the Year 1600: First Conclusions"),《拉丁美洲研究评论》(*Latin American Research Review*) 1970 年第 5 卷第 3 期,第 57~91 页。

理查德·M. 莫尔斯[①]同年发表的两篇文章有着相近的观点,他将拉美城市看成一个大都会官僚机构,其地位和职能由皇家决定。他分析了自殖民征服以来拉美城镇建设的特点,包括其不稳定性、离心效应、政治结构先于经济等等。索科罗和约翰逊[②]回顾了西班牙美洲16世纪城市的模式和城市建设的年表,认为在西属美洲,城市的崛起取代了本土的优势,并以此将主场优势传递到欧洲人手中。伍德罗·博拉[③]对18世纪的城市情况做了一篇概述性的研究,涉及志愿移民与非志愿移民、经济、城市规模、数量及扩张、城市空间等多个方面。杰伊·金斯布鲁纳[④]认为,殖民地时期的西班牙美洲城市是在大西洋资本主义时代发展起来的,而这些城市本身也为社会活动提供了一个资本主义的环境。而约翰·K. 钱斯[⑤]在对加拉加斯案例的研究中,指出了前工业—工业式的二分法在解释拉丁美洲城市性质时表现出的不足,并给城市提供了一种商业资本主义的定义。

城市的规划与发展。丹·斯坦尼斯拉斯基[⑥]研究了西班牙早期对殖民地城市的规划不具备创建性,他强调这种规划对罗马人和希腊人经验的

[①] 理查德·M. 莫尔斯:《拉丁美洲城市:功能与结构方面》(Richard M. Morse,"Latin American Cities: Aspects of Function and Structure"),《社会与历史比较研究》(*Comparative Studies in Society and History*)1962年第4卷第4期,第473~493页;《拉丁美洲城市历史的一些特征》("Some Characteristics of Latin American Urban History"),《美国历史评论》(*The American Historical Review*)1962年第67卷第2期,第317~338页。

[②] 索科罗、约翰逊:《殖民时代拉丁美洲城市化》("Socolow and Johnson, Urbanization in Colonial Latin America"),《城市史》(*Journal of Urban History*)1981年第8卷第1期,第27~59页。

[③] 伍德罗·博拉:《十八世纪拉丁美洲城市:梗概》(Woodrow Borah,"Latin American Cities in the Eighteenth century: A Sketch"),见乔治·恩里克·哈多伊、伍德罗·博拉、吉尔伯特·亚瑟·斯特尔特主编《美洲城市化:以比较视野为背景》(Jorge Enrique Hardoy、Woodrow Borah、Gilbert Arthur Steltere ed: *Urbanization in the Americas: the background in comparative perspective*),国家人类博物馆历史部,1980。

[④] 杰伊·金斯布鲁纳:《殖民时期西班牙美洲城市:大西洋资本主义时代的城市生活》(Jean Kinsbruner, *The Colonial Spanish - American City: Urban Life in the Age of Atlantic Capitalism*),得克萨斯大学出版社,2005。

[⑤] 约翰·K. 钱斯:《殖民时代拉丁美洲城市:前工业化还是资本主义?》(John K. Chance,"The Colonial Latin American City: Preindustrial or Capitalist?"),《城市人类学》(*Urban Anthropology*)1975年第4卷第3期,第211~228页。

[⑥] 丹·斯坦尼斯拉斯基:《早期西班牙城镇在新世界的规划》(Dan Stanislawski,"Early Spanish Town Planning in the New World"),《地理学评论》(*Geographical Review*)1947年第37卷第1期,第94~105页。

借鉴，特别是对维特鲁威（Vitruvius）建筑理论的借鉴，并对菲利普二世颁布的相关敕令与维特鲁威的《论建筑》做了比对。还有许多个案研究涉及城市发展，如迈克尔·L. 康尼夫[①]撰写的瓜亚基尔城市发展史，叙述了其从劣势城市到17世纪80年代的发展转折，康尼夫的研究可以与罗斯玛丽·D. F. 布罗姆利[②]对厄瓜多尔中部地区的研究可以互相参证，共同解释了沿海社会和高地地区的差异。莫尔斯[③]介绍了殖民时期和帝国时期巴西城镇的兴衰做了非常详细的说明，同样介绍巴西城市规划的还有罗伯塔·M. 德尔森[④]，他的观察集中于18世纪的情况。大卫·J. 罗宾逊和特蕾莎·托马斯[⑤]阐述了影响城市网络发展的四种过程（即定居点的迁移频率、永久型中心的增长差异、定居点的遗弃，数量的增加），并主要将定居点数量增加这一过程与18世纪阿根廷西北部城市扩张现象相结合，说明了新城镇的社会、经济和防御功能以及从乡村到城镇的变化，他们认为这些因素及其影响，在殖民地后期其他地区的城市扩张中是共通的。克劳迪亚·默里[⑥]从城市角度对波旁改革以来的拉普拉塔地区进行了研究，旨在揭示新当局如何试图从新的审美角度，恢复布宜诺斯艾利斯的城市布局，并对土地和建筑，特别是私人建筑加以控制。约翰·

[①] 迈克尔·L. 康尼夫：《瓜亚基尔的独立：殖民体系的城市发展》（Michael L. Conniff, "Guayaquil Through Independence: Urban Development in a Colonial System"），《美洲》（The Americas）1977年第33卷第33期，第385~410页。
[②] 罗斯玛丽·D. F. 布罗姆利：《"殖民"城镇的功能和发展：厄瓜多尔中部高地的城市变化，1698~1940》（Rosemary D. F. Bromley, "The Functions and Development of 'Colonial' Towns: Urban Change in the Central Highlands of Ecuador, 1698–1940"），《英国地理学家协会会报》（Transactions of the Institute of British Geographers）1979年第4卷第1期，第30~43页。
[③] 理查德·M. 莫尔斯：《巴西城市发展：殖民时代与帝国时代》（Richard M. Morse, "Brazil's Urban Development: Colony and Empire"），《城市史》（Journal of Urban History）1974年第1卷第1期，第39~72页。
[④] 罗伯塔·M. 德尔森：《规划师和改革家：18世纪晚期巴西城市缔造者》（Roberta M. Delson, "Planners and Reformers: Urban Architects of Late Eighteenth–Century Brazil"），《18世纪研究》（Eighteenth–Century Studies）1976年第10卷第1期，第40~51页。
[⑤] 大卫·J. 罗宾逊、特蕾莎·托马斯：《18世纪阿根廷西北部的新城镇》（David J. Robinson and Teresa Thomas, "New Towns in Eighteenth Century Northwest Argentina"），《拉丁美洲研究》（Journal of Latin American Studies）1974年第6卷第1期，第1~33页。
[⑥] 克劳迪亚·默里：《18世纪晚期，布宜诺斯艾利斯的私人建筑规范》（Claudia Murray, "The Regulation of Buenos Aires' Private Architecture during the Late Eighteenth Century"），《建筑史》（Architectural History）2008年第51卷，第137~160页。

F. 洛佩兹[1]介绍了殖民时期对墨西哥城洪涝问题的治理，引进荷兰技术重新规划墨西哥城水文系统，为墨西哥城的持续发展提供了良好的基础。

人口流动与城市生活。彼得·博伊德－鲍曼[2]参考了16世纪西班牙人移民美洲殖民地的诸多原始数据，并在1973～1976年发表了数篇文章。他认为早期移民的定居点是有限的，集中于加勒比海主要港口、墨西哥城、巴拿马和利马，移民以探险队或船队的男性新兵为主，到16世纪中叶，政府高级官员或教会工作人员及他们的随行人员、妇女和儿童的移民数量上升，移民目的地多样化。此外，作者还对个别地区的西班牙移民情况做了统计。大卫·J. 罗宾逊主编的《殖民地时期西班牙美洲的移民》[3]对殖民时期的移民做了广泛的研究，除了对部分城市、地区的移民研究外，还包括一些向中心城市移民（例如学生）的专题研究。胡安·哈维·佩斯卡多尔[4]从前往墨西哥城寻找工作的印第安农村妇女入手，探讨了这些移民如何在城市中形成和适应城市生活，以及她们在其中的得失。巴勃罗·M. 谢拉[5]的研究针对墨西哥普埃布拉市的黑人奴隶。仅17世纪，该市奴隶市场中有公证记录的交易就涉及了两万名奴隶的买卖，除了承担家政服务之外，奴隶劳动对普埃布拉早期纺织厂和运输系统的运作至关重要，这些非自愿移民在普埃布拉市的发展中发挥了关键作用。

---

[1] 约翰·F. 洛佩兹：《"在我的职业艺术中"：艾德里安·布特在殖民时期墨西哥城开展荷兰式水资源管理》（John F. López, "'In the Art of My Profession': Adrian Boot and Dutch Water Management in Colonial Mexico City"），《拉丁美洲地理》（Journal of Latin American Geography）2012年第11卷特刊，第35～60页。

[2] 彼得·博伊德－鲍曼：《西班牙人移民到新大陆的模式（1493～1580）》（Peter Boyd-Bowman, Patterns of Spanish Emigration to the New World (1493-1580)），纽约大学国际研究理事会特别研究；《西班牙移民到西印度群岛的模式，1579～1600》（"Patterns of Spanish Emigration to the Indies, 1579-1600"），《美洲》（The Americas）1976年第33卷第1期，第78～95页；《至1600年西班牙移民到西印度群岛的模式》（"Patterns of Spanish Emigration to the Indies until 1600"），《西班牙美洲历史评论》（The Hispanic American Historical Review）1976年第56卷第4期，第580～604页。

[3] 大卫·J. 罗宾逊主编《殖民地时期西班牙美洲的移民》（David J. Robinson, ed. Migration in Colonial Spanish America），剑桥大学出版社，1990。

[4] 胡安·哈维·佩斯卡多尔：《消失的女人：殖民时代晚期墨西哥城的女性移民和种族身份》（Juan Javier Pescador, "Vanishing Woman: Female Migration and Ethnic Identity in Late-Colonial Mexico City"），《人种历史学》（Ethnohistory）1995年第42卷第4期，第617～626页。

[5] 巴勃罗·M. 谢拉：《殖民时期普埃布拉市的城市奴隶制》（Pablo M. Sierra, Urban Slavery in Colonial Puebla de los Ángeles, 1536-1708），加利福尼亚大学洛杉矶分校博士学位论文，2013。

（二）独立后至20世纪中期城市化史的研究

国外学术界对于独立后至20世纪中期拉美城市化的研究，在60~80年代成果较多，下文着重于对三个方面进行介绍，包括对城市化发展的推动因素的讨论和城市发展的成效与发展差异，人口城市化和土地城市化中的城市布局形态的变化。

1. 关于城市发展及其与工业化的关系

城市的发展。一些综合性研究对拉美城市化进程做了总体性的介绍，杰拉尔德·米歇尔·格林菲尔德主编的《拉丁美洲城市化：主要城市的历史概况》[1] 通过地图、人口统计图表对前哥伦布时代到20世纪末拉丁美洲城市化的模式加以说明。不过参与撰写该文集的学者多从事地理领域，因此本书较多地集中于讨论客观环境以及地形等因素对城市出现和发展的影响。相较前者，艾伦·吉尔伯特[2]更注重政治、经济等方面的因素，他着力于描绘拉丁美洲城市的多样性与独特性，全书集中展示了拉美城市的增长，强调了西班牙和葡萄牙殖民城市的影响和当今国际化的消费品位和高失业率，涉及城市景观、城市增长、城乡迁移、城市就业、住房和服务、城市管理等方面。约翰·D. 杜兰德、恺撒·佩拉兹等人[3]根据自1920年以来由联合国进行的城市化的世界调查数据分析，认为拉丁美洲城市化高于世界平均水平，但拉美各国家在城市化程度上存在很大差异，就人口在10万或以上的城市而言，拉丁美洲与世界其他地区相比，城市化程度并不低，但与人口2万以上的世界其他城市相比，城市化程度则偏低。路易斯·马格里斯[4]分析了

---

[1] 杰拉尔德·米歇尔·格林菲尔德主编《拉丁美洲城市化：主要城市的历史概况》（Gerald Michael Greenfield, ed., *Latin American Urbanization: Historical Profiles of Major Cities*），格林伍德出版社，1994。

[2] 艾伦·吉尔伯特《拉丁美洲城市》（Alan Gilbert, *The Latin American city*），每月评论出版社，1998。

[3] 约翰·D. 杜兰德、恺撒·佩拉兹、D.S. 汤姆斯、R.O. 卡尔顿、L. 鲍姆加特纳、E.S. 李：《拉丁美洲的城市化模式》（John D. Durand, César Peláez, D. S. Thomas, R. O. Carleton, L. Baumgartner and E. S. Lee, "Patterns of Urbanization in Latin America"），《米尔班克纪念基金季刊》（*The Milbank Memorial Fund Quarterly*）1965年第43卷第4期，第166~196页。

[4] 路易斯·马格里斯：《简介：拉丁美洲的社会城市化进程》（Luise Margolies, "Introduction: The Process of Social Urbanization in Latin America"），《城市人类学》（*Urban Anthropology*）1979年第8卷第3/4期，第213~225页。

初级产品出口时期与主要出口部门密切结合的地区的城市化和进口替代工业时期农民的"消失"和农村区域压缩的加速，作者认为社会城市化的根源在于更广泛的全球进程，提倡在全球变化的背景下研究拉丁美洲的城市化经验。大卫·普雷斯顿[①]分析了玻利维亚北部高原地区农民在社区中"创造城市"的情况，指出市场贸易的发展和农民对生活水平追求的提高推动了城镇的发展。

工业化与城市化关系。本杰明·希金斯[②]论证了工业化、经济发展和城市化之间的联系，他认为工业化和城市化关系密切，但二者不存在因果关系，只是在历史进程中，工业化和城市化经常伴随着其他一系列因素共同出现，技术部门二元化和区域二元化的增长趋势是他讨论的另一个重点。在哈利·L.勃朗宁[③]的文章中提出了相似的观点，他认为城市化是独立的概念，它有自己的趋势，这种趋势可能与社会内部的其他根本变化（主要是经济）有所不同，可能提前也可能滞后，一些学者所说的"过度城市化"就是这种情况的体现。不同于那些认为过度城市化是城市人口的增长超过了城市的就业机会的观点，勃朗宁倾向于从农村中寻找原因，他认为过度城市化与过度乡村化（over-ruralization）的概念是相伴而生的，即在过度城市化的同时必然存在对乡村劳动力使用的不充分，这种不充分才是过度城市化的起因。罗伯特·N.格温[④]从历史和现实的角度对拉美工业化和城市化予以关注，他分析了拉丁美洲的工业化进程，考察了工业化在拉美是如何发生的以及与之伴随的基本政策，并将工业化与城市增长的空间格局

---

① 大卫·普雷斯顿:《新城镇——玻利维亚高原乡村定居模式的重大变化》（David Preston: "New Towns – a Major Change in the Rural Settlement Pattern in Highland Bolivia"），《拉丁美洲研究》（Journal of Latin America）1970年第2卷第1期，第1~27页。

② 本杰明·希金斯:《城市化、工业化和经济发展》（Benjamin Higgins, "Urbanization, Industrialization and Economic Development"），见格林·H.拜尔主编《拉丁美洲城市扩张:在现代化进程中的大陆》（Glenn H. Beyer ed. Urban Explosion in Latin America: Continent in Process of Modernization），康奈尔大学出版社，1967年12月。

③ 哈利·L.勃朗宁:《拉丁美洲的城市化和现代化:从人口的角度》（Harley L. Browning, "Urbanization and Modernization in Latin America: The Demographic Perspective"），见格林·H.拜尔主编《拉丁美洲城市扩张:在现代化进程中的大陆》（Glenn H. Beyer ed. Urban Explosion in Latin America: Continent in Process of Modernization），康奈尔大学出版社，1967年12月。

④ 罗伯特·N.格温:《拉丁美洲的工业化和城市化》（Robert N. Gwynne, Industrialization and Urbanization in Latin America），约翰·霍普金斯大学出版社，1985。

变化联系在一起,认为工业化强化了城市化的空间集中模式。汤姆·安哥迪①提出了认识城市化问题的两个关键词,即资本与土地,他较详细地探讨了马克思主义对城市化的认识,并试图将拉美城市化和城市政策与资本主义积累相关联。

城市发展的差异。在上述文章中,安哥迪还将城市问题定义为两类,一是城市社区问题,其主要来源是城市最贫困阶级的运动,二是区域不平等问题包括地区之间以及城乡之间的差距。罗伯特·N. 格温也特别关注区域问题,阐述了工业化对区域发展差异的影响,强调区域经济一体化以进一步促进较小国家的工业增长,总的来看,他认为应促进工业化以实现拉丁美洲的经济增长,但这必然同时导致经济和人口的集中以及地区间的不平等。莫尔斯②也谈到了地区间的发展差异,分析了独立以来城市的优势地位或者说首都的向心力在不同时期的变动。如莫尔斯所说,地区差异伴随着城市发展出现,城市间差异是其中一种,突出表现为首位城市现象。乔治·E. 哈多伊和卡门·阿拉诺维奇在对殖民地时期城市的讨论中就已追溯了首位城市出现的现象。首位城市的概念由马克·杰弗逊③提出,这些城市"不成比例的大,对国家能力与情感有着异常的表达"。克莱德·E. 勃朗宁④回顾了首位城市的概念,对杰弗逊定义中不清晰的部分做了进一步讨论,他通过四种不同标准对各国首位城市率进行计算,此外他还对选定国家随时间推移的首位城市地位的变化,城市政策等问题做了阐述。哈利·

---

① 汤姆·安哥迪:《拉丁美洲城市:暴力、飞地和土地斗争》(Tom Angotti, "Introduction: Urban Latin America: Violence, Enclaves, and Struggles for Land"),《拉丁美洲透视》(Latin American Perspectives) 2013 年第 40 卷第 2 期,第 5~20 页;《拉丁美洲城市化:理论综合》("Urbanization in Latin America: Toward a Theoretical Synthesis"),《拉丁美洲透视》(Latin American Perspectives) 1987 年第 14 卷第 2 期,第 134~156 页。

② 理查德·M. 莫尔斯:《拉丁美洲城市化的趋势和模式:1750~1920》(Richard M. Morse, "Trends and Patterns of Latin American Urbanization, 1750 – 1920"),《社会和历史比较研究》(Comparative Studies in Society and History) 1974 年第 16 卷第 4 期,第 416~447 页;及其与迈克尔·L. 康尼夫主编的《拉丁美洲城市发展:1750~1920》,(The Urban Development of Latin America, 1750~1920),斯坦福大学出版社,1971。

③ 马克·杰弗逊:《首位城市的法则》(Mark Jefferson, "The Law of the Primate City"),《地理学评论》(Geographical Review) 1939 年第 29 卷第 2 期,第 226~232 页。

④ 克莱德·E. 勃朗宁:《拉丁美洲的首位城市》(Clyde, E. Browning "Browning, Urban Primacy in Latin America"),《拉丁美洲地理学家会议年鉴》[Yearbook (Conference of Latin American Geographers)] 1989 年第 15 卷,第 71~78 页。

勃朗宁①的又一篇文章分析了拉丁美洲的首位城市现象，讨论了寄生城市（只消费不生产）的说法，文章对经济发展、劳动力分配与城市化的联系也有所涉及。根据他的研究，在拉美各地，无论是内陆还是沿海、大国还是小国，也无论其经济发展阶段或政治制度，首要城市现象都存在。与之不同，阿诺德·S. 林斯基②通过测算，认为首位城市的出现有其特定条件，在面积小、人口密度高、人均收入低、出口导向型经济模式和农业经济、有被殖民经历以及人口快速增长的国家中，首位城市现象最易发生。罗伯特·V. 肯珀和阿尼亚·皮特森·罗伊斯③分析了在政策和国际经济力量的作用下，工业发展在墨西哥城和蒙特雷市的集中和对城市化的鼓励，并通过分析墨西哥城、瓦哈卡、梅里达和蒙特雷这四个重要城市中心的案例，探讨城市化进程在全国范围内的差异。迈克尔·琼斯④展示了另一种角度，他从分析罗萨里奥的城市化入手通过分析布宜诺斯艾利斯如何挫败罗萨里奥的发展，解释阿根廷首位城市体系。城乡间的不平衡是另一个话题，约翰·P. 沃尔特⑤认为拉丁美洲不曾存在过二元社会经济模式，在这种农业—工业二分法中，假定前者有剩余劳动力，后者则有发展机会，因边际工资的差异发生劳动力流动，而工业部门的投资则由廉价劳动力的可用性来保证，从而有利可图。沃尔特认为，这种假设关系是多余的，南美大部分农村—城市移民在工业化之前就已存在。城市化可能更多的是对农村经济增长不足的反映，而不是对人均收入水平上升的反映。

---

① 哈利·L. 勃朗宁：《拉丁美洲城市化的最新趋势》（Harley L. Browning, "Recent Trends in Latin American Urbanization"），《美国政治与社会科学院年鉴》（*The Annals of the American Academy of Political and Social Science*）1958年第316卷，第111~120页。
② 阿诺德·S. 林斯基：《一些关于首位城市的概括》（Arnold S. Linsky, "Some Generalizations Concerning Primate Cities"），《美国地理学会年鉴》（*Annals of the Association of American Geographers*）1965年第55卷第3期，第506~513页。
③ 罗伯特·V. 肯珀、阿尼亚·皮特森·罗伊斯：《1821年以来的墨西哥城市化：一种宏观历史方法》（Robert V. Kemper and Anya Peterson Royce, "Mexican Urbanization Since 1821: A Macro - Historical Approach"），《城市人类学》（*Urban Anthropology*）1979年第8卷第3/4期，第267~289页。
④ 迈克尔·琼斯：《二线城市的城市化：阿根廷罗萨里奥的案例，1870~1920》（Michael Johns, "The Urbanisation of a Secondary City: The Case of Rosario, Argentina, *1870–1920*"），《拉丁美洲研究》1991年第23卷第3期，第489~513页。
⑤ 约翰·P. 沃尔特：《城市是拉丁美洲地区经济差距的根源》（John P. Walter, "The Cityas a Source of Regional Economic Disparity in Latin America"），《社会经济评论》（*Review of Social Economy*）1973年第31卷第1期，第66~84页。

2. 关于人口、移民与城市化的关系

人口和迁移活动。人口经常被作为衡量城市化的一个重要指标，资料汇编型的研究，例如理查德·E. 布瓦耶和基斯·A. 戴维斯[①]收集了19世纪拉丁美洲各城市大量的人口统计信息，并为读者分析了这些信息中存在的可靠与不可靠因素，以供读者参考。20世纪的人口数据经常与移民放在一起讨论，特别是城乡移民带来的人口变动成为学者们关注的重点。为什么移民？怎样移民？移民具有怎样的特征？道格拉斯·巴特沃斯和约翰·K. 钱吉的《拉丁美洲城市化》[②]一书，对这些问题阐述得非常细致，他以推拉原理为主要方法，分析拉丁美洲城乡移民的性质、组成、移民的理由与目的、移民过程、移民返乡及移民对城市的适应。全书自下而上审视移民与城市化，从个人到亲缘关系再到其他形式的社会团体，构成了城市中的移民形象。简·S. 萨合达[③]从对巴西国内移民的分析，得出移民的方向更多地取决于收入等经济因素，而非城市本身，其目的地不一定是更大的城市这一结论。罗伯特·V. 肯珀[④]运用阿根廷、巴西、智力的例子，将移民模式分为三种，直接迁徙、阶段式迁徙（以中间城镇为中转）和家燕式迁徙（没有特定目的，但多受已移民的亲缘关系所影响），移民的目的地也分为城市中心、城市郊区和城市自占地。

人口的自然增长和移民对城市化的影响。国外学界对于人口自然增长和移民增长在城市化中作用的认识，发生过变化。爱德华多·E. 阿里亚加[⑤]对

---

① 理查德·E. 布瓦耶、基斯·A. 戴维斯：《19世纪拉丁美洲的城市化：统计数据和来源》（Richard E. Boyer and Keith A. Davies, *Urbanization in 19th Century Latin America: Statistics and Sources*），加利福尼亚大学出版社，1973。

② 道格拉斯·巴特沃斯和约翰·K. 钱吉：《拉丁美洲城市化》（Douglas Butterworth and John K. Change, *Latin American Urbanization*），剑桥大学出版社，1981。

③ 简·S. 萨合达：《巴西国内移民的经济分析》（Gian S. Sahota, "An Economic Analysis of Internal Migration in Brazil"），《政治经济评论》（*Journal of Political Economy*）1968年第76卷第2期，第2180245页。

④ 罗伯特·V. 肯珀：《拉丁美洲的农村—城市移民：地理和时间模式比较分析的框架》（Robert V. Kemper, "Rural-Urban Migration in Latin America: A Framework for the Comparative Analysis of Geographical and Temporal Patterns"），《国际移民评论》（*The International Migration Review*）1971年第5卷第1期，第36~47页。

⑤ 爱德华多·E. 阿里亚加：《部分拉丁美洲国家城市增长的组成部分》（Eduardo E. Arriaga, "Components of City Growth in Selected Latin American Countries"），《米尔班克纪念基金季刊》（*The Milbank Memorial Fund Quarterly*）1968年第46卷第2期，第237~252页。

墨西哥、委内瑞拉和智利的研究表明，自20世纪50年代以来，人口两万以上的城市的人口增长中，自然增长人口占58%～70%。因此，他认为拉丁美洲城市化快速增长的最重要原因是自然增长的人口，移民并不是城市发展的主要原因。路易斯·J. 杜可夫[1]则较为强调移民的作用，并将1950～1960这十年中拉美城乡移民在城市中的占比估定为40%～70%。阿里亚加在他本人后续的一篇文章[2]中也修改了他的观点，虽然文章主要讨论的仍是自然增长，但他已将移民的重要性加入考量之中。罗伯特·H. 韦勒、约翰·J. 马西斯科和乔治·R. 马丁尼[3]的研究则认为，拉美城市增长是城乡迁移和城市的自然增长的总和，其中，自然增长又是移民抵达后的自然增长与城市本地人自然增长的综合，还有些时候，城市增长的重要部分来源于过去属于"农村"的地方重新分类为"城市"，这种增长又要与其他情况相区分。

移民对社会的适应。对移民活动的讨论还包括原籍地对移民的影响和移民对新社会的适应。乔治·巴朗[4]分析移民的原籍社区和目的地，他把研究对象分为四类，发展城市/农村和停滞城市/农村，不同类型地区的移民在选择性上有差异，通过对一个人原籍地和目的地结构特点的了解可以预测其对目的地社会的适应力。哈利·勃朗宁和瓦尔特劳特·法因特[5]比较了墨西哥1940年和1960年移民的特征和目的地的人口普查信息，认为移民优

---

[1] 路易斯·J. 杜可夫：《移民在拉丁美洲人口发展中的作用》（Louis J. Ducoff, "The Role of Migration in the Demographic Development of Latin America"），《米尔班克纪念基金季刊》（*The Milbank Memorial Fund Quarterly*）1965年第43卷第4期，第197～216页。

[2] 爱德华多·E. 阿里亚加：《拉丁美洲的非西方生育率趋势的性质和影响》（Eduardo E. Arriaga, "The Nature and Effects of Latin America's Non-western Trend in Fertility"），《人口学》（*Demography*）1970年第7卷第4期，第483～501页。

[3] 罗伯特·H. 韦勒、约翰·J. 马西斯科和乔治·R. 马丁尼：《拉丁美洲城市增长要素的相对重要性》（Robert H. Weller, John J. Macisco, Jr. and George R. Martine, "The Relative Importance of the Components of Urban Growth in Latin America"），《人口学》（*Demography*）1971年第8卷第2期，第225～232页。

[4] 乔治·巴朗：《拉丁美洲城市移民的社会经济差异：结构分析》（Jorge Balan, "Migrant-native socioeconomic differences in Latin American cities: a structural analysis"），《人类居住学》（*Ekistics*）1970年第30卷第180期，第398～406页。

[5] 哈利·勃朗宁和瓦尔特劳特·法因特：《发展中国家大都市的移民选择性：墨西哥案例研究》（Harley L. Browning and Waltraut Feindt, "Selectivity of Migrants to a Metropolis in a Developing Country: A Mexican Case Study"），《人口学》（*Demography*）1969年第6卷第4期，第347～357页。

势与年龄、性别和家庭关系相关联,移民与本土人士虽然存在教育程度上的差别,但二者的就业与收入条件并没有明显差异,因此他认为移民对城市有较好的适应。但他同时观察到,随着时间的推移,移民正从少数人的"先驱者"模式向"大众"移民模式转变,即移民越来越不具备年龄、性别和家庭关系等优势条件,这可能会造成移民融入新社会的障碍。E. 威尔伯·博克和杉山丰[1]的观点则不同,他们的研究认为农村移民进入城市后,在社会中趋向于向上流动,虽然他们可能并不能达到与本地人相同的高度,但这种流动与移民出生地的性质无关,与年龄和教育程度的关联也不是关键。移民相较于本地居民的劣势,大部分能够通过移民在城市中生活的时间来克服,因此勃朗宁和法因特所认为的存在某些优势因素在此研究中是不成立的。

3. 关于城市空间布局与非正规住房

城市规划。城市具有自己的独特生态,城市空间的变化集中反映了城市的经济、政治与文化沿革。阿尔图罗·阿曼多斯编辑撰写的两本书[2]侧重阿根廷、巴西、墨西哥、智利和委内瑞拉的案例,对文化与城市的关系给予了特别关注,集中围绕城市规划的问题以文化角度观察独立以来拉美城市空间与城市景观的变化,主要涵盖19世纪后半叶的对豪斯曼式规划(豪斯曼于19世纪中期负责巴黎改建工作)的选择性适应;从19世纪末到第一次世界大战后的美好时代,表现为卫生改革、城市重建和住宅扩张;20世纪30年代以来城市化和美国化的加剧(但欧洲影响没有完全退却)三个阶段。杰弗里·D. 尼德尔[3]以里约热内卢和布宜诺斯艾利斯为例,讲述富裕起来的城市人如何试图消除城市中的殖民与野蛮痕迹,实施以巴黎为模板的城市更新计划,在这一过程中,精英阶级干预了城市公共空间并挤压下

---

[1] E. 威尔伯·博克、杉山丰:《农村—城市移民和社会流动:拉丁美洲的争论》(E. Wilbur Bock and Sugiyama Iutaka, "Rural – Urban Migration and Social Mobility: The Controversy on Latin America"),《乡村社会学》(Rural Sociology) 1969 年第 34 卷第 3 期, 第 343~355 页。

[2] 阿尔图罗·阿曼多斯主编《拉丁美洲的现代化、城市化和发展》(Arturo Almandoz, Modernization, Urbanization and Development in Latin America), 劳特利奇出版社, 2015;《规划拉丁美洲的首都城市:1850~1959》(Planning Latin America's Capital Cities, 1850 – 1950), 劳特利奇出版社, 2002。

[3] 杰弗里·D. 尼德尔:《里约热内卢和布宜诺斯艾利斯:拉丁美洲的公共空间和公共意识》(Jeffrey D. Needell, "Rio de Janeiro and Buenos Aires: Public Space and Public Consciousness in Fin – De – SiecleLatin America"),《社会与历史比较研究》(Comparative Studies in Society and History) 1995 年第 37 卷第 3 期, 第 519~540 页。

层人民的生存空间。厄恩斯特·格里芬和拉里·福特①分析了拉丁美洲城市结构中的传统元素和改变城市的现代化过程，为城市内部地理结构创建了一个具有普遍性的模型。约珥·奥特斯②通过对土地功能类型、人口密度等数据的研究来定义城市性质。他从米歇尔·福柯的规训和生命权力（bio-power）思想出发，通过巴西和阿根廷的例子来阐述其观点，即认为城市规划是创造工业文化的一种方式，城市的规划是社会塑造的一种过程。

非正规住房。非正规住房是对城市空间的规划外占用，随着大量移民进入城市，多数移民的低经济水平与城市正规住房的有限，城市中逐渐形成了颇具规模的非正规住房现象。艾伦·吉尔伯特主编的《当代拉丁美洲的城市化：分析城市问题的关键方法》③采取结构主义的、政治经济学的探究方法，将城市贫困人口的状况视为与整个社会结构相关的现象，关注贫困群体的住房、交通及其他与社会的互动，但多数文章侧重于对其现象的描述，对其产生原因讨论较少。彼得·M. 沃德④选择了三个墨西哥城棚户定居点进行分析和评估，通过对其改善状况的对比来研究影响非正规住房环境改善的主要变量。彼得·劳埃德⑤讲述了秘鲁首都利马的"青年市镇"是如何从最初贫穷移民侵入城市内空地架设的非正规住房，后在政府鼓励下由居民自主升级为较稳固的定居点。亨利·迪茨⑥讨论了秘鲁，主要是利

---

① 厄恩斯特·格里芬、拉里·福特：《拉丁美洲城市结构模型》（Ernst Griffin and Larry Ford, "A Model of Latin American City Structure"），《地理学评论》（Geographical Review）1980年第70卷第4期，第397~422页。
② 约珥·奥特斯：《通过城市来约束社会：巴西和阿根廷城市规划的起源（1894~1945）》[Joel Outtes, "Disciplining Society through the City: The Genesis of City Planning in Brazil andArgentina（1894-1945）"]，《拉丁美洲研究简报》（Bulletin of Latin American Research）2003年第22卷第2期，第137~164页。
③ 艾伦·吉尔伯特主编《当代拉丁美洲的城市化：分析城市问题的关键方法》（Alan Gilbert, ed. Urbanization in Contemporary Latin America: Critical Approaches to the Analysis of Urban Issues），约翰威利出版社，1982。
④ 彼得·M. 沃德：《墨西哥城自助住房：成功的社会和经济决定因素》（Peter M. Ward, "Self-Help Housing in Mexico City: Social and Economic Determinants of Success"），《城镇规划评论》（The Town Planning Review）1978年第49卷第1期，第38~50页。
⑤ 彼得·劳埃德：《利马的"青年市镇"：秘鲁城市化的几个方面》（Peter Lloyd, The "Young Towns" of Lima: Aspects of Urbanization in Peru），剑桥大学出版社，1980。
⑥ 亨利·迪茨：《秘鲁的城市棚户区：一个案例的历史和分析》（Henry Dietz, "Urban Squatter Settlements in Peru: A Case History and Analysis"），《美洲国家间研究》（Journal of Inter-American Studies）1969年第11卷第3期，第353~370页。

马地区的非正式住房，作者以调查对象瑟古德（Segund）及其家庭为例，从积极的角度看待这一现象，认为非正规住房为大家庭提供了低成本城市住房的最可行和实用的方案。非正式住房在社会中扮演着何种角色？威廉·曼金[1]的研究罗列了对非正规住房的认识中存在的八点迷思（这些认识几乎都是负面的），曼金不否认非正规住房中存在的问题，但他同时将非正规住房视为通过大众的主动性重建社会的一个过程，视其为改善贫困人口生活标准的手段。塞尔焦·德阿兹万多[2]则反驳了这一类观点，他在文章中讨论了这种"自助式建设"的弱点，他将曼金等前人的研究视为新的迷思，认为他们夸大了自助住房的潜力。

以城市为主题的历史研究是跨学科的研究，城市与城市化作为经济学、政治学、地理学、人类学等各种学科关注的领域，其主题必然涉及多个方面，在对城市化研究进行总结后，我们发现，西方学者对于城市与城市化的研究在角度、方法上已经多样化，随着拉美城市化进程的变化发展，对拉美城市化新阶段的跟踪研究也越来越受到国外学者的重视。在了解国内外学者研究状况的前提下，提出有新意的理论，做出位居前沿的成果，将是我们下一阶段研究中所努力争取的目标。

（作者简介：张昀辰，南开大学世界近现代史研究中心硕士研究生）

---

[1] 威廉·曼金：《拉丁美洲棚户定居点：一个问题和解决办法》（William Mangin, "Latin American Squatter Settlements: A Problem and a Solution"），《拉丁美洲研究评论》（*Latin American Research Review*）1967年第2卷第3期，第65~98页。

[2] 塞尔焦·德阿兹万多：《拉丁美洲的住房政策：自助建设的迷思》（Sergio de Azevedo, "Housing Policies in Latin America: The Myths of Self-Help Construction"），（*PS*）1987年第20卷第4期，第895~901页。

书　评

双重社会、种族主义与不同的发展路径
——读赫伯特·S. 克莱因的《玻利维亚史》

刘 颢

由美国斯坦福大学拉丁美洲研究中心主任、历史学教授赫伯特·S. 克莱因（Herbert·S. Klein）撰写、东北师范大学董小川教授翻译的《玻利维亚史》，于2013年由商务印书馆出版。作者赫伯特·S. 克莱因曾是伍德罗·威尔逊国际学者研究中心的研究员，在2003~2015年间担任剑桥大学出版社拉丁美洲系列著作的主编。他善于运用比较研究和量化研究的方法对历史做出独特的解释，他的主要研究领域是美洲奴隶制和殖民地财政史、玻利维亚史、巴西史和南北美洲比较研究。《玻利维亚史》涵盖了自前哥伦布文明至2002年之间的玻利维亚历史，全书包括序言、正文、玻利维亚政治史大事年表、表格、参考书目、索引，共30万字。为了让更多的读者了解玻利维亚的历史，本文试图对该书的主要内容做一简介和评析。

《玻利维亚史》全书共有9章，可分为六个部分。

第一部分即第一章"地貌与前哥伦布文明"。该部分介绍了玻利维亚各地的地理生态环境和前哥伦布时期的各种文明。按照地理环境和气候因素，玻利维亚大致可以划分为三个地理区域：西部高原地区，中部河谷和永加斯地区，东部热带低地。虽然高原地区仅占玻利维亚国土面积的10%，但历来是人口定居的中心区和主要的文化区。书中列举了安第斯史前文明各个发展阶段的代表文化：万卡拉尼文化（wankarani）、查文文化（Chavin）、瓦鲁文化（Waru）和奇穆文化（Chimu）。12世纪末从瓦鲁文化时期发展而来的艾马拉诸王国成为高原地区的统治者并开始向外扩张。"正如人们所熟知的印加文化中的社会那样，史前艾马拉各王国也是一个个极其复杂的混合型阶级结构。"（第13页）艾柳（Ayllus）是印第安人按照血缘和家庭关系组织起来的基层社会组织，即村社。村社人员的构成分为上、下两层，上层叫作"哈楠萨亚"（Hanansaya），下层叫作"尤仁萨亚"（urinsaya）。前者中多出贵族，后者则多是平民。国王之下是卡西克（Cacique），他是地区主管，他的助手被称为基拉卡塔（Jilakata）。艾柳有自己的殖民地居民，被称为米提马克（Mitimaq）。除国王之外，由地方贵族和长老组成的集团也拥有土地和独立艾柳的继承权，但尚不清楚这些权力的来源。处在不同生态系统下的印第安人村社之间的物物交换活动，将高原各地以及高原与其他经济区域联系在一起，"使高原地区保持着一种强有力的、具有经济特征的有效社会"（第14页）。15世纪由于大量艾马拉王国的分裂和的喀喀湖以北讲盖丘亚语的新国家的出现，艾马拉王国逐渐丧失独立地位并附属于盖丘亚人建立的印加帝国。但是艾马拉诸王国的社会、经济、政治组织、文化在很大程度上都得到保留。"因此，印加帝国实际上在政治结构、宗教信仰、语言乃至境内的私有财产方面都是多样化的。"（第21页）

第二部分包括第二章"殖民地社会的建立"和第三章"晚期殖民地社会：危机与成长"。这部分主要是西班牙人对美洲的征服和统治。在征服初期，西班牙王室采用委托监护制管理殖民地事务，在保留原印加帝国阶级结构和劳动力抽调制度的基础上，将印第安社区分为不同的区域交予"委托监护主"进行管理。后由于印第安人数量的急剧下降以及西班牙王室对委托监护主尾大不掉的担忧，秘鲁总督弗朗西斯科·托莱多在任期间（1572~1576年）将委托监护人的授予权限定为只能下传到第三代，并大量削减印第安土著社区的数量，将分散的印第安人集中到"归化区"进行管理，在尊重社区长者的基础上按照西班牙式的选举方式产生社区政府。他还改革税收制度，在保留传统印第安人物品交换市场的同时，规定印第安人社区只能以货币方式交付王室税收，迫使印第安人进入西班牙人的市场和经济体系进行劳动和交换。在传教团的推动下，盖丘亚语和艾马拉语逐渐成为各地通用语言，传统宗教信仰在天主教外衣的掩盖下在很大程度上得到保留（第41页）。如果说征服是印第安社会和西班牙殖民者碰撞的开始，那么托莱多的改革则是两个社会、两种文明广泛融合的开始。虽然西班牙人始终在这一体系中占据主导地位，但也受到印第安文明潜移默化的影响。混血人种的出现、黑人奴隶的引进以及人口在阶级和地区之间的流动既反映出殖民地社会的开放性和不稳定性，也使殖民地文化和阶级结构变得更加多元。从17世纪中期开始，上秘鲁①地区经历了长达一个多世纪的经济萧条。这场萧条的主要表现包括城镇数量的减少、庄园建设和扩展的回落、人口和市场的萎缩以及白银产量下降导致的地区重要性的丧失。但上秘鲁白银生产的萧条期也是印第安村社发展和人口增长的重要时期。印第安人的贡税成为18世纪西班牙王室重要的财政来源。自征服以来，印第安人对西班牙人的反抗就没有停止过，到18世纪，这种反抗演变为多阶级、多种族合作的旨在推翻半岛人统治的带有独立运动倾向的有组织的地方暴动，以图帕克·阿玛鲁二世大起义最为典型。

第三部分包括第四章"革命和民族国家的建立（1809~1841）"和第五章"国家危机（1841~1880）"，这部分是独立战争及战后考迪罗统治时期。玻利维亚的独立具有特殊性，这主要表现为1808年到1810年由拉巴斯克里奥尔精英主导的独立运动昙花一现后，外部军事政治活动成为上秘鲁独立的关键因素，上秘鲁的独立最终是由解放者玻利瓦尔的军队完成的。独立后玻利维亚卷入一系列边界冲突和政治阴谋中，国内考迪罗军事统治同外部政治环境的动荡极大地削弱了这个新生的共和国。独立后50年间国家经济停滞不前，矿业部门萎缩，城镇人口不断下降。出口贸易的减少为印第安人村社和国内贸易的发展带来契机，这一时期印第安人口稳定增长，印第安人贡税成为共和国财政收入的主要来源（玻利瓦尔时期一度废除）。19世纪50年代，大量农业剩余资本流向矿业，推动了矿业经济的复苏。印第安人贡税在国家财政收入中的重要性下降，政府也逐渐改变了对印第安人的优惠政策。梅尔加雷霍政府颁布的1866年法令（第125页）和托马斯·弗里亚斯政府颁布的1874年解除限定继承权法令开创了国家推动剥夺印第安人土地的先河，大量村社土地被转卖给白人和墨斯提索人，矿业经济的再度复兴建立在对印第安人土地剥夺的基础之上。

第四部分即第六章"银和锡的时代（1880~1932）"，这一章是玻利维亚历史上的寡头统治和早期现代化时期。19世纪后半期银矿产业的复苏引

---

① 玻利维亚旧称上秘鲁，最初隶属秘鲁总督辖区，1776年后隶属拉普拉塔总督辖区。其面积比今玻利维亚国土面积稍大一些，西到太平洋。

起对外部资本和先进技术的巨大需求,同国际市场建立长期稳定的联系是矿业精英的基本要求。太平洋战争后,玻利维亚的矿主们认识到组建稳定的平民政府的重要性。新兴的城市中产阶级上层和土地精英也开始分享政治权力,现代政党制度和平民寡头政府取代了之前的军事考迪罗统治。1889~1899年的保守党政权和1899~1920年的自由党政权"都对交通建设有重大的财政投入,都支持采矿工业,都致力于中心城市的发展和现代化。同时,两个政权都谋求摧毁印第安人社区,扩张大庄园经济"(第145页)。与19世纪80年代相比,1930年印第安自由社区控制的土地和人口减少了2/3。矿业经济的发展以印第安社区的衰落为代价。尽管在1899年全国性政治冲突中,自由党和印第安农民结成了暂时的同盟,但这一时期政治冲突和经济发展成果基本限定在白人社会内部。白人精英之间的纷争几乎不求助于任何非精英和非西班牙语的群体(第137页)。玻利维亚的城市化水平和社会结构与1846年相比基本保持不变,阶级和种族之间的对立成为社会分裂的隐患。1900年印第安土著人口占全国人口总数的51%(第136页),他们不享有任何政治权利,军队成为镇压印第安人起义的工具。自由党在执政时期为了获得外部资金,签署了一系列有损国家主权和领土完整的国际条约,将本就存在的国际关系问题变得更加复杂化,为查科战争的爆发埋下隐患。

  第五部分包括第七章"新秩序的瓦解(1932~1952)"和第八章"从民族革命到冷战(1952~1982)"。20世纪30年代,由于受到大萧条和查科战争的影响,玻利维亚国内政局动荡,经济不稳。以大地主和矿业寡头为首的白人精英无法解决玻利维亚国内存在的深刻矛盾,引发人民群众对寡头统治的反思与不满。以查科战争为转折点,统治玻利维亚半个多世纪的地主—锡矿寡头联盟开始松动,改革成为各阶级人民的共识。马克思主义、印第安土著主义、意大利组合主义、法西斯主义在这一时期得到了广泛传播,工人运动和印第安农民运动十分活跃。中下阶层形成了有组织的政党和工会,民族主义、妇女和劳工问题、印第安人问题、阶级冲突成为这些新兴政党和社会团体关心的主题。"军事社会主义"时期(1936~1939)推行的社会福利计划、劳工政策以及没收美国标准石油公司等反映出国家对经济生活的积极干预。玻利维亚民族革命运动期间(1952~1964)普选制得以确立,革命政府还推动实施了土地改革和矿产国有化运动。但是通货膨胀、经济危机和外部干涉使一系列改革效果大打折扣。并且这一时期的民众主义试验未能同向进口替代生产模式的转变联系起来，社会动员水平提高了，经济却没有发展，初级产品出口仍然是赚取外汇的主要方式。1964年革命政府下台后进入为期18年的军政府统治时期，但军队内部也是分裂的。雷内·巴尔里恩托斯政府时期（1964~1969），军队、农民和中产阶级结成反劳工运动的联盟，而下届政府阿尔弗雷多·奥万多·坎迪亚将军执政时期（1969~1970）又回到与左派妥协的民族主义革命运动党的老路子上来，再一下届胡安·何塞·托雷斯政府时期（1970~1971）又具有激进左派的执政风格。极左派、极右派、改革派轮番上阵，国家政治生活在民主与反民主之间来回摇摆，玻利维亚的政治发展进程呈现出多样性和曲折性的特点。

第六部分是第九章"多种族民主国家的建立（1982~2002）"，主要介绍了军政府下台后玻利维亚的民主政治进程和经济社会发展所取得的成果。这一时期，旧的军队—农民联盟被打破，在玻利维亚民族革命时期形成的乡村自治协会中产生了新一代印第安农民领导人，他们组织了包括农民、工人在内的玻利维亚中央工会。各种旧的政治势力重新分化组合，由于没有任何一个党派能够在大选中占据支配地位，玻利维亚逐渐形成了牢固的多党制和党派协商的政治氛围。白人传统的政治、经济和社会权利被大大削弱，乔洛人①和印第安人在城市政治和全国性政治活动中发挥着越来越大的作用。与被迫放弃自己种族身份而融入白人社会中的老一代乔洛精英相比，新一代的乔洛精英们更加明确了自己的种族身份并保留了原有的文化传统。"乔洛化"（choloization）成为玻利维亚社会中一个极其重要的现象。尽管玻利维亚仍然是一个比较落后的国家，但是社会服务、国民素质和医疗卫生水平已经有了较大提高，出口产品也呈现出多样化的趋势。

1975年，辽宁人民出版社出版了一本由美国学者罗伯特·巴顿著的《玻利维亚简史》（由辽宁第一师范学院外语系翻译组翻译），那本书叙述的历史，截止时间到1967年。本书除了讲述的内容延长至2002年之外，与之相比，笔者认为还有以下几个突出特点。

---

① 玻利维亚人将墨斯提索人称作乔洛人，他们更加强调乔洛人与印第安传统之间的联系而非他们身上的西方特征。作者在本书第二版序言中指出 cholo 一词现已经被 indigena 代替。

一是内容丰富，主题凝练。本书的上限为公元前12000年，下限为2002年，涵盖了从安第斯史前文明到21世纪初玻利维亚政治、经济、社会文化的各方面，详略有序，实属不易。可以看出作者深厚的历史积淀和写作功底。作者在序言中提到，玻利维亚历史变迁的特点是双重社会、种族主义和不同的发展路径。"自16世纪西班牙征服以来，玻利维亚就是一个以西方资本家为统治阶级、印第安工人为被剥削阶级的社会。"（第2页）在这样一个多种族的双重社会中，不同种族的人社会地位是不一样的。在殖民地时代，半岛人的社会地位最高。独立后，白人精英占据社会上层，往下依次是墨斯提索人、印第安人和其他混血种人。白人精英将政治参与和经济发展的成果限制在本阶级内部，财产权和受教育程度成为印第安人和部分混血种人参与国家政治生活的掣肘。"玻利维亚始终还是一个具有严重种族主义色彩的国家。"（第2页）在矿业出口部门成为国家经济支柱的同时，玻利维亚的农业经济严重滞后、农业人口的土地分配、教育问题迟迟得不到解决。查科战争后工人运动和印第安农民运动方兴未艾，种族主义思想受到批判，人们的国家和民族意识增强，改革成为各阶级的共识。1952年民族革命将普选权赋予广大人民群众，打破了白人精英对国家政治、经济生活的垄断。但是革命后并未出现政治稳定、经济发展的局面，玻利维亚的政治进程与经济发展呈现出一种与其他拉美国家不同的路径。主要表现为以民众主义为主导的第二次民主化未能在玻利维亚取得成功，1964年民族革命政府下台后玻利维亚再次陷入军政府统治的阴影。就其经济发展来说，也不符合从初级产品出口向进口替代工业化再向新型出口导向经济发展模式的转变，而是长期停留在初级产品出口的经济发展阶段。

二是把握整体，关注细节。作者具有全球化的视角，将西班牙征服美洲视为地理大发现和第一次殖民化浪潮中的一部分，在运用大量笔墨描述西班牙人对美洲的开拓与征服的同时，也论述了征服美洲对西班牙宗主国和世界物质经济交流所产生的影响。"西班牙征服美洲不但意味着一个整体世界市场的形成，同时也形成了世界上最大的帝国"，"在将近一个半世纪的时间里，西班牙在欧洲具有统治地位……直到18世纪，欧洲其他国家才拥有了与西班牙竞争的实力"（第23页）。作者还谈到16世纪70年代至17世纪50年代波托西的白银出口对欧洲的冲击以及对欧亚贸易的影响，"对欧洲来说，波托西白银导致了物价长期上涨；同样，在与亚洲的贸易中，欧洲也最终增加其亚洲货物的进口,因为欧洲必须实现为完成波托西白银所带来的贸易逆差"(第47页)。同时,作者也关注历史进程中的小人物和小事件。作者在介绍17、18世纪殖民地矿业经济的萧条和拉巴斯可可种植加工业的发展时,讲述了银矿主安东尼奥·洛佩斯·德·基罗加斯(Antonio López de Quirogas)和可可庄园主唐·塔德奥·迭兹·德·梅迪纳(Don Tadeo Diez de Medina)的人生经历,反映出当时的时代背景。作者还将西蒙·伊图里·帕蒂尼奥(Simón Iturri Patiño)作为锡矿时代的重要代表人物,对他的生平进行了重点介绍。

三是著录翔实,旁征博引。作者并没有将参考书目一般化地罗列,而是按照历史阶段和研究主题进行划分,并进行简要的介绍和说明。这为读者进一步查找资料提供了方便。此外,本书还附有地图、经济数据表格和政治史大事年表,既直观清晰又一目了然。作者在论证自己的观点时还注意引用他人的调查数据,例如"……据一个名叫J. B. 彭特兰德(J. B. Pentland)的英国调查者的调查,……"(第95页)"在1846年,富有才干的政治家何塞·玛丽娅·达伦斯(José Maria Dalence)领导进行了玻利维亚首次人口普查,结果表明……"(第109页)对于有争议的问题,作者在表达自己观点的同时,也对其他历史学家的观点进行介绍。例如作者认为独立对玻利维亚国家经济产生了消极影响,"虽然当代的历史学家通常会轻描淡写政治上的独立对于拉丁美洲社会结构和政治体制的影响,但是19世纪的历史学家却将之视为玻利维亚历史的转折点"(第93页)。

四是窥涉百家,博采众长。全书虽然以政治经济史的书写作为主线,但也有关于各时期造型艺术、建筑风格、文学作品、绘画流派、宗教信仰和市民生活的描写。作者广泛吸收考古学、神学、文化史和口述史的研究方法和研究成果。在第一章论述蒂亚瓦纳科文化的起源和影响时,作者否认该文化是从被西班牙征服后才开始的以及该文化只具有宗教性影响,因为"……蒂亚瓦纳科的所有重要城市中不完整的定居点建筑都是一种宗教风格已经得到证实"。"新的蒂亚瓦纳科'宗教'中心发掘证明……对蒂亚瓦纳科很可能还存在第三种解释:蒂亚瓦纳科的宗教和(或者)商业殖民地分布在高原、河谷和海岸所有地区,其影响直接扩展开来。"(第11页)对于艾马拉王国的起源,"从西班牙和梅索蒂斯口头传统说法的记载和考古记录来看,问题很清楚,那些艾马拉王国是从蒂亚瓦纳科文化时期发展而来的，而且发生了巨大的进步"（第12页）。

五是观点独到，引人深思。作者认为1780～1782年由图帕克·阿玛鲁二世领导的大暴动不是简单的印第安人反叛运动，而是"一场多阶级、多等级、组织严密的暴动，其最终目标是要排除西班牙人的统治而建立一个由当地阶级自己说了算的自治区。简而言之，那就是一场独立运动"（第68页）。在对马里亚诺·梅尔加雷霍（Mariano Melgarejo）的评价问题上，玻利维亚的历史学家们一般认为他是一个"野蛮的考迪罗"，靠出卖国家利益的方式换取稳定的外部环境和发展资金。但是作者认为梅尔加雷霍是一个积极有为、具有改革精神的总统，他致力于建立自由贸易和开放的经济体制。在他任职期间，鸟粪开采、硝酸盐出口与银矿产品出口工业的再度复兴拉动了太平洋沿岸的经济发展，城镇经济和商品农业也一度繁荣。作者对查科战争的起因也进行了独到的分析，作者认为，对石油资源的争夺并不是战争爆发的主要原因，"毋宁说，这场战争的起因必须从玻利维亚复杂的政治冲突中寻找，从大萧条对脆弱的政治体制产生的紧张关系中寻找。而战争持续长久的原因应该与阿根廷对巴拉圭愿望的支持有关"（第162页）。

然而，以笔者之管见，该书覆盖面极广，因此难免有疏漏之处。首先，作者按照时间顺序书写历史，对某些前后连贯的历史问题不能集中论述，从而不便于读者形成系统的理解。例如，作者在文中两次提到自由印第安村社的土地所有权问题，一次是在梅尔加雷霍政府时期，另一次是在19世纪七八十年代，这两个时期印第安村社土地被大量剥夺的共同背景是矿业经济的复苏和庄园经济的扩张。但是关于印第安人政治权利和村社土地合法性的争论始于共和国建立初期并一直持续到20世纪。在此期间，有两个问题值得关注，一是关于印第安人问题的几次国会辩论，辩论双方引用了共和国时期、殖民地时期甚至印加帝国时期的法令和土地制度；二是印第安人为了维护自己的土地权益所采取的各种形式的斗争。其次，该书没有摆脱殖民史观的影响。作者在第二、三章介绍殖民地历史的时候，侧重描绘"欧洲人眼中的美洲"以及西班牙人对美洲的征服和统治。作者以西班牙殖民者的视角作为叙述的主线，对"美洲人眼中的欧洲"和印第安社会在西班牙人到来后发生的变化基本没有涉及。第三，本书在翻译上存在不少错误。一些西班牙语的人名地名，译者或许是按照英文发音翻译，致使读者产生不解。如地名：Uyuni，应是乌尤尼，作者翻译成乌育尼（第 7 页）；Ayacucho，应为阿亚库乔，被译为阿亚库巧（第 11 页）；Quito，应为基多，被译为奎托（第 27 页）；Cordoba，应为科尔多瓦，被译为科多巴（第 172 页）。如古代文明 Tiahuanaco，应为蒂亚瓦纳科文化，作者译为提阿胡纳科文化（第 11 页）；Nazca，应为纳斯卡文化，被译为纳兹卡文化（第 10 页）；Chan-chan，应为昌昌文化，被译为陈陈文化（第 12 页）；Chan-ka，应为昌卡，被译为陈卡（第 12 页）。印第安村社 Ayllus，应为艾柳，被译为艾鲁（第 13 页）；印第安酋长 Cacique，应为卡西克，被译为卡西奎（第 14 页）；印第安种族 Araucanians，应为阿劳坎人，被译为阿劳干人（第 19 页）；Maupuches，应为马普切人，被译为马乌普克人（第 19 页）；印第安国王 Atahualpa，应为阿塔瓦尔帕，被译为阿塔胡阿尔帕（第 21 页）；西班牙殖民者 Diego de almagoro，应为迭戈·德·阿尔马格罗，被译为迭戈·阿尔马戈（第 28 页）；西班牙人实行的殖民制度 Encomienda，应为委托监护制，被译为委托人（第 31 页）；Encomiendero，应为委托监护主，被译为因科曼得罗（第 31 页）；秘鲁总督 Francisco Toledo，应为弗朗西斯科·托莱多，被译为弗拉兰西斯科·托雷多（第 32 页）；印第安人村庄 Pueblo，应为村庄，被译为城镇（第 33 页）；西班牙人建立的 Reducciones，应为归化区，被译为削减城镇（第 33 页）；西班牙人与黑人的混血种族 Mulattos，应为穆拉托人，被译为穆拉特人（第 44 页）；西班牙人与印第安人的混血种族 Mestizos，应为墨斯提索人，被译为墨斯提佐人（第 44 页）；作为混血人另一种称呼的 Cholo，应为乔洛人，被译为科罗人（第 3 页、第 241 页），等等。最后，本书在排版上亦有不当之处。通常"译者注释"应该放在"页下注"或"脚注"里，而本书则是放在了正文中（如 76 页、88 页、115 页、173 页、187 页、200 页等处），且字号与正文文字没有区别，结果给读者带来阅读的不便，有的地方，甚至由于排版的粗心，丢掉了译者注释内容的括号，结果使得正文和译者注释混在了一起（如第 33 页）。

（作者简介：刘颢，南开大学世界近现代史研究中心硕士研究生）

会议综述

"中国的日本史研究动态与前沿课题暨中国日本史学会理事会议"综述

雷娟利

2017年11月10~11日,"中国的日本史研究动态与前沿课题暨中国日本史学会理事会议"在天津举行。此次会议由中国日本史学会主办,南开大学世界近现代史研究中心和天津社会科学院日本研究所承办。来自中国社会科学院、北京大学、首都师范大学、中央民族大学、北京外国语大学、上海交通大学、吉林大学、东北师范大学、北华大学、吉林省社会科学院、长春师范大学、辽宁大学、大连外国语大学、大连大学、山西大学、山西师范大学、河北大学、湖北大学、洛阳师范学院、中国海洋大学、山东师范大学、青岛大学、山东青年政治学院、南开大学、天津师范大学、天津理工大学、天津社会科学院的80余位专家学者出席了会议。

会议圆满完成了中国日本史学会五年一度的换届工作,选举产生了第八届中国日本史学会理事会、常务理事会和领导机构,对2018年学会开展的主要学术活动做出了安排;与会代表交流了所在单位及个人的日本史研究信息,分析了我国及国际日本史研究的动态,并就今后我国日本史研究的重点领域及其前沿课题展开了热烈的讨论。

一 学会章程的修改与换届

会议的第一项议程是"中国日本史学会理事会议",中国日本史学会会长、天津社会科学院张健研究员主持了会议。

理事会议第一项内容是修改学会章程。张健会长代表学会解释了修改章程的必要性，程永明副秘书长就主要修改内容做了六点说明。经过讨论，理事会议表决通过章程修改草案，决定下次召开学会年会时正式表决通过，之后提交上级社团管理部门批准实施。

第二项内容是学会换届。张建会长报告了换届程序及其准备工作。他说：2017年7月20日，中国日本史学会在云南大学举办了"日本社会的转型与中日关系"学术研讨会（年会），约140名会员参会。会议期间，学会提交的五年工作报告和财务报告获得通过，同时宣布了会长办公扩大会议年内完成学会换届的决定和下届学会主要领导推荐人选，经过三个多月的筹备，换届工作已经准备就绪。经过匿名投票，产生了第八届中国日本史学会145名理事和99名常务理事。随后举行第八届中国日本史学会第一次常务理事会，匿名投票并全票通过了学会领导机构成员——会长杨栋梁，法人代表张跃斌，副会长郑毅（常务）、李卓、胡令远、王新生、徐建新、韩东育、程永明、张跃斌，秘书长宋志勇。接着，在第八届中国日本史学会第一次会长办公会议上，确定了学会副秘书长和各专业分会负责人，研究部署了学会的工作规划，决定2018年与南开大学日本研究院共同举办"日本明治维新150年学术讨论会"（暂名），与山东师范大学共同举办中国日本史学会2018年年会。

至此，换届工作圆满结束。杨栋梁会长代表新一届学会领导班子发言时表示，要继承和发扬学会和老一辈学者的优良传统，团结一致，砥砺前行，努力把中国日本史学会打造成享誉海内外的品牌。

二　中国的日本史研究动态与前沿课题研讨会

会议的第二项议程是以"中国的日本史研究动态与前沿课题"为题的学术研讨会，杨栋梁会长主持了会议。与会学者围绕国内外日本史研究的理论、方法、课题等研究动态及其发展趋势，展开了热烈的讨论。

山东师范大学历史与社会发展学院孙立祥教授重点阐述了"日本战后右翼势力"与"日本国民的战争责任问题"，指出日本战后右翼势力的抬头和右翼政治家何以能够长期执政的社会基础值得深入思考。他认为，日本能够维持十四年对外侵略战争，日本国民是有责任的，小泉、安倍保守右翼政权的民意基础值得重视。

中国社会科学院世界历史研究所徐建新教授评述了日本古代中世纪史研究的动态，认为从新方法、新领域、新视角、新课题、新材料等方面而言，日本史学界发生了很多变化，新的研究成果不断涌现，但是像日本古代奴隶制等一些重要问题尚未得到充分研究，应引起学界的注意。他希望学会能吸收更多国内优秀的青年学者，建议创设集中介绍国内日本史研究学者和日本研究各项成果的网络平台。

中央民族大学蔡凤林教授介绍了古代中日关系的研究动态，认为对日本古代史的研究还属于薄弱环节，日本现当代的研究应该追根溯源到古代，应该把日本民族文化的形成置于东亚国际环境中审视和研究。他还介绍了自己最新发表的《东亚视阈下的古代中日关系研究》及《东亚世界论动态》两篇文章的主要观点，希望中国史学界对日本古代史的研究投入更多的力量。

吉林省社会科学院满铁研究中心武向平研究员介绍了满铁研究的状况，指出满铁资料是中国东北史研究、日本侵华史研究所极为重要的史料支撑，呼吁学界重视满铁资料的价值，并对此进行更多投入。

青岛大学政治与公共管理学院李广民教授介绍了自己的研究团队近年来关注的两个重点研究领域，一是关注西方智库对日本的研究，特别是对日本政治和安全保障法的研究，为此追踪和翻译了西方的相关研究报告；二是关注对中日关系有深远影响的日本外务省和防卫省的预算情况。

长春师范大学东亚研究中心张晓刚教授介绍了日本开港史的研究情况，以及日本在大连殖民史研究的进展。他表示，下一步将把日本在中国东北的殖民史、东北抗联、口述史等作为研究重点。

中国海洋大学日本研究中心宋宁尔副教授从三方面介绍了其团队的研究。其一是从事海岛研究，尤其是钓鱼岛、琉球群岛等与中日关系密切相关的岛屿研究，也包括日本岛国的研究；其二是海洋意识研究，从近代以来日本海权意识的萌生，到目前日本的海洋战略、海洋国家的转变，均在研究视野之内；其三是立足于人类的生产实践，考察岛国日本利用海洋、保护海洋和仰赖海洋生存而产生的文明的本质所在。

辽宁大学日本研究所王铁军教授重点评介了满铁简报翻译和影印出版状况，提出了建设和利用日本史资料群的设想，同时介绍了辽宁大学日本研究论坛的运作情况。

东北师范大学日本研究所陈秀武教授介绍了本单位伪满历史文化研究基地的现状，指出未来会着重从事近代日本与中国东北研究。对于中国的日本史研究下一步的发展方向，他强调"稽古"与"随时"结合，既要做日本史的源流研究，又要结合现实，为国家献计献策。

南开大学世界近现代史研究中心杨栋梁教授重点介绍了其主持的教育部人文社科重点研究基地重大项目"一战后日本的'转向'与对外战略误判研究"选题的目的、思路和意义。他指出，近代以来日本是东亚发展最快的国家，一战后达到了其历史发展的顶点，但随后走了弯路。这种"成功与失败"是否只具有日本典型性？在一战后日本社会各阶层改造国家的选择中，为什么日本在诸多的可能中却选择了法西斯道路？该用什么指标来审视和判断日本这种转向？这种转向对审视当今日本的变化有何参考和借鉴，都是需要深入研究的问题。

南开大学日本研究院李卓教授认为，要更好地分析日本的政治问题和现实问题，必须做更为扎实的日本史研究，为此必须重视日本研究的资料搜集。

北京大学历史学系王新生教授介绍了近年主持开展的日本新宗教研究进展状况。他还介绍了西方史学界对明治维新的研究情况，认为国内日本史学界对新研究方法和动向了解不够，存在研究碎片化问题。

教育部国别和区域研究培育基地、南开大学日本研究中心主任宋志勇教授重点介绍了其主持国家社科重大项目"新编日本史"的进展，同时特别报告了抗日战争与近代中日关系文献数据平台（http://www.modernhistory.org.cn）的来龙去脉及战史丛书的翻译情况。

最后，中国日本史学会名誉会长、中国社会科学院世界历史研究所教授汤重南教授对会议做了总结。汤教授认为，本次会议主题非常好，中国的日本史研究首先要了解"动态"，即清楚日本、西方和本国的研究现状，尤其要重视美国馆藏史料的搜集与整理。他指出，当前的中国日本史研究进入了最好的时期，学术研究资金有保障、研究人才以博士、硕士为主，人才层次高，团队日渐成熟。但我们仍要有危机感，譬如要进一步拓宽日本研究的领域，仅依靠日语这一语言工具是不够的，还要重视英语、俄语和东南亚地区语言等。同时要在正确的史学理论指导下进行日本研究。汤教授期望学会的同人不忘初心，继承中国日本史学会的光荣传统，搭建平台、科学管理、团结一致，努力再创辉煌。

（作者简介：雷娟利，南开大学世界近现代史研究中心博士生研究生）

史料选登

日本明治时期海运业的发展

日本《太阳》杂志　撰文　潘幼文　译　温娟　校

文献解读：明治初年，欧美船运公司垄断了日本的远洋运输业和国内主要航线。为了改变海运业的落后局面，明治政府起初成立了半官半民性质的回漕公司，专门承运东京与大阪间的货物。接着通过各种政策优惠措施，扶植成立三菱公司和共同运输公司，最后在1885年将两公司合并，成立了由三菱控制的日本邮轮公司。在此期间，日本夺回了被外国公司垄断的海运业主导权。与此同时，在殖产兴业政策下，现代造船业和港湾码头建设也取得了飞快进步。《太阳》杂志刊登的这篇文章，如实地记录了现代日本海运业在政府的支持下从无到有、从弱到强的发展历程。（校者）

一　海上航运

（一）明治时期海运业的起点

江户幕府于宽永年间（1624~1643）发布锁国令后，专念于国泰民安，根本不考虑海权兴衰及海外发展，四面环海的岛国之民气宇尽失，此乃我海运业最为黑暗的时期。及至宽政年间（1789~1800）俄、美、英等国军舰冒着滚滚黑烟出没于我近海，国防之不安惊醒了幕府之迷梦。嘉永六年（1853）佩里扣我国门，幕府之昔日长梦彻底破灭，首先解除了禁止诸侯制造大型船只的禁令，继而允许普通百姓及町人拥有大型船只。安政元年

(1854)俄国军舰在伊豆沿海遇难，俄国船员曾招募我国船工建造两艘帆船驶往北海，此为我国船工学习西洋造船技术之起点。当时受雇于俄国人的船工后多数成为幕府海军所属人员，水户藩也从石川岛造船所派出船工了解俄国船只修复详情，学习西洋造船技术。此后，幕府先于浦贺建造了我国首支西洋帆船凤凰丸号，开启了建造西洋帆船的先河；以太阳旗为日本舰船标识之习也兴于此时。幕府凤凰丸号之后，水户藩建造了三桅杆帆船旭丸号，鹿儿岛藩则以英国船只为模型建造了长约218米、宽约55米的二桅杆帆船。接着荷兰、英国两政府向幕府赠送了观光号、蟠龙号两艘蒸汽轮船。万延元年（1860），幕府向荷兰订购的咸临丸号、朝阳丸号两艘军舰竣工，幕府海军奉行胜海舟乘咸临丸号访问美国，开启了我国舰船横渡太平洋之先河。

以上背景下，幕府号召各藩推广、传授使用舰船的技术，文久元年（1861）传令各藩，奖励建造大型船只、鼓励购买外国舰船并允许在国内自由航行，对不熟悉航海者可根据要求借予领航员和水手；意在加强国防事业。翌年幕府撤销锁国令、解除了出航海外的禁令。在此前后，幕府设立了海军讲习所、横须贺造船所，尽全力购买及建造外国船舰；见此形势，诸侯及商人之中着手造船之人亦相继增加。庆应末年（1867）幕府建造及购买的船舰共计43艘（其中军舰7艘），耗资333.6万两白银；各藩拥有船舰共计94艘，耗资449.4万两白银。明治时期海运业是在以上背景下起步的。

当时，河村瑞轩开辟的东北航运业已经凋零，江户与大阪间的海运仅靠樽回船与菱桓回船两者的运行。由于樽回船为摄津酒厂所有因此仅承担运送酒类制品；而菱桓迴船为大阪砂糖、棉花、油、纸张、药品、棉纱、蜡、铁、鲣鱼花等9种商品商人共同所有，因此负责运输上述商品。幕末奖励海运业的目的在于通过海运能力的提高增强国防能力而并非发展工商业，因此沿岸航路旧貌未改。虽然幕府废除了大船建造禁令，各藩及巨商竞相建造大船，但实际上日式船舶仍占大部分，达到航海之目的仍需很长时间，旅客的出行仍然非常不便。

王政复古后，明治新政府掌握了征收全国贡租之权，将贡租米从全国各地运往大阪及东京两地成为重要事宜，政府痛感江户时期运送方式的不便，为了采用轮船运送，多次发布指令奖励建造及购买轮船。国民也知其便利，从外国人手中购买轮船之事日渐增多。不过由于缺少经验，往往被狡猾的外国人坑骗买到破旧废船。鉴此，明治二年（1869）政府发布太政官通知，要求购买外国轮船之时须向各港口所在地的府、县呈报，仔细检查以免因购入粗劣次品浪费大量资金。次年再度发布通知，指出因传统的日本式船舶具有不够坚固、易遇海难的弱点，故今后将全部使用西洋式船舶，并对持有西洋式船舶的船主提供优厚的保护。由此，明治政府首次将奖励及保护海运业的目的从过去的增强国防转向海运业自身的发展之上。

（二）最早的轮船公司

1869 年 3 月，在政府的干预保护下，东京灵岸岛和大阪中之岛两地成立了名为回漕公司的货运公司，专门承运东京与大阪间的货物。该公司为民部省通商司所管辖，使用船舶中包括中央政府所有船舶及大藩委托船舶，公司属于半官半民性质。

回漕公司营业法规定如下：1）对于政府船舶，公司收取客运费的 10% 作为手续费，公司收取燃料、搬运、驳船等实际支付的费用，船员的所有工资均作为船长承包项目先由公司代付，全部收入中扣除以上各项开支后所剩余额及相关明细账目上交通商司；2）对于诸藩委托船舶，从所有客运费中扣除公司手续费 10% 及搬运、驳船等实际费用后所剩余额及相关明细账目均交予船长；3）货物如出现淋湿、遗失等现象，有船长负责赔偿，其赔偿金为船载货物运费的 30%（由船长指派两人作为东京及大阪两地的代理，负责调查货物故障，查明故障究竟出在搬运或是驳船环节，向责任者索取赔偿金并与货主交涉赔偿金事宜）；4）货物运费按传统的樽回船和菱桓回船比率收取，如物价上涨则按同样幅度增加；5）旅客的运费参照美国太平洋公司船舶运费的标准，三等舱 9 两银、二等舱 15 两银、头等舱 20 两银。回漕公司成立后不仅包揽了菱桓回船的货物，还得到很多特约货物的委托，在收益上被寄予很大的期望。但是，由于经营者能力欠缺，仅仅两年中便负债 12 万日元，导致公司停业。

我国开港后，美国太平洋轮船公司率先开辟了横滨、神户、长崎至上海的定期航线，垄断了我国沿海航业，沿海利益悉数被其掌握。政府兴办船运公司的目的亦在于与之抗衡，然而，计划的实施并不尽如人意，很快以失败告终，对此政府深感遗憾。为此，1871年5月政府加大补助力度，支持三井八郎兵卫的代理人吹岛四郎兵卫等建立新的船运公司，取名"回漕取扱所"，原回漕公司的所有政府船舶归其使用。同年8月改名为"日本邮政轮船会社"，不仅将因废藩置县获取的原藩有船舶一并贷予该公司，并应允由大藏省支付60万日元费用，规模骤然扩大。公司除一般货客运输之外，承担运送贡米之义务，并且计划令其承担运送邮政物资之任。公司资金由汇兑公司融通，在负责其计划经营的人物中有涩泽荣一、岩桥万造、高崎长卫门、山路勘助等（高崎、山路任要职），前岛密作为大藏省主任主管该公司相关事务。公司的旧习惯得到很大改观，航路不断扩大至冲绳，为此政府拨款6000日元对其扶植奖励。然而由于公司船舶多已陈旧，支出远远超出预算；不仅如此，其间后年风靡我国航运事业的三菱公司亦开始兴起，各地竞争对手层出；因此公司运气凋零，尽管勉力维持，仍于1875年再度解散。

（三）三菱公司的兴起

岩崎弥太郎是前土佐藩士，曾担任小参事。利用管理藩所有船舶之便，借用其中3艘轮船，建立了名为"九十九商会"的漕运公司，承诺平时从事东京、大阪、高知之间的船运事宜，如有战事则专门承担该藩运输。该公司于1870年开业，开业当时由于势单力薄并无显著业绩。不久，九十九商会暂时解散，之后改称"三川商会"。1871年7月废藩置县后，岩崎廉价收购了旧藩所有轮船6艘，拖船2艘，小船、帆船、仓船各1艘，于大阪再创船舶公司，并在东京设立分店，按照山内氏家徽的三柏叶制作了三菱徽章，为公司取名为"三菱商会"。三菱商会成立一两年后，业绩势如破竹，远远超过邮政蒸汽轮船公司（1875年承揽邮政业务后改称为三菱邮政轮船公司），更加热衷于扩张业务，国内的航运业很快便在其掌握之中。尽管如此，要想进一步进军外国公司的堡垒，前途仍难以预料。

1874年发生佐贺之乱，三菱公司为执行公务将总部迁至东京，大阪变为分公司，业务继续扩大。不久政府出兵台湾，与内地的佐贺小动乱不同，军队及军需品的运输只能全部依靠船舶。当时政府认为仅国内航业无法胜任此重要任务，欲请求当时仍掌握着我国海运主权的美、英、法等外国轮船公司中最为强大的美国太平洋轮船公司承担运输任务，并秘密与其交涉。

但是美国宣布严守局外中立，命令该公司薛觉商谈，使政府的计划完全落空。无奈之下，政府紧急拨款150.68万两银，购入13艘轮船。但是由谁来管理及使用这些轮船，又成为政府颇为头痛的难题。三菱公司认为必须掌握这个大好时机，上书政府曰："愿以弊公司所有数艘轮船报效国恩于万一"，此前大隈重信便认为岩崎具有超人之处，大久保利通同样认为岩崎志向远大。且大久保虽身为内务卿却施压朝野，大隈虽身为大藏卿却言凌众官，故政府一致决定接受岩崎建议，将购入的船舶交予三菱公司，委托其承担所有军队及粮食运输（当时邮政轮船公司也承担部分运输任务，但业绩不佳），以应对一时之急务。此为三菱公司成功的第一个阶梯，此间获利甚多，三菱公司由此名震天下。

（四）三菱掌握海运权

出征台湾结束后，政府越发感到扩大海运的紧迫，遂加大干涉保护政策的力度。并认为三菱有功，将曾经托付予其使用的所有军用船舶无偿赠予三菱，助其扩大事业。其间邮政轮船公司解散，政府又将该公司所属的18艘船舶收购，全部交给三菱公司使用，其条件是承担邮政运输任务的所有船舶，无论平时还是战时只要政府需要就必须供政府使用。政府为促进海运事业，自1875年起连续15年每年向三菱提供25万日元特殊补贴；此外责成三菱公司成立商船学校（即三菱商船学校）及水手、伙夫培养所，以达到培养海员的目的；为此政府每年提供1.1万日元的专项补助金。至此，三菱公司的基础已经到了不可动摇的地步。

政府如此厚待三菱的原因在于，当时太平洋轮船公司在我国沿海飞扬跋扈，将航运利益尽收囊中，大久保、大隈等对我国权之盛衰深感忧虑，欲以三菱取而代之。可以说在获得政府丰厚保护的同时，挫败太平洋轮船公司，收复沿海航运权的重任便落到三菱公司的肩上。

激烈的竞争旋即开始，首先从降低运费开始，接着是增加航班次数。对手虽因远道而来稍感不便，但是美国资本雄厚并具有丰富经验的太平洋轮船公司；而三菱公司虽仅为依赖政府保护的小公司，却也初生牛犊不怕虎；两者互不相让，竞争历经数月针锋相对。开始态度傲慢的太平洋轮船公司渐露倦意，暗企妥协；恶战苦斗的三菱公司见此不失时机地向政府献计，政府以81万美元的价格收购了太平洋公司来往于横滨、神户、长崎、上海间定期航班的纽约号、科斯塔里卡号和内华达号三艘轮船，以及神户、上海等地的仓库等陆地设施，并且将上述资产全部移交三菱公司使用。三菱公司在这场竞争中最终达到目的，由此我国近海航运权全部得以回归，我国的海运事业始见端绪。

1876年英国PO公司（今15号船）开辟上海至横滨的新航线，隐然要夺取三菱的既得航线。正所谓越过一山又一山，前次竞争的疲惫未解，今又不得不与大敌相争。虽在政府的庇护下驱逐太平洋轮船公司的余威仍存，但因财力不足此次竞争于前次相比更感艰难。然而三菱并未屈服，其利用报纸等媒体取得朝野的同情，百般苦心的努力，再次在激烈的竞争中取胜，使PO公司丢尽颜面。

此次竞争后，政府发布第二次命令，决定补贴三菱25万日元，其中20万日元用于上海航线，2万日元用于东京、横滨、大阪、神户间航线，1万日元用于东京函馆间航线，1万日元用于东京、横滨、新潟沿海诸港间航线，5000日元用于东京、四日间航线，5000日元用于长崎、五岛、对州及朝鲜釜山间航线，使其的发展更加稳定，可以说三菱已经所向无敌。从太平洋沿岸，北至北海道，出日本海，更至釜山、上海，漫长数千海里的海权已全部被三菱掌握。

1877年2月西南战争爆发，此战成就了三菱的海上霸权，使公司的创立者及经营者、土佐乡士岩崎弥太郎一跃成为日本的海上王者。战争初始三菱奉命运送军队和粮食等军需物资，出上海航线船舶之外，所有船舶皆为军用。同年6月，平定叛乱尚未可期，三菱请求政府再度购入五六艘大小轮船，否则运输任务难以完成，并要求一次性给予70万美元的购船补贴。为解燃眉之急，政府不得不完全应允三菱的请求，三菱在政府补贴的基础上加入公司资金38万两银购入轮船10艘，业务急剧扩张，海上的无限利益悉为三菱垄断。在海上扩张力甚微的明治初年，唯独三菱获取巨额财富，仅仅数年便成为日本唯一雄视海内的大公司，无人可以与之抗衡，尔后公司的发展堪称如日中天。

（五）三菱的全盛期

西南战争后的1883年4月至共同运输公司成立为止的1年间，是三菱公司的全盛期；日本的海港仅为三菱公司存在，可谓晴空万里，其发展前程毫无阻挡，高悬于风平浪静大海之上的旭日，情有独钟地照耀着三菱的徽章。其间三菱不仅垄断海上利益，并且着手所有与海运相关并有获利可能之事宜，其生财之道不择手段。其中最为大胆并令全国经济界震惊的当属汇兑事业，具体包括海上保险业、银行业、仓储业等，其目的在于将全国货物尽收于自公司囊中。其规模之宏大、业务之兴隆，骤然间凌驾于其他强大的国立银行之上。三菱公司的一举手一投足均能成为经济界的衡量标准。三菱的行为贯穿了垄断与专横，一旦通过三菱汇兑公司办理货物押汇，则必须将货物交与三菱的船舶承运，交予三菱船舶承运的货物必须购买三菱海上保险。如此，货物押汇费、运输费、海上保险费及仓库使用费等，悉数归入三菱囊中。更有甚者，三菱还全新推出诸如"地汇兑"（即由生产者、批发商、银行一同办理签署船运合同、提供贷款之业务），及"直汇兑"（即三菱公司船舶所到之处，直接与制造者签署船运合同，办理货物押汇并马上运往目的地之业务）。"直汇兑"改变了以往先将诸如北海道及四国等交通不便地区的货物集中于中心市场，然后运往全国各地的惯例，使批发商等陷入危机，破产者不在少数。此外垄断经营之方新按百出，震撼业界之法不胜枚举，且此类收入的利益每年不低于1000万日元。

三菱势压全国经济界，并不把三井、住友等公司放在眼中，其计划和行为之间脱离常规而有失妥当，动辄陷入专横傲慢之势，况其数年暴富，暴富所带来的权力使其一颦一笑均影响经济界之盛衰，其何能不安于小成。公司愈加欲望无止境，期望统治一代财界，其亦为自然之势。三菱之所以如此，一是政府过度保护且疏于监督，且因不谙经济而缺乏控制三菱专横之能力；一是偶然出现了岩崎弥太郎这样敢于冒险、善于捕捉时机的强人。三菱的出现犹如一颗炸弹惊醒了日本经济界的太平梦，三菱的跋扈漫无止境欲使世人俯首听命；为此招来了一片反抗、不平、怨言、愤懑之声。

乘此机会，三井派的益田孝（涩泽荣一的挚友）试图夺取三菱垄断的部分航运权，他与伏木的藤井纯三、新潟的键富三作、伊势的诸户清六等富商共谋，于1880年（明治十三年）成立东京风帆船公司，虽资本金仅有30万日元，但决心很大，聘海军大佐远武秀任公司总经理，开业准备就绪。尽管东京风帆船公司规模不大，但三菱并未轻视，认为特别是在东京家门口更不能允许海上异己分子的出现，在暗中使尽手段，进行妨害其成立。

结果新公司成立并非尽如人意，甚至举步难行。之后成立共同运输公司的计划出台，该公司尚未开业便告解散，三菱的优先权不仅丝毫未受影响，并且根基更加坚固。毕竟势力弱小是无法与三菱抗争的，世间在更加惊叹三菱的势力宏大无边的同时，更加增强了对其之反感。恰在此时，西南战争中政府发行的不兑换纸币价格暴跌，经济界发生小型危机。受其影响，客货运量锐减，三菱也蒙了不小的损失。为弥补损失，表面上虽未涨价，但却狡猾地采取了账务结算换算为墨西哥银圆的方法，当时纸币和墨西哥银圆间的差价高达60%，因此事实上运费涨价也是60%。当时朝野就如何解决经济问题议论纷纷，三菱的旁若无人之举，焉能不招来非难。于是攻击三菱之势更加高涨。

北海道开拓使国有资产处理事件，也是当时舆论关注的热点。此前的1878年（明治十一年），政府中保护三菱的核心人物大久保利通被凶手暗杀，为此事件大隈与萨长藩阀进行了一番激烈争辩后，于1881年辞官下野，政界的突变越发对三菱不利，一时陷入朝野内外腹背受敌的困境。但是岩崎刚愎自用之性格使之稳如泰山，一方面利用金钱封人之口、抑人之笔，对于金钱所不能及的势力，则以士人之礼收买人心、收揽人才；另一方面以开拓使事件为武器，攻击藩阀政府，试图日后成立对自己有利的政府。为此，将相关秘密文件提供给麾下的报社，用笔攻击政府，意在试图以攻为守打开局面。当时，马场辰猪等人游说全国，掀起打到藩阀的高潮；其费用亦为三菱所支付。国有资产下放事件，本是大隈作为达到开设国会目的之突破口而下的赌注，而取消下放最终使大隈等人的主张得以实现，三菱在如此复杂背景下的活动方式不胜枚举。

如此，三菱从提高运费受到攻击，瞬间将世间的视线移向别处。但此时岩崎生出在政界扶持自家势力、以备万一的念头。由于与大隈之间亲密无间的关系，改进党成员成为他所欢迎的对象，俨然成为改进党党外首领。可以说三菱的全盛是多事之秋的全盛，事业的成功靠的是奋斗，正如其创业时代与外敌争雌雄之势。

（六）共同运输公司的出现

大隈和木户、大久保一样是维新以来明治政府的重臣，大隈的下野对藩阀来讲如放虎归山。当时全社会都在讨论民权，梦想立宪政治的实现、政党内阁的成立。在此背景下大隈树立新党并以党首自居，加之背后无疑有政界的大敌三菱支持，实在对政府构成巨大威胁。为了维护藩阀统治，当称非大隈派参谋总长、时任农商务省大辅的品川弥次郎献上一策曰"欲射将必先射马，讨伐大隈必先扳倒三菱"，然此仅为对内所言；对外则称与国家经济盛衰相关的海运事业，长期由一私人、一公司垄断而放任不管，则百害皆出；如急于贪图盈利则将妨碍其发展，使海运事业陷入可悲的结果。三菱的专横已经不堪忍耐，当务之急在于启用能与三菱相抗衡的大公司，并予其政府之保护，让两者相互制约，砥砺行事。由于事关重大，政府经研究决定接受此建议，并任命品川主持执行。品川立即纠集对三菱不满的资本家涩泽荣一、益田孝、小室信夫、涩泽喜作、崛基等人作为发起人，将以前成立但仍未开业的东京风帆船公司、北海道运输公司及越中风帆船公司等合并，以三个公司的船舶为基础创立共同运输公司，1882年7月政府批准公司成立，之后根据准备状况部分开业，翌年4月所有事业全部就绪，该公司成为三菱最后的劲敌。

  政府对共同运输公司的保护比三菱成立之时更加优越，应该说实际上该公司是纯粹的半官半民组织。公司成立批准命令书中规定：1）供战时使用的船舶由政府建造并逐次交予公司；2）建造金额130万日元作为政府持股，政府每年收取持有股份的20%的分红；3）公司资本金为300万日元，除政府持股外其他170万日元争取从各地募集。1882年10月召开发起人会议，讨论公司章程，选举6名（益田孝、小室信夫、涩泽喜作、崛基、藤井三吉、原田金之助）创立委员，授予创立委员董事权限，最后通过了公司章程。根据政府命令书，海军大佐伊藤儁吉为公司非专职总经理，前风帆船公司社长远武秀行为副总经理，专管创业事务。同年12月，政府又将玄武丸等12艘船舶借予公司使用，每年征收借予船舶利益的30%作为租借费，由于公司规模尚小，仅以上述政府优惠政策仍无法与三菱对峙，发起人亦为经营不利而担忧，遂扩大规模，将资本金增至600万日元，其中政府出资倍增至260万日元。1883年4月，一个庞大的船运公司诞生了。1883年4月30日，创立后第一次股东大会上，创立委员就创业事宜做了报告，其主要内容如下。

  本公司遵照1882年7月26日下发的农商务卿命令书，于同年10

月召集各地发起人代表举行章程会议，同26日结束，制定了创立规约；届时选举创立委员6名，并赋予其董事权；上述内容获农商务卿认可。根据政府命令书第11条，特选出伊藤儁吉为总经理、远武秀行为副总经理，专门处理创业事务，现向诸位报告如下要点：

第一，股票发行事宜

1882年（明治十五年）10月，与各地赴京发起人代表诸君商议股东募集方法之后，为广泛贯彻本公司创立宗旨，促进有志者加盟，迄今为止（1883年4月27日）本公司账簿注册登记的股票额为42141股，金额为2107050日元，其中已缴纳金额为673485日元。总额120000股中，除政府应交52000股之外，剩余68000股，占比超十分之六。虽募集状况甚为不佳，但招募仍在进行，有已承诺加盟却仍未申请购买股票者存在，也有已经申请购买股票但各地仍在汇总中者存在，事实上与大阪府下同样，账簿注册未完成者仍为数不少。以上多种情况均在报道数字之外，所以相信实际进度并非不佳或迟缓，也相信不远的将来会听到股东募集完成之报道。

政府应付股票金额为260万日元，按照最初命令其中130万日元，政府已经用于建造战时适用于海军的航行时速在13海里的坚固大轮船2艘，剩余款项用于建造轮船风帆船，该款项也应尽快到账。另外一半（即通过增股申请增加的130万日元）中，诸如本次交付长崎工作分局制造的轮船"小菅丸"号，如建造费从上述增股的130万日元中支付的话，更应尽快支付予本公司。政府下拨的股金来自我等人民，股金的支付与轮船建造费用的支付不可同日而语，考虑公司利便同样非常重要。

第二，三家公司合并事宜

董事会决定东京风帆船公司、北海道运输公司、越中风帆船公司三家公司合并为本公司后，已经令三家公司对资产进行调查，并已通过农商务卿认可。自本年1月1日起，三家公司以全额股金合并为本公司，各自所持船舶根据情况无法同时交接而进入品海港口之时，向船管局提交船体检查申请接受检查，根据条款合格的船舶，自1月起至本月（4月）为止依次移交予本公司；船舶数量为轮船1艘、风帆船15艘。三家公司的持股为，旧东京风帆船公司的股份7412股（股金

371100日元，其中已支付249980日元）、旧北海道运输公司的股份4369股（股金218400日元，其中已支付72355日元）、旧越中风帆船公司的股份3000股（股金15万日元已全部支付），以上合计股份额为14790股（股金739500日元，其中已支付472335日元），上述已支付股金包括轮船帆船、土地建筑物及船舶用附属品等对本公司重要的物资以及现在所持正币，其余作为未缴纳股金计入。

第三，租船事宜

根据农商务卿指示，旧北海道运输公司租借的玄武丸号与另外3艘轮船，清武丸号与另外8艘风帆船由本公司租用，本年1月1日已交予本公司，其中风帆船2艘根据指示奉还，其他轮船4艘、风帆船7艘悬挂本公司旗帜在各地航行。

第四，船舶的求购事宜

船舶的构造及购买是本公司创立之急务。经多方商议，政府提出在欧洲制造2艘大轮船，并指令本公司总经理统筹各项事物。为此总经理带领公司雇用外国人阿卢维一起出国购船，同行者还有管船局派遣的雇用外国人布拉恩、海军省派遣的小匠司佐双左仲氏，一行人于1月27日乘邮轮前往英国。

3月12日总经理一行平安抵达英国首都伦敦。4月21日发回电报咨询称："有4艘货客两用新造轮船（总吨位5600吨），如其构造符合本公司要求，是否可以在商量价格后购入"，经申报农商务省并得到批准后，回电告之："请迅速购入"；并相信4艘轮船最晚7、8月份能够到达品海。但是，据总经理消息新造大轮船2艘中，1艘需10个月、另一艘需12个月方能完工，故明年春夏之交新轮船方能扬起本公司旗帜在我沿海航行。

长崎工作分局制造的小菅丸号轮船，选材优良船体坚固之事早已耳闻目睹，因本公司眼下急需船舶，已请求政府将该船加入应下拨给本公司的船舶之中，很快得以采纳，并将近日中办理下拨手续，关于该船价问题已在前面详细陈述。

第五，支店代理店事宜

本公司营业最为重要的是在各重要港口设立支店或代理店。目前可立即将3家旧公司的本店、支店及代理店，作为本公司的支店、代理店或货物管理所；亦可建立新支店或代理店，但必须为不得不建代理店的重要地区，需预先核算总营业资金，尽管已有如意场所，但创业之际尽可能以节约费用为主；故仅限在最为重要且后日入手困难等场所购置土地房屋或建造仓库。一般来讲以节约费用为主必定会对今后公司的隆盛留有遗憾，然而这也是不得已之处。

以上是在本次股东大会上，我等向各位与会者汇报的执业概要，其他详细事项将在今后的例行大会上报告。

共同运输公司
总经理　伊藤儁吉
副总经理　远藤秀行
创立委员　益田孝
创立委员　小室信夫
创立委员　涩泽喜作
创立委员　崛基
创立委员　藤井三吉
创立委员　原田金之助
1883 年 4 月 30 日

共同运输公司如此规模和抱负，显然是三菱的一大劲敌。三菱初闻此计划时，岩崎暴怒，欲在敌手尚未完成准备之时将其击垮。虽百般苦心想方设法阻碍对手的成立，但因缺乏决心、政略及胆量，敌手的决心毫无动摇之处；故未能防患于未然，阻止工作以失败告终。最后只剩下和敌手一决胜负之路。

然而，三菱当时在对抗中处于不利地位。此前政府决定成立共同运输公司之时，曾向三菱下达了所谓"第 3 号命令书"，训谕三菱公司拥有的所有轮船今后注册吨数不可低于 2.2 万吨，应制造或购入新船代替老朽船舶；同时运费不可高于运费率，并严令邮轮必须定期出航；大有加强政府干预的意向。多年来三菱的垄断和专横招来世人公愤，已经没有了同情者。世间更多的是为共同运输公司的出现而快乐，希望其能够成功。恰值自由、改进两党互相攻击、口沫四溅，自由党攻击三菱时指责改进党已成为三菱的私党，其与岩崎相互勾结谋取私利，为了国家的利益必须把执政党的改进党与三菱一起消灭。自由党通过报纸和演说，揭露改进党和三菱之间的秘密，社会上无法判断事情的真伪。怪雄星亨加入自由党后工事更猛，舌战升级为谩骂与诽谤。星亨攻击岩崎是"海上魔王"、改进党是"国贼"，进而派党员赴各地举办"扑灭伪党""平定海上魔王"的大型演讲会，会议进入高潮时，在会场上演了焚烧纸船、劈杀稻草人，高呼"海上魔王休矣、快哉"的滑稽剧。

时势的发展风云莫测，岩崎并不是坐以待毙的老朽，不惜一切代价奋起抗争，对战之惨烈难以言状。双方对峙、各不相让，日复一日、月复一月、年复一年，其对立愈加猛烈，以至持续了3年之久。其间最为激烈的竞争是1884年（明治十七年）下半年，东京至神户、东京至四日之间的两条航线实际上成为决定胜负的"关原之战"。当时作为陆上之战的自由党方面的攻击达到顶点，恰值共同运输公司得到强大的第三国增援，使得刚愎自用的岩崎弥太郎也失去健康，情绪悲观。据传说某日手持匕首入室欲自行了断，被其股肱川田小一郎发现，一番激励后方才无事。无论真否其间的心劳可想而知。

然而，身处困境的不仅三菱，共同运输公司亦然。竞争绝顶之时，仅6个月便损失了68万日元。其中来自政府的投入虽然很大，但也难以忍受如此负担，何况西南战争后国库空虚的局面并未改观。如此轻率之举导致财政紊乱、焦头烂额。不只公司内部，政府内部的怨言也在增加，对品川的质疑日益强烈，其状况也实在令人怜悯。

岩崎脱离沮丧之后，三菱开始调整作战方式，正面作战继续死拼的同时，试图暗中迂回从背后捣毁敌方大本营。其战术日趋巧妙，一方面散布消息说三菱见海运利益太少，准备将资本转往陆地，迷惑对手乘机秘密购买对方股票，1884年末共同运输公司过半数的股票已被三菱收购；另一方面把手伸向政府，在冈本兼三郎的总指挥下，秘密开始推动合并。据说当时冈山投入的活动资金达40万日元。此时共同运输公司已经丧失斗志，与政府之间的冲突逐渐增多、两者间失去统一，股东不知将来结局如何，惶惶不可终日。结果股票暴跌至面额的三分之二，品川的名声日下，社会精英都在批评政府无章法，三菱的战术获得成功。政府也开始意识到做法的欠妥，当初苦于三菱垄断市场，为制约三菱挑起竞争，但三菱并未倒下，竞争进入长期化，如两者共衰，日本海运皆空，岂不愚蠢。至此两者合并是解决竞争的唯一办法，精悍的品川也已经失去抗争之词，舆论也认为此为善策。明治海运史上最具传奇色彩的一幕终于告终。

（七）三菱与共同运输公司的合并

1885年（明治十八年）1月13日，政府向三菱及共同两公司发出如下训令："政府对两公司的保护与扶持，旨在助两公司齐头并进，使我国海运更加昌盛，但两公司的竞争反而导致海运衰颓，违背政府初衷。今后两公司应以亲善和睦为宗旨，协商制定规则，确定运费和航速，停止竞争"。此时虽已出现合并之论，但政府扶助共同运输公司主旨本在于与三菱对立，故有必要出面在两者之间寻找解决竞争的方法。所以该训令不过是作茧自缚的结果，并不具备任何作用。然而，两公司并未拒绝，听从政府训令充分协商、制定规则。同年2月5日两公司连署将规则缔结之事呈报政府。不久因岩崎弥太郎旧病复发并一病不起，为此虽两公司竞争稍见缓解，但仅为一时之幸。岩崎弥太郎死后其弟岩崎弥之助继承，其意气更加轩昂依然继续竞争，规约成为一文不值的废纸。三菱认为有抵制合并运动的可能，故想尽方法加剧竞争，为此同年6、7月之交，竞争之势愈加猛烈。至此，除合并之外已无路可走。政府于同年7月下旬，对两公司下达内训，指出：

> 现两公司竞争进入无底之洞，似乎已经无法实现"齐头并进"之期盼，若如此下去，不顾经营上出现巨大损失却执意两立，难道向政府要求保护吗？政府并无责任答应两公司的过分要求。那么两公司能够各自独立吗？用有限的资本填补无限的亏损岂能永久存续下去？政府又怎能旁观下去放任自流？岂能让我国的海运如此灭亡？因此最好的方法是将两公司的资金合并，重新建立一家大公司，根绝长期竞争之弊病，共同扩张海运，除此之外别无他径。请两公司斟酌此意尽快予以答复。

三菱已经料到事情会如此，马上召开董事会，决定接受政府内训主旨，8月1日提交承诺书。承诺书中表示："政府欲扩张海运、挽救今日之困境，并本着公平之心决定两公司合并事宜，即使失去三菱的旗帜，即使面对内外名誉受损，但为了国家大计及政府决定，一定努力贯彻政府意图。"见三菱已无异议，共同运输公司也于8月15日召开股东临时大会，商议解散公司与三菱合并事宜。因政府合并之意已决，并且其股份的过半已经被三菱掌握，故形势非常明了。审议结果以绝大多数通过合并案，其条件是由政府保证每年获取8分红利，并同时决定合并资产裁定方法等均委托政府定夺。

同年8月17日，三菱听从政府命令，提交资产明细书并提出意见称："政府为挽救今日海运之困境，将共同三菱两公司合二而一，今通知敝公司上呈资产明细书，另纸奉上。关于政府每年所赐25万日元补助金，本公司仍持有自今年起未来6年的权利。然而，不仅该权利被政府取消，还要放弃十几年间辛苦经营的成绩。本公司最终尊奉政府意图、舍弃私情、服从决定、不顾名誉、为国家海运兴隆不得不请求合并。为此，还请在充分斟酌之后，将多年营业股份的若干金额支付予本公司；剩余金额望将来每年以8分红利支付"。三菱认为公司不得不抛弃多年经营，政府应该答应上述条件。然而，政府认为接受上述条件的合并，并非圆满合并，商议之后令三菱重新拟定请愿书。三菱9月15日提交请愿书，其中写道："今奉承政府挽救我国海运濒临瓦解困境的意图，为了国家舍弃私情、服从决定、放弃三菱的旗帜进行合并，实属无奈。今将之前提交的敝公司资产总额若干中500万日元，作为新公司股份，并希望政府保证赋予本公司年8分利息。"该申请马上得到政府采纳，并于17日通知三菱。三菱提交请愿书之日，正是政府确定共同运输公司对策之日。同日共同运输公司公开告知所有股东："今年8月15日，向农商务省提交了股东大会决定，将本公司资本总额600万日元，全部作为新公司股份，政府保证未来15年间每年8分红利。新公司成立后，必须交换新旧股票。"至此，有关两公司合并的主要问题全部解决，对三菱的500万日元新股份，政府保证每年8分利息；对共同运输公司的600万日元新股份，政府同样以每年8分红利保证未来15年。至此政府根据合并及利益保证契约，重新从两公司选定合并及新公司创立负责人。

合并当时交予共同运输公司股东的报告书中写道：以6月3日现在的资产为基础，加之如继续营业，应该逐渐偿还的费用有：创业费用、各船舶大修费用、沉没船只费用、1884年分红时大藏省借款及同年营业损失费、加上1885年营业损失概算，虽然仍期望继续营业能带来昌盛，以支付一些红利。但现在与创立时的期望相反，公司营业停止，一时无法向股东诸君发放任何红利，实在非常难堪。如可能的话即使不算充足仍希望得到每年8

分为止的红利，并将其加入概算，附上资产明细书、股东大会的前后实情如下，请求政府裁定。

资本金　556万746元93钱7厘
有价证券　96万5595元51钱2
创业费及营业损失费（分红亦记入）
共计　652万6342元44钱9厘

于此，政府得以了解公司全部情况，听取公司申请，将资本金600万元全部算入新公司股金，剩余52万余元，无须交付并请新公司承诺作为其负债接受，具体裁定如下：

共同运输公司资本金总额为652.6340万元、其中资本金600万元为新公司股金，政府对该股金保证15年间每年8分红利，剩余52.6340万元为新公司负债。关于上述负债新公司应付7分利息，5~10年将本、利全部还清。新公司须从总收入中支付陆海军财政经费及法定储备金，并且从纯收益中优先支付以上负债，之后方可计算分红。

非常遗憾的是，因无从入手故在此无法记录当时三菱公司的资产调查书，结果是该公司海、陆资产总和被认定为554.3418万日元，其中500万日元被编入新股份，剩余54.3418万日元与共同公司同样被作为新公司的负债。

政府于同月26日，向两公司发布通告，批准新公司成立，通告如下：

现批准以你公司与邮政轮船三菱公司的资产，重新成立日本邮船公司。为此，请与新公司创立委员会协商，并商讨交接资产事宜。特此。

农商务卿西乡从道
明治十八年9月26日

（八）岩崎弥太郎之死

三菱如愿以偿实现了合并，因其对合并准备万全，故虽名为合并实则新公司实权仍握于三菱掌中。对三菱家族来讲，不仅经历三年的大竞争险些失去的权利得以恢复，还得到了更大的盈利。因此，最初岩崎家得到合并已成既定事实之消息时，欢声鼎涌，各地支店也一片欢声举杯庆贺。然而，于竞争最为惨烈之际辞世而去的岩崎弥太郎，却无法看到如此成果，实为千秋憾事。这无论如何都是无法挽回的损失，它仅是三菱一门之憾事，无论敌、友，目睹新公司成立，追忆海运界巨人辞世，焉能不感到遗憾。

三菱创业以来，岩崎弥太郎始终立于风口浪尖，不分昼夜忙于公司艰苦大业，为此，于1878年、1879年前后已经患有慢性脑病。虽然当时尽量避开繁忙的工作，并开始注意养生之道，但是1884年夏季，又染胃癌，不惧千难万难的他也难敌病魔，于1885年2月7日，召集妻子儿女、弟弟于床前，连呼"东洋男儿"，并言"虽达成平生的抱负，也不过十二三年，半途而废，实属遗憾"之后，抱憾而死，年仅51岁。

岩崎辞世前一天，朝廷念其致力海运的功绩，授予从五位之勋。虽从五位并非足以夸耀之勋，但当时不足挂齿的一介商人，以实力拼实业，与同辈中众多为谋得轻松立足之地而奔于政界之人，仰仗藩阀之力坐赢高官者不可同日而语。肩负复兴宽永以后几乎毁灭的帝国海运之责，所见所闻均非寻常。虽然如果没有政府补助的强大支援，便可能无法得到或很难得到之后的巨大功绩，而且如果他本不具备无与伦比的手腕，焉能有如此功绩。回漕公司的命运如此，乃至之后的邮政轮船公司的命运亦如此，即使没有政府补助，只要有其他任何可以用来创业的资金，凭弥太郎的天资与努力，难道有做不成的事情吗？乃至后年出现即接受政府补助又不得不以政府为敌之事，正所谓将弥太郎的认真之处表现得淋漓尽致。日本海运业的发展，虽然起步于弥太郎死后的日本邮船公司成立之后，但创立其基础及运势的并不是明治政府，也不是国民，其大部分功劳应归于弥太郎的大胆活动。他于弥留之际连呼"东洋男儿"，足见其自我目标之大，实为海国巨人，说明治海运史最精彩的部分是由他所起亦言不为过。岩崎弥太郎逝后，举世落寞、实属不幸；讣告一经传出，国外媒体也相继提笔惊呼："东洋的弥太郎逝去矣"，无不颂扬其生前伟业。

1834年（天保五年）12月东洋的弥太郎出生，出生地是土佐国安芸郡的坂井之口村，父亲是乡士名为弥次郎。7岁时在亲戚小野家学习汉文，后成为小牧周平的门生，其天资聪慧，已经在群童中出类拔萃。14岁时曾被招至藩主山内养德公面前赋诗，并获得奖励。1855年（安政二年），赴江户入安积艮斋门下。当时已具嫌天地狭窄之气概,言之:"世上已无真道学、人间谁是大英雄"。而且其以刚愎自居,不与他人为伍,故其他儒生均窃窃私语,说他疑似狂人。后因家中之由欲归故乡,艮斋爱惜其才挽留未果,只好对其表示祝福并给土佐的儒学者奥宫慥斋写一纸书信介绍称:"冀北衰后久无良马矣,伯乐求之而不得,偶遇骏马自土佐来,欲以之献予良将,而一朝索断而去,尽因生活所迫也"。岩崎因得其父弥次郎被村吏诬陷入狱之信而归乡,当时他年仅21岁。如此年轻的他,经过13天的昼夜兼程抵达家乡,即刻赶到郡奉行之处为父申冤,但是郡奉行顽固不听其言。弥太郎愤怒难忍,入夜后悄悄用刀削平门柱,写下10个字:"官以贿赂成,狱因爱憎绝",借以排解愤懑。翌日清晨,郡奉行看到大怒,令官吏删除;数日后同样的墨迹再次出现于郡衙外墙上,奉行开始查处执笔者,终于将岩崎弥太郎逮捕问罪之后,禁止其居住在自村及城下町周边4个村庄里。由此,弥太郎暂移住神田村,逮捕时有一商人被关押在监狱同一房间,当时曾通宵畅谈将来志愿。商人某说:"如能获得将2朱金币填满4斗大尊的资产的话,我愿足矣",弥太郎闻之哈哈大笑说:"其志愿为何如此之小也,我若经商乃作天下金杰"。

被解除拘禁之后,弥太郎拜到来高知城下讲学的吉田东洋门下,学习经济别无他念,当时后藤像次郎、坂本龙马、福冈孝悌等都在吉田门下。日后东洋执掌藩政,正值日本兴起尊王攘夷之议,如鼎水沸腾,藩中志士劝藩主尊王,藩内亦在议论应何去何从;然东洋却另有所见,静观不动。为此,认为藩主优柔寡断而离藩出走者接二连三,不久东洋也遇刺身亡。此间,弥太郎紧密关注世态变化,将革命之业委与他人,悄悄开始寻找自己将来能够施展才能的新舞台。据传弥太郎与某商贾谋划,接受郡中下放的山林,并伐木运往大阪贩卖,获取了第一桶金。

1858年山内容堂公归国接管藩政,东洋门下的后藤、福冈等人得任要职,弥太郎也荣蒙提拔,奉藩命赴长崎采购轮船,并命其将国产樟脑贩卖予外商,以所获之利充当购船费用;正是此时,他在与外商的交往中获得有关海上运输的知识。返回藩内之后,弥太郎深受藩之重用,主要承担劝业一职。1867年(庆应三年),又接受藩命赴长崎,公务之闲于九州沿海航游,到达朝鲜郁陵岛。日后其雄飞海上的动机与其数次官费旅行乃至沿海航游不无关系。弥太郎在登上郁陵岛后,感到无法虚度此行,在岛上居高点一棵树旁立下一块木牌上写道："大日本国岩崎弥太郎奉土藩之命发现本岛"，其雄心壮志无人能与之相比。

自长崎归藩后被任命为少参事，继续主管藩财政整理之务，并担任大阪藩邸留守官。其财政整理方法，是由其献策并实施的发行一两金土佐藩币的财政政策，不久之后因请求兑换者超出预想，为兑换准备的太政官纸币很快将被兑完，弥太郎只得悄悄终止兑换。为此藩币一夜之间暴跌，蒙受损失的士民数量极多，他也成为被谴责的中心。这是他一生中最大的失策，当时传说他为此举感到惭愧欲剖腹自杀。当时藩厅念怜惜之情并未咎其责。

维新以后，土佐藩为藩有轮船的使用、保管费用而烦恼，因弥太郎曾担任轮船采购，故欲命其管理轮船事务。而弥太郎亦想借机利用轮船，原本其志并不在官途之上，于是请求藩主，在约定一旦有战事则奉还轮船的基础上，借用一部分轮船在大阪成立九十九商会，开始从事海运事业。后又曾解散九十九商会一度将轮船还予土佐藩，但废藩置县的同时接受政府廉价下放的轮船，重新创立了三菱商会。其间的详情如前章所述，自此弥太郎成为地道的商人，每天早上 8 点半为止，必定到店督促员工，检查前日的业绩，指挥、安排眼前的业务，之后出去调查市况，11 点回家用午餐后走访居留地的外商及其他客户，或谈生意，或通过闲谈掌握商界微妙的消息，下午 2 点至 3 点，再到店里检查上午的指示有何成效，若此间有怠慢、延缓之事，则立刻大发雷霆毫不留情，不见成果绝不罢休是他的习惯。此作风即使到了后来三菱的全盛时期也几乎全无改变。

弥太郎本是以豪杰之资，扮商贾之业。但他的豪放并非单纯迂阔之类，他对事业细心、勤勉之处即是最好的证明，应该说他的细心足以令人惊叹。无论怎样疲劳，尽管回家已是深夜，他都不会放弃写日记，将每日的大小事情详细写入日记成为他的习惯，即使有不测之事不得不耽搁到次日，他醒来马上在被褥中执笔写完方可。再者有关商用文件他几乎不用他人之手而是亲自起草，繁忙之时也会授意让他人代写，但重要之事必定严密审阅、修正、删补。在其全盛期一直告诫员工："桶中之酒，可以勺酌，但决不可以穴漏"，指出有用的支出不足惜，但无益的浪费一毛钱也不能浪费。一次发现其弟弥之助为了郑重保管总公司的收据，制作白纸簿册用来贴收据，弥太郎斥责其办事不当。试算了如果全国的总、分公司均用白纸贴收据的费用，竟达400余日元。为此，弥之助惭愧不已。其他诸如信封的使用亦如此，用此方法严格命令节约不必要的支出，一经发现马上开除。

尽管如此，弥太郎率领部下绝不强人所难，并能够做到适才适用，一旦发现有能力之人，就有办法让你所有的能力都倾注出来，实为慧眼识人。"书生徒喜辩论、与他人抗争不相上下，然不善收放自如之术，以其用于商贾虽极其不利，但于重其责尚廉耻，则为新参者所望尘莫及，且是为现在商界最为必要之处，新参者的品性如不靠多年的熏陶而得，则不可得也"是他曾经对福泽谕吉的谈话，可见他的部下中人才济济绝非偶然。尤其在其事业就绪之后，基本按一定的方针实施，通常首先与他签订主从誓约，制约其任性之处后，无论有怎样的才识、手腕最初一定予以贱职，检验是否能够忍耐，而后重新重用。通过以上方法，在他处不过是寻常平凡之辈者，一旦进了三菱的大门，马上就能大展身手、发挥所长，使人感觉判若他人。

然而，以上只是他对业务所表现的一个方面，离开业务的、真实的岩崎弥太郎则是自命尊大、豪放不羁、不拘小节、心中不存小权谋诡计、豪饮、豪吃、毫无忌惮爆发其情感、毫无忌惮贯彻其主张，是标准的东洋豪杰。倘若有其不满之事，他则无论是部下、是朋友、是自己人还是对手，无论在任何场、任何宴席上，都能怒吼斥责毫不留情，甚至在酒宴上与圆滑洒脱的西乡从道开始大声争论。末年与共同运输公司竞争正酣，在政府会议上讨论合并之时，听到一有权势的藩阀、大臣说漏嘴骂他为"三菱乃卖国贼也"，他大怒威胁道：骂我"国贼，好笑，如果这样的话，现在将所有船舶均烧毁于品川港内，我的所有财产全部献给改进党，直接颠覆政府"。关于他平生言行超越常规、极其辛辣刚岸的传说，大概都是此类事情。加上他的酒品不好，动辄挥拳、旁若无人，但酒醒之后必然赔礼谢罪，也鲜有日后因此引来奇祸之事。

本节的叙述，只是取弥太郎浩瀚一生中的一部分，记录其性行之一斑。而一一详细探寻其人物、事业乃至成功之轨迹，并非本节的目的。

（九）日本邮轮公司的成立

在政府挑选的新公司创立委员会数次协商后，批准三菱、共同两公司合并事宜，于1885年（明治十八年）9月26日，新公司即日本邮轮公司成立；新公司马上接手两公司所有业务，并于10月1日正式开业。至此，三菱从驰骋日本海域的三菱，转向为兴办矿山业、扩张银行业乃至涉足造船业的三菱。1893年《商法》出台后，以在岩崎弥之助与岩崎九弥两人名下的500万日元资金，重新组成三菱公司至今。而且三菱自1875年台湾出兵时起，至1885年的10年间，政府下拨的补助金——包括30余艘船舶价格共235万日元，从中减去上交的营业税剩余金额183.7万余日元，贷款221.9万余日元，其中减去返还的年赋及利息剩余金额71万余日元，航路补助金每年25万日元，10年共250万日元——共计约504.7万余日元，平均每年大约50.4万日元。

以下是当时共同、三菱两公司合并创立规约，新公司初期的总经理是共同运输公司的总经理森冈昌纯（鹿儿岛藩士）。

农商务卿伯爵西乡从道　殿：

日本邮轮公司创立规约

共同运输公司股东会决议由本公司总经理，三菱公司则由三菱公司总经理，各自持两公司资产重新创立日本邮轮公司，鉴此与日本邮轮公司创立委员之间协商、决定创立规约如下：

第一条，日本邮轮公司应接手两公司海陆资产价格总额如下：

一、资金554.3480万元　三菱公司

二、资金652.6340万元　共同运输公司

第二条，上述资金中作为日本邮轮公司股金的金额如下：

一、股金500万元，10万股、每股50元　三菱公司

二、股金600万元，12万股（其中5.2万股为官有，6.8万股为民有），每股50元　共同运输公司

第三条，第一条金额中日本邮轮公司负债额如下：

一、资金54.3418万元　三菱公司

二、资金52.6340万元　共同运输公司

第四条，资产交接时第三条记载金额如有增减，均以现金支付

第五条，日本邮轮公司对其负债支付每年0.7分利息，5年还清；但是必须提交负债证书的体裁及其样本，请求批准

第六条，日本邮轮公司从总收入中支付平时海陆经费支付规则中所规

定的定额储备金等，从经营纯利润中支付每年负债的本金及利息，剩余利润用来支付股东红利

第七条，日本邮轮公司无须履行三菱公司、共同运输公司与第三者之间缔结的所有契约，但资产交接手续中明确规定者不在此例

第八条，须由日本邮轮公司接管的三菱、共同两公司的船舶、土地、建筑物等其他物品的接管方针，由三公司协商后另行制定契约决定

作为以上创立规约的条款议定、立约的证据，由各位记名签字

日本邮轮公司创立委员
崛基等4人
明治十八年9月25日

1885年9月29日，政府下达的命令书如下：

命令书（概要）

第一条，你公司的责任为有限责任，为偿还负债而负担的义务仅限于股金；第二条，你公司资本金为1100万元，分为17万6000股，但根据公司申请或政府决定可以增、减资本金额度；第三条，股份的所有权利义务均从属于股票；第四条，你公司的营业年限为开业日起的满30年，但根据公司申请及政府决定可以延续；第五条，你公司专门从事内外海运业务，不可从事其他业务，但可以持有修缮船舶的铁工厂；第六条，（省略）；第七条，自你公司开业起15年间，如果每年利益未达到资本金的8分利水平，政府应给予补充；第八条，前条的利益补充期间，不下拨其他补助金，其内容记载如下：（如与其他命令航路中记载并无差别时省略）内外航路开设补助；第九条，无农商务省批准，不予许开设前条所记载航线及增减航海次数；第十条，根据农商务省命令开设新航线之时，另外下拨相应补助金；第十一条，政府无论是否非常时期、无论公司是否方便，任何时候均可以使用船舶，但必须牢记非常时期你公司的所有船舶均为海军所属；第十二条，上条规定中，除征用令实施之时，应按下记比例支付费用：

第一项，总吨位1500以上者，每月每吨位支付银元4元50钱；同800吨以上、1500未满者，每月每吨位支付银元5元10钱；同800吨

未满者，每月每吨位支付银元5元80钱

第二项，前项的银元费用可以其他货币支付，并以当时的汇率支付，但使用时间不满30天之时增加三成、不满15天之时增加二成的船舶使用费用

第三项，第一及第二项中船舶使用费之外，煤炭、事物以实物或现金支付，其他特别命令之时另行处置，此外使用浮艇及搬运工之时应支付费用

第十三条，战争等非常时期，因政府使用你公司轮船，而受到敌方攻击或到未测量区域航行等产生损失之际，申明事由，政府应支付相应的补偿金，但损失如因你公司或船员过失而起，则不在此例；第十四条，根据政府命令改造你公司船舶内部结构之际，应支付相应的费用；第十五条，为了海军学校及商船学校等毕业生的实地练习，政府可以将其编入你公司船员行列执业（省略例外事项）；第十六条，政府支付第七条利益补充金之际，命你公司无偿邮递邮件及邮政事务中必要的器具；第十七条，你公司轮船的登记吨位以三万三千吨为最低吨位，任何情况下如没有农商务卿的批准，则不允许削减吨位；第十八条，如发现你公司轮船出现不足、轮船最低吨位减少乃至有不适合使用的船舶之际，农商务卿可命令你公司建造或购买新船；第十九条，（省略）；第二十条，如无农商务卿批准，则不许你公司建造或购买新船；第二十一条，你公司必须固定运输费、各批发商的手续费，并经过农商务卿认可、在报纸上广而告之（省略例外条例）；第二十二条，歉收之年及时局变化之际，农商务卿发布命令期间，可命令你公司减少指定地区谷物运输费用；（第二十三条至二十六条省略）；第二十七条，你公司雇佣的海员，无论是船长、驾驶员还是操作员均应聘用日本人，但近期船长以下可雇用外国人；第二十八条，从你公司收入中扣除平时海陆经费、董事奖金、下记金额及每年负债本、利偿还金后，剩余的纯利润与补助金一并作为股东的红利分配，但股东红利分配至负债本、利偿还终了为止，限每年8分，董事奖金限制在从每年收入中扣除平时海陆经费后的剩余金额即营业利润的二十分之一以上至十分之一以下；

第一，保险定额储备金　每年须储备各船舶总价格的百分之五，

作为船舶保险准备

第二，大修定额储备金　近期作为船舶大修及新船增加准备，每年须储备各船舶总价格的百分之三

第三，折旧费　因船舶价格逐年递减，故每年扣除船舶总价格的百分之五

因为船价的递减，第一至第三项年度总金额低于90万元之际，临时增加第二项比例使年度额达到90万元

因收入原因造成无法支付以上比例下的储备金之际，扣除平时海陆经费、董事奖金、负债利息等该年度不可缺少的必须支付费用及第三项折旧费之后的剩余金额，用于第一、二项储备金，不足部分于翌年度填充

第二十九条，（省略）；第三十条，（省略）；第三十一条，（省略）；第三十二条，你公司总会决定事项，必须经农商务卿批准后方可实行；第三十三条，无论出现任何事故，无政府认可不得新添任何债务；第三十四条，政府任命会计监察官监督公司所有会计事务，如有非法行为必须矫正；第三十五条，船舶例行检查之外，政府认为有必要修缮、入船坞及其他必要之际，应派出检查员对你公司船舶进行点检；第三十六条，政府监督你公司业务，发现违反本命令书条款、妨害公益或对你公司不利事件发生之际，有必要制止或禁止营业；第三十七条，政府认为必要之时，可以对本命令加、减或更改，但届时须预先明确理由；必须坚守以上命令的条款（明治十八年九月二十九日）

公司开业后，关于上述命令书第七条的补充额度问题，在当出现损失时是否同时填充损失部分的解释上出现疑问，并且补充之际，因为计算的监阅繁杂，出现将其改为定额补充的提议。1887年11月30日，将每年8分的利息保证，改为与资本的增减、收入的多少无关，公司创立开始的15年间，每年支付88万日元。开业数年间，两公司竞争的疮痍未愈，商业状况亦颇为不良，不仅经营遇到的困难，并且至1892年（明治二十五年）营业方法亦面临巨大的改革；表现为缩小企业规模、削减资本金至880万日元等。翌年新《商法》公布后，将半公半民的性质改为纯粹的民营股份公司，其航路也打破之前命令书中规定的国内沿岸及东洋诸港的局限，海外航路

得到了相应的扩大；首先，以棉花运输为目的开拓了孟买航路。

公司创立当时，接手共同、三菱两公司大小船舶76艘（其中帆船11艘），总吨位3.9875万吨，价格772.62万日元。但是，船舶的过半数是以超值高价购买的三菱公司的老朽船舶；因此受益最大的当属三菱岩崎家族，其在竞争中的损失不仅得以补偿还有盈余。故新公司成立后，一方面不得不淘汰上述老朽船舶、贩卖帆船等，对破旧船舶进行整理；另一方面由于商业状况不良面对经营困难。此后，社会上逐渐掀起航海扩张论，主张至少应该让欧洲航线、濠州航线乃至美国航线的三线上，能有扬起日本国旗的船舶航行。为此，民间学者、企业家组织了日本经济会，率先以悬赏的方式募集海运扩张意见，第四次会议上，自由党提交航线扩张方案。虽然该方案未通过会议决议，但政府也认识到扩张海运的必要性，并在第五次帝国议会上提交了航海奖励法案（该法案因议会解散而未能通过）。在此期间，邮轮公司与国内纺织业组合缔结特约，由邮轮公司一手经办进口印度棉花，开通了孟买航线。因此举颇逢时运，故并未在意其必然引起与英国半岛东方轮船公司之间的竞争，认为该做法为果敢之举者甚多。结果当两公司竞争进入白热化之时，同情聚集到邮轮公司一方，诸如东京商业会议所专门设置委员令调查竞争之事，结果向政府提出令邮政公司维持该航线的建议，政府在1894年（明治二十七年）5月召开的第六次帝国议会上再度提交航海奖励法案，但因该议会再次解散法案并未提起审议。不久1894年、1895年甲午战争发生，随着国运的变化我国海运业面临着新的一幕的开始。

（十）大阪商船公司的兴起

共同、三菱两者的竞争达到顶点，政府与两公司对其善后方法苦心焦虑、焦头烂额。1884年（明治十七年）5月，关西地区的小船主等联合起来，兴办了一家新轮船公司即大阪商船公司。1879年、1880年前后，以大阪为起点航行于濑户内海的小轮船，迅速增加至110余艘，为70多人所有，相互进行着激烈的对峙与竞争。为此滥用及过度使用蒸汽机、变更航线及改变出航时间等事多有发生，其弊害深无止境，不仅祸及大阪商人等，使其在运送商品货物时受到损害，也加剧了船舶业主的经营惨状。大阪的有志者为对此进行救济多方奔走后，终于创立了此联合组织。创立之时的轮船虽多达 95 艘，但仅 1 万余吨位，均为航行在中国、濑户内海及四国、九州沿海的小船。另外仍有不少所谓公司外船舶，仍然以继续竞争的态度降低运费，加之仍有相当数量老朽船舶，维持经费很高，公司的基础难以建立。1887 年中乡政府终于提出诉求，请求政府保护，同年 8 月得到政府的批准。1888 年度后为期 8 年间，为改良 1.3 万吨的船舶，每年支付 5 万日元补助金。至此，公司定期航线开航，虽承担免费运输邮政物资的义务，后因邮政物资逐渐增加，作为邮政物资航行费，在前述期间政府每年另外下拨 2 万日元。

当时命令航线是：一、神户、多度津、门司之间（每月 10 个航班，返航在赤间关停泊，同地作为定期航班起点）；二、神户（高松、多度津、鞆、尾道、竹原、濑户、吴、广岛、柳井、德山、三田尻、门司）、赤间关之间（两地每日启程，但返航以门司为起点）；三、神户（高松、多度津、今治、三津滨、长滨、别府、大分、佐贺关、八幡滨）、宇和岛之间（每月 6 个航班）；四、神户（冈山土庄、佐贺关、多度津）、玉岛之间（两地每日启程，但仅在神户与多度津之间航行，或仅在神户、多度津、玉岛之间，航行之际，须事先获得批准）；五、神户（高松、多度津、今治、三津滨、长滨、别府、大分、佐贺关、臼杵、佐伯、土土吕）、细岛之间（每月 6 个航班）；六、神户、细岛、油津之间（每月 3 个航班）；七、神户、鹿儿岛、名濑、冲绳之间（每月 1 个航班，但途中可在大分、佐贺关停泊）；八、神户、釜山之间（每月 3 个航班）；九、大阪、洲本之间（两地每日起航）；十、大阪、德岛之间（同上）；十一、大阪、和歌山之间（同上）；十二、大阪、兵库、经由假屋、志筑之间（每月 30 个航班）；十三、大阪（饰磨、兵库、明石、高砂、网干、室津）阪越之间（同上）；十四、尾之道、门司之间（两地每日起航）；十五、门司、荻、滨田、境之间（每月 4 个航班）；十六、门司、博多之间（每月 6 个航班）；十七、博多、长崎之间（同上）；十八、长崎、三角之间（同上）；十九、三角、若津之间（同上）；二十、油津、鹿儿岛之间（每月 3 个航班）等。此后，热心不间断的努力显现出很大效果，公司运势逐渐昌盛，轮船也逐渐增加，1893 年末船舶达到 54 艘、总吨位达到 1.7 万余吨；1894 年，船舶改良告一段落，资本金增加至 250 万日元。

另外，1887 年（明治二十年），浅野总一郎创立的"浅野回漕部"开业（资本金20万日元），专门从事船舶运输货物业，为日后的东洋轮船公司创立了基础。1889年，东京湾内航行的小蒸汽轮船合并（现在资本金50万日元），成立东京湾股份公司，其他三井物产公司、中越轮船公司、滩兴业公司等相继成立，另有大家七平（之后的大家商船公司）、广海仁三郎、马场道久、滨中八三郎等大船主多数在越中加贺一带成立公司，乃至1894年、1895年前后我国海运业进入新的时期。

（十一）甲午战争前后

甲午战争使我国运势一新，所有事业面临新的开始，其中海运事业得到更为显著的发展。在此叙述甲午战争后我国海运事业发展的同时，有必要对其从明治初年起至今的兴衰过程加以概述，见表1。

表1　明治初期以来日本海运统计

年度	轮船		帆船	
	船数（艘）	吨数（吨）	船数（艘）	吨数（吨）
1870（明治三年）	35	15498	11	2454
1871	71	20934	31	7905
1872	96	23364	35	8320
1873	110	26088	36	8483
1874	118	26120	41	9655
1875	149	42304	44	8834
1876	159	40248	51	8790
1877	183	49105	75	13648
1878	195	43899	123	19624
1879	199	43763	174	27551
1880	210	41215	329	48094
1881	298	41044	379	43501
1882	344	42107	432	49094
1883	290	45350	419	46138
1884	412	49845	402	44376
1885	461	59613	509	52643
1886	460	63314	688	56927

续表

年度	轮船		帆船	
	船数（艘）	吨数（吨）	船数（艘）	吨数（吨）
1887	486	72322	778	60975
1888	524	81066	896	63128
1889	564	88816	843	52328
1890	586	93812	865	51880
1891	607	95588	835	50137
1892	642	102301	779	46031
1893	680	110205	749	44967
1894（明治二十七年）	745	169414	722	43511

此外，帆船内不包括以"石"为标准的"石数船"，且表中数字可见1888年、1889年之交，轮船数量、吨位均急速增加；其原因在于1888年中，政府禁止制造500石以上的"石数船"，加强奖励轮船及西洋式帆船的制造。另外，1883年前后，轮船数量及吨位明显增加，毋庸置疑，其原因在于共同运输公司的成立。如此，轮船的数量及吨位逐渐增加至1893年底，轮船数量为680艘，其吨位为11万余吨；至1894年底一跃增至745艘、16.9万余吨。在甲午战争开始的同时，轮船的数量级吨位与之前相比有了令人瞠目的增长。仅就日本邮轮公司来讲，1893年（明治二十六年）10月1日，拥有船舶45艘、其吨位仅6.4157万吨；一年后的1894年9月30日，拥有轮船32艘、总吨位剧增至8.6182万吨。其间正值帝国未曾有的、在英国建造的、被称为"大船"的"土佐丸号"进港，在以往船舶吨位不超多2000吨的背景下，土佐丸震惊世人耳目。另外加上大阪的右近权左卫门、北海道的煤矿铁道公司、神户的岸上五兵卫、广海仁三郎等购买的船舶，1894年6月朝鲜半岛农民起义爆发至同年10月止，仅仅5个月的时间，船舶数量及吨位就分别增加了23艘、5.21万吨左右。

尽管甲午战争时我国力尚属幼稚时期，不仅军备、国家生产机关亦尚不完备；这反而成为我国民倾注所有能力的原因。国民的活力体现在方方面面，特别是直接参加战争运送的组织有了长足的进步。随着半岛局势的进展，日本邮轮公司所有的船舶基本被政府征用，并且以大阪商船公司的船舶为首，其他海运同盟会等个人拥有的船舶亦被政府借用。因船舶仍然不足，由政府购入10艘、大约3万吨，命令邮轮公司管理运用；此外邮轮公司自主购入2000吨位以上船舶十余艘。随着战局的扩大，船舶的需求亦不断增加，为此不得不采取应急措施。至1895年末，全国船舶总数达827艘、其吨位达21.3221万吨；1896年增加至899艘、37.3588万吨，呈现出空前的盛况。其中，邮轮公司所有船舶66艘、13.5755万吨，不仅在战争中发展为巨大的公司，同时获取了巨额的利润。

这种船舶快速增加的运势，最终使得最近国内航海业达到过剩，同时带来开辟海外航线的新运势，邮轮公司率先奋起投入大部分战时的盈利，扩大海外航线。1896年3月首先开辟了欧洲航线，当月18日土佐丸号踏上了第一次欧洲航程。其他方面也频频唤起发展航运的计划，航海奖励法及造船奖励法相继制定，日益呈现繁荣的盛况。

（十二）航业保护法的制定

甲午战争之前，政府屡屡向议会提出航海奖励法草案，民间也寄予希望并展开运动，每每官民运动似已经达到顶点，但均因议会的解散而无法达到目的。及至第八届议会，自由党党员西山志澄等的"关于航线补助建议草案"、河岛醇等的"船舶保护建议草案"、小室重宏等的"海员培养建议草案"等先后提交，贸易界促进制定贸易保护政策的趋势更加高涨。以上背景下，政府再次向第九届议会上提交了航海奖励、造船奖励两法草案；议会对两案表示赞同，并于1896年（明治二十九年）3月公布两法（《航海奖励法》，明治二十九年法律第15号，《造船奖励法》，明治二十九年法律第16号），并于同年10月1日起实施。

《航海奖励法》的主旨如下：针对仅以帝国臣民为公司职员及股东的商事公司中，使用自己所有并注册于帝国船籍之下的船舶，以在帝国与外国之间或外国诸港之间运送旅客及货物为营业内容者进行奖励。奖励对象为总吨位在1000吨以上，最快时速在10海里以上，符合邮政大臣造船规章的铁制或钢铁制且其船龄在15年以内的船舶。奖励方法：对吨位总数1吨、每航海1000海里的船舶支付奖励金25钱；总吨位每增加500吨增加百分之十、最快时速每增加1海里增加百分之二十奖励金；对总吨位在6500吨以上或最快时速在18海里以上的船舶，根据总吨位6000吨、最快时速17海里船舶的比例支付奖励金。计算方法：对制造年数不超过5年的船舶全额支付；对制造年数超过5年的船舶每超过1年递减百分之五。并且接受奖励金的船舶应负有邮政物资、邮政用品、小型包裹等邮件的免费运送的义务；此外，船舶在接受奖励金航海其间或在结束航海的当日开始的3年间，禁止将其贩卖、借贷、赠与、抵押予外国人；另外规定由接受奖励金者出资，将航海实习生编入各个船舶进行实习。

《造船奖励法》针对上述同样的商事公司中，符合邮政大臣规定资格、成立造船所建造船舶者，对其所造船舶进行奖励。奖励方法：对总吨位700吨以上、1000吨未满的船舶，船体吨位总数每1吨支付奖励金12日元；对总吨位1000吨以上的船舶，每吨支付奖励金20日元；另外同时制造机械装置之际，每1实际马力另支付5日元奖励金（委托外国工厂制造之际，如事先得到邮政大臣批准则同样）。该法律实施期限为1896年（明治二十九年）10月1日起的15年间。

自1896年起，中央政府的"特别命令航线"得以扩张，新航线濠州、孟买、海参崴及科尔萨科夫共4条，被指定为政府特别命令航线。并规定按照1896年度28.3278万余日元、1897年度以后4年间每年56.6557万余日元的额度，下拨特别补助金，航运发展的运势更加高涨。邮轮公司于同年6月，资本金从原来的80万日元增加到2200万日元，将以往每月1个航班的欧洲航线增加为2个航班；为此新造大型船舶12艘，同年8月新开美国航线（以中国香港为起点经由横滨、夏威夷至美国希尔顿），10月濠州航线开航（香港—墨尔本），为此又建造6艘新船；东洋轮船公司的成立也在此期间。另外，北海道煤矿铁路公司也计划购入大型船舶，兼营将煤炭运往海外的业务（后该计划终止）；三井物产公司也在同样计划下预计建造大型船舶。

新设特定航线如下：一、濠州航线（横滨、神户、长崎、香港、星期四岛屿，经由德文港、布里斯班、悉尼、墨尔本至阿德莱德）；二、孟买航线（神户、新加坡、科伦坡等港口停泊）的两线，均每月1航班双方对发；三、新潟海参崴航线（除冬季外每月1个航班）；四、函馆科尔萨科夫航线（同上），两航线均由大阪的大家七平奉命承担；第一航线于1896年10月13日起、第二航线于同月10日起、第三航线于同月1日起、第四航线于同月19日起作为定期航线开始航行。

在甲午战争后事业勃兴运势的背景下，《航业保助法》公布，这极大地刺激了新航运事业。新法实施初年,根据《航海奖励法》,具备领奖资格者仅有邮轮公司的土佐丸号。但一年后的1897年度,邮轮公司已经拥有10艘具有领奖资格的船舶(总吨位5.7645万吨);大阪商船公司1艘、三井物产4艘(9358吨)船舶也加入领奖行列。1898年度领奖船舶再度上升至27艘、总吨位12.6182万吨(其中,邮轮16艘、9.17万吨;大阪商船4艘、6700余吨;东洋轮船3艘、1.83万余吨;三井物产同前)。1899年再升至29艘、总吨位13.13万余吨(邮轮18艘、9万5800余吨;大阪商船1艘、1600余吨;东洋轮船同上;三井物产5艘、1.34万余吨;三菱合资2艘、4400余吨),奖励金总数超出政府当初预算金额10倍。为此1899年政府发布法律第96号,对航海奖励法进行修正;规定自10月1日起,对帝国船籍在籍的外国制造船舶支付的奖励金减半,同时实施期限也从无限期,改为自1896年10月1日起18年间。

尔后,因船龄逐渐老化,向外国订购新船逐渐增加,失去领取奖励金资格的船舶也逐渐增多,与承担一般运输的船舶相比,反而是三井、三菱的煤炭运输船舶领取奖励金的数量更多,这种变态的奖励法的成绩值得质疑,具体可见表2。

通过奖励法得到的恩典,如表2中所示,逐渐失去增减的变化,不仅在长期计划中发挥不了应有的作用,昔日乘势奋起、独立开辟欧洲及美国航线的壮举,换来的却是多数的竞争者。不仅如此,创业之时世界列国的货、客的信用度仍未达到一定的程度,故其收入也未能得到相应的回报。邮轮公司开航后不久,便请求将以上两航线改为与孟买航线、濠州航线相同的政府特定航线,并得到政府的批准。第十次议会上,对此提出特别补助草案,但因异议过多未能通过。当年度公司无法分配红利,在股东之间引起极大不满。在此后积极运动下,欧洲航线自1900年(明治三十三年)1月开始,至1909年(明治四十二年)12月止成为特定航线,西雅图航线也自1901年11月开始,至1909年12月止成为政府命令航线,获得高额政府补助金。

另外邮轮公司每年度88万日元的补助金,于1900年9月期满,之后改为同年10月起未来5年间,对内海及东洋近海航线,支付每年67.7331万日元以内的航海补助金。

表 2　1900 年度起各公司享受奖励金船舶数量及吨位变化

年度	日本邮轮 船数	日本邮轮 吨位	大阪商船 船数	大阪商船 吨位	东洋轮船	三井物产 船数	三井物产 吨位	三菱合资 船数	三菱合资 吨位	合计 船数	合计 吨位
1900	5	22881	1	1669	—	5	13631	2	4416	12	40912
1901	10	43766	1	1669		5	13631	1	1717	17	60779
1902	5	24153	1	1669		5	13631	3	7286	14	46739
1903	7	29039	1	1669		4	11588	3	786	15	49582
1904	—	—	1	1669		1	2029	1	2795	3	6493

（十三）东洋轮船公司的成立

东洋轮船公司以浅野总一郎设立的"浅野回漕部"为基础，于1896年（明治29）7月海运勃兴时期成立。其目的在于专门从事海外航线，涩泽荣一等对其大力协助，资本金1000万日元，计划开辟三个航线。分别为：俄国航线（往航至伦敦、汉堡，返航在俄国巴姆装载石油返回）；纽约航线（经印度海、地中海、横渡大西洋抵达纽约）；墨西哥航线（以中国香港为起点，经横滨、夏威夷、三藩市抵达墨西哥特万特佩克）；以上三航线大约需要船舶12艘。但由于规模过大，后改为资本金650万日元，先开辟纽约航线。浅野于1897年考察欧美，订造新船舶后回国。但因纽约航线竞争激烈无法预料盈利的可能性，故改为在墨西哥航线中选择终点为三番市的一个航线（以中国香港为起点，经中国上海、长崎、神户、横滨，经夏威夷至三番）开航，并于1898年5月起新航线开始。然而该航线很早便是美国太平洋轮船公司的专有航线，其业务非常兴旺，为了避免竞争的不利，两公司协商后决定，招揽船客等全部业务委托太平洋公司承办。1900年1月起同航线被指定为特定航线，政府在未来10年间下拨补助金，公司每年开通14个定期航班。东洋轮船公司仅凭海外航运成立的航运公司，其营业方法具有显著的特殊性，是我国航运界的一大奇观。

（十四）中国台湾及扬子江航线（乃至上海、苏州、杭州间）

甲午战争后，殖民地台湾与内地之间的交通成为开发上的当务之急。台湾总督府首先命令大阪商船公司，于1897年4月1日起开通以下三个定期航线：一、神户起航，经由宇品、门司、长崎至基隆航线（每月4个航班以上）；二、神户起程，经由鹿儿岛、冲绳至基隆航线（每月2个航班以上）；三、基隆启程，经由苏澳、花莲港、卑南至车城湾（每月5个航班以上）；并为此897年度支付46.225万日元补助金。同年7月9日，又命令日本邮轮公司，使用总吨位在3500吨以上、平均时速在10海里以上的轮船，开辟基隆启航、经由门司至神户的航线（每月往返2班定期航班），对此政府在1897年4月1日至1898年3月末1年间，每月分割支付补助金共5.325万日元，但是该航线及补助金次年度起经过增减延续至今。

此外，以《马关条约》为依据，获得中国长江扬子江的航海权。1897年10月1日，政府命令大阪商船公司，自1898年1月1日起10年间，首先开辟上海、汉口之间航线（每年96班双向起航定期航班），使用船舶总吨位在600吨以上（翌年改为2000吨以上），最快时速在10海里以上（后改为11海里）船舶2艘（后改为3艘），往返均在镇江、南京、芜湖及九江停靠，同时可在通州张黄港、江阴、天皇桥、仪徵、大通、安庆、湖口、书穴、黄石港、荆州及黄州停靠；其补助金年额为9万402日元60钱（后改为6万9609日元8钱）。接着命令开辟1899年1月起9年间，每月3~6班的定期航班，航线为汉口至宜昌，往返均须停靠沙市，并可停靠新堤及岳州，其补助金为每年5万9144日元52钱。

大阪商船公司自上述开通台湾航线年度起，将资本金增加至500万日元，翌年再度增至1100万日元，从事上述新航线的航行业务。但是在业务扩张的同时，海陆设备等费用甚多，且受一般实业界不景气的影响，收支失衡，不久实收资本金降至550万日元。为试图改进业务，1900年度接受台湾总督府补助金，新开辟南清航线（安平、香港航线，及福州、三都澳航线）；翌年收购共立轮船公司，及其纪州沿岸业务，资本金再度增至1100万日元。庚子事变中承担军事运输任务，1901年后逐渐募集社债收购伊豫轮船公司的轮船、增加中韩方面航班的船舶等，不断扩张业务。

当时在长江航线上，有以中国的招商局、怡和洋行（英国船舶）、大古洋行（英国船舶）为首的船舶，也有诸如鸿安公司（英国船舶）、麦边公司（英国船舶）、美最时洋行（德国船舶）、瑞喜洋行（德国船舶）等公司船舶航行；加入此行列的大阪商船公司的业务面临极大困难。开业后数年，终于收支达到平衡状态之际，日本邮轮公司收购英国人乔治、马克贝的自营航线（附属船舶及陆上所有设备），于1903年（明治三十六年）6月起，开辟了上海、汉口之间的自由航线。接着1904年3月起，南湖轮船公司新建（资本金150万日元、未来5年间接受政府6分利息的补助），开辟每年8月1班的汉口—湘潭间的定期航班。为此现在长江航线上，以中国招商局为首的各国船舶共45艘（英国18艘、日本16艘、中国8艘、德国3艘）进行着相互竞争；此外日本的三公司（商船、邮轮、湖南）也相互交错、一争雌雄，均陷入困难状况（现在日本三公司及大东轮船公司，正针对该航线的共同运营事宜进行谈判）。

再者，上海—苏州的80海里航线，早于1896年就被白岩龙平所占，他兴建"东新利洋行"专门经营此航线。1898年再次开辟上海—杭州的150海里航线，将公司改称为"大东轮船合资公司"，将总店建于大阪，接受国库下拨补助金；翌年又将总店迁往东京；1900年4月，公司更改为股份公司，翌年再度开辟苏州—杭州127海里新航线，政府再次将此航线列入"命令航线"之中（通公司在上述三航线之外，1902年开辟苏州—镇江145海里；1905年开辟镇江—清江浦144海里航线，扬州—镇江20海里自由航线）。

（十五）日俄战争前后

日俄战争令我国海运界发展趋势一变。在此期间船舶数量的剧增实在令人震惊，轮船骤然增加300艘、27吨（海军俘获船舶约50艘，十二三万吨，加上此吨位的话所有船舶的总吨位将达三十五六万吨）；苦于这些船舶的运用，致使船舶过剩的声音逐渐高涨，成为海运界苦恼的紧要问题。我国海运业在日俄战争结束的同时，进入新的纪元。

首先，表3是1897年至1904年船舶注册数量及吨位变化（石数船除外）。以表中数据为基础，开战前的1903年11月末数据，与战争结束后的1905年10月数据相比可知：帆船及500吨未满的船舶姑且不谈，战争开始前后500吨以上1000吨未满的船舶35艘、1000吨以上3000吨未满的船舶65艘、3000吨以上的船舶29艘，总共增加了大约130艘船舶，其增加速度难道不让人震惊吗？

表3　1897~1904年船舶注册数量及吨位变化

单位：艘，吨

年度	轮船 船数	轮船 总吨位	轮船 注册吨位	帆船 船数	帆船 总吨位	帆船 注册吨位
1897	626	426624	266288	171	27412	25768
1898	674	464246	287855	1310	149385	139852
1899	753	498376	308402	2783	270162	253440
1900	859	534239	330641	3309	306393	287511
1901	969	577660	357392	3565	326619	307031
1902	1033	605122	376109	3591	329839	310061
1903	1088	657269	408991	3514	322154	302783
1904	1224	791057	496810	3523	322634	302502

日俄战争开始，国内几乎所有商船均成为海、陆军征用船舶，内外航线不得不暂时停止，主要营业者迅速雇用外国船舶来维持内海航线（欧洲航线通过与外国公司签约来维持；美国西雅图航线，仅以开战后归航的神奈川丸号艰难维持；大阪商船的南清及台湾航线也通过雇用外国船舶来维持）。另外，随着战局的发展，征用船的需求日益增长，为此对航业稍有经验者，竞相购入外国船舶以应急需之势；故此间船舶的剧增实在是不得已而为之。并且正因为有此"剧增"，我百万军队、数十艘的舰队，才得以在两年三个月的长期运输中不出现任何问题。我航海业在因战争而获利的同时，为战争尽力之功亦必须得到认可。

邮轮公司第21次股东大会（1905年10月至1906年3月末，公司经营第21年度上半期）上，总经理近藤在报告中就军事运输问题，对甲午战争与日俄战争中的业绩做了比较，并同时对近10年我国海军发展的状况做了简要说明；因其要点充分，故引用如下：

> 日俄战争中我公司船舶的运输成绩与甲午战争时做一比较，仅供参考。日俄战争中，我公司海陆军征用船舶共运送人员127万余人、马匹12万4000余匹、货物186万余吨，甲午战争中运送人员52万余人、马匹4万余匹、货物32万余吨，两者的差额是人员75万人、马匹8万4000余匹、货物154万余吨，可见增加幅度极大。尚且，拥有船舶数量上看，日俄战争时为75艘，总吨位为25万余吨，甲午战争时为55艘，总吨位为9万1000余吨，未达现在船舶总吨位的一半。甲午战争

时，3000 吨船舶则堪称"巨船"，而现在拥有 6000 吨大的船舶 17 艘，仅此便达 10 万 6000 余吨，其船体及速度统一，具有能够快速运送大部队兵马军品的构造，无疑在本次战争中起到了极大的作用。如果从本次战争中排除这 17 艘 6000 吨的大船，其军事运输或许不会尽如人意；幸好公司在此重要时期能够提供如此装备统一的船舶，承担作为海军助手的战争运输任务或是承担作为陆军手足的任务，实现了公司平生的夙愿，为国家承担了些许义务与责任——而且公司拥有将此愿继承下去的海员，甲午战争当时我海陆职工共 1155 人，船舶及其他整体业务的发展下，本次战争中职工总数为 1399 人，虽然职工总数仅增加了二成，却能够完成如此大任、创造如此成绩，足见成绩之大矣。

不只是邮轮公司肆无忌惮出此豪言壮语，大阪商船、东洋轮船、其他我国运输业者，也都努力完成提供征用船的任务，尽全力使战时运输畅通无阻，其显著功绩为世人所共睹。在认同此功绩的同时，回顾甲午战争，为今昔差距之大而惊叹。此次战争中，从事军中运输的我国船舶有五六十万吨，前后将百万以上大军运往满韩原野。英国南非战争之际，以约 170 艘、百万吨的运输船舶，从本国及地中海将 33 万军队、8 万匹马（另外以 111 艘、51 万吨船舶，从印度及诸殖民地运输物品）运往遥远的 6000 海里之外。以上两大壮举均可称为史无前例，并且在充满危险的海上，日夜不间断的辛劳长达两年之久，除金州丸号、长陆丸号等的惨事之外，几乎别无故障；能够毫无遗憾地完成任务，实属日本航运业之名誉，船长、船员之名誉，将成为我海运史上长久的光彩。

正如总经理近藤所言，以约 7500 吨的丹后丸号为首，安芸丸号及另外 145 艘 6000 吨统一标准的大型船舶，为一公司所拥有，这在世界各国中也实属罕见。尽管指其为"滥造"的谗言常有发生，但其存在足以证明，政府保护政策的目的得到充分实现，同时公司的规划亦甚合时宜。

此外，开战前的 1903 年末至终战的 1905 年末，日本国籍的 1000 吨以上船舶中，受政府保护的总吨数为 30 万吨，其中接受命令航线补助的大约 23 万吨，航海奖励补助的大约 7 万吨；政府 1896 年通过议会赞助的航线扩张费 619.6181 万日元，航海奖励费 149.2 万日元；其中属于航海扩张费的补助支付费用即命令航线补助金各种如表 4 所示。

表 4　命令航线补助

补助金名称	金额（日元）	主要内容
扬子江航通补助	354940	1898.1.1~1907.12月，满10年
上海苏州杭州航通补助	36813	1905年度以后2年间
东洋近海航线补助	580000	1905.10~1906.9，满1年
北海道稚内纲走线另2线，及函馆小樽线航路补助（地方命令航线）	27653	函馆小樽线1901.10~1906.9，满5年每年24650日元以内补助，小樽天盐线前半期后并算金额
北海道沿岸定期航线补助（同上）	127331	对函馆根室线、小樽稚内线、根室网走择捉线航海1905.10~1906.9，满1年
北海道函馆大津线其他航海补助	7000	函馆大津间定期航海及根室择捉间冬季航海等的地方命令线补助
东京小笠原岛间（地方命令航线补助）	15480	—
鹿儿岛大岛郡各离岛间（同上）	16200	—
东京小笠原岛各离岛间（同上）	810	—
岛根县隐岐国间（同上）	5400	1905年度以后2年间
冲绳县先岛间（同上）	9000	
冲绳县各离岛间（同上）	5400	1905年度以后满3年
北海道稚内纲走另2线及函馆小樽线补助（同上）	34250	1906.4起满1年
日本海线航海补助	126000	对日本海定期航海满1年补助
欧洲线航海补助	2673895	1900.1~1900.12
西雅图航线航海补助	654030	1901~1909.12
三番线航海补助	1013880	1900.1~1909.12
濠州线航海补助	473912	1906.4起满2年
港口停靠补助	35000	因在韩国及北清地方定期船有停靠必要的补助，及湖南轮船股份公司特别补助金（根据1902.9的命令，6年间对支付股金补充6分）45000日元，其中约三分之二为日本邮轮公司占有

（十六）海运的现状

根据邮政省（递信省）调查，1906年（明治三十九年）末，现有船舶的总吨位在20吨以上的轮船有1423艘，其总吨位为95.1052万余吨，注册吨位60.1112万吨；帆船3819艘，总吨位33.511万吨；石数船1124艘，积石数（相当于吨位——译者注）为43.4433万石。在此仅对轮船的吨位数加以分析（见表5）。

表5 轮船吨位类别及其利用状况

单位：艘，吨

种类	船数	总吨位
20吨以上百吨未满	664	30579.68
百吨以上300吨未满	247	41624.19
300吨以上500吨未满	93	36143.24
500吨以上千吨未满	124	88674.08
千吨以上2000吨未满	121	183745.71
2000吨以上3000吨未满	100	243042.64
3000吨以上4000吨未满	11	48671.47
4000吨以上5000吨未满	39	132215.21
5000吨以上6000吨未满	5	26755.11
6000吨以上7000吨未满	18	22138.13
7000吨以上	1	7463.23
定期船舶	214	396278
不定期船舶	1209	558774

无疑，不定期船舶是根据货物集散状况、不定地点、不定时间且没有固定航线的临时运输船舶，其航行范围除内地沿岸外，包括浦汐、桦太、韩国、中国北部等地沿岸。不定期船舶中不少在三四千吨以上，而且多数是所谓"公司外船舶"，即属于民间团体"日本船主同盟会"的船舶（1000吨以上的船舶132艘、吨位是28.3747万吨）。此外，除两三艘大型船舶外，其余均为小型船舶。如将所有不定期船分为以上两种所属状况的话，其各自所属船舶如下：一、日本船主同盟会所属船舶：170艘、411776吨，每艘平均吨位2411吨；二、其他所属船舶：1039艘、146998吨，每艘平均吨位141吨。由此可见，所谓公司外船舶中，不能忽视船主同盟会的势力。尽管如此，无论分别营业的利益如何充足，终归无法超过共同经营的大规模营业者，经常受到来自公司经营者的压力。为此，很久以前在有志者间便有

共同计划，并且日俄战争后船舶剧增的运势，进一步使人感到该计划的重要性。是年2月起关于共同计划的议论大有进展，目前正在探讨新轮船公司成立方案，虽今仍未见成立，但船主之间在共同经营的基本理念上几乎不存在异议，结果应该并不遥远，计划一定能够以成功告终。

关于定期船如前所述，主要由日本邮轮、东洋轮船、大阪商船等承担，其使用船舶也为大型船舶，表5中所示200余艘39万余吨的定期船，航线分别为外国航线、中韩海参崴航线、国内航线，各航线的配备如下：外国航线32艘、179026吨、每艘平均吨位5594吨；中韩海参崴航线82艘、96180吨、每艘平均吨位1572吨；国内航线100艘、117067吨、每艘平均吨位1170吨。其所有者如下：日本邮轮公司77艘、260061吨；大阪商船公司113艘、106992吨；东洋轮船公司3艘、18644吨。另外，定期船航线中，大部分为政府命令航线，在此将其整理为表6。

表6 政府命令航线主要内容

欧洲线	往——神户门司、香港、新加坡、贝宁、科伦坡、苏伊士、普特赛德、马赛、伦敦、安特卫普、至英国米斯特雷港停泊。返——伦敦、普特赛德、苏伊士、新加坡、香港、至神户停泊。2周1航班
西雅图线	东回线（横滨、西雅图），往返均可以在维多利亚港停靠；西回线（横滨、香港），往航神户门司，返航神户停泊，但亦可往航省略门司，返航门司停泊。4周1航班
濠州线	往返同神户、长崎、香港、星期四岛、顿斯韦尔、布里斯班、悉尼停靠，但往航可在门司停靠。每月1航班
孟买线	往返同神户、香港、新加坡、科伦坡停泊，或在杜蒂格林、纳加伯蒂纳姆停泊。每月1航班
东洋近海线	1. 横滨—上海线（神户、门司、长崎停泊。本年9月起改为2航班，船艘增加）；2. 神户中国北线（门司、芝罘停泊。1周1航班以上，1年39航班以上。本年9月期满后，改为横滨、牛庄之间，往航——四日、神户、门司、经仁川至大连停泊后，天津至牛庄；返航——牛庄、大连、仁川、门司、神户停泊）；3. 韩国中国北线（神户、牛庄之间往返，门司、长崎、釜山、仁川、芝罘停泊，但往航天津或大沽停泊。每4周1航班以上，1年13航班以上）；4. 海参崴线（神户、门司、长崎、釜山、经元山返航。航班数同上）；5. 神户小樽线（东回线——横滨、荻滨、经函馆返航；西回线——尾道、门司、境、敦贺、伏木、直江津、新潟、酒田、土崎、经函馆返航。东线每月10航班以上。西线每周1航班以上，此线本年9月已到期解除，但承担者将其作为自由航线的定期航班，仍继续航行）；6. 本州北海道联络线（青森、函馆、室兰。每月1航班以上，另青森、函馆间每日往返）；7. 九春古丹线（小樽、九春古丹间，函馆、小樽定期航线继续，4月份中1航班以上，5月起至11月的7个月中每月5航班以上，12月份中2航班以上，此为1906年4月1日新设）

续表

三番线	东回线（横滨、三番）往返经夏威夷；西回线（横滨、香港）经神户、长崎、上海。每月1航班。该航线受命者为东洋轮船公司，该公司自去年末起新开辟南美航线，正在制订在太平洋上愈加雄飞的计划
扬子江线	上海汉口线：3月至11月的9个月中每周2航班，其他每月2~3航班；汉口宜昌线：4月份至9月的6个月中每月6航班，其他每月4航班
东洋近海航线中韩国线	神户、门司、釜山、木浦、仁川、镇南浦，每月4航班以上；另每月3航班经长崎、严手至釜山；每月1航班绕马山、群山航行后继续前航线（此为本年9月满期废除）
大连线	神户（经门司）大连间，每月2航班以上，1906年新设 以上是大阪商船公司受命航线，同公司另外拥有台湾总督府的命令航线即神户基隆线、横滨打狗线、台湾沿岸东西回线、淡水香港线、厦门石砺线、福州三都澳线、福州兴化线等；此外拥有以福州为停泊港，神户或大阪启航的严原、马山、木浦、群山主诸线。特别是虽停泊港补助于本年9月期满，但韩国命令航线废除而此航线仍继续，并且10月起命令阿波合同轮船公司新开辟安东县航线，定为每月4航班运行于安东芝罘间
上海苏州杭州线	上海杭州线每月20航班以上，苏州杭州线每月15航班以上 以上受命者为大东轮船公司
日本海线	甲线（门司、滨田、境、宫津、敦贺、海参崴、敦贺、七尾、伏木、夷、新潟、函馆、小樽、九春古丹、小樽、海参崴、元山、釜山停泊返门司。每月1航班以上）；乙线（小樽、函馆、夷、新潟、伏木、七尾、敦贺、宫津、境、滨田、门司、釜山、元山、海参崴、小樽、九春古丹停泊返小樽。航班数同上）。 以上航线受命者为大家商船合资公司。本年6月俄国东亚轮船公司开辟浦朝、敦贺间定期航线，及浦朝、元山、长崎、仁川、上海、芝罘、大连间两周1航班定期航线，造成大家与东亚之间的竞争。为避免竞争，经下村房次郎斡旋两公司开始共同营业
汉口湘南线	往返均长崎停泊，中间诸港停靠航行。约每周2航班 以上航线受命者为湖南轮船公司（利息补助）。此外，北海道厅命令航线：小樽天盐线（藤山要吉），石狩川线、江别月形线（两线均阿部久四郎），函馆大津线（渡边熊四郎）。东京府命令航线：小笠原各离岛线（父岛胥岛线及父岛弟岛线—浅沼丈之助，父岛母岛线—佐藤福吉），母岛侄岛线—浅沼国吉。岛根县命令航线：隐岐内地线（隐岐轮船股份公司）。鹿儿岛县命令航线：鹿儿岛县大岛郡各离岛线（大洋商船股份公司），冲绳县先岛线（冲绳开连股份公司）等

至今年7月末我国轮船总吨位达99.3万余吨，船舶数量达1455艘，至8月末则将超过100万吨。与明治初期的35艘、总吨位仅1.5万余吨相比，

发展进步的速度绝非缓慢。国家为此发展花费甚多，虽至今仍多有大额支出，但航运业的发展有助于生产力的增加及海外贸易的发展，不可否认其为明治近代国运的扩张贡献了一定的力量。尽管为战争所迫船舶数量急剧增加，但因一时经济上的供需失衡，致使现在有观点认为船舶增加势头带来的困难是船载能力过剩，但事实上与列强相比这一点还相差甚远。并且就我海外贸易现状来看，即使是出口货物，我国船舶的运输量也仅为外国船舶运输量的三分之一，其运费、保险费等本应落入我国人掌中，今天仍十有七八落入外国人手中；可见今后应该发展的空间还数不胜数。受到国家大力保护的我航运业者，如能更加乘势奋发，丝毫毋庸担忧诸如过剩问题，反而应该将对船舶的实质性改良及新船建造作为当务之急。世界的海运愈加要求船舶的大型化、速度及船体构造的经济化，愈加要求提高总吨位与承载量的差，愈加要求坚固安全且运费低廉，2万吨以上的船舶相继建成。最为甚者是诸如英国的"卢西塔尼亚"号和"毛里塔尼亚"号，总吨位3.25万吨、排水吨位超过4万吨。六七千吨的大船已经不足以骄傲，为此，邮轮公司为用于欧洲航线，着手新造8300吨大船6艘，大阪商船公司新造1万吨的新船2艘。如从大局着眼，现在绝不能满足于百万吨，我航运业者必须牢记要日益奋发。况且不仅远洋航业，在东洋近海外国船舶的压迫也在日益加深。

（十七）东洋的外国航运业

随着列强在东洋市场上的竞争不断加剧，其扩展航运势力的热情也在逐年加剧，状况实在令人震惊。回顾明治初年，当时即使是我沿岸航线也掌握在列强手中，后由于三菱公司大力发起竞争，虽然最终夺回了我沿岸航运权；但列强在日本与诸外国之间及其近海的航运势力日益扩张，在我航运事业不断扩大的今天，仍然只能以欧洲航线、濠州航线及二三条美国航线与其抗争。事实上，不仅日本与外国之间的航运仍掌握在列强的手中，即使日中贸易货物承载量的大部分，也仍然落入列强的掌中。现在往返于日本及诸外国之间的船舶有200艘、吨位达到110万吨，与我国定期船数的200艘、39万吨相比，船舶数量相当，但吨位却是我国的数倍；同时轮船的总吨位也在我国之上。而且，我邮轮公司的最大船舶只有六七千吨；而外国、诸如太平洋轮船公司的满洲里号、赛贝利亚号、高丽号都有1.3万吨,汉堡美国公司的巴塔比亚号有1.1万吨,北德劳埃德公司的布林提爱思号、阿里斯号有1万吨,大北轮船公司的米奈索达号、达科塔号有2万吨以上;如是我国定期船的平均吨位仅为1800余吨,而外方的平均吨位则是5400吨。可见列强的船舶压迫我国航运业之气势绝不可轻视,具体可见表7,其中列举了主要外国公司及其具体航线。

表7 近海航线中主要外国公司及其具体航线

公司名称	主要航线
彼里公司	伦敦启程,经香港、上海、长崎、门司、神户至横滨
太平洋公司	利物浦启程,经香港、上海、长崎、门司、神户至横滨
中华航业公司	英国启程,经香港、上海、长崎、门司、神户至横滨或美国
达布留汤姆公司	英国启程,经香港、上海、长崎、门司、神户至横滨
格林航运公司	英国启程,经香港、上海、神户至横滨
森肯斯商会	英国启程,经上海、长崎、门司、神户至横滨
北德劳埃德公司	德国启程,经上海、长崎、门司、神户至横滨
汉堡美国公司	德国启程,经上海、长崎、门司、神户至横滨
M·M公司(法国)	马尔塞启程,经上海、神户至横滨
奥地利劳埃德公司	德里亚斯特启程,经香港、门司、神户至横滨
义勇舰队(俄国)	敖德萨启程,经长崎、门司、神户、横滨、上海至海参崴。
太平洋轮船公司(美国)	三番启程,经横滨、神户、长崎、上海至香港或马尼拉(及O·O公司的三番、横滨、神户、长崎、上海、香港)
大北轮船公司	西雅图启程,经横滨、神户、长崎、上海至香港
波士顿公司(美国)	塔科马启程,经维多利亚、横滨、神户、门司、上海、香港至马尼拉
提比洛一顿公司	美国启程,经横滨、神户、门司至上海或香港
加奈陀太平洋铁路公司	温哥华启程,经横滨、神户、长崎、上海至香港
东濠公司	濠州启程,经香港、上海、门司、神户至横滨或美国

除表7中所列主要公司之外,还有德国的巴登菲尔德公司(50号船)、嘉登麦迪逊公司(英国1号船)及标准石油公司的货船;不仅船舶数量增加、吨位也会有较大的增长。上述主要外国公司所有船舶数量及吨外请见表8,国别公司数及船舶数量以及吨位请见表9,以及经常在东洋近海航行并偶尔在我国停泊的主要外国公司具体情况请见表10。

表8　近海航线主要外国公司所有船舶数量及吨位

单位：艘，吨

公司名称	船数	吨位	每艘平均吨位
彼里公司	20	110239	5511
太平洋公司	28	161664	5738
中华航业公司	13	65632	5048
达布留汤姆公司	13	39870	3066
格林航运公司	5	22943	4588
森肯斯商会	5	19480	3896
北德劳埃德公司	20	132207	6610
汉堡美国公司	39	192593	4938
M·M公司（法国）	13	67424	5186
奥地利劳埃德公司	9	50021	5557
义勇舰队（俄国）	5	25737	5147
P·M	8	68229	8528
O·O	3	13262	4420
大北轮船公司	2	41432	20716
波士顿公司（美国）	5	31138	6227
提比洛一顿公司	5	25479	5095
加奈陀太平洋铁路公司	5	26671	5334
东濠公司	3	10969	3656
合计	201	1104990	5497

表9　近海航线主要外国公司国别及所有船数、吨位

国名	公司数（个）	船数（艘）	吨数（吨）
英国	6	84	419826
德国	2	59	324800
美国	6	28	206211
法国	1	13	67424
奥地利	1	9	50021
俄国	1	5	25737
澳大利亚	1	3	10969
合　计	18	201	1104990

表10　东洋近海航行主要外国公司情况

公司名称	船数（艘）	吨位（吨）	每艘平均吨位（吨）
英头印度公司	23	99612	4330
中华航业公司	20	40758	2037
印度中国公司	9	23543	2615
合　计	52	163913	3152

以上表9及表10数字表明，不仅我国近海航线中英国的势力最具优势，而且不经常停靠我国但在东洋近海上航行的船舶中同样是英国的势力占据优势。另外，将以上所有归纳后可知，近海航行的公司数为21家、船舶数约为253艘、吨位达127万余吨之多。如前所述，此等船舶的构造、容积远远超过我国，其中仅6000吨的船只就有22艘，6000吨以上的船舶有57艘，总计达47万吨。

二　造船业的发展

因不能自由记述帝国海军管辖内的各地船坞，本章仅民营造船业的发展进行概述。我国民营造船所的开端是现在的石川造船所，该造船所由幕末水户藩创建经营，日本最早的西洋式船舶"朝日丸号"在此建造。明治维新后，海军省将船管局（主船局）设于石川造船所内管理全国的船舰；1876年（明治九年），与筑地兵器局合并，并将器械及厂房全部迁至兵器局处，至此官营造船从石川造船所旧址消失。当时热心的工业家平野富二认为石川造船所旧址的位置、地形均非常适合造船业，放弃极为可惜，欲奋力独自在该处再建造船所。为此，平野向海军省禀请未来14年间拜借该岛，获得批准后马上开始新建厂房、准备各种机械，建设造船所，并为其取名为石川岛平野造船所。这便是石川岛民营造船所的起源，同时也开创了日本民营造船所的先河。

尔后造船所的事业逐渐扩张，前途充满希望，再次申请延长土地借用时间20年，及至1886年（明治十九年）平野因不堪事业扩张带来的巨额投资而难以维持，与涩泽荣一商量善后方策。涩泽当即依据匿名组合法，与梅浦精一及另外二三名同志共同提供资金，为平野提供了巨大的帮助。1888年1月，将造船所改为股份公司，股金共17.5万日元，名称改为有限责任石川岛造船所；推举涩泽、梅浦及上野为委员并担当公司所有事务，任命平野为常务委员。之后，石川岛从海军省管辖移交为内务省管辖，后又改为宫内省管辖之地，而其借地期限也再度增加为未来30年间。以上是造船所改为资本组织形式之始，距1876年平野独自创立开始已经过去13年，其间制造船舶、桥梁及各种机械不胜枚举，军舰"鸟海"便是该造船所所造，这也开创了我国民营造船所制造军舰的先河。

1892年（明治二十五年），常务委员平野去世，翌年随着《商法》的实施，改正公司条款并将公司改名为股份公司石川岛造船所；推选涩泽、梅浦、西园寺为董事，涩泽为董事长，梅浦为专务董事。尔后，造船所业务愈加走向兴隆，制造的产品、博取的利益非昔日可比。其中诸如一手承接了海军兵工厂的弹头制造；在甲午战争中整个工厂被海军征用，从事制造船舶、机械、电机、弹头等任务；仅用了50天便完成了8艘小蒸汽机轮船的制造，并移交给横须贺镇守府；为东京电灯公司设计制造各种发电机械；均为当时业务中最为显著的内容。1893年9月，公司再度增加资本金至25万日元，因感觉船坞、贡献行、机械等规模偏小，特别是航道水浅、隅田川的水深无法满足大型船舰的通行需要，于1894年6月，在神奈川县浦贺港选取合适地点即该港西南端馆浦作为建造分工厂的地点。新船坞长360尺、深24尺、总工费25万日元，同时再度增资至50万日元。1895年9月新工厂设计完成，1896年2月以山地开凿为起点工程开始，按顺序馆浦及滨町的填海、船坞挖掘、护岸工程、防波堤设立等工程进行。正值此时，航海、造船两奖励法实施，海运思想油然而起，伴随其运势公司再次扩大当初的规模，1897年将资本金增加至150万日元，造船设备、造船台建造，增加起重机设备及各种工厂机械，1899年5月末所有工程完工。后日该分工厂被称为浦贺船坞股份公司，事业日益扩大。

石川岛造船所成立以来，建造二三百吨木船的公司在各地出现，但能够建造铁船的公司仍然很少。直至大约十年后横滨船坞公司成立（1888年5月提交创立申请），以新式造船及修理为目的的公司终于出现，并逐渐崭露头角。造船奖励法的公布后，日本造船业的双雄三菱造船所（1893年始于长崎）、川崎造船所（1896年10月始于神户）及大阪铁工所等相继出现，逐渐其规模扩大，日俄战争前后，其发展格外显著，我国造船业焕然一新。

大阪铁工所的工厂面积在3万到4万坪（1坪等于3.3057平方米）之

间、职工人数前后合计 4000 人左右。川崎造船所的规模比大阪铁工所规模要大，面积超过 6 万坪、职工人数超过 8000 人。至于三菱造船所的规模则更大，面积约有 10 万坪、职工 1 万人以上。1905 年 8 月三菱神户造船所新建，装备了可供 7000 吨轮船从任意场所进入的浮动船坞，并且现在各个公司仍继续热心于工厂的扩张及机关设备的改良。他们一方面实施上述改良及扩张工程，一方面专心于造船事业。最近数年，主要的新造船舶为驱逐舰，已经下水的有大阪铁工所 1 艘、川崎造船所 4 艘、三菱造船所 2 艘，并且各公司手中仍有正在加紧建造的船舰。此外，川崎造船所还接受中国建造炮艇的订单，已经有 2 艘下水；而且近年已经能够建造 1 万吨以上规模的船舰。现在三菱造船所正在建造的东洋轮船公司的船舶便是达 1.3 万余吨的大型船舶，其船台面积达 1 町（1 町约等于 9917 平方米）左右。其他诸如邮轮公司定制的，作为常陆丸号的替换而初次用于外国航线的大型轮船的制造，其进步与数年前仍不能建造 6000 吨大台的船舶时代相比，已经不可同日而语。

这些大造船所之外，随着战后船舶数量的增加，小规模造船所承接的业务增加，加大了扩张船坞的必要性，并且有不少公司开始着手这项工程；此等大小船坞（包括船架）数量达到 100 以上。从总体上看，明治以来我国建造及购买船舶的数量及吨位可归纳为表 11。

表 11　明治以来日本建造及购买船舶的数量及吨位分类

年度	本国建造船舶数量及吨位		从外国购买船舶数量及吨位	
	船舶数量（艘）	吨位（约吨）	船舶数量（艘）	吨位（约吨）
1870～1872	轮船 + 蒸汽帆船 13	约 300	轮船 + 蒸汽帆船 105	26000
1873～1877	轮船 + 蒸汽帆船 75	3500	轮船 + 蒸汽帆船 106	40000
1878～1882	轮船 + 蒸汽帆船 580	48000	轮船 + 蒸汽帆船 55	16000
1883～1887	轮船 + 蒸汽帆船 208	20000	轮船 + 蒸汽帆船 41	27000
1888～1892	轮船 + 蒸汽帆船 210	28000	轮船 + 蒸汽帆船 41	42000
1894	轮船 + 蒸汽帆船 40	7000	全部轮船 38	96000
1897	轮船 57 帆船 18	10600 2400	轮船 22	6700
1899	轮船 53 帆船 256	共 20000	9	25000

续表

年度	本国建造船舶数量及吨位		从外国购买船舶数量及吨位	
	船舶数量（艘）	吨位（约吨）	船舶数量（艘）	吨位（约吨）
1901	轮船 71	31000	13	20000
	帆船 202	20000		
1904	轮船	35000	—	—

从表11中数字可以看到，1899年（明治三十二年），虽然我国年间造船总吨位终于达到2万吨左右，但从外国购买船舶9艘、总吨位仍在2.5万吨左右；同样两年后的1901年，轮船的造船总吨位达到3.1万吨，但购入轮船13艘、总吨位也保持在2万吨左右；应该说状况仍有些不尽如人意，甚至到了1904年，虽然日俄战争对征用船的需求增加，但当年的轮船建造数量仅有13艘、2万吨左右。与当时海运业不断发展的运势相比，造船业的进步，尽管是在容积方面也不得不说仍然是相差甚远。在造船奖励法等国家保护及奖励下的造船业，并且国家的所到之处有无数的港口、有四面环海的天然环境、有丰富的煤炭资源、有低廉的劳动力，同时有时势的推动，但造船业仍然没有发展到能够超越自我的状态，实在是世间智者的遗憾之处。

《造船奖励法》实施以来，在该法批准下，各造船所建造并竣工的船舶（1904年度止）总数为43艘，主要私营船坞可见表12。1900年（明治三十三年）4月，递信省公布造船规程，该规程根据当时的劳埃德规程制定，并在1901年进行了部分修改后实施至今，目前递信省正在对该规程进行进一步的修改。

表12 主要私营船坞分类

单位：英尺

地方/所有者	构造	长	宽	口径	水深	
					满潮	干潮
东京/股份公司东京石川岛造船所	木造	270.00	66.00	42.00	14.00	9.00
大阪/大阪铁工所	石造	250.00	40.00	37.30	12.60	8.60
大阪/原田十次郎	木造	210.00	50.00	36.00	14.00	7.20
	木造	152.00	33.00	29.00	10.60	6.10

续表

地方/所有者	构造	长	宽	口径	水深 满潮	水深 干潮
大阪/藤永田造船所	木造	255.00	60.00	38.00	12.50	9.00
	木造	160.00	50.00	30.00	10.00	8.00
大阪/大阪船坞股份公司	木石早	214.00	65.00	45.00	14.00	9.30
	木石造	216.00	65.00	45.00	12.00	8.00
大阪/小野造船所	木造	180.00	41.00	28.00	12.00	10.00
神奈川/横滨船坞股份公司	石造	552.00	121.00	95.00	29.00	21.06
	石造	422.00	90.00	61.00	27.00	91.06
神奈川/浦贺船坞股份公司	石造	497.11	75.59	69.59	27.60	20.60
	石造	456.00	78.00	65.00	25.00	19.00
兵库/股份公司川崎造船所	石造	428.00	73.60	60.40	24.80	20.80
长崎/三菱合资公司三菱造船所	石造	526.60	101.10	89.00	27.60	23.60
	石造	375.00	78.00	76.00	24.80	20.80
长崎/松尾铁工厂	石造	280.00	65.00	48.00	18.50	8.50
三重/鸟羽铁工合资公司	石造	283.00	62.00	42.00	13.60	11.60
爱知/衣浦造船所	木石造	250.00	65.00	41.00	12.00	7.00
静冈/下田船坞合资公司	石造	147.00	43.50	35.00	12.50	7.50
广岛/因岛船坞各分公司	石造	300.00	51.00	39.00	13.50	12.50
	岩层切开	364.84	71.58	49.71	20.36	11.93
广岛/弓场定松	石造	143.83	33.51	29.64	11.00	—
广岛/备后船坞股份公司	石造	410.00	82.00	57.00	24.00	13.58
广岛/岩崎乙吉	石造	198.33	43.50	31.88	15.67	4.00
广岛/望月左平	石造	107.58	36.42	29.33	9.00	—
	石造	96.58	36.00	—	9.00	—
广岛/能地船坞股份公司	石造	202.78	51.69	33.80	13.42	10.44
	石造	149.10	51.69	32.80	10.44	7.46
香川/金昆罗船坞股份公司	岩层切开	179.00	41.07	28.07	10.08	—
爱媛/波止滨船坞股份公司		126.00	50.40	33.50	5.50	
	石造	156.00	52.00	35.50	5.90	
爱媛/藤内福次郎	石造	130.00	41.00	31.00	4.70	
	石造	102.00	41.00	35.00	4.25	
	木石造	100.00	30.00	35.70	3.70	
	石造	120.00	41.00	31.00	4.70	
福冈/大川匀速股份公司	石造	250.00	43.00	40.00	11.00	—
北海道/函馆船坞股份公司	石造	531.27	96.65	81.69	30.51	—

三 港湾

日本四面环海，海岸线长达7432里，面积与海岸线的比例是3万比1，这在世界独立国家中实属罕见。虽然所到之处无不为港湾，狭义上的港湾亦甚多，但是所谓良港所占的比例并不多，主要可归纳如下。面对鄂霍次克海及太平洋沿岸有：根室湾、胆振湾、厚岸湾、函馆湾、陆奥湾、宫古湾、釜石湾、牡鹿湾、松岛湾、东京湾、馆山湾、浦贺湾、相模湾、下田湾、骏河湾、清水湾、鸟羽湾、伊势湾、大阪湾、神户港、土佐湾、须崎湾、臼杵港、津久见湾、佐伯湾、细岛湾、内浦湾、苏澳湾、花莲港等；西海方面有：鹿儿岛湾、大浦湾、八代湾、天草湾、岛原湾、有明湾、长崎港、佐世保港、大村湾、伊万里湾、基隆湾等；南海方面有：南湾；台湾海峡有：打狗港、平安港、国圣港、鹿港、淡水湾；日本海峡有：唐津湾、博多湾、若松港、美保湾、若狭湾、宫津港、敦贺港、七尾湾、富山湾、寿都湾、小樽湾；濑户内海有：播磨湾、儿岛湾、水岛湾、广岛湾、吴港、宇品港、伊予海、别府湾、周防海等。可称为良港的港口在以上各湾中均有存在。其中被认定为开港地的有以下31个港口（1904年追加了若松港），正在实施开港规则的仅有横滨、神户、长崎及门司4个港。

横滨（武藏）、神户（摄津）、新潟（越后）、夷港（佐渡）、大阪（摄津）、长崎（肥前）、函馆（渡鸟）、清水（骏河）、武丰（尾张）、四日市（伊势）、丝崎（备后）、下关（长门）、门司（丰前）、若松（筑前）、博多（筑前）、唐津（肥前）、口津（肥前）、三角（肥后）、严原（对马）、佐须奈（对马）、鹿见（对马）、那霸（冲绳）、滨田（石见）、境（伯耆）、宫津（丹后）、敦贺（越前）、七尾南湾（能登）、伏木（越中）、小樽（后志）、钏路（钏路）、室兰（胆振）。

上述开港4港于1904年末的出入船舶数量可见表13。外国船出入数量居首的是横滨港，神户则稍逊于横滨，门司港由于是煤炭供给地，所以国内外船舶均频繁出入。而且数年之前，一港内同时停靠船舶数量超过二三十艘的港口并不多，但去年开始多则达到五六十艘。总之船舶的频繁出入与内外贸易发展一起增加，仅就外国贸易而言，1887年至1893年，进出口累计在1亿日元大台，而以甲午战争为界一跃升为2亿日元大台，1897年达到3亿日元大台,1898年以后达到4亿日元大台,1902年、1903年两年则达到5亿日元大台,1903年、1904年两年度再度升至6亿日元大台,1905年因日俄战争一跃达到8亿日元大台,出入船舶增加的程度也可想而知,而无疑今后上述港口船舶密度增幅的烦恼也会不断提高。

表13 四大开港港口船舶出入量

港口名	入港本国船 船数（艘）	入港本国船 吨位（吨）	入港外国船 船数（艘）	入港外国船 吨位（吨）	合计 船数（艘）	合计 吨位（吨）
横滨港	1588	1162339	1242	4994631	2830	6156970
神户港	11198	6384657	1119	6384659	12317	11210923
长崎港	3521	902216	828	2782464	4349	3684680
门司港	5435	8954667	1757	4931668	7192	13886335

贸易的扩大、船舶数量的增加、我国航运事业的发展突飞猛进,港湾的发展却无法与之相媲美、进步极为缓慢。防波堤的整备也无法满足需要,例如神户,近年关其小野港海陆联结工事也不过只是一个小栈桥而已。偶尔有如1896年（明治二十九年）在横滨建造的防波堤,但港内的泥沙疏通不充分、造成水深不均,大型船舶无法停靠栈桥。加上陆上设施同样不充分,船舶无法横靠岸边,船舶的停靠方式基本上属于天然停放,无法称之为近代港湾。特别是海陆联络设备极其不完备,装卸货物仍不得不依赖旧时代的遗物——运货小船,造成船舶的停留时间加长,一旦遇上风浪数日被困于一处,还将牺牲高额的停泊费用（邮轮公司的轮船在欧洲各港口及美国西雅图港停泊一天的费用是1200～1300日元,濠州的停泊费用是1500日元,同样轮船的船舶在三番港的停泊费用是1100日元）。以上两大港口尚且如此状况,其他港口则不言而喻了。东洋的大市场——作为太平、大西两大洋中心市场的日本的港湾,其实处于如此可怜的状态。事实上各地港口建设计划自古有之,为建造防波堤、填海、开凿等工事也支付了不少的经费,但均存在一定的缺陷,不仅规模小而且海陆设备不健全,其中投入2200万日元巨资建造的大阪港便是其中最为典型的事例。

战后的运势唤醒了世人对港口建设重要性的认识,开始计划对其进行改良、修建,试图建造不失东洋商业帝国体面的港湾者逐渐增多,曾经毫无作为的政府也开始认真探讨其发展之途。第二十二届议会决定，已经停止多年的横滨海关工程（停船码头埋设工程）继续实施，并作为6年间的连续工程支付540万余日元（其中横滨市负担270万日元），成立横滨港设备临时委员会，工程即将开始。竣工后停船码头共可延长993尺、水深增加20~32尺，可供13艘大小船舶停泊，即使是蒙古型大型船舶亦可停泊，并且将疏通150余万坪的海底，使水深能够达到20~35尺，应该可以聊改我国港湾的面貌。然而，新工程仅局限于我国港口的一部分，也仅能应付目前的当务之急，到10年乃至15年后，无疑将再度陷入设备不足的境地。同时国库将在今后6年间，对神户港支付390余万日元，用来实施停船码头工程，而且今年该款项增加为3249日元的巨款（其中政府负担建造防波堤工程的款项、其余款项由国库及神户市共同支付）。经营理想的港湾是国家事业，为此成立港湾调查委员会，由内务大臣亲任委员长，由各相关省厅的次官、局长、技师、部长15名任委员，计划制定港湾制度，逐渐形成上下尽力应对港湾问题的局势，日本近代港湾发展终于开始步入正轨。

（本文译自日本《太阳》杂志第20卷第15号临时增刊，东京博文馆，1906年11月发行。翻译者潘幼文，旅日华侨。校对者温娟，南开大学日本研究院副教授）

编者按

《菲律宾群岛，1493－1803》是一部55卷本的大型资料集，主要是早期航海家、天主教传教士、殖民地官员等对菲律宾群岛的地理地貌、人文历史的记载和描述，包括一些当时的手稿和书籍，呈现了菲律宾群岛的政治、经济、商业和宗教的状况，以及从15世纪末到19世纪初菲律宾群岛与欧洲国家以及与它周边的中国、日本、印度等地的关系。不仅是研究菲律宾历史、西班牙殖民史的重要资料，而且是研究中国与拉丁美洲"海上丝绸之路"的重要资料。这55卷中，除了第53～55卷是目录索引之外，各卷都有一个前言，每卷前言均概括介绍了该卷资料的主要内容。因此，我们在此将各卷前言翻译出来，以便研究者了解各卷资料的内容，更好更便捷地利用这些资料，促进相关研究的开展。本辑年刊刊登的是11～20卷的前言。

《菲律宾群岛，1493～1803》
第11～20卷的"前言"

艾玛·海伦·布莱尔、
詹姆斯·亚历山大·罗伯逊　编
爱德华·盖洛德·伯恩　译注
刘琳　等译　韩琦　校

第11卷　前言

在本卷记载所涵盖的3年（1599～1602）中，最值得注意的事件是荷兰冒险家奥利弗·范·诺尔特（Oliver van Noordt）作为舰队指挥官在1600年到达群岛，下决心抢夺和摧毁该地的西班牙殖民地。诺尔特的舰队虽然给西班牙人造成了巨大的损失，但是他却因舰队被击败而逃走。这一事件及其在马尼拉引起的争论、对未来可能发生类似危险事件的恐惧困扰了该殖民地多年。西班牙人和印第安人仍旧处于摩洛人（Moro）海盗对平塔多斯岛（Pintados）海岸发动袭击的恐惧中，西班牙军队从棉兰老岛（Mindanao）撤离，助长了他们发动劫掠的气焰。除了需面对以上所有的这些困难外，政府还陷入了当地财政困难的窘境。它的资金被不必要的花费和职员薪金所浪费，因关税欺诈和其他妨碍贸易的法规而减少。那里有太多的行政官员，包括世俗官员和宗教官员。其中，前者大多是腐败无能的。印第安人因为学会了使用白人的钱财而被腐化，其本土的产业被忽视，造成了商品和物资的供应不足而价格高昂。耶稣会会士以新的激情和更大的规模投入他们的传教布道中。他们将分散的印第安人聚集起来转移到传教村庄，这样更易于使他们接受教化并成为基督徒。佩德罗·德·阿库尼亚（Pedro de Acuña）被任命为岛上的新都督。

本卷的文件延续了第十卷中的"1598~1599年检审庭颁布的法令"，这里提供其中的1599年上半年的部分。市长（alcaldes-mayor）在收税时必须遵守王室税率。为避免对下级法庭征收过高费用，检审庭在处理所有的讼案时，必须如实声明本案所支付的费用。诉讼案件中被接受的契约应更为可靠。法官在加速审理监禁个人的案件中应被赋予特殊权力。除非有地方法官在场，否则不允许口译员与土著进行贸易。未成年人监护人的账目应受遗嘱认证官检查。律师在受理新的印第安人之间的诉讼案件中，应受到限制。在拍卖中出售的与王室利益攸关的商品，必须与最高出价人拍板成交，并且只允许接受现金。当涉及诉讼时，律师要遵从当地人的风俗。贡税不应由市长出面征收，任命的贡税征收者必须得到检审庭的批准。各种法令规定了检审庭官员的职责和特定案例的程序，以及律师的诉讼限制。检审庭官员必须每年都进行签约。案件所涉金额为20比索及以下者，不需要进行审讯。法令对审判印第安人之间的诉讼给出了指示。治安长官在夜间必须对其所在的城市进行巡视。所有与王室财产相关的账目，应在接下来四个月内结清并平衡收支。检审庭的官员未经许可不得出城。对于中国居民的恶习、制造或剪裁硬币、从印第安人手中购买偷盗而来的商品等行为，规定了特定的惩罚措施。所有居住在马尼拉但没有工作的土著居民，必须在三日内离开城市。已故法官阿尔瓦罗·坎布拉诺（Alvaro Cambrano）的职责由其他法官承担。对检查、估价和销售从中国带来的商品做出了规定。所有隶属于王室委托监护权的印第安人，即使他们居住于马尼拉，仍须缴纳贡税。分配300比索给检审庭，用来布置和装修它的小教堂。中国人被禁止拥有教子，这种做法此前导致了许多的罪恶行为。基督徒被命令应继续从事他在皈依之前所从事的职业。必须给任期已满的官员提供住处，直到他得到新的任命。

1599年7月3日，马尼拉负责印第安人医院的一位方济各会修士写信给国王，要求为其所做的工作提供进一步的援助。都督与主教根据国王的指示，就医院需求问题向他提供了一些建议。7月21日，在王室财政官向国王递交的信中，罗列了国库对该岛物产的需求，并就如何供应提供了一些建议。在信中，他抱怨了在一名大主教和三名主教支持下而强加给殖民地的负担；太多的资金被浪费在因无用的或名义上的服务而付给职员的薪金上。萨拉萨尔-萨尔塞多（Salazar y Salzedo）建议，应裁撤职员并减少在职职员的薪金。在与墨西哥贸易中，违法和欺诈行为给王室收入造成了不小的损失和伤害。印第安人以金钱支付贡税的方式正在使其意志消沉，他们不再继续以前他们所从事的体力劳动，这使得他们生产的产品变得稀缺且价格高昂。印第安人应被强制在农业、畜牧业和矿业中工作。国库需要更多的财富，更多的印第安人应该被分配给国王。委托监护权被都督欺瞒性地加以分配。在委托监护区用木材建造教堂，是又一项无用的开支，这些教堂应该使用石头或者砖块来建造。应该撤掉某些公职人员，将他们的职位授给那些有个性和声誉的人。财政官抱怨其行政人员对国库管理松懈，要求对此进行调查，这一现象同样出现于马尼拉的市政会。其他公款开销应经由王室监督，这些资金的浪费应该被制止。但即使是所有的这些改革，也还不能为必要花销提供其所需的全部经费。于是，财政官提议，应由王室垄断香料和生丝的贸易，以此为国库获得巨大的收益。同一时间，来自财政官的另一封给国王的信里，针对政府的某些事务提出建议。他敦促检审官应对全岛司法管理进行定期的官方检查。他投诉贸易利润被官员及其仆从所占有，使得市民普遍贫困。公职和其他来源的利润应授予市民，而不是这些仆从。前往新西班牙的商船上的官员应该在岛上被任命，而不是在新西班牙。这些船只应经过更为严格的检查。

婆罗洲（Borneo）的统治者送给都督特略（Tello）一个礼物，并附上书信一封，表示要同西班牙人维持牢固的友谊。在7月14日的信中，特略投诉了莫尔加（Morga）对他的敌意，此人甚至写匿名信反对他。8月7日，他向国王报告了英国船只驶抵摩鹿加群岛（Moluca）一事，其目的在于，对此地和宿务岛（Cebu）的西班牙堡垒进行增援。他向新西班牙总督请求援助，并试图在马尼拉制造更多的火炮。在1599年8月16日菲利普三世写给特略的两封信中，国王称赞了他在某些事务中的行动，并命令新西班牙总督今后只能将有用的殖民者送往菲律宾。同时，国王也要求特略，在是否增加中国商品的关税这一问题上提供建议。

一份关于平定棉兰老岛的记述材料（约1600年），为在该岛发生的事件提供了一些额外信息。由于收到一份警报，称有来自英国海盗的威胁，军队已从该岛撤退。但事后证明，那只是和平的荷兰商人。在那一年的10月，某些外国船舶（可能是英国的）进入阿尔拜海湾（Albay），安东尼奥·德·莫尔加（Antonio de Morga）受检审庭命令，负责加强甲米地（Cavite）港口的防御并追击敌人。12月10日，都督向他提供了关于这一行动的指示。他转而给舰队司令霍安·德·阿尔塞加（Joan de Alcega）下达了命令。随后的记录不仅提供了西班牙与荷兰舰队之间交战的情况，也提供了范·诺尔特前往菲律宾的整个航程的情况。战争的结果对范·诺尔特来说是悲惨的。在荷兰船只上发现的掠夺物被授予私掠船船主埃萨亚斯·德·兰德（Esaias de Lende），作为他反对在印度群岛的西班牙人的佣金。一起诉讼指控舰队司令阿尔塞加在与范·诺尔特的战争中抛弃旗舰的行为，莫尔加提供了他关于此事的说法（1601年1月5日），他将损失了旗舰的责任推卸到阿尔塞加的身上，称这一损失是阿尔塞加没有遵守他先前给出的命令而导致的。

弗朗西斯科·瓦埃兹（Francisco Vaez）向耶稣会主教报告了耶稣会传教团在该岛的处境。他提到某些神父及修士在履行职责的过程中去世，并详细报告了每个教团的所在地。马尼拉的耶稣会教堂已被地震摧毁。在那里的神学院的神父通过他们自己的劳动，特别是在囚犯、战士和孩子的帮助下，很好地完成了重建。他讲述了几个皈依者奉献及其虔诚精神的实例。损失和灾难的降临，使人们更加倾向于宗教。联谊会在土著居民中的成立，激发了他们的忠诚与热情。在安蒂波洛市（Antipolo），一所医院落成，同时启用的还有一所男校。同样，在宿务岛也已开办了一所学校。在这里，人们高度接纳了耶稣会士的传教活动，这得到了主教的赞赏。很多印第安人通过他们实现了宗教信仰的皈依。与宿务岛的居民相联系的是保和岛（Bohol）。该岛的神父巴莱里奥·莱德斯马（Valerio Ledesma），劝说土著人离开山区，沿河居住，以使他们处于传教士的照顾之下；他们已经修建了教堂，并快速地实现了宗教信仰的皈依。保和岛的其他传教士报告了数以百计的洗礼仪式。各种不可思议的治愈疾病的事件被提及。萨马岛（Samar）同样传来了好消息，近4000人接受了洗礼。这几乎涵盖了全岛所有的成年人。位于杜拉克（Dulac）的男生学校已经建立起来，发生了许多信仰皈依的情况。在阿兰加拉（Alangala）有三个印第安人小教堂。在这个有前景的区域，瓦埃兹要求有更多的传教士存在。几天后，7月8日，耶稣会传教团的官方视察者迪戈·加西亚（Diego Garcia）向菲利普三世递交了一封信。他建议成立教导异教徒男子的神学院，以作为加快推动土著居民信仰皈依的一种方式，且印第安人应被聚集在殖民定居点中。加西亚主张应授予马尼拉的耶稣会神学院通过课堂教学使学生毕业的权力。信的最后，他对国王称赞了莫尔加和其他官员的功劳。

1601年7月16日，财务官萨拉萨尔-萨尔塞多公开宣布特略正在包庇莫尔加，并向国王呈递了一份有关与荷兰方面冲突的完整的调查报告。1601年7月20日，马尼拉的市政会送给国王一份备忘录，就莫尔加的行为提出了各种控诉。由莫尔加和特略下达的放弃棉兰老岛的指令，使得这一地区的土著居民纷纷到西班牙人统治的岛屿进行海盗活动。莫尔加为他的亲属和朋友获取公职，这违背了王室的法令。其中一个人，完全不能够胜任其工作，没能击退来自棉兰老岛的海盗，造成了很大的损失。通过各种阴谋诡计，在同范·诺尔特的争斗中，莫尔加成功地剥夺了龙基略（Ronquillo）的舰队指挥权，但正是在这一冲突中，暴露了他在指挥军队过程中的无能和面临危险时的懦弱。结果，莫尔加的旗舰失事，造成了为数众多的西班牙人丧生，并损失了价值高昂的军事用品。此外，他使敌军得以逃生，使这些岛屿在未来面临更多来自敌人袭击的威胁。这封信的作者通过附上相关文件来证实他们的指控，同时他们还指控莫尔加写匿名信。在7月30日莫尔加递交给国王的信中，讲述了他在海战中所做的努力，指责霍安·德·阿尔塞加在此事和其他诸多事务中辜负了他的信任。莫尔加请求解除他在菲律宾的职务，并将他送往其他国家。在1601年12月11日，宿务岛的耶稣会学校得到王室的援助，得以建造教学楼。

1602年2月16日，佩德罗·阿库尼亚取代特略，成为新任都督，阿库尼亚携带着国王的指示而来。他必须同新西班牙总督协商要对岛上移民点采取措施，总督受命协助都督。阿库尼亚受命照看海岸线的防御工事，并负责维持棉兰老岛的驻防。他必须尽其所能免除多余的公职和职员薪金，对此国王给出了多方面的建议。发生在前往新西班牙的载货船上以及在关税支付中的诈骗行为，必须予以禁止。在委托监护权分配过程中的违规和欺诈行为也必须停止。1599年7月，根据财政官的建议，国王讨论了以上案例和其他一些事务。对于岛上事务的官方检查必须由检审官进行，王室官员必须停止将从美洲所获的钱财用于投资同中国的贸易中。马尼拉的大教堂必须完工，对医院进行资助，修女将被送往圣波滕西亚纳（Santa Potenciana）。对于针对印第安男孩而建的耶稣会神学院，阿库尼亚应当予以关心，并应探明学院的处境和需求。阿库尼亚必须就废止唐人街（Parian）这一问题进行调查，务必为"万山群岛"（Ladrones Islands）的土著居民提供宗教导师。阿库尼亚必须鼓励菲律宾的农业生产。2月16日，两道王室法令命令新西班牙总督向菲律宾输送更多的品质优秀的殖民者，另输送两名修女负责位于马尼拉的圣波滕西亚纳神学院。1602年6月4日，加利纳托（Gallinato）船长向马尼拉都督发出警告，说有一大批来自棉兰老岛的远征掠夺者，将要蹂躏平塔多斯岛。霍洛人（Joloans）同样抱有敌意，并准备袭击西班牙人，特尔纳特岛（Terrnate）的土著居民为棉兰老岛人提供援助。

在1602年6月8日路易斯·德·达斯马里尼亚斯（Luis de Dasmariñas）写给菲利普三世的信中，催促西班牙人应夺回摩鹿加群岛的要塞，以保护菲律宾远离"那些英国和荷兰异教徒恶魔"的袭击。莫尔加在6月30日给国王的信中，再次向国王言明了，在同范·诺尔特的对抗中他所做的努力；而在7月8日的另一封信中，莫尔加的敌手就此事针对他进行了攻击。7月4日，马尼拉奥古斯丁会的官员告知国王，他们选举佩德罗·阿尔塞（Pedro Arce）作为该岛的大主教，并解释他们拒绝接待近期从新西班牙派到该岛的使者的原因。7月10日，一封来自财政官的信，详细说明了强制都督特略偿还其在塞维利亚（Sevilla）所欠债务的措施，他在新西班牙有财产，但在该岛什么也没有。

编者
1903年12月

（译者简介：刘琳，南开大学世界近现代史研究中心硕士研究生）

第12卷 前言

这一卷中包含了1601~1603年的一般文献，并根据出版于1604年奇里诺（Chirino）写作的《菲律宾群岛的关系》而写成，但是其中所记述的事件却止于1602年。这一时期的两大显著事件，一是一次大型火灾，二是发生于1603年的中国人在马尼拉的暴乱。后者以在马尼拉岛上的近乎全部的中国人被屠杀或被驱逐而结束。在这一时期，海盗仍持续袭击岛屿北部的海岸，但是殖民地政府可用的武装力量却被用于援助一支来自印度的远征队伍，这支队伍试图将荷兰人驱逐出香料群岛（Spice Islands）。此时，主要由墨西哥投机者未经授权插足菲律宾和中国之间有利可图的贸易，以及出台的多种规范贸易的政策而带来的贸易困境，依然影响着岛屿的繁荣。那场大火是对西班牙殖民地的一个沉重打击，并且人们担心中国人会对他们屠杀其同胞而进行复仇。马尼拉新的大主教抱怨宗教秩序有必要进行检查和改革，有些人忽视了本应是他们传教对象的印第安人，其他人仍然允许异教的中国人居住在岛上，并且允许他们的恶习腐化那些印第安人。中国人的暴乱被镇压之后，其他人抗议的矛头便指向了当地政府，特别是那些神职人员，他们提出抗议，认为政府在执行限制中国移民进入海岛的法律时太过宽松放纵。

这些文档主要来源于耶稣会士佩德罗·奇里诺（Pedro Chirino）撰写的著名且珍贵的《菲律宾群岛的关系》。他主要打算将其作为描述1581年来耶稣会在岛上开展的传教活动的史书。奇里诺在1595年来到岛上，并且他对从那一时期一直到他离开时的1602年这一时期的传教情况给予了完整、详尽的描述。不仅如此，他还描述了许多有趣和重要的事情，包括那里的民众、他们的风俗习惯和性格特征、他们的语言及文明状况、他们的宗教信仰和崇拜以及传教士传教的情况和对民众的影响。耶稣会士深入西班牙文明没有影响到的地方，走进了一些之前从来没有见过白种人的部落之中，他们记录的这些信息，是描述菲律宾人在与白人接触前的原始状态的最早记录，有着特殊的价值。奇里诺的《菲律宾群岛的关系》首先以英文出版，并且编辑者有幸从来自西班牙巴塞罗那的巴勃罗·帕斯特尔斯神父（Rev. Pablo Pastells）手中，获得了关于这本出版物的一些有价值的注释，帕斯特尔斯此前曾在菲律宾的耶稣会传教团中担任了大约18年的高级职务。奇里诺的文章从本卷开始，在第13卷结束。

奥利弗·范·诺尔特的舰队靠近东方岛屿（Oriental archipelago），引起了西班牙人的不安，西班牙人担心他们在那里的财产可能会受到袭击，尤其是富庶的香料群岛。据此，印度总督决定派一支舰队去驱逐在那些海域的荷兰人，并且将这一消息告知了特略（Tello）。1602年9月1日，战争委员会在马尼拉召开，决定给抗击荷兰人的远征队提供援助。此时，远征队的指挥官已攻陷并征服了安得拿岛（Amboyna）。随后是一份根据给予葡萄牙舰队的供应物资的清单。这些供应物资的价值总计超过22000比索，包括2000名士兵和一些水手八个月的开支。一份官方数据列举了马尼拉当局扩大其部队以及供应物资的情况,并通知葡萄牙使者们准备好向舰队输送这些援助。10月26日,都督阿库尼亚(Acuña)给国王写信,信中报告了摩洛人的海盗行为。摩洛人进行了几场成功的海盗袭击,有必要加强岛屿的防御来抵抗这些袭击。一支远征队计划去抗击摩洛人海盗,但是都督及其军事顾问为了援助摩鹿加(Maluca)远征队而推迟了这项计划。阿库尼亚准备前往阿雷瓦洛(Arevalo),为远征派遣船只和人员。阿库尼亚尽其所能去实施这一援助计划,但还是担心这一计划会失败。阿库尼亚请求国库援助那些患病和有需要的士兵。

阿隆索·费尔南德斯·德·卡斯特罗(Alonso Fernandez de Castro),是一名律师,他写作了包含"关于菲律宾贸易的主要观点"的一篇文章。他指出,法令禁止墨西哥人和秘鲁人与这些岛屿进行贸易,但他们违背了这一法令,这一非法贸易的结果对西班牙贸易来说是极具灾难性的。他抱怨船只的长官是在墨西哥任命的,这造成了巨大且并不必要的开支。在菲律宾贸易中丢失的船只及其丢失的原因都被列举出来,在其中也提及了商品的种类。菲律宾市民对他们的贸易被部分转向美洲殖民地是十分不满的。违反王室法令,在墨西哥人看来,并不是不可饶恕的罪过。于是,他们便忽视王室法令。卡斯特罗建议,在禁令和处罚上要更加仁慈一点。一些神职人员则建议应由罗马教廷决定这种违法行为是不是不可饶恕的大罪。墨西哥总督应对即将到达的来自菲律宾的货物有更多的责任,承担在航程中保卫那些商品的士兵及火炮的开支。在太平洋中丢失的贸易船舶,由在阿卡普尔科(Acapulco)建造的新船只替代,总督已经派出一些他"信任"的私人船只,这种行为遭到了谴责。不允许墨西哥与南美殖民地交易中国商品。

一组贸易文件尽管有些不完整,但其中包含了许多关于西班牙和它的殖民地之间贸易的有趣信息。马丁·伊格纳西奥·德·罗耀拉修士(Fray Martin Ignacio de Loyola),是拉普拉塔河地区(Rio de la Plata)的大主教,书中写了他对西班牙王国殖民地管理的观点。他认为,殖民地应当保持其从属的、次要的地位,殖民地的高级官员应当从西班牙委派。其贸易应当在殖民地与母国之间进行。现在,贸易的条件与结果是毁灭性的。罗耀拉主张在马尼拉建立贸易"领事馆",就像在墨西哥的那样,并且严格禁止墨西哥人参与与中国的贸易,其贸易由菲律宾居民垄断。在墨西哥总督的信中提到，由于资金回笼周期长以及对商品征收的过高关税，和西班牙进行贸易的秘鲁商人遭到了毁灭性打击。结果他们便将其货物送到墨西哥，并且，他们要求获得可以直接与中国进行贸易的许可。蒙特雷（Monterey）建议这一需求可以在有限的范围内被允准，并且，对于在新西班牙使用中国商品不设限制。他对违反贸易条例的行为使用严厉的措施。但是，在马尼拉的海关检查上却有着十分明显的疏忽。另一份文件则对来自菲律宾请愿书的一些观点进行了概括。文件中要求与新西班牙贸易的船舶上的官员必须是菲律宾岛居民，船上的空间不能私自出售，秘鲁商人不允许前往菲律宾，军队的开支要从一份特殊的和单独的账目中支付，并且，贸易船只的装船工作改由马尼拉市政会负责。所有的这些观点都由一些主教来评判，这些主教的建议显然是被西印度事务委员会所要求的。随后的多种备忘录，记载了给菲律宾和新西班牙之间的贸易提出的建议，包括在马尼拉建造贸易领事馆，减少造币，允许和秘鲁有限地贸易，管理在阿卡普尔科及马尼拉设立海关等等。来自莫尔加（Morga）1602年12月1日的信件报告国王，都督阿库尼亚援助了来自印度的远征队去夺取摩鹿加群岛，并且有些被派往新西班牙的贸易船只，在经过风暴带来的巨大损失以及承受了在日本海岸被捕获的风险之后，没有穿越海洋就返回了。

1603年5月，三名中国官员来到马尼拉，财政官萨拉萨尔－萨尔塞多（Salazary Salcedo）将这一消息告诉了国王，并且将中国官员给都督的信件的翻译版本呈送给了国王（在这些信件中他们解释，他们接到报告说这里有金山，所以此行是为了来此寻找金山）。财政官向检审庭提交了控诉，对那些中国官员用自己的司法方式审查定居马尼拉的中国人的行为表示不满，这份控诉的副本也被呈交给了国王。都督禁止他们继续这些行为，并且采取措施保护城市免受中国人可能的入侵。

7月4日，米格尔·德·贝纳维德斯修士（Fray Miguel de Benavides）放弃了主教职位，成为马尼拉的大主教。第二天，他向国王报告他来到了马尼拉，同时也向国王禀告了当时岛上令人沮丧的一些情况。棉兰老岛的海盗在海岸边肆虐，杀死了许多的俘虏。城市最富庶的地方，包括储存商品货物的仓库被大火毁坏，并且当年从墨西哥来的船到得太晚，耽误了商人运送货物。人们因可能会与中国人发生战争而充满了焦虑；大主教对王室官员放纵众多中国人居住在岛上加以抨击。岛上的中国人很多，他们的存在对西班牙人来说是一种威胁，他们自身堕落的风俗习惯同时也带坏了当地人。他强烈要求将多数中国人驱逐出海岛，以及对公职人员的行为进行调查和惩处。接下来的一天，他写信要求妥善处理岛上的某些事物。人们赖以支撑的贸易被来自墨西哥和秘鲁的西班牙人肆无忌惮的夺取。大主教甚至被要求将那些从事非法贸易的马尼拉市民驱逐出教会，但大主教拒绝这么做，他不认为这是处理此事的正确方法，他试图寻求检审庭的帮助来纠正这一情况，但没有结果。他也抱怨神职人员与法官过从甚密，法官和他们的女眷垄断了教会最好的席位，并且多种不法行为也已经蔓延到马尼拉的教会之中。贝纳维德斯批判岛上的宗教秩序，认为神职人员经常忽视他们对印第安人的责任，并要求修道士不能随意离开其教区。多明我会修士和方济会修士坚持严格的戒律，但是却忽视了印第安人。圣奥古斯丁会修士们亟须检查和改革。耶稣会修士引领着一种典范性的宗教生活，对其他的教派是极好的指导，但是印第安人抱怨这些教父剥夺了他们的土地和财产。贝纳维德斯建议国王纠正这些错误做法。他们仍旧允许那些带坏印第安人的异教中国人居住在岛上。主教要求，分配教区的时候都督应当征求他的意见，而且教士的任命不应由检审庭进行指派，而是通过教会法庭。他寻求多种支持来帮助城市和居民，并且寻求来自墨西哥的军事援助。大教堂需要修缮，主教的住处十分狭小，对主教的需求而言是不够充分的。不允许耶稣会建立大学，也不允许他们拿老兵们给的经费去补偿被征服的印第安人。

1603年7月2日，马尼拉检审庭对众多的事件作了一份报告。两名新的法官来到马尼拉，莫里加被调往墨西哥。他们叙述了"罗萨里奥"号（"Rosario"）船只的危险境况及从日本安全返回的情况，以及马尼拉因大火而遭受的损失——半数的城市被毁。他们提到了许多与他们收到的王室命令有关的事项，这些事情中最为重要的一件便是印第安人提供的劳役。对此，检审庭声明，只在有需要的时候索取印第安人的服务，并且会支付公平的报酬。两天之后（7月4日），财政官建议国王，应当将马尼拉的主教任命为检审庭的庭长，这一建议曾被都督无视。1603年7月20日，阿库尼亚向国王报告了葡萄牙远征队进击摩鹿加的失败，并且力劝国王立刻采取措施征服那个要塞。

1603年11月29日，国王命令阿库尼亚将居住在岛上的中国人驱逐出境，并且严格限制外来移民，直到仅剩3000人，也就是只留下了岛上提供服务所需的劳工。由于施加在他们身上的种种限制，中国人进行了反抗并攻击了马尼拉，但是在经过几场激烈的交战之后，西班牙人镇压了他们的反抗，许多中国人被杀死，暴乱的元凶被处死。一个在马尼拉的耶稣会修士——格雷戈里奥·洛佩斯（Gregorio Lopez）写信给国王，要求国王向海岛增加援助，来抗击可能会再次袭击海岛的棉兰老岛海盗，这些海盗还袭击了米沙鄢群岛（Visayan Islands），并危及了耶稣会传教团在那里组建的基督教社区。教士委员会的来信向国王报告了中国人的暴乱，以及随后在马尼拉发生的火灾。多明我会的大主教抱怨，由于王室法令没有被遵守，尤其是那些对中国移民的限制，殖民地日益遭受破坏。于是，大主教要求对殖民地当局执行能力进行严格的调查，最好是由一名神职人员进行调查。与此同时，主教贝纳维德斯写给国王一封简短的信，内容与大主教的信件相似。他向国王推荐迭戈·德·格瓦拉修士（Fray Diego de Guevara）承担这一使命。1603年12月12~18日，关于中国人暴动事件的信件通过都督和检审庭送往西班牙。马尼拉的防御工事向前推进，并且派遣了一名使者前往中国去解释最近的暴乱及对暴乱人员的惩处。阿库尼亚同时也努力去获得军事援助来支援现在的军事不足；他担心与中国的贸易可能会被切断，这样将会毁坏菲律宾的殖民地。阿库尼亚还在那些曾在镇压华人暴动时表现优秀的印第安人中征募了一些军队。他叙述了在装备一支保卫岛屿的小舰队时所遇到的困难。棉兰老岛海盗再次袭击了岛上，但是中国人的暴动使得都督不得不召回那些曾派遣去镇压海盗的军队。阿库尼亚叙述了过去一年在棉兰老岛战役中发生的主要事件，以及那里目前的情况。他抱怨资金的缺乏，并恳求尽快从新西班牙送来经费。在这封信的附言部分，他也要求对马尼拉的王室官员进行调查，因为他们曾非法地允许许多中国人居住在这里。

我们按时间进行的叙述到这里打断一下，现在，就像佩德罗·奇里诺在他的《菲律宾群岛的关系》中提到的那样，谈一谈耶稣会传教团的经历。简短的前言之后，他开始描述这个岛屿的位置以及西班牙人对当地的发现和殖民。他用大量篇幅记述了1565年在宿务（Cebu）发现的儿童耶稣雕像（Santo Niño），以及与他相关的大量神迹与崇拜事件，还列举了西班牙人祈求的各种主保圣人。在这些圣人中，最为重要的是圣波滕西亚纳（St. Potenciana），他被推选为抗击飓风的主保圣人。奇里诺简单地描述了当地居民的穿着、风俗习惯以及性格特征，他们的娱乐活动，他们充当食物的鱼类和水果，并且相当详细地描述了他们十分擅长的竹子种植。他列举了从周边国家进口到菲律宾的东西，来到海岛上的人们的日常活动，并盛赞了这一地区的富庶和舒适。

之后奇里诺提及了来到海岛上的各种教派，特别叙述了他所属的教派（耶稣会的会士们）刚到马尼拉落脚时的困窘和努力。五位牧师和一位世俗僧侣，开始了传教任务。其中，苏亚雷斯（Suarez）死于过度工作，桑切斯（Sanchez）回到了欧洲，塞德尼奥（Sedeño）管理传教事务，在所有教俗事务上为殖民地谋利。耶稣会修士对来到马尼拉的中国人和日本人发挥了相当大的影响。在第六章节中，还列举了菲律宾的较大岛屿的名称以及与西班牙相比较它们的范围。

奇里诺接着详述了岛上的主教座堂和教省，叙述了文身（tattooing）的进程及耶稣会修士如何将他们的劳动扩展到马尼拉外的印第安人村庄。在巴拉延地区（Balayan），在十年内有近7000名当地居民受洗。在奇里诺的影响和当地居民对超自然的恐惧下，泰泰村（Taitai）迁移到了一个更加安全和健康的地方。他描述了当地居民沐浴时的风俗习惯，这是他们十分惯常和普遍的行为。在巴依潟湖（the lagoon of Bai）边有温泉，这里已经成为著名的疗养胜地。他还详细地描述了生长在当地的多种树木，以及中国人将大树修建为较矮的盆栽植物的方法。尤为有趣的是关于居住在班乃岛（Panay）上的米沙鄢人和小黑人（Negritos）以及发生在这些人之间的小规模的战争。在蒂格巴万（Tigbaoan）地区，耶稣会传教士做了极好的传教工作，关于此事的详情，也进行了叙述。他们中的一个人——马丁·恩里科斯（Martin Henriquez），死于过度工作。之后，奇里诺奉命回到马尼拉。在1595年6月，莫里加和八名耶稣会教士带着传教任务而来，现在传教任务扩大到了宿务、莱特（Leyte）和萨马（Samar）。有一个章节专门叙述了神父安东尼奥·塞德尼奥（Antonio Sedeño）虔诚的工作和他的过世。在1596年，一大批耶稣会传教士来到岛上，由弗朗西斯科·德·贝拉（Francisco de Vera）带领，这里的传教工作得到了新的动力。所有教区的传教士都毫无困难地精通当地的语言，对他们而言，"这像是来自天堂的礼物"。奇里诺对这些给予了一些描述，以塔加兰（Tagalan）、阿拉鄢（Harayan）和米沙鄢这三个地区为例子，介绍了菲律宾字母。他赞扬了塔加洛人（Tagalos）礼貌的语言和行为，称赞他们有很高的音乐天赋。有一章节专门叙述了当地居民的字母和写作风格。所有人（无论男女）都可以写作和阅读，并且他们学会了用西班牙语来做这些事情，就像用他们自己的语言一样。

奇里诺叙述了耶稣会教士在1596~1597年传教的进展。马尼拉神学院的课程进一步扩展，他们的教堂也更加完善。一份小文档，记录了为存放在教堂的圣人遗迹而进行庆祝的一个为期九天的宗教节日。在这个时候，活动开始于教士的自我鞭笞，这是一种自愿的苦修行为。耶稣会教堂经常有大量的印第安人光顾，不仅仅是在特殊的节日，而是贯穿全年，他们显示了最大程度的虔诚，甚至在他们自己当中形成了崇拜遗迹的团体。他们的虔诚得到了实际的结果，尤其在女人们的谦逊和美德上，这些品德是异教徒从不重视也不渴望的。奇里诺也叙述了一些传教成功的例子。同时他也描述了圣波滕西亚纳女子神学院的创立和发展以及耶稣会教士在马尼拉医院和其他地方的服务。作者叙述了在泰泰岛（Taytay）进行传教的方法及在1597年间发生在这里的事情。建立了三座宏伟的教堂，印第安人和山区里的土著人的对传教士表达了善意。传教士驯化和改变这些人中的一个人，他常常是这一部落中最有影响力的那个人。在他之后，整个村庄的人便生活在靠近传教团的地方，由神父负责帮助他们建立村落，他甚至使部落中全部的异教徒改变了信仰。不仅仅是塔加路人，小黑人也求助于传教士，并且他们中的许多人改变了信仰。奇里诺痛惜偶像崇拜和迷信依然徘徊在人们之间，甚至是在更加文明的当地居民之中；他继续叙述了他们的宗教信仰和迷信。他们所有的宗教信仰都以传统和习俗为基础，并且通过歌曲传递下去。他们的信仰，包括上帝、魔鬼等都被提及，奇里诺将这些中的大部分概括为祖先崇拜，在这种崇拜中，他们礼拜各种偶像。他们也崇拜动物、鸟类和其他的自然事物，有很多迷信思想。奇里诺致力于捣毁那些给偶像建立的小型建筑。在这些人中，他们的祭司也是他们的医生或者是开药的人，他们欺骗那些无知的、轻信迷信的崇拜者。作者还描述了人们奉献牺牲的方式。在传教村庄泰泰，在异教祭司们的影响之下，一些盲目崇拜的仪式被秘密地进行。但是当地居民中的一些忠诚的居民将这一情况透漏给了传教士，传教士便迅速地消除邪恶，拆除偶像。所有异教祭司都改变了自己的信仰，并且过上了模范的基督教生活。

在塞德尼奥去世之后，奇里诺独自留在宿务。他不仅在耶稣会教堂维持日常的服务，还要引导中国人，为了这一目的，奇里诺已经很快学会了他们的语言。他和城市里的奥古斯丁会修士和睦相处，他们在他需要的时候给他提供帮助，他与时而来到宿务的其他教派的修士相处得也都很好。1596年9月，最近来到的一些耶稣会传教士被分派到这个城市，在他们传教使命中接着发生了一些重大的活动，包括给孩子们创建学校。耶稣会教士将他们的活动扩展到了莱特岛，奇里诺曾描述过这个岛屿。他赞扬了盛行于人们之间的好客、友好的态度。在这里建立了五个传教地点，许多人皈依了基督教。作者还描述了1597年，在每一个传教区，传教士们传教的情况，像在杜拉克（Dulac）、卡里加拉（Carigara）、帕洛克（Paloc）、阿朗阿朗（Alangalang）和奥格穆克（Ogmuc）。在杜拉克，传教士建立了教堂，开设了学校，许多人改变了信仰。在卡里加拉，传教情况也是十分兴盛，作者尤其提到了在这里两个值得注意的皈依基督教的例子，其中有一个年仅五岁的小男孩。在帕洛，这里的神父遭到一些人的厌恶，显然他们是受到异教祭司的鼓动，但很快这种情况就被对基督教的感情和宗教热情所取代。在这里，还发生了一些被神迹治愈的现象。在阿朗阿朗，科斯莫·德·弗洛里斯（Cosmo de Flores）将许多分散的小村合并成了一个大的传教村，但是，在它建立不久之后，科斯莫便去世了。在奥格穆克，神父受到民众的欢迎，并且建立了学校，这些聪明的、温顺的孩子们让传教士们十分高兴。村里的许多人改变了自己的信仰，其中还包括一些部落的酋长。

在书中，奇里诺再次叙述了菲律宾人的婚姻、嫁妆及离婚等情况。在奇里诺得知一些当地居民实行的是多重配偶制时，他已经在菲律宾居住了近十年之久。这种制度并不是马尼拉、班乃岛和其他西班牙人长期居住的岛屿上的风俗习惯，但在比萨扬人之间很流行。在棉兰老岛上的一些地区，女性拥有两位丈夫，但是一夫一妻制却是这一群岛上十分流行的风俗。唯一被禁止通婚的是直系血亲关系。在此，作者描述了多种订婚、结婚的仪式，以及对嫁妆的使用和离婚情况。奇里诺认为在这些岛上流行的多配偶制或许来源于穆罕默德（Mahomet）的"诅咒学说"。

奇里诺接着便叙述了耶稣会传教士进入伊巴巴奥（Ibabao，今萨马岛）传教，他们发现这里的人们很愿意信仰基督教，不久，他们就建立了教堂和学校。有一次，马里皮皮岛（Maripipi）上的全部居民得到了教父的洗礼——因为之前他们已经做好了受洗的准备。一个传教团开始在卡杜维格（Catubig）传教，此处位于萨马岛的东部地区，但是由于缺少传教士，没能很好地维持下去。另一个传教地点建立在保和岛（Bohol）上，传教士们在这里的努力得到了岛上实行一夫一妻制人们的协助，他们迅速地抛弃了他们的偶像崇拜和在宴会上喝醉的传统。

奇里诺描述了岛上普遍流行的葬礼和关于死亡的风俗。当地人对死者的尸体进行防腐处理。死者一般被埋葬在自家房子的下面，葬礼一般以宴会和畅饮而结束，但死者的直系亲属却是严禁进食。如果死者是部落的酋长，则全村将会进行一种古怪的禁忌仪式，全村人都必须保持沉默否则处以死刑。如果一个人是被暴力所杀死，他的亲属将会替他报仇，无辜的人和有罪的人将一起被他们杀死。从那些崇拜神灵或亵渎神灵的作家记录的各国历史中，奇里诺得到所有这些习俗的奇怪的相似之处。他写了一个章节来描述菲律宾人的宴会和宴会中喝醉的场景。其中写道：他们吃得很少，喝酒却很多，但是当他们喝醉的时候，他们却不会变得疯狂和毫无能力。

奇里诺进一步叙述了保和岛上的耶稣会传教士的传教情况。他们发现，岛上的人们表现出一种不同寻常的对天主教的倾向，并且，他们是十分认真和虔诚的。他们所有的偶像崇拜及不道德的行为不久就被抛弃掉，以免触怒传教士们。许多人改变了自己的信仰。在传染病流行时，这些基督教徒通过把圣水作为药物而得到了保护。

奇里诺对棉兰老岛及岛上居民的性格特征给予了些许的描述。他赞扬了岛上人们的勇敢，对此，他还列举了一些他们的例子。耶稣教徒莱德斯马（Ledesma）和马丁内斯（Martinez）在该岛的南部开展了传教工作，不久之后，便有许多人皈依基督教，其中还包括一些部落的酋长。作者也对他们中的一些情况进行了描述。胡安·德尔坎波（Juan del Campo）和一名俗人修士陪同菲格罗亚（Figueroa）前往去棉兰老岛棉兰老河（Rio Grande）的远征，那里的统治者被杀死，不久之后，牧师也死去了，奇里诺对他的一生和品德给予了一个简短的概括。

关于此书写作的一些有用的信息，所参阅的书籍，以及其他有价值的支持与帮助，编辑者要对以下人员表示感谢：爱德华·艾尔（Edward E. Ayer，芝加哥）；E. I. 德维特神父（Rev. E. I. Devitt，耶稣会，乔治敦大学，华盛顿）；詹姆斯·坎菲尔德（James H. Canfield，哥伦比亚大学图书管理员,纽约);阿萨 C. 蒂尔顿(Asa C. Tilton,威斯康星大学,历史学院);赫伯特·E. 博尔顿(Herbert E. Bolton,得克萨斯大学,历史系);威廉·比尔(William Beer,霍华德纪念图书馆管理员,新奥尔良);罗兰 G. 厄舍(Roland G. Usher,波士顿);詹姆斯 A. 乐华(James A. LeRoy,美国领事,墨西哥,杜兰戈);大卫·P. 巴罗斯(David P. Barrows,公共机构管理员,马尼拉);T. H. 帕尔多·德塔维拉(T. H. Pardo de Tavera,美国菲律宾协会成员,马尼拉);A. 科尔曼神父(Rev. A. Coleman);亚瑟·S. 里格斯(Arthur S. Riggs,马尼拉);安东尼·霍恩德神父(Rev. Anthony Huonder,耶稣会,《天主教使团》的编辑,卢森堡);弗朗西斯科·埃尔勒神父(Rev. Francesco Ehrle,耶稣会);马里亚诺·乌戈利尼主教(Mons. Mariano Ugolini,梵蒂冈图书馆,罗马);韦策尔主教(Mons. Wenzel,教廷档案员);阿方斯·吉鲁神父(Rev. Alphonse Giroux, S. S., Colegium Canadense,罗马);安东尼奥·塞里亚尼神父(Rev. Antonio Ceriani,安布罗希亚图书馆馆长,米兰);保罗·莱莫索夫(Paul Lemosof,地理学会,巴黎);安东尼奥·格拉尼奥-马丁内斯(Antonio Graiñoy Martinez,马德里);何塞·玛利亚·巴尔德内夫罗(Jose Maria de Valdenebro,塞维利亚大学);何塞·冈萨雷斯·贝赫尔(Jose Gonzales Verger,印度档案管理员,塞维利亚);C. J. 苏卢埃塔(C. J. Zulueta,菲律宾群岛政府图书管理员,目前在塞维利亚)。还有下列图书馆的工作人员:大英博物馆(伦敦);国家图书馆(巴黎);埃马努埃莱图书馆(罗马);圣吉纳维夫巴黎高等学院(巴黎)。还要感谢在第一卷中已提到的有关人员给予的帮助。

编者
1904 年 2 月

(译者简介:李修平,南开大学世界近现代史研究中心硕士研究生)

第13卷 前言

耶稣会士奇里诺(Chirino)的叙事占据了本章的很大一部分,他的叙述始于第 12 卷,至此完结,记录了到 1602 年为止耶稣会传教团的发展情况。在当时,耶稣会组织不仅建立于吕宋岛(Luzon)和宿务岛(Cebu)上,在保和(Bohol)、莱特(Leyte)、内格罗斯(Negros)、萨马(Samar)

和棉兰老诸岛（Mindanao）北部地区之上也已经建立起来。1599年，教会视察员加西亚（Garcia）的到达带来了新的活力和更为严密的组织形式，使受洗者的人数快速增长。在很多地方，传教士们能够根除偶像崇拜，在那些无法根除的地区，他们极力阻止其宗教仪式的进行。传教士们在各地引进了鞭笞仪式，即"圣血游行"，土著人接受了这一仪式，并从中得到教化。在皈依者们中间形成了宗教团体，这对神父们的工作有很大帮助。神父们开设面向西班牙人和印第安人男孩的学校。在瘟疫时期，传教士们对生病者和濒死者予以照料，他们在所有阶层中都产生了很大影响。他们赢得了原本敌对的土著人的善意，并镇压了莱特地区有威胁的反抗，并感化了罪犯与土匪。西班牙人也接受他们的帮助，特别是在马尼拉。神父们调解纠纷和家庭争吵，并改造一些放荡之徒。马尼拉的神学院兴盛起来，并开设更多课程。在耶稣会士工作的影响下，土著人的社会状况确实发生了重要的转变。在传教区的印第安人中，高利贷、不公的奴役和多配偶现象大大减少，有时甚至被彻底废除。最引人注目的结果是：神父成功地将人们集中于村庄之内，村中不仅包括那些皈依者，甚至包括那些野蛮粗鲁的山里人，村庄被置于神父们的照料和监管之下。

一个新的修会，回忆派奥古斯丁会（Augustinian Recollects）被允许将传教士派往（菲律宾）诸岛，在1604年的时候，这一事实对于当地并不十分重要。但是，当地的西班牙人都十分害怕华人入侵——为他们在吕宋大屠杀中遇难的同胞报仇。但是，由于当地官员的贪婪和松懈，大量华人被允许留在岛上，人口不断增长，超出适当限度。马尼拉大主教倾尽全力，以确保针对这些危险移民的法律能够被严格执行。奥古斯丁会的高级神职人员们向他们的行省主教抱怨移民肆无忌惮，繁衍无度，他们要求救助，并对行省事务进行适当调整。

奇里诺关于耶稣会的叙述（至此完结）始于1598年。在那一年的六月，贝拉神父（Father Vera）从欧洲招募了更多的传教士。在墨西哥，他接到了来自耶稣会总会长的命令——迭戈·加西亚（Diego Garcia）将带着一批传教士增援菲律宾。在马尼拉，耶稣会士们的工作在那一年取得了很大的成功，他们在忏悔室中听人忏悔，在公众面前布道，做了各种各样的善事。在处理私人事务中，他们也取得了诸多成绩，他们使仇人和解，预防滥诉，并制止放荡行为。随着1598年传教团在安蒂波洛（Antipolo）的拓展，编年史的撰写工作也被继续推进着。不断有山里人来到传教团，他们中有很多人受了洗礼，其中还有一些曾是异教祭司。在这些皈依者中形成了宗教团体，对传教士的工作起到了最有效的帮助作用。这些人摒弃了异端信仰，表现出了作为基督徒的极大虔诚与热爱。

在宿务岛，主教很赞赏耶稣会士，因为耶稣会士开办了学校，面向他手下的神职人员以及部分市民之子。耶稣会士的工作主要在米沙鄢人和华人中开展，并取得很大成功。作者叙述了一些能够体现皈依者美德和虔诚的事例，正如在其他修会中表现的那样，当地传教团中的妇女在上述（美德和虔诚）方面颇为杰出。宿务岛上，耶稣会士的工作在西班牙人中的重要性，并不亚于在其他人群中的重要性，在西班牙人中，耶稣会士有很大的影响，就连主教都依赖于他们的建议；他们的布道活动常常在主教座堂进行。宿务岛的主教"模仿马尼拉主教"，在莱特（Lent）举行宗教活动，并亲自引领"圣血游行"的队伍。

在保和岛上，新教堂的建造进度在不断推进，皈依者们完全摒弃了偶像崇拜；一些人的疾病被奇迹般地治愈了，这点燃了他们的宗教热忱。莱德斯马神父（Father Ledsma）的信件被引用，据他所言，在武端（Butuan，位于棉兰老岛北部），"基督教欣欣向荣"。皈依现象与日俱增。很快，几个酋长接受了洗礼，虽然最著名的酋长斯隆加恩（Silongan）还没有摆脱一夫多妻的倾向，但他是对神父们最友善的一位，并在他们陷入险境时予以保护。在阿朗阿朗（Alangalang），托马斯·德·蒙托亚（Tomas de Montoya，一位来到岛上的美洲印第安人）恢复了因科斯梅·德·弗洛雷斯（Cosme de Flores）之死而停滞的工作，他叙述了一些能够表现皈依者虔诚的事迹，也叙述了一些冥顽不灵者受惩罚的事例。在奥格穆克（Ogmuc），传教士在施洗时非常谨慎，那些受洗者接受教化，表现出极大的虔诚。在圣周的队伍中，"最令人欣喜、感动的景象是，孩子们用鞭子抽打着自己，那些鞭子是他们为了这一天的到来专门制作的。"传教士们调解了各种家庭纠纷，并使岛上的高利贷和不公奴役走向终结。奇里诺对这些罪恶做了一些说明，但他补充道，它们已经在岛上基督教化的部落中被革除。

从卡里加拉（Carigara）和帕洛克（Paloc）传来了好消息，后者变得异常繁荣，原因在于一位耶稣会士帮助村民建造了更好的居所。村民们丢弃了偶像，并乐于在星期五鞭打自己。在杜拉克（Dulac），洗礼多有发生，通过这种仪式，很多疾病得以治愈，例如当地的麻风病。奥塔可神父（Father Otaco）主管迪那贡（Tinagon）的事务，他的信中说，当地的偶像崇拜被废弃，不道德的习俗也被根除。他对传教士们的布道方法，以及一位帮助传教士工作的土著人在教育其同胞时所用的手段进行了有趣的描述。

1599年6月，迭戈·加西亚作为耶稣会的视察员被派往岛上，他很快就重新制订了当地耶稣会的计划，使之系统化，并付诸实施。在他到达后不久，马尼拉发生了一次猛烈的地震，两座教堂受损。耶稣会士们在修复房屋方面得到了很多帮助——来自西班牙人的捐赠，以及由印第安人进行的维修工作。在一场流行病中，皈依者们建立的宗教团体做了大量善事，生病者从神父们那里获得精神慰藉。当人们收获稻米时，他们首先想到的是把最先收获的谷物送到教堂去。像往常一样，耶稣会士做了很多事情去改善信徒的生活，无论印第安人还是西班牙人；他们还使仇敌和解，打破道德败坏的联盟。瘟疫蔓延至安蒂波洛和马尼拉附近的其他村庄，传教士们和皈依者们竭尽所能，对生病者和濒死者施以援手。

耶稣会在泰泰岛上根除偶像崇拜的工作卓有成效，奇里诺叙述了其中一些事迹。比如，一个精神病人由于打扮成"上帝的羔羊"（Agnus Dei）而恢复了正常。视察员加西亚于1600年抵达宿务岛，他做出了让其他牧师管理当地华人的安排，由此，耶稣会士得以脱身，能够自由地投身于印第安人工作中。但是，渴望皈依的灵魂如此之多以至于超出寥寥传教士的能力范围，增加传教士的需求尤为迫切。奇里诺叙述了一些皈依者的事迹，还有一些关于传教团中成员殉道的事迹。

接下来，他叙述了传教团在保和岛上的发展，为了这一目的，他引用了两名在当地的传教士的来信。新的皈依者表现出极大的宗教热情，甚至连异教徒都善意地接待了神父们。很多皈依者（包括其中一些人的孩子）接受了培训，为当地人讲授基督教信仰。在一些村庄中，桑切斯（Sanchez）破坏了巫术器具。据奇里诺叙述，通过举行圣礼，一些疾病被奇迹般地治愈了，此外，他还叙述了一些关于女性美德的事迹。

在武端（棉兰老岛），莱德斯马和马丁内斯（Martinez）取得了灵魂上的丰收，甚至异教徒都对新的宗教相当友善。皈依者十分虔诚，而且不再支持异教的宗教活动了。一些不可思议的治疗被记录下来。"鞭笞仪式"在当地以及其他地方的耶稣会教堂中持续举行着。

此前，菲律宾的小酋长们和他们的追随者们生活在互相攻伐，征战不休之中，现在他们可以移居至内陆的新家，因此，山区的局势稳定下来。为了接近土著人，阿朗阿朗的传教士们竭尽全力，很快，他们就取得了成功，将分散的定居点聚拢成大的村庄——传教团减轻了工作量，之前他们在巴拉圭等地就是这样做的。因此，他们的工作能够更好地进行下去，很多人完成了皈依。在卡里加拉，一个当地唱诗班对传教士在教堂的工作有很大帮助，唱诗班有两种歌唱风格，当地的和欧洲的。一封来自恩希纳斯神父（Father Enzinas）的信赞扬了一位皈依基督教的印第安妇女的纯洁性。桑切斯神父叙述了他在巴鲁戈（Barugo）传教中的一个案例。他还叙述了奥格穆克教堂的建造过程，并热情地称赞了皈依者的虔诚与热忱。异教徒们渐渐地倾向于接受基督教信仰，多配偶制也受到了遏制。在帕洛克，罗德里格斯神父（Father Rodriguez）带领的一个传教团使五十人受洗；其后到达当地的其他传教团也在灵魂上获得了丰收。在莱特岛，"鞭笞仪式"成为常见的宗教活动；几乎所有人都接受了洗礼；皈依基督教的酋长们给予所有曾被虐待的人以补偿。

来自杜拉克的传教团的报告表明，在一年中有 700 人受洗；一些皈依事件的细节被记录下来，尤其是两个聋哑人的皈依，他们虔诚最有教化意义。在圣周期间，皈依者们举行了"鞭笞仪式"；有一次，一位神父给他的牧区上了一堂关于基督教善行的实用课。

截至 1600 年 4 月，迪那贡有近千人在那一年接受了耶稣会的洗礼。由于在该地区传教士人手不够，所以，他们派受过教导的印第安男孩去往一些村庄，教当地人学习《教理问答》和基督教信条。神父们的信件中关于传教团工作以及一些皈依现象的描述被摘录出来。当地所有人都对新的信仰十分友好，前景十分鼓舞人心。

奇里诺提到了一次船难，那艘船是开往墨西哥的，他还提到了与奥利弗·范·诺尔特（Oliver van Noordt）的冲突，在他的描述中提及了在船难中丧生的耶稣会士，以及他们虔诚的一生。在 1601 年，格雷戈里奥·洛佩斯神父（Father Gregorio Lopez）带来了九名传教士支援菲律宾诸岛，在圣伊格内修斯（St. Ignatius）的庇佑下，他们经过了漫长而艰险的跨太平洋航行，安全地到达目的地，这一旅程被完整地记述下来。这两年，还有很多其他修会的传教士们到达。奇里诺赞扬了他们的奉献精神与宗教热忱、各修会之间的友好精神，以及他们在马尼拉西班牙人中发挥的非凡影响力，还有马尼拉西班牙人展现的宗教精神；他还描写了当地各种各样展现宗教虔诚的活动——建立在耶稣会学校学生中的修会，以及之后建立在市民之中的修会；在一年中"鞭笞仪式"每周都要举行，在莱特岛上也是一样；出席星期日下午的布道；通过抽签的方式决定主保圣人。他还叙述了某些皈依和善行的细节，尤其是那些荷兰囚犯的改宗，他们是从范·诺尔特那里抓来的。

格外受耶稣会士照顾的马尼拉印第安人生性虔诚，他们渴望做告解和其他敬神的事。他们建立的一个宗教组织做了很多虔诚而慈善的工作，并在组织以外的人群中发挥了很大的影响。在泰泰岛上，传教团取得了可喜的进展，很多山区里的印第安人，先前是异教徒，现在皈依并受洗。访问员加西亚在安蒂波洛建立了医院和神学院，后者面向男孩，这都给传教士们的工作提供了很大的帮助。

1600年底的时候，宿务岛的主教召开了一次传教士和俗人修士共同出席的会议。在会上，教士们的工作得到了更好的计划与管理，各种对主教教区有益的法案被制定出来。耶稣会的神父们对印第安人和军人格外关心，他们放弃了对宿务岛上中国人的管理；一个邻近城市的印第安人小村庄产生了很多的皈依者。一封来自瓦莱里奥·莱德斯马（Valerio Ledesma）的信上记录了传教团在保和岛的进展与收获，令人振奋。他成功地将分散的定居点聚拢为一个教化村——在罗博（Loboc），"来自群山与河流的上千灵魂汇集于此，他们中的大多数人生长在战乱、抢掠与凶杀之中"；比加河畔（Viga River）的两个山野部落在此前从未见过牧师。

莱德斯马寻访岛上的众多村庄，发现当地人渴望接受洗礼，而且对传教士很友好；有很多皈依行为发生在野蛮凶残的山居部落之中。有一次，莱德斯马不带武器，独自去见一群怀有敌意的人（那群人此前从未见过西班牙人）；由于他温文尔雅，举止亲切，并携带有小礼物，为他和他的皈依者赢得了那群人的友谊，使得那些人和平地撤离。他的工作取得丰硕的成果，当地急需更多的传教士。这很大程度上要归功于传教士们简化皈依程序的政策。山野之人不断地迁居至教化村；异教女祭司也改变了信仰。在保和岛上，传教区中现有逾3000名基督徒。这座岛屿再次受到棉兰老岛摩洛人海盗的威胁；1600年，摩洛人海盗劫掠了其他岛屿，但对保和岛的破坏并不大。传教士的报告表明,土著人十分顺从,他们渴望接受基督教信仰。

应当地教士之求,塔奈区域(Tanai,在内格罗斯岛)被置于耶稣会教区管辖之下,加夫列尔·桑切斯(Gabriel Sanchez)从保和岛前往对岸;他受到人们的欢迎。在他的报告中,记录了许多皈依行为和奇迹般的治愈,还有皈依者们所看到的天国般景象。回到塔奈之后,桑切斯发现皈依者们信仰坚定,堪为人生典范。

对伊巴巴奥(Ibabao,今萨马)进行管理的,传教飞速进展,从迪那贡的主要居民区开始,不知疲倦的传教士沿着海岸航行,并去往临近岛屿"撒下收获灵魂的大网"。在这一年,他们为近4000人施洗,其中大多数是成年人。六个传教团组织得以形成,他们记录了神父们的工作、方法与成就。

杜拉克的传教团(位于莱特岛)的神父们同样收获了很多灵魂,仅在圣诞节的宴会上,就有之前的600名异教徒在帕洛克受洗。传教士们的殉道,以及他们从险境中脱身的经历被记录下来。

在莱特的阿朗阿朗、卡里加拉等地,传教团得到了良好的发展;在1600~1602年,有近3000人受洗。在阿朗阿朗的耶稣会教堂中,有三个印第安人的唱诗班,他们(的水平)"超过了许多西班牙人"。奥格穆克的基督徒格外狂热;在耶稣会学校中受训过的孩子成为他们父母的老师。阿朗阿朗的印第安人在圣周期间举行"鞭笞仪式","他们血流不止,因过于狂热,以致必须去制止他们的行为。孩子们的热情也丝毫不亚于成人";他们太过年幼,以至于不被允许鞭打自己,这时,他们就自己发明了另一种苦行。在莱特岛上,发生了一起土著人的骚乱,发起者是一个谋杀酋长的凶手,由于耶稣会的影响力,骚乱被平息了下来,耶稣会士调节不同派别之间的矛盾,使他们恢复和谐,改造非法之徒。

与此同时(1602),一位神父将工人们集中到巴拿马奥[Panamao,现在的比利兰岛(Biliran)]建造船只,工人中有西班牙人、印第安人等。一个西班牙年轻人被一个黑人杀死;这一悲伤的事件把所有人的精神都引向了宗教,传教士因此在灵魂上取得了丰收。在工作方面,他几乎不堪重负,但忏悔者所表现出来的深深的忏悔和奉献使他感到安慰,在当地皈依者的请求下,同时也为了拯救他们的灵魂,传教士两次推迟了出发日期。

1601年底，弗朗西斯科·德·阿尔梅里克神父（Father Francisco de Almerique）在马尼拉去世，长期不断地管理印第安人的工作使他筋疲力尽。奇里诺描述了他的美德、他的工作以及他的殉道；他做出了突出贡献，将山中的野蛮印第安人吸引至教化村定居，从而使他们沐浴在福音的光辉之下。马尼拉的耶稣会学校蓬勃发展；一门哲学课程开课，两个宗教团体激起了其内部成员的宗教奉献精神。在那城市（马尼拉）中，某些巫术所使用的符咒被"上帝的羔羊"的影响抵消了。

1602年，泰泰岛和安蒂波洛的传教团组织迅速发展，当地需要更多的传教士。在莱特，人们的宗教虔诚照例在"圣血游行"中得到突出表现，队伍中的信徒在穿过街道的同时鞭打自己。阿尔梅里克神父的职责落到了安吉洛·阿尔马诺神父（Father Angelo Armano）的肩上。那些皈依者的宗教虔诚被称赞。医院，以及为印第安男孩开设的神学院，有效地帮助了传教士们的工作。

最近，在西兰（Silan）传教的使命被分派给耶稣会；传教士们发现当地人对他们很有好感，颇为驯良，很快，就有很多大人和孩子接受了他们的教导。在照顾当地人的时候，传教士们得到了一位当地盲人的大力帮助，他曾是异教祭祀。管理这个传教团的一位神父在信件中描述了他们的辛勤劳动、新入教者的忠实与虔诚，以及圣伊格内修斯的肖像所显现的一些奇迹。在这里，传教士们也同样推行了他们喜欢的政策，把土著聚集起来，以减少工作量。

奇里诺用一章来描述菲律宾人取名字的习俗。只有在结婚的时候，人们才有姓氏；但是，在孩子们出生时，人们会根据亲属关系给他们一些称呼和昵称。奇里诺称赞了塔加路语，认为它生机勃勃、高贵典雅、彬彬有礼。他说，以前土著人不喜欢给自己加头衔，但如今"出于虚荣心，'堂'被过度使用了，无论男女，人人都持有类似看法——那就是一定要在自己的名字前面加上'堂'这个头衔；因此，在菲律宾，名字前带'堂'的人甚至比在我们西班牙人中还要多。"

宿务岛的主教在一位耶稣会士的陪同下参观了保和岛，该耶稣会士简短地记录下了他们旅途中的一些经历。主教为当地耶稣会传教区中的3000名基督徒行坚信礼，用他父亲般的爱与仁慈赢得了基督徒们的心。皈依者们热情高涨，甚至连小孩子都满怀热忱地学习基督教义。那里的人全部被引向了基督教信仰，如果有传教士指导他们的话，"岛上所有人都恨不得立刻皈依基督教"。在毗邻保和的一些岛屿上，有人因缺乏宗教援助而下了地狱，但由于人手不够，耶稣会爱莫能助。在萨马岛上，人们也遇到了这样的困难，这一问题显得格外突出。胡安·德·托雷斯神父（Father Juan de Torres）访问贫穷传教站的行程被详细记录下来。一个欣欣向荣的传教团组织在卡图维格（Catubig）建立起来（1601 年）；村庄中的酋长皈依基督教，并通过虔诚的工作来表现自己的信仰。传教士们数次与鳄鱼遭遇，并屡次从险境乃至绝境中奇迹般地被拯救出来，这些都发生在卡图维格。奇里诺的叙事至此完结，在结尾，他呼吁向菲律宾输送更多传教士，在这里，灵魂的丰收等待着他们。

1604 年 2 月 23 日，回忆派奥古斯丁会得到了在菲律宾建立组织的许可。6 月 3 日，国王向阿库尼亚下达命令，要求抑制当地修会的霸道行为；7 月 30 日，国王命大主教惩罚那些置传教区于不顾，并出卖教堂家具的教士。

7 月 15 日，阿库尼亚给国王写信，汇报一些商业方面的事务。他请求国王拨款，用来对华人进行赔偿，并用来赏赐克里斯托瓦尔·德·阿斯基亚达（Christoval de Azqueta）。马尼拉被笼罩在华人入侵的恐惧之下。与日本人之间的贸易状况良好；但阿库尼亚拒绝日本人赴马尼拉投资。阿库尼亚在官员任命方面提出一些建议，并提议对官员的工作进行视察，并且请求对岛上的王室金库进行适当监管和规范。同期，都督在信件中强烈要求废除马尼拉的检审庭，他认为马尼拉人口甚少，以至于检审庭事务轻省；法官将众多亲朋好友带到岛上，占据了本属于当地居民的职务与福利。他们占据了与华人通商的好处，不准当地人染指，责令其靠边站，并以各种手段欺凌当地人。法官插手兵役事务，妨碍都督履行职责。对于一个贫困的地区而言，支付给法官们的薪水是一笔沉重的负担，岛上的财政不足以满足他们不断提出的要求。当地人对此非常不满，抱怨连连，他们应该从这种负担中解脱出来。7 月 19 日，在一封信件的附言中，他向国王提到了检审庭与大主教关于圣波滕西亚纳（Stanta Potenciana）神学院的争论。

佩德罗·奇里诺写信给国王，请求王室向宿务的耶稣会神学院拨款，该神学院面向男孩。为了使这一请求更合理，他列举了当地人与西班牙人从这所学校中获得的益处，并在信中表明，对该校实施管理的耶稣会是服务于所有阶层的。为证明这一点，他引述了多位见证者的话语——这些见证者或为世俗之人，或为教会中人，表达的都是相同的意思。他的请求得到了王室委员会（Royal Council）的批准。根据1604年12月31日的法令，西班牙政府对美洲殖民地与菲律宾之间的贸易进行管理。这实质上是对此前法令的重复，腓力国王下令，菲律宾诸岛与新西班牙总督辖区的贸易将继续下去，尽管会受到一些限制。军事指挥官和其他官员由马尼拉的都督与大主教任命，从岛上居民中选拔。船上的官员不得从事贸易，其中职位最高的两名官员的薪水被固定下来。针对船只及其所携货物的监管条例越发严格，以实现空间的公平分配，并确保船员的人身安全。货运费得到平抑，并受到监管。货物将被征收额外的关税，为了对关税的保管与支出进行管理，对在阿卡普尔科装船的货物与钱币进行检查，当局制定了相关的条例。任何人都不准前往菲律宾，除非他保证永久定居于此。

在1605年2月，在马尼拉当局提出控告之前，大主教贝纳维德斯正式对华人发起控告，几名目击者提供的证词可作为支持。在城市中，在1603年暴乱中被毁的帕利安（Parian）已经得到重建，再次住满了"华人异教徒"。那些华人崇拜偶像，无法无天，品行不端；他们引诱印第安土著人走向堕落，背离基督教信仰。不仅如此，华人想要为他们在1603年暴乱中遭西班牙人屠杀的同胞报仇，因此，他们成为常在的危险。大主教提议，将华人赶出城市，仅在墨西哥贸易船装卸货物的那几个月，留出一块地方让华人居住，不允许他们与印第安人交往。大主教公然谴责日本人（在马尼拉，他们与中国人住得并不远），称日本人与华人一样堕落，一样危险。基于上述理由，他发起了一项秘密调查，不过，他并未能促使都督去做此事。几名目击者进一步提供了内容相近的证词。马尼拉当地的一位牧师塔拉维拉（Talavera）指出，他听说，华人煽动了棉兰老海盗的敌对情绪；同时，那些堕落外国人与当地土著的接触产生了罪恶，为了惩治这些罪恶，大主教一再努力，却徒劳无功。7月15日，弗朗西斯科·德·阿维拉（Francisco de Avila）的就职声明的附录显示，华人居住在马尼拉杰出市民的房屋当中。1605年3月，中国漳州的一位官员给阿库尼亚都督写信，要求对马尼拉华人起义事件进行调查，并对大量华人死难者进行赔偿。

马尼拉的奥古斯丁会领袖正式向国王控告洛伦索·德·莱昂修士（Fray Lorenso de Leon），后者专断独行，行为非法，阴谋窃取修会的权力，并试图强行当选教省主教。他们请求国王敦促教皇特使收回对莱昂的授权,并派访问员前往菲律宾诸岛,对当地的修会事务进行监管。宗教法庭的代表(一位多明我会的修士)写了一封简短的信件,对奥古斯丁会的请求表示支持。一位奥古斯丁会的神职人员在该文件上签字,霍安·德·达比亚(Joan de Tapia)也给国王写了一封信,进一步向国王说明莱昂行为非法,不胜其任。达比亚同时指控阿莫林修士(Fray Amorin)侵吞多项资金,那些钱本来是委托他们保管的;达比亚还声称,莱昂进行商业投机活动的资金是从修道院来的。

6月28日,一位名叫安东尼奥·德·里维拉·马尔多纳多(Antonio de Ribera Maldonado)的法官给国王写信,控诉阿库尼亚都督,他对都督对法官们的做法很不满,对政府职位的任命颇有怨言。马尔多纳多也声称阿库尼亚违反了墨西哥贸易法规,利用特权为他和他的朋友谋取私利,大大侵犯了当地居民的权利。他请求国王允许他继续留在马尼拉,而不是前往墨西哥。

编者
1904 年 3 月

(译者简介:薛桐,南开大学世界近现代史研究中心硕士研究生)

第14卷 前言

被展示的文件的时间范围是从1605年到1609年,其中很多描述涉及了中国人在1603年引发的暴乱。这场暴动的结果所带来的影响依然存在,但是令人不安的威胁已经消除。岛上的驱逐"常来人"(Sangleys)[①]的法律条令是如此宽松,以至于唐人街(帕利安 Pariáns)的规模很快恢复到1603年时那样。这些法律条令对那些来岛上做贸易且长期居住于此的生意人没有约束力。教会和世俗权威之间的矛盾依然存在,一个新的宗教教派进驻该岛,即奥古斯丁会(Augustinians)。阿库尼亚(Acuña)带领一支探险队把荷兰人从摩鹿加群岛(Moluccas)上驱逐了出去,不久他就去世了。各种各样的商业限制阻碍了这个岛的繁荣,新任财政官员吉拉尔(Guiral)经常抱怨部分官员非法且有害的行为。政府的开支几乎是收入的2倍。某个热衷于

[①] 当地对中国人的称呼。

勘探金矿的私人探险家发现了卡加延省（Cagayan）。

1605年7月，几封反对马尼拉主教的信件呈交给了国王。阿库尼亚在信中写道，马尼拉主教贝纳维德斯（Benavides）自大傲慢、刚愎自用，经常和人争吵。他建议今后任命岛上的主教时要愈加谨慎。奥斯丁会的大主教和其他领班神父指出，马尼拉主教鲁莽的行为方式与中国人叛乱之间有很大的联系，他与都督之间的争吵是没有必要的。贝纳维德斯已经臭名昭著，更重要的是，他以各种方式反对行政命令。因此他们要求国王限制贝纳维德斯的权利，并且限制他的行为。同时，检审庭（Audiancia）指控贝纳维德斯妨碍他们的工作进程，对他们不尊重，认为自己比检审庭更优越。

有意思的是，与上面几封反对信日期接近的文件提及了菲律宾殖民地和中国人的联系。在6月10~13日呈上的备忘录中，主教向检审庭呼吁，要求其同意中国皇帝的要求，即用中国商人在暴动时所遗留下来的财产和西班牙人售卖这些财物所得作为赔偿，并把那些被俘的中国人遣返回国。一名中国官员在1605年3月给阿库尼亚寄去一封信，现在得到了回复（显然是在7月初期）。在1603年"常来人"暴动后，阿库尼亚就写了一封信，他责备澳门的葡萄牙人没有把回复及时交给中国官员，并且声称在冲突中被杀害的中国人要归咎于他们自己。为了坚持这一立场，他列举了西班牙人对岛上中国人的种种善意，并称中国人的暴动并非因为西班牙人的挑衅而引起，这些暴动者杀害或虐待了许多西班牙人和印第安人，而且西班牙方面已经对暴动的幸存者做了宽大处理。他返还了原本属于中国商人的一部分钱，并且承诺第二年会返还剩下的钱财。马尼拉一位检审庭法官（Auditor）写信告知国王，被允许留下的中国人已经限制在1500人。

阿库尼亚写给国王的信件上做了年度事务报告。来自墨西哥的增援军队已经到达，他们的到来增强了阿库尼亚探险队的力量，他正在为重新夺取特尔纳特岛做准备。他详细说明了他所做的准备，并介绍了军队和船只的情况。他痛诉大主教和法官马尔多纳诺（Maldonado）对他的计划的反对。他计划在1606年2月离开班乃岛（Panay），有很多人自愿携带食物等供应品追随他。他已知晓荷兰人正在准备建立一支强大的舰队，以便把西班牙人从摩鹿加群岛驱逐出去，并稳固荷兰在彼处的势力。阿库尼亚需要更多的资金来供应在摩鹿加群岛上作战的军队。他向国王请求更多的补给，并强烈希望切断荷兰与香料群岛之间的物资联系，同时他建议更好地调整士兵的薪资。在另一封信里，阿库尼亚报告了1606年商船前往墨西哥的失败，其中一艘船被迫返航，其他的船只可能在海上丢失，这给岛上造成了极大的财政困难。阿库尼亚诉说了加夫列尔·德·里韦拉（Gabriel de Ribera）常年不在菲律宾的情况，他已将此人的委托监护权转交给了别人。摩洛人海盗表面上趋于和平，于是阿库尼亚与他们商议定居一事。但除了可以利用敬畏和恐惧来控制他们以外，阿库尼亚对于海盗的承诺非常没有信心。1603年中国人暴动引发了屠杀，所产生的社会动荡成了西班牙人焦虑的源头，但是这些问题可以以一种公平的方式加以解决。财政官萨拉萨尔－萨尔塞多（Salazary Salcedo）去世后，检审庭委任阿库尼亚评价极高的罗德里戈·迪亚斯·吉拉尔（Rodrigo Diaz Guiral）暂时代理这个职务。都督抱怨主教妨碍他们对船上牧师的任命，同时他还要求拨款来维护船只以便保卫岛屿。在第三封信中，阿库尼亚抱怨法官马尔多纳诺残暴专横的行为，要求国王对其进行纠正。这种邪恶行径，在此人确保自己控制和获得一位未成年富家女的财产的过程中尤为明显。

一些文件提到了多明我会的修士，这些修士在1606年到达岛上。这些文件描述了多明我会修士漫长、辛苦的航海经历以及他们遭遇到的种种困难。迭戈·阿杜阿尔特（Diego Aduarte）是多明我会传教团在远东最著名的传教士之一，他负责指挥前往菲律宾的增援队，他向西班牙国库的官员申请了途中所需的资金（在1604年某个时候），款项已经获批发放。他列出了一个清单，上面记录着跟随他的修士，以及他们所属的修道院的名称。阿杜阿尔特在1605年1月20日所写的一封文件中，详细说明了前往菲律宾群岛进行宗教活动的困难。长途跋涉的困难与危险在一开始就吓住了很多人，作为负责人，阿杜阿尔特必须慎重地管理他们。在法庭上，他必须通过三催四请、四处活动，经过一段漫长的等待，才能得到他所需要的文件。用于航行到塞维利亚（Sevilla）的开支非常庞大，而经费远远不够，他们到达以后会遭遇更多的繁文缛节和耽搁。为航海所准备的物资依然不够，同时在等待船队起航时给修士的津贴也是不充足的。皇家委员会还要求将传教士名单提交给他们，以供批准，这在船队停留在塞维利亚的短短时间内是无法完成的。除此之外，他们还因为委员会强加给他们的考核而受到不必要的烦恼。那些最终到达港口的人面临着非常高的入港费用，这些费用在航行到中段的时候再次收取，在新西班牙、墨西哥和阿卡普尔科（Acapulco）登陆时也都收取过。在这些地方，传教团遭遇到了与在西班牙时相同的烦恼和障碍。阿杜阿尔特非常愤怒地指出了这些困难，并且请求政府放宽限制，为传教团提供更慷慨的津贴。关于这次请愿，当局同意了部分要求。

当去往摩鹿加群岛的西班牙探险队到达蒂多雷岛（Tidore）时，一名荷兰囚犯在1606年3月16日被审问。关于荷兰人在香料群岛上的计划和行动，这名囚犯提供了许多有意思的细节。他介绍了他们与蒂多雷岛统治者订下的条约，荷兰人为这次贸易带来的商品，以及荷兰人在这些岛上建立殖民地的意图。另一个介绍1603年中国人暴乱的文件也被展示出来，这是驻守菲律宾的一个士兵写的，却是由一个叫马尔多纳多（Maldonado）的人编辑的。他用一种简单清晰的叙述方式描述了暴乱，其中许多情况在官方的报告里没有提及（见第12卷）。例如，他提到许多修士参与了马尼拉的防御战，详细叙述了与中国人的每一场战争，介绍了中国人翻越城墙的攻城器械，描述了（西班牙人在反击过程中对）唐人街（帕里安）的洗劫，在村庄以外地区对中国人的屠杀，以及对这场暴乱元凶执行死刑的场面。在叙述结束时，信中给出了一些额外的信息，包括当局派出一名特使前往中国告知这一不幸的消息。作者还提到了一些从中国传到马尼拉的消息，诸如由洪水和地震引起的毁坏，以及与日本之间的战争。

在日期为1606年7月6日的一封信中，检审庭向腓力三世报告了阿库尼亚过世的消息。西班牙制定的菲律宾岛的新商业规则被接受，但同时也衍生出了新的不满。与墨西哥进行贸易的额度被限制在25万比索，利润因此也降至50万比索。岛上的居民表示这严重限制了他们的收益，他们应当被准许进行更多的投资。这种投资自由不仅会增加他们的财产，而且会吸引更多移民前来定居。他们提议每艘船从岛上挑选50名士兵用于护航，但是这个提议是不切实际的，因为船很小而且很拥挤。相较于政府提出的给予男人和下级官吏工资的提议，更好的方法是延续现行制度，允许每个人从事一些商业活动。法官建议在商品的税收上做出改变，之前的税收对商人而言太过沉重。

一封信件从新任财政长官吉拉尔处发出，向国王汇报了岛上的事务。许多中国人到达之后也不登记，他们的数量在持续地增加。他控诉"常来人"被允许留在马尼拉是检审庭的主意，而没有听从地方官员和他本人的意见。许多中国人也没有登记注册，连过去出台的轻微的限制措施都不遵守。中国人的数量逐渐增长，帕利安的规模变得和暴乱发生前差不多。他建议对中国移民实施更加严厉的限制。吉拉尔告知国王，关于继承委托监护权的法律不断地被违反，他建议对那些错误持有的监护权要宣布作废并加以重新分配。那些不满王室法令实施的委托监护主应该向训导他们所监护的印第安人的牧师提供其主持弥撒的葡萄酒。他建议向小的委托监护主授予公职的事情应该进一步权衡。马尼拉城郊牧牛场的牲畜数量和范围不断扩大，这对印第安人造成了很大的损失。吉拉尔建议距离所有城镇一定距离以内的农牧场都要放弃。爱好和平的邦板牙（Panpango）印第安人经常受到以狩猎为生的三描礼士人（Zambales）的骚扰，阻止这种情况的唯一办法是允许所有俘虏三描礼士人的人去奴役他们。关于奴隶子女社会地位的问题应当被解决。关于公职出售和一些资金的使用，吉拉尔提出了各种建议。圣波滕西亚娜（Santa Potenciana）神学院因为火灾受损的房屋，近期已开始重建，吉拉尔请求国王对其进行援助。马尼拉一位热心公益的市民为西班牙女性修建了医院，而且皇室也被要求对这所医院进行资助。但这所为西班牙人建造的医院没有得到妥善的管理，信中建议国王派遣圣约翰骑士团的修士来管理。对未成年人的监护经常是不到位的，监护人应该得到检审庭的认定。在检审庭临时接管岛上政府的情况下，其拥有怎样的权利与特权引发了一些争议，吉拉尔向皇室询问应对措施。财政官抱怨许多修士的暴虐行为，尤其是一些奥古斯丁会士对待印第安人的态度。吉拉尔已经尽可能地反对这种残暴行为，但是他希望国王做进一步的纠正。赤脚派奥古斯丁会士的到来对于监督该教团的其他分支是有益的，特别是监督像大主教洛伦索·德·莱昂（Lorenzo de Leon）这样的傲慢分子，吉拉尔抱怨洛伦索·德·莱昂的非法行为，并要求对其进行调查。他负责将在马尼拉流浪的印第安人遣返原居地，他要求那些被留下来为教会服务的人员必须限定在已经规定的数目之内，修士们必须付给他们公平的薪资。检审庭已经批准加夫列尔·德·里韦拉恢复他的委托监护权，此前这一权利因他的擅离职守而被剥夺，在财政上必须对此给予纠正。他还建议国王拒绝菲格罗亚（Figueroa）的继承人的请求，此人期望能免除因征服棉兰老岛（Mindanao）而产生的债务。吉拉尔指出，特略（Tello）、莫尔加（Morga）都应负责一部分支出，其余的花销应该由检审庭从王室财政上支出。信的最后，吉拉尔请求在新的财政官任命下达后允许他离开菲律宾岛屿。

1606年8月5~15日，西印度事务委员会处理了阿库尼亚努力从荷兰人手中收复摩鹿加岛一事，总结了他在1605年7月1~7日信件中建议的西班牙政府有关此事应该采取的措施。在后来的建议中，阿库尼亚强调了香料岛局势的严重性。委员会赞扬了阿库尼亚的行动，并且建议国王为阿库尼亚的进一步努力（从墨西哥）提供军队和财力支持。国务委员会立即支持了这些建议，并且建议大主教和马尼拉检审庭注意不要干涉战争事务。

令美国读者感兴趣的是1606年8月19日的王室法令。该法令要求阿库尼亚都督在加利福尼亚海岸为菲律宾船只建立一个中途驿站。国王叙述了1602年比斯凯诺（Vizcaino）在海岸进行的勘探结果和选址蒙特雷（Monterey）的优势之处。据说那里盛产黄金，并能积累许多其他优势。国王指定蒙特雷作为菲律宾船只的中途驿站，比斯凯诺作为建设的指挥官，并命令阿库尼亚从菲律宾派遣两人协助比斯凯诺，了解建设所需的一切，以便他们能指挥从马尼拉来的大帆船。

中国人继续向岛上移民，1606年的官方声明显示，那一年超过6500人登陆马尼拉。在此后的11月4日，腓力三世警告阿库尼亚，除了必要的社会服务所需，不要让更多的中国人留下来。同时，国王还写了一封信给都督，赞许了他派遣军队抵御摩洛人以保卫萨马岛（Samar），削减政府及其他事务开支，并指导重建医院和一些其他的行动。

1607年1月18日，皇家委员会批准了耶稣会会士的请求，提供了一笔赠款用于建设莱特岛（Leyte）印第安人神学院。7月6日的一份炮兵长官的报告上展示了马尼拉各防御工事的数量和分布，共包括83个地方，大小、火力各异。在国王的要求下，7月11日检审庭提供了马尼拉慈善协会（La Misericordia）的宗旨、服务范围和劳动力的声明。该组织有150名修士，他们已经为妇女建立和维持着一家医院，并为奴隶提供了一个病房，此外，他们还为穷人和所有阶层的人提供援助和需要。他们为那些贫穷的囚犯提供食物和水，帮助圣波滕西亚纳的聚居者，为孤儿提供家园，并帮助了许多过路人。他们也解决了诸多争端，安顿流离失所者。

1607年12月18日，西印度事务委员会讨论了限制西班牙殖民地间贸易的问题。他们认为一定限度的限制是必要的，但又不欲采取过于有力的措施。1606年至1607年委员会多次商讨是否允许修士通过菲律宾前往日本。反对的意见诸如，日本人怀疑西班牙人企图征服他们的国家，墨西哥白银向中国的流动应当停止，已经进驻日本的耶稣会排斥其他教派的进入，葡萄牙人企图使西班牙人远离日本和中国。委员会回应了这些反对意见，建议允许修道士经马尼拉前往日本，但应搭乘日本船只而非卡斯蒂利亚的船只。10个月后（1607年3月31日），同样的问题再次被提出，像之前一样，葡萄牙议会拒绝卡斯蒂利亚修道士进入日本。西印度事务委员会对此表示反对，指出菲律宾岛屿与日本的贸易是有利可图的，宗教活动在那里也是成功的，并且在那片广阔地域上需要更多传教士。他们坚持此前允许修道士前往日本的做法，并且建议至少应该允许菲律宾与那个国家进行适当贸易。这些报告都在1607年9月7日和12月20日的国务会上进行了讨论，会上对耶稣会士在日本的行事提出了异议，建议国王允许其他教派修士进入日本，并禁止从菲律宾到日本的贸易。国王随后要求从罗马撤销过去要求修士们通过印度前往日本的公文，重新将这件事置于菲律宾的控制之下。

1608年8月18日的一份菲律宾政府的年度收支清单列举了下列内容。其中收入包括来自委托监护区的贡税，十分之一的王室黄金税，教会什一税，海关关税，来自法院的罚款。所有这些收入总计超过12万比索。随后是开支，包括政府官员、市长、地方官员的工资；政府工人、领航员、航海者以及其他人员的薪水；造船厂的耗材，其他目的的采购，神职人员的薪资和其他教会及传教团的开支；等等。还有一些特殊支出，例如向相邻统治者派遣使团的成本，向贡物征收者发放的薪资，士兵及军官的开销，要塞看守员的薪水。所有这些花费一年总计超过25.5万比索，是收入的两倍有余。

1608年9月27日，腓力三世写信给新西班牙总督贝拉斯科（Velasco），信的内容与为菲律宾船只提供中途站有关。在总结了贝拉斯科的前任蒙特斯克拉罗斯（Montesclaros）关于这个问题的一封信之后，国王同意了蒙特斯克拉罗斯的意见，选择黎加·德·奥罗（Rica de Oro）与黎加·德·普拉塔（Rica de Plata）代替蒙特雷当作中途驿站，并命令贝拉斯科去视察在那里建立的港口和定居点，开发建设事宜由塞瓦斯蒂安·比斯凯诺（Sebastian Vizacaino）负责。另一则法令表示，中途站的建设工作应由来自菲律宾而非新西班牙的人完成的建议已被采纳，如果贝拉斯科还未开始执行此前命令，国王决定采取此种措施，并将此事安排给菲律宾政府。国王写信给新都督胡安·德·席尔瓦（Juan de Silva），命令他不允许印第安人以人身劳役代替贡税，并就多明我会在岛上建立一个神学院的建议向国王报告。

探险在吕宋岛的北方沿着卡加延河（Rio Grande de Cagayan）进行了多次。有关此事的信息是由胡安·曼努埃尔·德·拉·维加（Juan Manuel de la Vega）汇总的。他简要总结了拉维萨利斯（Lavezaris）、贝拉（Vera）、达斯马里尼亚斯为了使该省处在西班牙控制之下所做的努力。其中由路易斯·达斯马里尼亚斯率领勘探的那三分之一的区域，是对卡加延河谷的第一次有效的考察。他得到了各个原住民村庄的服从，那些人以温和的态度对待他们。几周后，弗朗西斯科·德·门多萨（Francisco de Mendoza）沿着这条路线，发现了敌对的印第安人，他们甚至拒绝卖给他食物。没有找到达斯马里尼亚斯（他此行的主要目的），他便沿着卡加延河去了新塞戈维亚（Nueva Segovia），结束了他的旅程。同年11月，佩德罗·席德（Pedro Sid）跟着几名士兵去了图伊（Tuy），发现当地人十分友好。他在他们中间发现了黄金，他们告诉他，这是从伊哥洛特人（Igorrotes）的国家带来的。他做了进一步的探索，并得到了所有他遇到的首领的服从。三年后，路易斯·达斯马里尼亚斯派遣托里维奥·德·米兰达（Toribio de Miranda），带着军人和修士，去做进一步的探险，以及安抚图伊地区。当地居民看起来和善，但叛乱事件却时有发生。西班牙人必须持续在此守卫。在另一份报告中，按顺序提到了到访过的每一个村庄以及许多相关的有趣细节。在阿尼特（Anit），房子用男性和动物的头颅装饰，"这是他们的风俗"。在班塔尔（Bantal），米兰达修建了一座堡垒，并且要求一些心怀敌意的酋长上交人质。在阿古兰（Agulan），小孩子戴着质量很好的金项链，这些项链"在马德里佩戴也很上档次"。在图盖伊（Tuguey）以及其他一些村庄的居民反对西班牙人的进入，但他们害怕火枪的声音，因此很快屈服。折返的时候，西班牙人发现他们离开时还很平静的许多村庄，现在正发生叛乱。他们抓住了煽动群众的叛乱头目，并将其带回马尼拉。此人在马尼拉受到都督的热情款待，并被送回自己的村庄，他转而对西班牙人很满意。米兰达搜寻金矿，但没有找到，最后，疾病加上心灰意冷，他和修士们返回了马尼拉。船长克拉维霍（Clavijo）出发去探寻矿山，由于遭到超过一千多名印第安人的袭击，被迫后退。在1607年，图伊（Tuy）的很多首领来到马尼拉，宣布他们对西班牙人的服从,但检审庭对这一事件并不感兴趣。之后,这些首领请求得到马尼拉的保护和宗教指引。他们描述了国家的富有和丰饶,对毗邻的山脉上的金矿做了一个报告,矿山最初的开采是由当地居民进行的。关于伊哥洛特人(Igorrotes)的外貌和习俗都稍有提及,尽管他们是异教徒,但他们并不热衷于偶像崇拜,因此很容易使他们成为基督徒。有理由相信,伊哥洛特盛产黄金。报告中还提及了其他相关的事。其中之一涉及达斯马里尼亚斯去图伊探险的前情,另一个是他的都督父亲给他的授权令和指示的副本。其次是一份稀有的文件,是由维加代表他本人和其他有意征服图伊和黄金之城伊哥洛特的人写的,并向西班牙的一些高级官员致意,这其中可能有腓力三世的宠臣莱尔马(Lerma)。它包括更进一步的规定,关系到影响这些当事人利益的事项。将以大帆船货位的小份额形式给予前往图伊探险的人一份适当的报酬,这些报酬只能在某种特定方式下使用。这些发起人要求被授予在被征服地区有必要建立要塞时任命官员和士兵的权力,并由王室财政提供给这些人固定的薪酬。如果他们有重要的急件要送往西班牙,他们希望从吕宋岛的太平洋海岸直接送出,而不是经由马尼拉。如果他们能成功地平定那些野蛮的部族,他们可期望按照他们的意愿而获得对那些当地人的委托监护权。他们还要求将黄金伍一税减为什一税。此外还有另外一个罗列规定的表单,也由维加署名。图伊计划的发起人要求皇室通过回信做出答复,否则他们将免除所有义务。这次征服的费用应当由皇室提供,维加委托自己和他的合伙人作为这项事业的领导者,并敦促皇家法令尽快承认此事。最终,图伊省的边界被划定,对于在此分配委托监护权有了确切的规定,维加的权利被承认,士兵也被授予了一些特权。

1609年7月25日,米格尔·巴那尔(Miguel Banal)(在马尼拉被黎牙实比废除的摩洛人统治者的后代)向国王递交了一份请愿书,祈求纠正耶稣会士在奎阿坡(Quiapo)抢夺他与其他印第安人土地的行为。他要求国王重新调查这个事情,并保护他免受进一步的掠夺。多明我会修士阿杜阿尔特声明了为什么与他同属1606年传教团的一些修士还留在新西班牙,而没有前来菲律宾的原因。一些在途中去世了,一些未能赶到港口,而且指派给传教团的船太小了,不能装下所有修士。阿杜阿尔特抗议他和他的传教团所面对的窘境和限制,像以前一样抱怨为他们的旅行提供的津贴是多么微薄——他用自己和他人的经历证明了这一点。最后的文件中，赤脚派奥古斯丁会士要求延长以前的许可，以将更多的修士送到菲律宾。

编者
1904年4月

（译者简介：乔自珍、田昊东、张昀辰，均为南开大学世界近现代史研究中心硕士研究生）

第15卷 前言

本卷呈现了安东尼奥·德·莫尔加（Antonio de Morga）博士的《菲律宾群岛事件》的第一部分。这里叙述了包括1493~1603年间发生的事件，与1565年以来的岛屿的历史。作为一名皇家官员和一位敏锐的观察家与事件参与者，莫尔加的这本著作很重要。他更多地关注岛上的日常实践性事务，在他的叙述中阐述了政府的政策、理想、优势和弱点。他的书是以真正的历史精神来写的，关于岛屿的历史线索有条理地整合在一起。作为与菲律宾群岛相关的首批出版的书籍，它有着独特的价值。关于当地人和征服者生活中的政治、社会和经济方面，都有涉及。西班牙对外远征政策的徒劳无功及其因此导致的对内部事务的忽视；重大的中国问题；贸易的增长；与日本的交流；从诸岛屿到周围国家的传教活动；站在对立面的葡萄牙人的嫉妒和羡慕；海上航行的危险性：所有这些都被生动、严肃地描绘出来了。莫尔加在国家的地位允许他查阅许多文件，而且他似乎同各阶级人士都有广泛的交往，这使他很容易获得事实情况。莫尔加的工作性质和他对待菲律宾历史、制度和产品的全面眼光，使得本卷和后续卷的丰富注释的呈现成为可能和可取的。这些注释一部分是由斯坦利勋爵（Lord Stanley）对莫尔加的文献的翻译组成，一部分是由里萨尔（Rizal）的重印版组成，其中《印第安人法律汇编》提供了相当数量的法律信息。

本书按惯例以特许和授权为先导，其次是作者的题词和介绍。在介绍中，他声明他写这本书的目的是"我们西班牙人在发现、征服和改造菲律宾群岛时的行为，以及我们在这片广袤土地上拥有的各种财富，还有岛屿周围的异教徒的情况"应该为人所知。本书的前七章叙述处理了"发现、征服和其他事件……直到堂·佩德罗·德·阿库尼亚（Don Pedro de Acuña）

的死亡。"第八章叙述了原住民、政府、改宗和其他细节。

作者简要交代了亚历山大六世的划界线和麦哲伦（Magalhães）、埃尔卡诺（Elcano）、洛艾萨（Loaisa）、比利亚洛沃斯（Villalobos），以及其他人的航行，直到黎牙实比（Legazpi）的考察。这次考察突出的重点简要概述为，他被杜帕斯（Tupas）当地人和平接待，但他们后来产生了敌意，因为西班牙人"夺取了他们的生活物资"，他们的战败，西班牙人在宿务（Sebu）的第一个定居点以及派遣联络船到新西班牙以寻找返回航道，以及通知总督远征的成功。从宿务开始征服和定居扩展到其他岛屿，西班牙的资本最终流向马尼拉。各种事件来得很快。征服是"通过武力或通过播撒福音的种子的传教者的努力而得到的"。土地被分配给征服者，城镇逐渐建立，当地人的贡品的数额固定下来。

黎牙实比去世后，吉多·德·拉韦萨里斯（Guido de Lavezaris）根据黎牙实比文件中的一份王室调令，继任他的职务，并继续其计划。海盗林凤（Limahon）在杀死马丁·德戈伊第（Martin de Goiti）之后被击败。与中国的贸易建立并持续增长。由黎牙实比分配给自己的两个小镇贝蒂斯（Betis）和卢巴奥（Lubao）后来在他的继任者——弗朗西斯科·德·桑德（Francisco de Sande）的命令下被取消，但通过国王的专门的命令得以恢复，同时恢复的还有其自营地（master-of-camp）。

在1575年接替黎牙实比后，弗朗西斯科·德·桑德继续致力于"岛屿的安定……特别是甘马舞省（Camarines）"。新卡塞雷斯镇（Nueva Caceres）成立，桑德在婆罗洲（Borneo）的部分有效的行动及其分支埃斯特万·罗德里格斯·德菲格罗亚（Estevan Rodriguez de Figueroa）在棉兰老岛的行动都持续开展。"圣胡安尼奥"（San Juanillo）号被派往新西班牙，"但是它在海上失踪了，再也没有听说过它的踪迹"。桑德被贡萨洛·龙基略·德·佩尼亚洛萨（Gonzalo Ronquillo de Peñalosa）解除了都督职位，之后他返回"新西班牙作为墨西哥的法官"。

第3章详细叙述了贡萨洛·龙基略·德·佩尼亚洛萨政府以及迭戈·龙基略（Diego Ronquillo）过渡政府。随着岛上稳定性的不断提高，事件迅速跟进。根据与国王的协议，贡萨洛·佩尼亚洛萨，需要带领六百个殖民者——已婚的和单身的——到岛上，作为回报，他将成为终身都督。他在班乃岛（Panay）建立了阿雷瓦洛（Arevalo）镇，建造了中国人聚居区帕利安（Parián），努力从南海寻找一个返回新西班牙的航道，尽管没有成功。他派出了"一艘满载货物的船到秘鲁去交易某些他说菲律宾会需要的物品"。他对出口到新西班牙的商品加收2%的出口税，对中国商品加收3%的关税，"虽然他被指责没有国王陛下的命令就这样做，但这些规定仍然有效，并继续强加"。第一支援助蒂多雷（Tidore）的远征队被派去征服特尔纳特（Ternate）岛，但被证明是失败的。卡加延（Cagayan）被首先平定，新卡塞雷斯镇成立。加夫列尔·德·里韦拉（Gabriel de Rivera）在去婆罗洲考察后，被送往西班牙去谋求岛屿价值的最大化。多明戈·德·萨拉萨尔（Domingo de Salazar）被任命为主教，并由岛上的第一批耶稣会士安东尼奥·塞德尼奥（Antonio Sedeño）和阿隆索·桑切斯（Alonso Sanchez）陪同到岛上。1583年贡萨洛·佩尼亚洛萨去世，由他的亲属龙基略继任。此后不久马尼拉发生了第一次特大火灾，但城市进行了重建，虽然进行得十分艰难。里韦拉西班牙之行的结果，是马尼拉的王室检审庭的建立，以及圣地亚哥·德·贝拉（Santiago de Vera）成为岛屿的议长和都督。

第4章是关于圣地亚哥·德·贝拉政府期间的事件，以及对撤销检审庭一事。贝拉在1584年到达岛屿，之后不久，他派出另一个远征队到摩鹿加（Malucos），也以失败告终。局势持续平静，岛屿从马尼拉和邦板牙（Pampanga）酋长之间的叛乱和暴动中解放出来。岛上建造了防御工事，在当地人的指挥下建立了一个火炮铸造厂。在此期间，坎迪什（Candish）进行了令人难忘的航程，穿越了一些岛屿。最后，检审庭被撤销，阿隆索·桑切斯被授权派往西班牙和罗马，代表岛屿所有社会阶层进行活动。在他回来的时候，他从罗马为菲律宾带来了许多文物、教皇法令和信件。通过耶稣会的影响，戈麦斯·佩雷斯·达斯马里尼亚斯（Gomez Perez Dasmariñas）接受任命成为岛上的都督，他的工资增加到"一万卡斯蒂利亚杜卡多（Castilian ducados）"，拿到了撤销检审庭的公报和常规军的编制，他于1590年5月到达马尼拉。

第五章讨论了戈麦斯·佩雷斯·达斯马里尼亚斯的任期以及佩德罗·德罗哈斯（Pedro de Rojas）和路易斯·佩雷斯·达斯马里尼亚斯（Luis Perez Dasmariñas）的过渡阶段。新都督的任期特点是他的旺盛的精力和热情。马尼拉城墙和其他防御设施，单层甲板大帆船的建设，贸易的监管，各种和解措施，马尼拉的重建，以及开启与日本的谈判，都是他的行政事务的一部分，他是这一切的鼓动者。关于远征柬埔寨（Camboja）和暹罗（Siam）及其中的麻烦的第一个记录，来自前一个国家的大使馆，其负责人迭戈·贝略索（Diego Belloso）以贸易和友谊作为条件，请求帮助反对暹罗，后者在当时选择拖延。按照都督征服特尔纳特的伟大愿望，他在1593年配置了一支庞大的舰队，派出先遣船只在他儿子的照看下赴平塔多斯（Pintados）。不久后，戈麦斯·佩雷斯留下龙基略负责管理城市，只带着很少的防御部队出发加入了他儿子的队伍，但是他手下的中国水手叛变，将他暗杀，还带走了船只。他死后，争夺他遗留的职位的拼杀开始，因为死去的都督已经向很多人保证，在他死后他们将被任命为都督。尤其是他跟平塔多斯的一个富人埃斯特万·罗德里格斯·德菲格罗亚保证，向他"表明对任命他的青睐"。在马尼拉，佩德罗·德罗哈斯，中尉助理（lieutenant-assessor），临时被选为都督，但四十天后，路易斯·佩雷斯·达斯马里尼亚斯经任命成为下一任都督。部队返回马尼拉表明了对中国入侵的恐惧的有效缓解。1593年发往新西班牙的船只由于暴风雨天气而无法航行，但都督去世的消息经印度传到了西班牙。主教和都督之间的矛盾，在后者去世前达到了顶峰，前者离开去往西班牙后，这些事情导致在这些岛屿设立了一个包括数位副主教的大主教管区，检审庭重新设立。中尉助理的职位被赋予更多的权力，莫尔加在1595年被派去填补该职位的空缺，此时这一职位已经改称副督（lieutenant-governor）。在路易斯·佩雷斯·达斯马里尼亚斯的管理下，与柬埔寨的事务积极展开，通过在胡安·苏亚雷斯·加里纳托（Juan Xuarez Gallinato），以及布拉斯·路易斯·德·埃尔南·冈萨雷斯（Blas Ruiz de Hernan Gonzalez）和迭戈·贝略索派遣的远征进行。都督完全是在多米尼加会的影响之下，他向柬埔寨派出了一支舰队，尽管这违逆了"城市中的大多数人"的建议。加里纳托没能到达那个国家，直到后来布拉斯·路易斯与贝略索与那里的中国人发生争吵，杀死了篡位的柬埔寨国王阿纳卡帕兰（Anacaparan），引发了国家的混乱。令他们不满的是加里纳托拒绝继续征服，粗暴地指责了其他人，并经交趾支那（Cochinchina）去了马尼拉。在交趾支那，布拉斯·路易斯与贝略索前去老挝王国寻找柬埔寨的合法国王普朗卡尔（Prauncar）。在他们到达时他们发现他已经死了，但部分意义上通过他们和那两个马来人的努力，国王的年轻的儿子被扶上了宝座。加里纳托在交趾支那遇上了困难，他努力重新获得那些被中国人从戈麦斯·佩雷斯的大帆船上偷走的军旗和其他用品，但最终只是安全返回马尼拉。同时埃斯特万·罗德里格斯·德菲格罗亚同意自费征服棉兰老岛，作为回报，他将得到两代人的统治权。为了追求这些，他准备了一次大型远征，但他在到达该岛不久后在一场战斗和埋伏中被杀害，于是他的第一指挥官胡安·德·拉·萨拉（Juan de la Xara）计划继续远征，并在坦帕坎（Tampacan）附近的一个叫作穆尔西亚（Murcia）的定居点组织他的人手。

都督弗朗西斯科·特略（Francisco Tello）的行政管理成为第六章的主题。在他1596年到达的时候，他在岛上收到消息，弗雷·伊格纳西奥·德·桑蒂瓦涅斯（Fray Ignacio de Santibañez）被任命为大主教，还有两个主教的任命。埃斯特万·罗德里格斯死亡的消息被带到马尼拉，还有胡安·德·拉萨拉决定不受马尼拉管辖独立进行远征的消息。在前往奥顿（Oton）推进与罗德里格斯的遗孀进行的诉讼时，他被逮捕，不久就死了，他的计划也无法再进行。龙基略被送往棉兰老岛，接管那里的指挥事务，但被棉兰老岛的河流疏通，以及在棉兰老岛海岸的拉·卡尔德拉（La Caldera）强化防御的前景所阻碍。然而，他在促进棉兰老岛人和特尔纳特人联军方面大获全胜，这使得他再次发信件给特略。但是特略对第一次来信的回复已经送到，根据第一次的命令他烧了堡垒，在拉·卡尔德拉建立驻军，并带着剩下的指令返回马尼拉。在那里，他因为没有等待特略的第二次回复而被逮捕，但在展示了一封命令他在任何情况下都要返回马尼拉的信件后被释放。加里纳托在他从交趾支那回来时被他自己的人指责不跟进在柬埔寨的胜利，如果他这样做了，"希望在那个王国得到的一切都将会得到。"卡加延省的早期叛乱是因其领导人被自己的同胞谋杀而遏制的，据称他这么做是为了"通过谋杀获得酬劳"。在1596年，阿尔瓦罗·德·门达尼亚·德·内拉（Alvaro de Mendaña de Neira）远征队的幸存者从秘鲁开始，重新探索所罗门群岛（Solomon Islands），在遭受饥饿和疾病的巨大痛苦之后，以及在许多人（包括指挥官本人）死亡后到达菲律宾。这次航行在领航员佩德罗·费尔南德斯·德·基罗斯（Pedro Fernandez de Quiros）致莫尔加的信中有详细的相关描述；它充满了激动人心的冒险，以及敏锐和充满感激的观察。其中一艘船，"圣赫罗尼莫"（"San Geronymo"）号于1596年被派遣至新西班牙，因为暴风雨被迫在日本港口停留。在那里他们受到虐待，在日本的方济会修士代表他们进行了一番努力，却被法令判决死刑，根据这一判决，六个方济会士、三个耶稣会士和十七个当地帮助者在1597被钉上十字架。太阁大人（Taicosama）的怒火愈演愈烈，他指控西班牙人的征服"首先通过把他们的宗教送到王国"，随后"通过他们的武器"进入。随着修道士及其助手被钉上十字架，他感到满意了并允许"圣赫罗尼莫"号上的船员返回马尼拉。修道士向莫尔加写了一封告别信，信中告知他日本打算攻打菲律宾。路易斯·那瓦雷蒂·法哈尔多（Luis Navarrete Fajardo）被送到日本要求一个满意的结果，但是少有收获。法利达·奎埃蒙（Farida Quiemon）是太阁大人的附庸之一，他本是一个籍籍无名的人，获得了进行远征活动的许可后，进行了他的准备，但由于缺乏资源和主动性没有完成计划。同时在马尼拉的人极为谨慎，居住在那里的日本人被送回日本，而来自贸易船只的日本人受到很好的待遇，但很快被驱逐。虽然提出了一些反对建议，但通过多明我会神父阿隆索·希梅内斯（Alonso Ximenez）的斡旋，柬埔寨的事务再次走上正轨。神父在之前的远征中就伴随着加里纳托，但由于他自己不服从命令而被留在交趾支那。棉兰老岛和霍洛岛（Jolo）的事务具有威胁性。一个叫胡安·帕乔（Juan Pacho）的人，卡尔德拉的指挥官，在与他的20个人入侵霍洛岛时死亡，直到可以采取惩罚性的远征后一个拉卡尔德拉的新指挥官才被任命。1598年大主教到达马尼拉，马尼拉检审庭通过皇家秩序重新建立，并在盛大的仪式中授予印章。同年莫尔加收到布拉斯·路易斯的一封信，详细说明了自从他和贝略索陪同加里纳托的远征队去那里后，他们在柬埔寨的活动。布拉斯·路易斯寻求对他们在柬埔寨的行动的原谅，并提出了对西班牙征服和影响大陆的愿望，并寻求岛上的帮助。这封信的结果是，路易斯·佩雷斯·达斯马里尼亚斯获得许可自费尝试远征大陆，以帮助柬埔寨国王，然后夺取尚庞（Champan）王国，该国国王长期威胁着该地区所有航海者。与中国的谈判和向西班牙人开放埃尔皮纳尔（El Pinal）港口的许可，通过胡安·德·萨穆迪奥（Juan de Zamudio）的努力得以实现，他被送往中国以求获得硝石和金属，此举遭到来自葡萄牙人的极力反对，他们害怕失去他们在澳门的贸易。在埃尔皮纳尔，路易斯·佩雷斯的三艘船中两艘的幸存者在遭受了巨大的风暴、艰难和沉船事故之后，遇到了胡安·德·萨穆迪奥。中国人对萨穆迪奥青睐有加，但葡萄牙人对他表示了敌意，将他送到澳门去寻求帮助的人关进监狱，甚至企图以武力对抗他。萨穆迪奥和来自路易斯·佩雷斯的一个信使各自把船只遇难的消息带到了马尼拉,于是马尼拉方面为他提供了一艘船和补给,并命令他返回。赫尔南多·德·洛斯·里奥斯·科罗内尔(Hernando de los Rios Coronel),被路易斯·佩雷斯派往广东(Canton)与中国人进行谈判,他从那个城市向莫尔加写了关于中国的文章,以及在中国而不是马尼拉与中国人进行贸易的可能性、可取性和优势,以及与葡萄牙人的对立。中国被他描述为一个"充满了河流和城镇,没有一寸土地有所闲置"的国家。同时,路易斯·佩雷斯舰队的第三艘船只,由路易斯·奥蒂斯(Luis Ortiz)指挥,到达柬埔寨,在那里他和他的同伴加入已经在那里的西班牙人、葡萄牙人和日本人。这支小部队,被马来领导者怀疑的目光注视着,还有其他人羡慕的,或因他们的实力及他们对弱小国王的影响而敌视的眼神注视着。这支小部队的力量由胡安·德·门多萨·甘博亚(Juan de Mendoza Gamboa)上尉和一位博学的多明我会士弗雷·胡安·马尔多纳多(Fray Juan Maldonado)及他们的手下进一步加强。前者获准继续前往暹罗进行贸易考察,为此他获得了大使馆的信件,他也被委托向身在柬埔寨的堂·路易斯(Don Luis)送去一些专门用品,但他没有找到路易斯。马尔多纳多受他的命令被送去做堂·路易斯的同伴。这种额外加入的武装力量受到在柬埔寨的西班牙人欢迎,他们拒绝让他们离开,直到听到有关路易斯·佩雷斯的确切消息。一支日本人、梅斯蒂索人和一个在远征海盗中离开日本的西班牙人的队伍的到来,进一步加强了在柬埔寨的力量。领导人布拉斯·路易斯、贝略索和马尔多纳多与国王协商自己的花费账单问题,但不尽如人意。他们的武装力量与马来人之间开始发生冲突和争吵,后者最终取胜并杀掉了西班牙人、葡萄牙人和日本人,除了几个留在城内的人、门多萨、马尔多纳多和几个人用之前的船只逃脱的人外无一幸免。在柬埔寨,混乱和无政府状态再次统治这个国家,国王被欺凌,最终被马来人杀害。霍洛岛人和棉兰老岛人因为拉卡尔德拉的港口最终被遗弃和拆除而变得大胆起来——这是由都督反对检审庭的意见而决定的——并加入由棉兰老岛的爱好和平的本地人组成的自卫队伍,他们于1599年发动了反对平塔多斯的西班牙人和当地人的侵略,在那里他们获得数量巨大的战利品和许多俘虏。第二年,他们带着更强大的武装力量返回,但被阿雷瓦洛镇的镇长击败,因此他们决定报复。在日本,丰臣秀吉(Taicodama)的死亡鼓励赫罗尼莫·德·耶稣(Geronimo de Jesus),一个逃脱了被钉十字架的命运的方济会修士，开启与他的继任者德川家康（Daifusama）的谈判。后者想要使得他自己在关东地区（Quanto）北部的封地加入贸易，他通过修道士要求马尼拉都督与他建立贸易往来，并提供劳动力为他希望开放的与新西班牙的贸易建造船舶。他不谈论关于宗教的事，因为"从与西班牙人的友谊和商业中衍生出的利润和利益，比宗教方面的事更合德川家康的口味"。然而，修道士写道，在日本各地宣传福音的自由被给予，尽管唯一的让步只是允许修道士在他们的贸易站建立一座房屋。在1600年10月，奥利弗·范·诺尔特的两艘船即将来此劫掠的消息传到了马尼拉。莫尔加对准备工作做了说明，包括都督是如何指示他的，他又是如何指示胡安·德·阿尔塞加（Juan de Alcega）的，还提及了战斗及其后果。同样在1600年，"圣玛格丽塔"（"Santa Margarita"）号和"圣赫罗尼莫"（"San Geronymo"）号都无法到达新西班牙，而且两船都失事了——后者在卡坦端内斯（Catanduanes）附近，前者在盗贼群岛（Ladrones），该船被当地人和生活在不同村庄的人洗劫一空。在1600年，"圣托马斯"（"Santo Tomas"）号在开往岛上的途中停留在盗贼群岛，但指挥官担心有风暴来临，虽然修道士和其他人一再请求，他还是拒绝等待被困的"圣玛格丽塔"号上的西班牙人。于是，一位对这些不幸的人充满同情的方济会修士胡安·波夫雷（Juan Pobre），自愿留下与他们同在。"圣费利佩"（"San Felipe"）号在距离马尼拉80里格的地方失事，船上装载的货物改由陆路运送。棉兰老岛和霍洛岛的事务由加里纳托同时指挥，虽然他只是得到了部分上的成功，例如暴雨、饥饿和疾病工作方面，最终在1602年5月，加里纳托请求马尼拉方面的指示。胡安·门多萨和弗雷·胡安·马尔多纳多离开柬埔寨后继续他们前往暹罗的旅程，但遭到暹罗国王的冷遇，他们的贸易往来也不令人满意。害怕遭到暴力对待，他们在没有通知暹罗人的情况下一天晚上离开，与他们一起走的还有某些在暹罗形同囚犯的葡萄牙人，但他们被暹罗人追赶，一直追到公海。在接下来一周持续冲突期间受到的创伤，导致门多萨和马尔多纳多死亡，后者第一次写下他的命令，并告诫他们"凭良心说，不要再回到柬埔寨成为别人手中的工具"。在摩鹿加群岛，荷兰人和当地人之间，以及葡萄牙人与西班牙人之间的动乱，使得有必要从马尼拉多送来几次援助。1601年3月，蒂多雷的国王写了一封信给莫尔加，请求帮助对抗特尔纳特人与荷兰人，作为回应，1602年莫尔加给他送去了补给品和援助。

第7章讨论佩德罗·德·阿库尼亚当政期间的事件。随着他在1602年5月的到来，新的生机和精力注入了公共事务。新都督首先关心自己的家乡事务。他建造单层甲板大帆船，以便参与日本和霍洛岛事务，并派遣赴新西班牙的船只，但必须推迟对平塔多斯的访问。他决心开启与关东地区的贸易，但决定推迟派遣工人到日本，向日本人展示如何建造船只一事，因为这将是有害的。各教派的修道士前往日本，赫罗尼莫·德·耶稣的书信中描绘的情形使他们产生了许多期待，但实际上他们受到的欢迎远远低于预期。赫罗尼莫被德川家康强迫履行他的承诺，最终他请求亲自前往马尼拉去促成与关东地区进行贸易的保证。发往那里的船只被迫在另一个港口装船，但允许在那里进行贸易并返航。在1602年发往新西班牙的两艘船只被迫返回，停留在途中——第一艘在拉德隆内斯，另一艘在日本。第一艘带回了大多数在盗贼群岛失事的船只上的人。第二艘在日本受到粗暴对待后终于逃脱。这艘船向德川家康送去了一个使团，因此代表安全的徽章或令状被授予西班牙人，将来进入日本港口的任何船只都将得到良好的对待。送给在霍洛岛的加里纳托的支援只是为了使他能够整装返回马尼拉。当阿库尼亚正在前往平塔多斯视察那些岛屿的时候，摩洛人海盗的袭击一直达到吕宋岛（Luzon）和民都洛岛（Mindoro），导致了大规模抢掠，从而迫使都督回返，他本人差一点被捕。一次由西班牙人和印第安人组成的队伍被派去给摩洛人一点惩罚，但只造成了轻微损失。就在这之前，在果阿（Goa）准备的一支用于惩罚摩鹿加群岛的舰队在安德烈亚·富尔塔多·德·门多萨（Andrea Furtado de Mendoza）指挥下出发，但在风暴中失散。一些与指挥官同行的船只到达安汶岛（Amboina），但在受到重创、贫困潦倒的情况之下，他们被迫向马尼拉寻求帮助。阿库尼亚在1603年派出军队在加里纳托指挥下帮助葡萄牙人，虽然他已经独立安排了一次对摩鹿加的远征。在那一年早些时候，来自中国的麻烦的前奏是中国官员来到当地去看黄金岛。这使得许多人建议要引起警惕，这些人中包括大主教和一些修道士。在1603年马尼拉发生第二次灾难性的大火，损失超过100万比索。

在柬埔寨占据优势的马来人终于被爱国官僚的联合势力驱逐了，并由他们的老国王的兄弟继位，因此柬埔寨和菲律宾之间的关系再次依靠送修道士过去的方式来建立。在1603年5月，两艘载有补给的船舶到达马尼拉，带来某些教会新闻。加里纳托给予富尔塔多·德·门多萨的援助被证明不足以征服特尔纳特人，加里纳托回到马尼拉。本书的这一部分，莫尔加以由富尔塔多·德·门多萨写给阿库尼亚的礼貌信函为结束，在信中他对加里纳托和他的手下表示赞扬。本书的其余部分将在后续卷中出现。

本卷结尾有两个附录：第一个是托马斯·坎迪什环球航行的摘要；第二个是荷兰远征东印度群岛的摘要。

编者
1904 年 5 月

（译者简介：张畅，南开大学世界近现代史研究中心硕士研究生）

第 16 卷　前言

本卷主要总结莫尔加（Morga）的名作——《菲律宾群岛事件》，它是从十五卷开始的，读者可以参考 15 卷的前言去了解本书的描述以及一系列的风俗。关于菲律宾历史的另一部名著是阿亨索拉（Argensola）1609 年在马德里出版的《摩鹿加群岛的征服》。在呈现这部作品时，编者遵循了一个计划，事实证明，该计划也或多或少帮助阐述了菲律宾岛早期的历史，翻译过来的只是书中那些与菲律宾群岛有直接关系、特别有价值和重要的部分。为了使读者对全书有整体的把握，理解各部分之间的联系，编者对所省略的部分做了简要的概述。这种方法有效地突破了空间的限制，尤其是像阿杜阿尔特（Aduarte）、圣奥古斯汀（San Agustin）以及拉康塞普西翁（La Concepción）的旧历史作品都是多卷本的；用这种方法，就会有更多的篇幅去介绍日本、中国以及菲律宾之外的国家的事情。类似的情况必须要省略，保留下来的大多是对注释有用的，或者是对出版相对不重要的。编者认为，鉴于许多人对此项文献感兴趣，将这些文献的大部分（尤其是菲律宾的早期历史）呈现出来是很有必要的，这些文献来自在外国档案中保存的手稿和迄今未发表的资料，比起颇具价值且具有空间限制，翻译完整并且能够在美国国家图书馆找到的书籍来说，这种方法更能给学生以及研究人员提供方便。可能的话，所有资料的所在位置在本系列卷宗结尾的书目信息处都会进行标注。与此同时，通过省略问题的梗概以及在诸如拉康赛普西翁和圣安东尼奥（San Antonio）著作中注释的灵活运用，大多数读者的需求将会得到适当的满足。编辑者的目的是要像目前所做的涵盖菲律宾历史那样，以完整的形式呈现一些的这样的历史，特别是早期史；所有这些都是一手资料，以后的作者将会从中获得他们的许多素材。这种方法使得这套菲岛资料的历史资料价值异常丰富，所有资料都是精挑细选的，经过了去粗取精。正如前面所说，省略的部分和概要将会用括号加以说明。

接着，莫尔加描述了他1603年去墨西哥的旅行，在那里他成为检审庭一员。他描述了那年发生在吕宋岛的中国人起义，虽然这次事件在先前的篇章中已做了详尽的描述，但他简单而又生动的描述使人们对这次起义有了新的认识。许多马尼拉的西班牙人对这次起义的危险如此警惕，以至于带着家眷和财产搬到了新西班牙，但是，他们乘坐船只，其中一艘在海上失踪了，另一艘在受到巨大损害和损失之后，不得不重新返回马尼拉，这对殖民地的人们来说，无疑是一场巨大的灾难。都督尽其所能修筑防御工事，并得到了来自新西班牙的支持。大主教贝纳维德斯（Benavides）死于1605年。修士们去了日本，在他们布道期间，日本天皇受到了冒犯，所以他建议阿库尼亚（Acuña）去阻止他们布道。1605年的夏天，来自新西班牙的支援到达了，并且阿库尼亚继续为对抗位于摩鹿加群岛的荷兰人的远征做着准备，1606年春天，他着手进行这项事业，并亲力亲为。莫尔加详细记录了这次海军战役。在没有爆炸、损失很小的情况下，西班牙人夺下特尔纳特岛。逃亡的岛国国王被劝说投降于西班牙，并做费利佩（Felipe）的封臣，一些小统治者也学习他的样子，并承诺不允许荷兰人卷入丁香贸易。阿库尼亚在那里新修建了一处要塞，另一个要塞则位于蒂多雷（Tidore），为了防卫，由胡安·德·埃斯基韦尔（Juan de Esquivel）担任摩鹿加群岛的都督，他拥有要塞和几艘船只用来防御。特尔纳特岛的国王以及贵族们被带回马尼拉，作为人质。在阿库尼亚不在的这段时间，靠近马尼拉的地方出现了一起日本人的叛乱，叛乱得以平息主要是受修士们的影响。都督回到马尼拉不久便死去，显然是由于中毒死亡。菲律宾岛上的贸易因宗主国实行的限制政策而受到损害，特尔纳特族人的减少并不足以抑制摩洛族的海盗。摩鹿加群岛上的土著极不安分，进行反叛，尤其是他们希望得到荷兰人的帮助，因为荷兰人正在努力夺回他们在那里失去的财产。莫尔加援引西班牙官员在拉帕尔马（La Palma）写的一封信，重申了万努尔杜特（van Noordt）远征印度群岛的目的和结果。

莫尔加描述历史的部分到这里就结束了，作者在本书的最后一章主要描述了菲律宾岛,岛上的人民,风土人情,宗教信仰,西班牙殖民地的现状以及马尼拉这座城市。他以吕宋岛为首开始介绍菲律宾群岛的主岛,接着是多民族的当地居民——有摩洛人,小黑人,还有米沙鄢人,他描述了他们的穿衣风格、日常活动、行业以及生活习惯,紧接着是武器及船舶,还有岛上的水果、鸟类、飞禽走兽、爬行动物、鱼类,以及其他生物。槟榔就是其中的一种,咀嚼槟榔在西班牙的各个阶层大为盛行,并且它还可以作为药物使用,同时也介绍了多种药物和治疗方法,还提到了解毒剂。并且涉及了矿业、渔业以及能够做成商业工艺品的一些产品。他写到了吕宋岛最有名的两个湖——朋邦湖(Bombon)和白湖(Bai),马尼拉的海港海岸以及与其他岛国相邻的主要港口,叙述了比萨扬人和他们居住的岛屿,还有群岛上的潮汐。接下来是比较有趣而又详细的介绍菲律宾民族,涉及他们的语言、文化风俗、宗教信仰等。吕宋岛以及北方岛屿所运用的语言与米沙鄢人不同,但是大部分居民能够流利且正确地书写和表达,他们所运用的字母很像阿拉伯语。对于他们的住所、生活方式、政府、社会组织、立法司法机关也都描述的细致入微。书中还写到了奴隶的等级、社会地位以及被奴役的缘由;还有婚姻、嫁妆、离婚、领养、继承、放高利贷、贸易以及犯罪惩罚等的风俗习惯,但是作者却对社会纯洁度评价较低,但是这种臭名昭著的缺点并不是与生俱来的,而是通过与外国人交流时学到的。比起米沙鄢人,吕宋岛上的人在智力以及道德方面都要好得多。他们的宗教信仰又被阐述了一遍,莫尔加将这些归因于鬼怪的影响,他也说到了穆斯林传入菲律宾岛以及如何被西班牙人的到来所阻止的事。

接下来,莫尔加概述了当时岛国上西班牙殖民地的状况。他详细描写了马尼拉这座城市及其防御工事,军火库,政府和市政建筑,大教堂以及女修道院,以及圣波滕西亚娜的神学院和医院。那里共有六百座房屋,大部分是由石头建造的,甚至在郊区更是如此:"所有这些都是西班牙人的住处和住所,所有人,不论男人还是女人,全都穿着华丽的丝绸衣服。"在食物以及其他生活必需品方面,其他地方都不如马尼拉丰富,莫尔加列举居住在城中的权贵、神职人员以及市民,并提到这里才是菲律宾群岛的中心和大都市。然后他简要地介绍了菲律宾群岛上其他的西班牙人居住区,然后按照顺序依次介绍了各种制度、工作种类以及劳动力数量。他称赞了他们在对印第安人皈依天主教、教育以及社会改良等方面所做出的努力,他界定了市政和教会当局的职能，以及政府对当地人的政策，并描述了菲律宾从美洲引入的委托监护制的实施及其成效。他反对准许印第安人根据他们自己的选择来用实物或金钱缴纳贡税，因为这样导致他们忽视了先前的产业，也导致在一定程度上损害了这个国家。他们之中始终存在着奴隶制，西班牙人已经被禁止奴役当地人，但是，土著要向委托监护主、教会、国王提供各种各样的人身服役，他们由此可以得到微薄的工资；所有其他为西班牙人提供的服务都是自愿和有偿的。然而，在西班牙人同当地人的交往过程中，却存在着严密的限制。被提到的各种信息包括：官员的任命、询问、选举、市镇政府、金融，还有教会组织，开支，管理以及宗教教团的收入。莫尔加重申了岛上的军队及海军数量、人员组成、薪资以及组织结构。岛上大部分居民是商人或贸易者，商业是西班牙殖民地的支柱产业，马尼拉是从日本到婆罗洲（Borneo）的所有东亚国家的市场。中国贸易被限制于菲律宾居民区，莫尔加介绍了此项规定的性质、范围及其实施的态度，以及中国商人的特点和他们的应对策略，并且，来自日本婆罗洲以及周边民族与菲律宾的贸易以及与新西班牙的海上贸易，都受到了同样的待遇。这种海上贸易是"如此巨大和如此盈利，且易于掌控，以至于西班牙人本身不再愿意去从事别的产业"，于是他们不仅忽视利用自身优势发展这个国家的自然资源，而且土著也忽视和忘记了先前的产业。这个国家的白银供给持续外流，流到了异教徒手中。莫尔加列举了官员、税收以及殖民地政府的开支情况，由于入不敷出，每年的财政赤字都是由新西班牙的皇家财政部来补足，这项巨大的开支就引来了"花钱只是为了使土著基督教化和皈依天主教，为了在亚洲其他王国和省份取得更大利益"的言论。

莫尔加并不赞同大量的中国移民涌入菲律宾岛，因为对于西班牙人和当地居民来说不安全，甚至会造成损害。一些中国人需要为西班牙人服务，因为他们掌管着贸易，但是居住在岛上的中国人的数量由西班牙人的需求而定。作者描述了马尼拉附近中国人的性格、服装、生活方式以及居住情况，在宗教问题上，多明我会的男修士们很是照顾他们。中国的天主教徒并没有和异教徒住在一起，他们住在500人的居住区，莫尔加对这些改变了信仰的中国人评价较少，但却对居住在马尼拉的日本人评价较多，将他们评为最好的天主教徒。

莫尔加通过详细描述往返菲律宾的航行和旅程作为全书的结束。这一航路的墨西哥出发港已经从纳维达德（Navidad）移到阿卡普尔科（Acapulco）。莫尔加描述了向西的航行，在万山群岛的停留，与当地人的交易，以及此后在菲律宾群岛中的航线。返回墨西哥的航线既困难又艰险，因为风向多变且多是顶风，因此船舶必须经常改变航线，去到北方更远的地方以求得顺风，却会遇到极寒天气。这些重要的变数造成了很大的损失，甚至还有人员伤亡。需要花费 5~6 个月的时间，航船才能到达阿卡普尔科，其间没有地方着陆中停。莫尔加也记述了取道果阿（Goa）和好望角（Cape of Good Hope）去西班牙的航行，这条航线同样既漫长又凶险。

阿亨索拉（Argensola）撰写了一本《征服摩鹿加群岛》的历史书。他在开始描述了岛国名字以及那里的居民的风俗习惯、穿衣风格和语言。他讲述了他们的起源和他们与西方人交流，特别是通过香料贸易接触的流行故事。葡萄牙人前往摩鹿加群岛的早期探险缘起于当地人的仇视，这样做既困难重重且开支巨大，菲利普二世（Felipe Ⅱ）的顾问建议他放弃菲律宾岛和摩鹿加群岛，因为此地不值得付出这么大的代价。菲利普二世拒绝了这个建议，他觉得改变岛上的异教徒既有必要又是他的责任，这一决定得到了菲利普三世（Felipe Ⅲ）的肯定。关于西班牙该不该保留这些岛屿，阿亨索拉列举了一些观点，既有支持的又有反对的，不过他是从转化异教徒的角度评判的。对这些观点的更加详细的介绍，可见那些简短的梗概，这些梗概来自对《征服史》第一卷到第四卷中的概括。在第五卷中，我们可发现一个黎牙实比（Legazpi）征服菲律宾的简要轮廓，以及那里的人民，特产和动物。文中描述了佩纳罗萨（Penalosa）对于特尔纳特岛的远征，由于多种原因，这次远征遭到了失败。1588 年西班牙国王派出"无敌舰队"出击英国，期望减少那些在东方对抗西班牙商业的北方异教徒的侵扰，但是，无敌舰队被击败并且被打散了。圣地亚哥·德·维拉（Santiago de Vera）岛国也对特尔纳特出兵，却以失败告终，该岛国的一位王子请求西班牙援助以保住他的王位，作为回报，他甘愿做西班牙的封臣，然而，他的死亡阻止了此后任何进一步的类似安排。在第六卷书里，作者详细记述了戈麦斯·佩雷斯·达斯马里尼亚斯（Gomes Perez Dasmariñas）承担对摩鹿加群岛的征服以及他的悲惨结局，并提供了不少在别处找不到的有趣的信息。达斯马里尼亚斯通过强制手段在菲律宾当地人和中国人中间征募划桨手，这种做法引起了他们的仇恨。他从摩鹿加岛上的耶稣会修士那里得到该岛情况的详细报告，以及关于实施岛上战役的建议。1594年10月17日，达斯马里尼亚斯出征了，他自己乘坐的大帆船是由中国划桨手掌握的，这些人由于曾被粗暴对待，因此发动了哗变，结果，除了一个修士和都督的秘书之外，船上的其他西班牙人全都被杀光了。都督的死亡提醒人们有必要推选出一位临时的继任者，这就是他的儿子路易斯·佩雷斯·达斯马里尼亚斯（Luis Perez Dasmarinas）。谋杀者们乘坐全副武装的船只返回吕宋岛，期望发现这个国家是没有防守能力的，并占领它，但是，马尼拉的武装足以吓住这些中国人。

在这间隙，柬埔寨（Camboja）的国王兰加拉（Langara）向西班牙人求助，达斯马里尼亚斯为此派出了由加利纳托（Gallinato）率领的远征队，西班牙人斩杀了篡夺柬埔寨皇位的人，所以有人主动提出由加里纳托（Gallinato）继承皇位，但他拒绝了，最后鲁伊斯（Ruiz）和贝略索（Velloso）代替他继承了王位。达斯马里尼亚斯想凭自己的力量对柬埔寨进行另一次远征，但因遭遇风暴，他被刮到了中国海岸，他的一些船只失事了，还有些船只和大多数船员被在柬埔寨的马来人给捣毁了。在当时，这些灾难终止了攻占特尔纳特岛的任何进一步的企图。

阿亨索拉还叙述了菲格罗阿（Figueroa）开拓以及他的继任者们征服棉兰老岛（Mindanaos）的故事，后者得到了作为臣服者的特尔纳特国王的帮助。1598年菲利普二世逝世，摩鹿加群岛的事一度被搁置了。第七卷书主要讲述了荷兰人出航到东部群岛（Eastern Archipelago），荷兰人的存在鼓励了特尔纳特岛继续反抗西班牙人和葡萄牙人。1602年5月阿库尼亚都督到达菲律宾，在一段时间里，他忙于处理殖民地的内部事务和与日本建立友好关系，待这些事情处理完毕，他将心思转向了征服摩鹿加群岛。他与富尔塔多·德·门多萨（Furtado de Mendoza）的探险队合作，该探险队是为此目的从印度派遣来的。联合舰队在特尔纳特暂时取得了成功，但最终被迫放弃了这次行动。宗主国政府最终决定必须高效地重启这一行动，阿库尼亚本人应该对摩鹿加群岛再进行一次远征。1604年6月20日王室针对此次行动颁布了详细的法令。

阿亨索拉介绍了发生在1603年的马尼拉大火和中国人的暴动，并且披露了一些在其他文献中找不到的细节信息。这次反抗尽管被镇压了，但还是造成了工商业的紊乱，引发了匮乏和贫困，因为马尼拉平常主要是依靠它的中国人口。不久之后，马尼拉收到了来自墨西哥的援助和物资供应。1605年2月，一支荷兰船队出现在东部群岛，其占领了安汶岛（Amboina）和蒂多雷（Tidore）。来自蒂多雷的葡萄牙逃难者告诉阿库尼亚，荷兰人的目的是要攻击墨西哥航路上的大帆船，夺取其他的西班牙人的利益，并将西班牙人从世界的这一地区赶走。阿库尼亚立即向平塔多斯（Pintados）要塞增派人员，并且采取了其他防备措施。许多援助到达马尼拉之后，给他以鼓励，并抑制了周边民族的傲慢。当阿库尼亚为对抗敌人做着充分准备时，荷兰人解救了特尔纳特一族。1606年1月5日，阿库尼亚率领三千多人分乘36只船从怡朗（Lloilo）出发，但旗舰却在拉卡尔德拉（La Caldera）失事，其他船只迷失航路，直到3月底才到达摩鹿加群岛。他们将特尔纳特包围，最后攻占它，官兵们掠夺了城市和要塞，后来，国王被劝降，并同阿库尼亚签订了条约，国王放弃了要塞并且归还所有俘虏，交出了特尔纳特境内的荷兰人和西班牙人变节者，放弃了对邻近岛屿天主教信徒的村庄的统治权。阿库尼亚在特尔纳特修建了坚固的要塞，将国王和其他俘虏带到了马尼拉。据大众传言，阿库尼亚回来后几周就死了，是因为中毒身亡。

本卷的最后附加（由莫尔加暗示）了一项对古代习俗的有趣报告，是由邦板牙省的当地居民在司法管理中观察到的。根据当时不同派别的社会地位和犯罪种类，这些习俗是不同的，但是，一般而言，对大多数犯罪来说，要缴纳固定数目的罚金，对有些案例的惩罚是以命偿命。如果犯人无法支付罚金，他通常会被卖身为奴，显然，他们中没有杀父母者和杀婴者罪犯。据当地人胡安·德·普拉森西亚（Juan de Plasencia）介绍，这一报告中包含了结婚、离婚、继承、奴役和纠纷等多个方面。

编者
1904年6月

（译者简介：曲荣荣，南开大学世界近现代史研究中心硕士研究生）

第17卷 前言

本卷涉及1609～1616年这七年的时间，本卷的主题是贸易、航海、传教和耶稣教会的其他一些活动。在整个17世纪四分之一的时间里，菲岛商业和航海活动十分兴旺，这自然使我们对岛上这一时期的社会和经济状况产生浓厚的兴趣。经由马尼拉大帆船贸易从新西班牙流向中国的白银引起了菲岛西班牙人的警惕，但很明显禁止阿卡普尔科和马尼拉港口之间的贸易往来并非明智之举。此时菲岛的对外贸易还受到荷兰人的干涉，并且此时岛上的西班牙人还要与其他外敌抗争，贸然断绝与新西班牙之间的往来对菲律宾岛上的西班牙人有害无利。这一时期岛上的菲律宾人受到西班牙人沉重的公共工程和防御工事的剥削。但是当地土著政府也试图减轻他们的负担并保护他们免受西班牙人的压迫。这一时期耶稣会的职能是促进社会进步，具体的工作由耶稣会会士和其他一些笃信耶稣信仰的人承担。多明我会在马尼拉建立了圣托马斯大学（Santo Tomás），教会中一些有权势的人物要求国王压制检审庭（Audiencia）的权力。岛上各方势力之间并不是那么和谐。西班牙人在此地的势力和菲律宾殖民地未来的前景受到摩鹿加群岛（the Moluccas）荷兰人势力的威胁。

1583~1609年，西班牙政府陆续颁布了有关航海和贸易活动的各项法令。菲律宾人的渔船贸易被保留下来并加以规范。美洲殖民地和中国、菲律宾之间的贸易被禁止了。菲律宾当地的西班牙人获得了与新西班牙进行贸易的垄断权。但是这种贸易有数量上的限制，每年来往的船只数量也仅限于两艘。菲岛上的奴隶不得流入新西班牙，但是一小部分特定的皇家雇工则不在此列。这两艘船上搭载的官吏和人员的数量都是限定的。船上的士兵都是装备优良、有一定战斗力的。菲岛官员不得剥夺船上的军事防御设施。船上的领航员必须经过检查。马尼拉和阿卡普尔科港口的西班牙官员对这些船上的财物信息了然于心。船上所载货物不得超重。除非可以证明自己是新西班牙或菲岛的合法居民或是被运送的士兵，否则任何人不得乘船往来于两地之间。船上的官员不得以任何形式参与船上的贸易。船票的价格会根据运输的实际情况浮动，以确定能够和运费相抵。货物抵达阿卡普尔科港口和墨西哥之后还要经过检查。中国商品不得以任何形式在新西班牙和秘鲁之间进行流通和售卖。阿卡普尔科港口对菲岛货物所征的税将被用于菲岛所需。从阿卡普尔科港口运回菲律宾的财物价值限制在50万比索之内。这其中包括与慈善、遗产捐赠相关的部分。除非在严密的控制下，否则马尼拉大帆船贸易的回程不得携带任何银制品。新西班牙总督和菲岛的西班牙政府之间经常交换船上货物往来的信息。菲岛西班牙当局会任命一位可靠的官员负责管理移民到马尼拉港口的中国人或其他外国人。

这名官员对货物的存储、放置、运输、保存都有管辖权。这些船只在马尼拉装备而非阿卡普尔科港口。船只和船员都全副武装以用于防御外敌。船员除必需品外不得携带其他任何辎重。船上不得搭载女奴。同样不能强迫任何已婚妇女搭载船只。菲岛居民可以与日本发生贸易，但是日本人不得来到菲岛。

1610年有一份关于耶稣会在菲岛传教的报告。报告以一些数字表格开头，记载了耶稣会在马尼拉开办的圣托马斯大学和其他一些传教地点。在那所大学中有2名在俗修士去世了，他们的生平和功德被简单地加以介绍。马尼拉居民心中的宗教热情日益高涨。这里的耶稣会教堂装饰得富丽堂皇。其中一所新建的教堂中还有当地信徒捐赠的雕塑。有一位耶稣会的神父致力于使异教徒皈依基督教信仰。这些异端是在同荷兰人的战争中被西班牙人俘虏的，其中20人被成功救赎。新的都督胡安·德·席尔瓦（Juan de Silva）不仅给予耶稣会很高的荣誉，还给他们很多实际的帮助。在安蒂波洛（Antipolo）和泰泰（Taitai）有很多热情且虔诚的皈依者。但是这些皈依行为中也产生了一些混乱。安蒂波洛的教堂经常被烧毁，又被重建。在宿务，耶稣会士为了培养西班牙居民的宗教情感以及促进社区间福利做出了极大的努力。在保和（Bohol）也出现了很多皈依行为，皈依者中的上层人物通常会对传教产生巨大的帮助作用。连一些信仰异教的神父们也皈依了耶稣会。皈依者都拥有虔诚的信仰，积极参与慈善活动，他们还资助建立了一个新的医院。他们没有稳定的偶像崇拜，他们现在信仰圣母玛利亚（Virgin Mary），这样能给他们的狩猎带来巨大成功。在杜拉克（Dulac）也出现了很多皈依者，但有些皈依行为是通过不正当的手段促成的。帕拉帕格（Palapag）遭遇饥荒的时候，耶稣会大力资助贫苦人，那里人们的宗教情绪很快高涨，出现了一所所新的教堂和很多皈依者。在远征摩鹿加群岛的队伍里也有很多耶稣会士。那里有很多基督教徒，受到荷兰异教徒的压迫。在这份文件中的许多报告都记录了耶稣会神奇的治愈术法和危难中的救赎。值得一提的是，在很多情况下菲律宾人信仰的转变都被视为一种献身行为。

1609年5月26日颁布的一项法令中，明确规定了菲律宾人的职责。情况允许时，公共工程所招募的人需从中国人或日本人中招募。除非菲律宾人自愿工作，否则不可强迫他们。但是如果遇到劳动力不足的情况，则不得不强迫菲律宾人工作，但是这只能在某些极端的情况下：他们（菲律宾人）所从事的工作是必需的。若要征兵则必须给予士兵们妥善的装备。必须按时付给工人合理的薪资。农忙之时不得征兵。船上必须为划船手设有遮风避雨的地方。所有违反规定的不公平对待菲律宾人的情况一经发现，相关人员就要受到惩罚。若违法者是官员，则更应严惩。

1610年6月30日奥古斯丁教会向国王写信，要求解除施加在他们身上的束缚，否则他们的工作就会受到损害。马尼拉的多明我会在同一天向当地政府请愿要求压制检审庭的权力。他们认为皇家法令并没有得到相应的尊重。管理皇家财政的官员存在违法行为和任人唯亲的现象。多明我会建议大主教和宗教界被授予监督政府的权力，这样检审庭才会认真履行自己的职责。他们要求西班牙国王增加大主教的收入。他们在信中还列举了限制检审庭权力的原因：自从检审庭建立之后，诉讼案件的数量增多；监狱变得更加拥挤；监狱里犯人的状况也每况愈下（这点受到漠视）；公平和正义正在消失；西班牙本土的法律程序又不完全适用于这些案件，无辜的人遭到惩罚而有罪的人则逃之夭夭；人的尊严变得不再重要；担任官职的人都是些无能之辈，官员和罪犯互相勾结以谋取暴利。由于国王同这些人的利益密切相关，所以事实上，国王不会与检审庭的利益相左。

耶稣会士格雷戈里奥·洛佩斯（Gregorio Lopez）在1610年7月1日回顾了过去一年岛上所发生的事。传言荷兰人将要进犯，席尔瓦加强了甲米地（Cavite）地区的军事工程。之后西班牙人遇到了一些不好的情况，其中最令人感到不可思议的就是一些来自中国和日本的船员杀害了他们船上的西班牙人。1609年末1610年初，由弗兰西斯·德·韦特尔特（Francis de Wittert）指挥的一支荷兰人中队靠近了马尼拉，抓捕了中国人与吕宋岛（Luzon）进行贸易的几艘西班牙商船。与此同时西班牙人也做好了军事防御的准备。4月24日双方军队在翁达滩（Playa Honda）遭遇，这个地方位于马尼拉湾的外面。一番激战之后，韦特尔特被杀，荷兰军舰以及船上的海军上将投降。另一艘荷兰船只由于起火被毁，剩下的溃逃。为了庆祝西班牙人的胜利，马尼拉举行了盛大的（世俗的和宗教的）庆祝活动，以及对战争遇难者的悼念活动。从荷兰人那里掠夺过来的战利品被瓜分，总价值大约40万比索。很多被抓捕的荷兰异教徒在西班牙神父的布道下也皈依了基督教。格雷戈里奥·洛佩斯将许多事情的发生与这场战争联系起来。他对马尼拉大帆船海上航行的危险和艰难进行了生动的描述，尤其是在日本海岸沉船的"圣弗朗西斯科"（San Francisco）号。这艘船本来是要到摩鹿加群岛（Maluco）传教的，但被荷兰人扣住。其中也包括神父马索尼奥（Masonio），但他历经艰险，从荷兰人手中逃了出来。

1610年9月5日都督席尔瓦向西班牙国王汇报了岛上的情况，尤其是在摩鹿加群岛发生的事情。他在信中说，荷兰人除了特尔纳特（Ternate）的要塞，几乎夺得了一切。他们甚至在日本也拥有了一个据点，并且他们还打算进军中国。如果荷兰人控制了同这些国家的贸易，那么西班牙在印度尼西亚和菲律宾的利益就会受到损害。最后，席尔瓦在信中说，他准备同葡萄牙军队联手，阻止荷兰人收复摩鹿加群岛。他会使特尔纳特的国王重新回到他的领土，因为这个国王已经承诺会从属于西班牙并断绝同荷兰人的来往。但是席尔瓦没有充足的金钱支撑这次远征，因为皇家财政状况早已负债累累。1610年12月7日西班牙国王回信给他，让他去调查奎阿坡（Quiapo）地区当地菲律宾人对耶稣会士不满的情况。

马尼拉圣托马斯大学的建立始于1611年，由多明我会负责。当时关于这所学校的建立和所获的捐赠被大肆报道，其中包括这所学校的基金、地点、管理方式和特色等。如果任何宗教的或世俗的权威想要获得对这所学校运作和财产的管辖权的话，则必须建立在这所学校的财产属于多明我会和马尼拉省的基础上。

1611年7月20日，新卡塞莱斯（Nueva Cáceres）的主教请求国王对当地医院提供援助。同一年，国王给席尔瓦写了好几封信，他在11月12日的信中要求都督压制不可一世的教会的势力，但是他的口气很谨慎。同时要求席尔瓦规范商业中的违法行为，对菲律宾同墨西哥之间的贸易做出明确的法律规定。继续禁止日本人在岛上定居。此后停止对当地人的军事训练。11月20日他又对席尔瓦下达了一项命令，要求他释放在马尼拉湾战争中抓捕的卡埃尔登（Caerden）和其他荷兰人，并告知他们以后不得以任何理由被再次逮捕。12月19日国王又命令他在吕宋海岸驻扎一支舰队以防止荷兰人劫掠来岛上进行贸易的商船。12月31日国王写信给马尼拉省的多明我会，要求它纠正它的一些修士目无法纪和不服从权威的行为，同都督保持良好的关系。在没有得到都督允许的情况下，不得派遣修士到日本传教

(类似这后一封信的重要命令也被送往各省的其他教团)。

1612年在王室命令下，由它们的上级提供了不少关于岛上各个教团的传教人数和场所的有趣的统计。奥古斯丁会有56处传教的场所、155名神父和13名在俗修士。耶稣会在马尼拉和宿务有2所大学，此外共有6个定居点、2个布道所。共计45名神父，28名在俗修士，8名初学者，11名学院派人士，共92人。每一个定居点都是耶稣会向周围村庄传教的中心。在这些定居点中，有的有教堂，另外一些则是定居点的神父们不时地到周围村庄布道。方济各会有48所布道处，其中4处位于西班牙人的市镇中。还有6家医院，101名神父、38名在俗修士，此外还有在日本传教的21名传教士。多明我会有18所布道处，1家医院，62名修士。在日本有3所布道处，9名宗教相关人员。奥古斯丁会主要在吕宋岛西部、班乃岛（Panay）、宿务和附近的一些村庄中传教，他们约有176400名信徒。耶稣会主要在吕宋岛、班乃岛、莱特（Leyte）、萨马岛（Samar）、保和以及附近的岛屿传教。除了在马尼拉和宿务的教堂，他们还拥有68所教堂，约50000名信徒。奥古斯丁会也在吕宋岛传教，约80000名信徒。同时他们也在摩鹿加群岛和日本传教，约有16000名信徒。

1612年4月12日秘鲁总督就菲律宾与墨西哥的贸易问题写信给菲利普三世（Felipe Ⅲ），在信中他对这一问题阐述了自己的看法。菲利普三世下令将菲岛与墨西哥的贸易转为菲岛与西班牙和葡萄牙的贸易。这封信很有意思，其中披露了一些西班牙政治家关于殖民地管理的理论和或多或少地涉及了西班牙政府当时所奉行的政策。蒙特斯克拉罗斯（Montesclaros）在西属美洲殖民地任总督已经9年了，拥有极高的声望。他认为自从发现新大陆后，欧洲的商人大量涌入新世界，他们从新世界所获得的利润已经大幅低减少。他认为可以将菲律宾与墨西哥之间的贸易转向西班牙，他还畅想了一番此举的前景。马尼拉大帆船贸易主要以丝织品为主，并与墨西哥印第安人生产的棉织品发生交换。若将丝织业引入墨西哥将会取得很大的成功，但这样一来菲律宾可能因为与墨西哥之间的贸易受限而受到损害。这对西班牙也会产生不好的影响，而且他对塞维利亚（Sevilla）的商人并没有信心，因此放弃了这个想法。经由阿卡普尔科港口运回马尼拉的西班牙货物主要是小而贵重的奢侈品。西班牙人的服饰在日本和吕宋并不受欢迎。蒙特斯克拉罗斯拒绝将中国的丝绸运往西班牙，因为这会使西班牙本国的丝织业受到损害。而且中国货物质量差且不耐用。蒙特斯克拉罗斯着重强调，菲律宾贸易的中止实际上将不会影响到新西班牙的白银外流，或不会对西班牙有好处。并建议国王不要偏向塞维利亚商人和印度的葡萄牙人，而忽视了他的卡斯蒂利亚臣民。他还比较了从马尼拉至西班牙的两条航路各自的优势，认为经过太平洋的路线更好走一些。总督还谈到了援助菲律宾的问题，并建议如果经由巴拿马地峡将军队运送到阿卡普尔科港口会更有利一些。他还指出了有人提出的抑制菲律宾和墨西哥之间贸易的种种危险。

1613年8月15日新塞哥维亚（Nueva Segovia）的主教写信给西班牙法庭中的高级官员，请求他们对圣托马斯大学的建立再拨点资金援助。索里亚（Soria）抱怨耶稣会和政府，因为这两者都反对多明我会。但是菲岛需要更多的神父。他对奥古斯丁会和它的主流地位也给予了诸多批评。

1613年12月2日，菲利普三世给席尔瓦写信，要求他将从中国得到的水银全部送往墨西哥。在信中国王对他关于中国移民的看法表示赞同，还赞许了他对官员腐败问题展开的调查。同时他让席尔瓦向他提供更多关于与日本开展贸易的信息以及菲律宾土著居民的信仰情况。1613年6月28日（和1616年7月1日），皇家市政会向国王写信建议为马尼拉年老的大主教分配一个助手，这名助手的薪俸为大主教的三分之一，还有其他一些报酬。1616年8月20日耶稣会士莱德斯马（Ledsma）在写给菲利普三世的信中表达了对这个岛屿未来前景的担忧。岛上西班牙人的贸易规模在不断缩小。为了防备荷兰人，大量的军事开支转嫁到西班牙居民身上，菲律宾当地人民的负担则更加沉重。而且菲岛还经常面临其他敌人的攻击而陷入危险的境地。因此他要求国王对菲岛进行紧急援助。

1616年前后，马尼拉一位耶稣会士胡安·德·贝拉（Juan de Ribera）写下了自1615年菲律宾人为了菲岛的军事开支所承担的财政负担。荷兰人在东方获得的稳定的落脚点将会使西班牙人的商业利益受到损害。不仅如此，西班牙人还会面临荷兰海盗劫掠的危险。席尔瓦派贝拉去印度尼西亚，让他去寻求当地总督的帮助。随行的有4艘帆船。经过漫长而艰险的旅程他们抵达了马六甲（Malacca），虽然有一点延误。在那里他们遭遇了一支马莱（Malay）的舰队。尽管双方都遭受到了很大的损失，但是西班牙人获得了胜利。几周之后，一支荷兰舰队抵达马六甲，同之前被打败的荷兰舰队会合，又同西班牙人开战。在这场战争中，葡萄牙人的船只被摧毁了。1616年2月席尔瓦带领一支舰队抵达马六甲，但不久他于4月19日去世，死于一场高热。

从1565年至1898年所有菲律宾的西班牙都督，都被以一份传记和编年体的列表呈现出来。这份列表的准备经过了对现存最权威资料的校勘、整理和验证。因而可供一般读者和历史学者参考。这是依照为海岛政府临时提供的一部1644年法律和耶稣会修士德尔加多（Delgado）1751年写的《历史》的一个摘要而做的，摘要提到"菲律宾群岛诸位都督的相关情况是值得了解的"。德尔加多说："由于没有国王和其他高级官员的管辖，菲律宾的都督和政府官员拥有极大的特权。"为了说明自己的观点，他还列举历史事件来证明自己的观点。他在摘录中概述了菲律宾土著人民同当地官员之间的关系以及西班牙殖民者在菲岛的征服。接下来的是西尼巴尔多·德·马斯（Sinibaldo de Mas）《1842年菲律宾群岛状况》中的一章，德·马斯是一名西班牙外交官，他就岛上"都督和政府的行政管理"进行了访问。他也描述了岛上菲律宾都督的极大权威和特权。概述了都督、行省和地方的计划。菲岛上的混血人有他们各自的政府。由于菲律宾当地的酋长以及他的一些家人可以不必缴纳贡品，它们构成了一个特权阶级，是那些纳税人的负担。这是菲岛政府管理体系中的一大弊端。对于居住在岛上的中国人，要对他们进行登记、分类来划分不同的税收标准。最后一章是关于"菲律宾的政治和政府组织"的，来自蒙特罗·伊·维达尔（Monteroy Vidal）1886年写的《菲律宾群岛》，他对土著城镇的地方政府问题给予了特别的关注，他还解释了为什么菲律宾当地人渴望获得治安员职位。此外，作者还对地方土著权贵的服装、礼仪及政府管理形式进行了介绍。还有其他一些低级官员的情况，这个在前面已经进行了介绍，这里就不赘述了。最后他通过对岛上都督、督军、行省官员权力和功能的讲述，尖锐地批评了"菲律宾各行省邪恶的、出格的、不合适的统治者"。

编者
1904年7月

（作者简介：刘颢，南开大学世界近现代史研究中心硕士研究生）

第 18 卷 前言

本卷起自 1617 年,迄至 1620 年。此时岛上仍然不时地遭受来自群岛南方摩洛人(Moro)海盗的蹂躏。但更糟糕的,则是荷兰人给本岛贸易带来的负面影响。他们的船舶侵袭了吕宋岛(Luzon)和摩鹿加群岛(Moluccas)的海域,在那里他们稳步地,甚至是迅速地取得立足点,并巩固了在这些地区的贸易优势。香料群岛行政管理中的腐败行为,留给西班牙一个昂贵且令人尴尬的领地。然而,新任都督法哈多(Fajardo)发现,在西班牙殖民地本身,特别是在法官和其他高级官员中,也有同样的情况。殖民地财政一如既往地缺乏资金,对于保卫岛屿、抵御荷兰人来说无济于事。面对强横的荷兰人,尽管为拯救殖民地和西班牙商业的请求所困扰,马德里政府也不愿意在菲律宾投入更多。一贯在岛上建造船只的行为,已经使不幸的当地居民感到厌烦和疲惫,因而有必要在印度和其他木材和劳动力更丰富的国家为菲律宾建造船只。殖民地与中国的贸易经常成为讨论的话题。为了保护母国的商业利益,限制菲律宾与中国,以及与新西班牙贸易的建议被再次提出。最后一份文件,以有力的语言详细说明了当前岛上行政部门的滥用职权——法官的独断与压迫、官员腐败、公共资金挥霍无度、法律执行不力等问题,对印第安人、中国人等施加沉重的负担。因此,这些市民需要补偿和赈济。

安德烈斯·德·阿尔卡拉斯(Andres de Alcaraz),是在席尔瓦(Silva)去世后负责军事事务的法官。他于 1617 年 8 月 10 日写信给国王。(信中说)船只在 1616 年不能前往新西班牙,是因为海上有虎视眈眈的荷兰人。好在阿卡普尔科的帆船安全抵达了马尼拉,它带来的金钱足够缓解一时之急。虽然面临很大的困难,但阿尔卡拉斯已准备好了一支舰队驱逐荷兰人。1617 年 4 月 14 日,这支西班牙舰队与荷兰军队在翁达滩(Playa Honda)交战。经过漫长而激烈的战斗,敌人落荒而逃,他们失去了几艘船和大量火炮,人员负伤惨重。此后,阿尔卡拉斯即刻向特尔纳特(Ternate)的西班牙要塞提供物资,召回赫罗尼莫·德·席尔瓦(Geronimo de Silva)到马尼拉担任临时长官,并派遣领航员去迎接假道好望角的西班牙舰队。席尔瓦性格中所带有的粗鲁和傲慢,已经在许多方面表现出来。阿尔卡拉斯感谢国王允许他辞去检审庭法官一职，返回西班牙，并解释了他为什么还没有空出他的职位。他还提到了菲律宾官员中值得嘉奖的一些人，特别是那些在翁达滩战斗中表现突出者。继任的行政官员从西班牙到此，但对他们来说这里已经没有财富了，岛上的财政空空如也。这里只有繁重的债务，而且急需援助。因为疾病和其他各种原因，除了阿尔卡拉斯，没有其他检审庭的法官在职。

一封未署名且未注明日期的文件（约作于1617年）讨论了西属殖民地与中国和日本的贸易问题。这种贸易促进了那些异教地区的宗教利益，其特征、方法和最终结果是通过一系列有趣的事实来说明的——首先是一般调查，然后对每个殖民地进行详细说明，最后是分别比较这些殖民地与中国和日本的贸易。东印度地区依靠这种贸易来维持，王室从那里得到的关税利润高于其他殖民地。对于西班牙和葡萄牙来说，如果禁止新西班牙和菲律宾与中国和日本的贸易，东印度的关税收入将大幅度增加。文件作者（似乎是国王的议员之一）提出了实现这一目的的各种手段，并敦促国王限制菲利宾商人与新西班牙的贸易。

1617年6月至1618年6月期间的一些事件由某个无名作家（可能是马尼拉的耶稣会士之一）记录下来。翁达滩的战争打击了荷兰在群岛的势力，一些摩鹿加群岛上的当地人起来反抗荷兰人。一个小的英国据点被荷兰人摧毁。从翁达滩战争中逃离的船只开赴日本。他们在那个国家的冒险有详细的记载。一些荷兰船只再次来到吕宋海岸，并劫掠中国的贸易船。西班牙人不能阻止这种情况，因为他们的大帆船正在维修。提供给特尔纳特驻军和传教使团的必需品的船只从马尼拉出发。该船船长，趁着一些乘客和雇工不在的时候，偷走了船和货物。因此，耶稣会通过招揽施舍，为他们的使团提供了新的食物补给。这些岛屿仍然遭受摩洛人海盗的掠夺。作者描述了纪念圣母玛利亚的特殊庆祝活动，以及一些传教士在日本的殉道事迹。然后，他继续谈论关于奥古斯丁会（Augustinian）大主教比森特·塞普尔韦达（Vicente Sepulveda）被其会中修士谋杀一事的细节，以及对犯罪分子的惩罚措施。这封信的后记中说，运送补给到特尔纳特的船只遭遇了荷兰人的袭击，一些船员被打死或受伤，大部分食物丢失。不过，其他补给已经从印度送到特尔纳特。蒂多雷（Tidore）的王子已经对荷兰人产生敌意。一个西奎拉人（Sequeira）进行了一次航行，最后死在了科钦（Cochin)。菲律宾新任都督于 1618 年 7 月到达马尼拉。

几乎同一个时期，有一份关于菲律宾群岛情况的细目，包括其居民、政府、产品等，甚至包括了每个岛屿上的印第安人进贡数量的说明，其总数达 16 万。作者注意到与西班牙殖民地的利益和社会情况休戚相关的各种问题，特别是有必要采取强有力的措施，以惩罚不断骚扰平塔多斯（Pintados）的摩洛人海盗。

佩德罗·德·埃雷迪亚（Pedro de Heredia）是摩鹿加群岛的西班牙官员。他于 1618 年向国王提供了一份荷兰在东方的工厂和要塞的名单。从这份名单和荷兰每年出口的产品的价值来看，显然，荷兰人已经在远东获得了良好的基础和声望，以及丰富的利润。而西班牙人在此地的商业，尤其是过去获利最高的那些部分，现在已经失去。作者敦促国王考虑这些事项，并采取措施改善目前的状况。

马尼拉皇家医院的前管家，回忆了西印度事务委员会（1618 年）由于其资金管理不善而蒙受的损失，以及该委员会下达的各种有利于改善医院的命令。

1618 年 8 月 10 日，新任都督阿隆索·法哈多·德·滕萨（Alonso Fajardo de Tenza）在他抵达岛屿后不久写信给国王，谈到菲律宾的事态。他指出，在近期的种种灾难中，这个殖民地饱受磨难，这里的人民感到恐惧和不安。他恳求国王的援助，以维持菲律宾殖民地和抵挡入侵者。他正努力利用微薄的海军力量，去面对敌方舰队对岛屿的袭击。此外，他已向新西班牙方面请求增援和补给。他的前任，赫罗尼莫·德·席尔瓦，想回西班牙，但检审庭命令对他在职期间的行为进行调查，特别是关于大帆船的损耗。法哈多建议更加慎重地组建这些岛屿的临时政府，并且他要求降低自己的岗位津贴。反对检审庭的情绪在人民中很普遍，因为岛上最好的职位和最高的收入条件，都被法官的亲戚和下属占用，他们谋取私利，压迫民众。法哈多请求国王彻查他们的自私和傲慢。他正试图纠正一些法官在他们的临时政府中的非法行为，他要求国王暂停对这些行为的裁定，直到他提供进一步的资料。他对于其他个人谋取利益的案件也提出同样的要求。他请求派熟练的职员和船长。在叙述了在岛上建造帆船对印第安人造成的伤害后，他声明他将努力采购葡属印度的船只。岛上也有一些私人建造船只的作坊，但在那里使用的印第安劳工是有偿的和自愿的。法哈多提出了一些建议，以便更好地管理海军事务。他还转达了马尼拉市民提出的将委托监护权给予第三代的要求。他还要求奖励某些勇敢的军队和海军军官。检审庭最终迫使赫罗尼莫·德·席尔瓦交出了他的私人住宅，解除了对他的一应指控。

信中还涉及了一些摩鹿加群岛的事务。耶稣会士曼努埃尔·里韦拉（Manuel Ribeyra）说，摩鹿加的管理者加维里亚（Gaviria），在任期内强化了西班牙的据点，目前情况非常好。然而，他们需要一些补给和一些更好的属官。加维里亚在性情上可能有些霸道，但里韦拉赞扬了他的能力。这位官员亲自写信给法哈多，解释他目前为什么不能完成都督所的要求的丁香数额。荷兰人和英国人在摩鹿加群岛互相争斗。前者，据说打算近期进攻西班牙的堡垒。加维里亚手下的人手很少，其中有些人并不称职。他需要几艘船，因为他现在"只有一艘朽烂的单桅船"。此外，还需要部队、金钱和衣物。加维里亚认为，某种程度上，荷兰人正被英国人取代，并且后者将乐意与西班牙人联合对抗共同的敌人。他建议放弃吉洛洛岛（Gilolo）的西班牙据点。同时来的还有一封蒂多雷国王的信，那位统治者要求法哈多立即赈济西班牙要塞。

1618年12月19日，国王在给法哈多的信中，就某些菲律宾政府的管理事项发出命令。信中称，应给予那些有功绩的岛民职务，以示嘉奖。摩鹿加的令人震惊的财政支出，并没有被香料贸易中的回报抵消。并且，信中公然称，西班牙官员侵吞了本应属于皇家财政的利润。因此，法哈多被命令调查此事，惩罚嫌疑人，并负责目前在特尔纳特的丁香贸易。为了减少财政开支，在可行的情况下，应裁减军队，放弃摩鹿加的某些堡垒。其他方面的开支也须减少。都督和大主教必须整顿宗教秩序，停止他们对印第安人的役使。另一封单独的信件警告都督必须将费用减至最少。信中要求他必须用殖民地的收入维持殖民地，不必求助于政府。他被告知要努力在岛上勘探和开采矿产，但在这样做的同时，他不能骚扰或伤害印第安人。他应该努力在这项工作中召集印第安人的帮助，传教士也应该利用他们在当地的影响力促成这一局面。

1618年12月20日，耶稣会士霍安·德·里维拉（Joan de Ribera）写信给西班牙某位高级官员，信中强调了马尼拉和菲律宾的重要性，以及反对荷兰人在印度、日本和群岛发展的必要性，以保持西班牙富裕的东方贸易。另一重要考虑，是需要保持这些岛屿，以作为在异教地区中宗教孕育的中心。

1619年，海军军官塞瓦斯蒂安·德·皮内达（Sebastian de Pineda）从新西班牙向国王发送了一份关于菲律宾船舶和造船业的文件。他首先描述用于此目的的各种木材，然后列举了岛上的船厂，并说明了支付给工人的工资数额。过去，仅甲米地（Cavite）的造船厂就雇用了1400名木匠，但是他们中的一半在1617年被海盗杀死或掳走，又有许多人因过度劳累而死亡，还有许多人因工资拖欠了五年而逃往他处。铁从中国和日本带到马尼拉，并由中国工匠和印第安人工匠进行锻造。中国工匠"从午夜到日落"都在工作，每天所得不足一个雷亚尔。然而，有时为了某些特殊目的，铁可能从比斯开（Biscay）进口。信中提供了许多关于索具和帆布的材料、质量和价格的有用信息。皮内达就将各类货物运往马尼拉的问题提出了建议，以期减少当前费用和在许多方面避免浪费。他说，这些岛屿的海军防御严重不足，因此有被荷兰占领的危险。但目前尚不可能在岛上建造所需船只。因为土著人，在经历了前几年施加于他们的劳动和压迫，以及战争死亡和强制海军服役的艰苦之后，已近枯竭。皮内达建议，在印度或科钦建造岛屿所需的船只，并从那里带奴隶到菲律宾的战船上。许多菲律宾本地人正移居新西班牙，这一行为应当被制止。其中一个原因是，这些菲律宾人酿制的棕榈酒，会破坏西班牙在新西班牙地区的葡萄酒贸易。棉兰老（Mindanao）海盗的入侵也是菲律宾造船业的一个严重障碍。他们不可能将拉·卡尔迪拉（La Caldera）作为西班牙船只的停靠点，因为他们欢迎荷兰人靠岸。皮内达建议国王宣布，任何人，只要他愿意，就可以发动战争征服这些异教徒，也只有这样他们才会被征服。他以一篇1617年岛上大帆船的测量报告结束这封信。

1619年2月19日的一项皇家法令，承认了马尼拉大教堂的主教和教士会议颁布的法令，拒绝给予被驱逐的宗教人士以福利和尊严。

大约在1619年5月，多明我会教士迭戈·阿杜阿尔特（Diego Aduarte）建议西印度事务委员会检查从新西班牙到菲律宾的白银流出量。阿杜阿尔特建议抑制与新西班牙岛屿的贸易，允许岛上居民与日本贸易，在日本售卖他们从中国人处购买的丝绸。但是，这一贸易的大部分已为澳门的葡萄牙人掌控，为了使它可以被马尼拉垄断，阿杜阿尔特建议，澳门应该被放弃，将其居民迁移到印度的其他城市。通过一项禁止澳门与日本贸易，从而迫使澳门人迁往别处的王室法令，这一点可以很容易地实现。他列举了这项措施的有利结果，并宣称，即使没有上述因素，澳门也应该被放弃。因为那里的人民无法无天，不信宗教，他们甚至不是西班牙的臣民，而是中国的臣民。印度需要澳门的葡萄牙人，该国将通过上述建议的措施而在许多方面受益，受益者当然也包括西班牙和葡萄牙。此外，由于他们的不良榜样，他们会阻碍中国原住民皈依天主教。

1619年7月12日，一位马尼拉耶稣会士记录了过去一年在菲律宾和邻国发生的大事。孟买附近的城市勃生（Bassein），被风暴和地震摧毁。在中国，基督徒一直遭受敌视，四名耶稣会士被逐出帝国，剩下的人还在那里尽己所能地传播福音。在某些内陆地区，这些传教士遇到了犹太教的教区，犹太教徒崇拜十字架，尽管他们是异教徒。鞑靼人入侵了中国领土，这位耶稣会士抄录了关于这次入侵的历史记载文本。该文本由官员呈送给中国皇帝，详细说明了中国人遭遇的失败和不幸。臣子们抱怨皇帝对公共事务的忽视，以及他对官员的苛待，并要求他采取措施驱逐鞑靼人。在交趾支那（Cochin-China），最近开始的耶稣会士的传教正蓬勃发展。为了实现在日本传教的使命，耶稣会传教士重新加强，但那里的事务是如此令人不安，因为目前他们还不被允许进入这个国家。作者叙述了许多据说发生在中国和日本的征兆。在后一个国家，对基督徒的强烈迫害反而有助于展现传教士及其皈依者的坚定和热情。作者还记录了几次荷兰、英国和葡萄牙的海军遭遇。好消息来自摩鹿加群岛：万鸦老（Manados）的国王与他的许多酋长改信基督教。蒂多雷和特尔纳特正在交战，摩鹿加尚处于和平。荷兰人和西班牙人都在那些岛屿上建造了更多的堡垒。其他欧洲国家也正努力在群岛取得立足点。作者描述了在马尼拉观测到的两颗璀璨的彗星。蝗虫瘟疫正在破坏粮食作物。1618年10月，荷兰人再次来到吕宋，掠夺中国商船，但他们没有攻击马尼拉。在第二年的春天，他们离开了岛屿，也许是西班牙人汇集在这里的武装船只和枪械吓到了他们。

1619年7月30日，宿务（Cebu）的主教佩德罗·德·阿尔塞（Pedro de Arce）写信给国王。他赞扬了都督法哈多，并要求国王派遣更多船只援助他。主教请国王允许他辞去职务，并请求一笔退休金。他向国王推荐佩德罗·德·埃雷迪亚（Pedro de Heredia）。他要求临时任命的教职可以得到皇家认可,并期望宿务教堂可以得到一笔修缮费和更多的收入。他要求在大主教去世的情况下,授权马尼拉的教士会议管理主教区。据报告,耶稣会士正在努力将其他教团驱逐出日本。阿尔塞并不赞成这一行为,他建议国王任命方济各会修士路易斯·索特洛（Luis Sotelo）为东日本的主教。阿尔塞对马尼拉大主教的要求,得到了附在他的信函上的各种文件的支持,其体现了检审庭法官和皇家官员支持阿尔塞的主张的态度。

　　1619年8月10日,法哈多在给国王的信中,给出了他关于许多重要事项的报告。他已收到了一些来自墨西哥的增援和补给品,并希望这能成为每年的定例。他描述了荷兰人在菲律宾水域的最后一次入侵,有赖于他的军事准备,荷兰人不得不撤退。他现有的防御资源很少,又不能指望印度的援助,因为在那里,葡萄牙人也正陷入困境。因此,国王必须从西班牙派遣一个舰队来援助这些岛屿。他已尽己所能帮助特尔纳特,如果有条件的话,还将提供更多帮助。在那里的省长,在面对诸多对其统治的抱怨之后,已经辞去职位。法哈多任命了一个临时官员,并请求国王肯定这一任命。群岛上的英国人与荷兰人发生冲突,据传闻,前者希望与西班牙人结盟,以对抗他们共同的敌人。法哈多困惑于如何处置仍被关押在马尼拉的特尔纳特的国王,并请求西班牙国王给予指示。他就某些下属官员的任命提出了各种推荐和请求,希望得到最适合的人选。他详细地叙述了政府中存在的滥用职权的现象,并试图纠正这一情况。法哈多对检审庭中的不断争吵感到恼火,不过,在老法官阿尔卡拉斯（Alcaraz）的一些不情愿的帮助下,他尚能安抚他们。阿尔卡拉斯和大主教塞拉诺（Serrano）,是他最明智和最有帮助的顾问。但其他官员与他关系恶劣,其中一人有着公、私丑闻。圣波滕西亚娜（Santa Potenciana）神学院发生了一桩丑闻,但罪人已受到惩罚。法哈多和检审庭之间发生了裁判权上的冲突,特别是在对士兵和水兵进行犯罪审判方面。都督抱怨退休军官拒绝在常规公司服务,并要求额外的薪酬以作为这种服务的前提。在向日本皇帝赠送常规礼物方面,他请求指示。马尼拉的西班牙公民的忠诚和勇气受到热烈的称赞,特别是胡安·龙基略（Juan Ronquillo）和其他一些被提到名字的人。信中还叙述了已经发现的某些阴谋和骗局。法哈多建议派遣更多的耶稣会士到岛上,他抱怨多明我会教士准备离开他们的岗位,但他赞扬奥古斯丁会教士。法哈多的信中附有一份简短的文件,比较了经好望角和合恩角前往菲律宾的路线的相对优点。

1610～1619年的一组文件表明，圣波滕西亚娜神学院被授予一个带有印第安人的委托监护区，以维持其日常运转，该院此前因其聚居者众多而面临贫困。

一份重要的文件是1619年和1620年3月的两份备忘录，由菲律宾长期总检察长（procurator-general）埃尔南多·德·洛斯·里奥斯·科罗内尔（Hernando de los Rios Coronel）分别地呈送给国王的。文件关乎岛上"必要的改革"，他是代表岛上公民告知国王的。为此，他（显然是在马德里）写下了关于"要求改革的事情"的详细说明。由于从马尼拉派遣商船的延误，造成了生命和财产的严重损失，都督们本应在最有利的季节派船。这些船只上的官员也本应从岛屿上称职公民中选任，而不应该是都督或其他皇家官员的亲戚或仆役。在分配大帆船提单时公民受到了极大的欺骗，并且提单的大部分被给予了慈善机构。商船不应用于任何其他目的。马尼拉当局在中国购买武器和其他补给，"为了不使澳门的葡萄牙人愤怒"，他们从葡萄牙人那里购买而不是从当地人处购买，但这些供给品的价格也由此高于其本身价值的三倍。负责采买的代理商，应从任何可能获得最大利益的地方（即直接从中国人处）购买。皇家船只应在印度建造，并且应消除印第安人在这项工作中因被强制服务而造成的负担。日本与新西班牙间的商业应该终止，西班牙人也不应该被允许成为日本船只上的人。敌人可以封锁马尼拉港而不准所有船只入内，因此应该设计和提供另一条路线。必须防止摩洛人海盗骚扰岛屿，为此，最好的办法是宣布任何一个人，只要他愿意，即可捕获和奴役这些海盗。不应允许任何皇家官员出席审理有关他的案件的检审庭会议。当菲律宾当地人作为士兵时，他们的家人在其服役期间应该免除贡赋和徭役。摩鹿加的教会事务应由宿务管辖，而不是果阿。商船的指挥官不应该被允许从事他们现在所做的贸易，并且应该检查阿卡普尔科官员的敲诈勒索行为。无知和无效率的人不应作为船上的水手。那里的普通海员（即菲律宾当地人）受到了非人道的待遇，他们在每次的航程中都有许多人被饿死、渴死或冻死。尽管有皇家禁令，女奴还是被运到船上，因而产生了"许多冒犯上帝的行为"，并且造成许多丑闻。不应允许水手或乘客（除非是有身份的人）携带一个以上的男奴。文件中还提到了其他许多滥用职权的行为，涉及奴隶贩卖、海员待遇和船舶超载。在马尼拉的中国人被皇家官员压迫，而且，这些官员以最低的价格从皇家仓库获得他们自己的口粮。市政官员和其他精英市民不应该像现在一样被迫生活在他们的监护区。面粉、索具和许多补给应该在岛上获得，而不是从新西班牙进口，这将大大节省资金。应该检查修士对印第安人的压迫行为，并且不应允许再有其他教团在岛上立足。在吕宋岛的中国移民应该被集中在一起，并引导他们耕作。任何皇家官员的亲戚或仆从，不应被允许在马尼拉市政会中占有席位，或担任中国贸易船只的检察官。传教团需要更坚定的宗教信仰。中国居民应该得到更加公正的对待，避免繁重的劳役。来到马尼拉的日本人应该被遣返回国。不应再由当地人建造船只，并应偿还对他们拖欠的报酬。

1620年3月，里奥斯·科罗内尔（Rios Coronel）的另一份历史记载对前者进行了补充。他请求由检审庭挑选出马尼拉的议员，允许他们的服务得到一些报酬，并且不允许都督强迫市议会在他家中开会。他谴责那些修士们将印第安人从委托监护区迁到马尼拉附近的地方定居。在那里，土著人被要求只为修士们谋取利益，他们变得消极颓废。对中国人发放的岛屿居住许可证应该仔细管理，在任何情况下都不应该允许他们在马尼拉的城内过夜。日本人也是不受欢迎的人口因素，他们进入岛内必须受到限制。印第安人缴纳的"公共"或储备用米，对他们来说没有好处，因为这些米都被西班牙官员所掠夺了，这些压迫者的数量已经过分地增加。还有其他一些伤害也被强加在当地人身上，因此，作者恳求对他们给予保护。这些不公正的行为是由官员和宗教人士共同施加的。里奥斯·科罗内尔反对对印第安人进行军事训练的流行做法。他反对来自摩鹿加群岛的奴隶贸易，这给菲律宾带来危险的和犯罪的黑人。公众案件应该在检审庭审判和裁决，而不应该再送到墨西哥。都督们不应该无礼地对待公民，并应负责在正确的季节将商船派遣到墨西哥，以避免目前这种经常在失事船只中丧失的财产和生命。造成这些损失的另一个原因是皇家官员和都督们带有犯罪性质的疏忽大意和胆大妄为。作者指出了在设备、装载和商船管理中的各种职权滥用，并提出纠正措施。肥沃和宜人的新塞哥维亚省被忽视，其人口正在减少，殖民当局应对此进行补救。里奥斯·科罗内尔请求任命一位合格和可靠的海事专家，在船舶设备和派遣船只上协助他，以及对岛内皇家官员所做的工作进行更彻底的检查。对于后一个目的，他建议从他所提名的几个教士中做出选择。摩洛人海盗仍然蹂躏这些岛屿，国王应该允许那些任何可能捕获他们的人有权奴役他们。吕宋的善猎的三描礼士人（Zambales）和小黑人，不断骚扰着和平的邦板牙省（Pampangos）。这只能通过允许邦板牙奴役被捕获的敌人才能制止。菲律宾土著由于西班牙人强加给他们的劳役，特别是造船和航海中的劳役，几乎被灭绝。里奥斯·科罗内尔说："正如我亲眼所见，也正如该国所有居民所知，菲律宾人的大帆船代表着他们的毁灭。"里奥斯·科罗内尔描述了应该在岛上使用的船只的种类（其中一个由他自己出资建造），并请求这些船只应该被提供给殖民地使用。在马尼拉的驻军在数量上不足且士气低落，作者提出了改进其地位的各种建议。许多在炮兵服役的人是无能的，作者要求对那些被指派到这些地方的人进行一种公务员考试，他还要求一个合格的火炮铸造人。应对岛屿的教会机构做出更好的规定。他请求将来自日本的银条在菲律宾合法化为货币。最后，他要求宗教人士和官员们应该善待印第安人。在本文档中所包含的里奥斯·科罗内尔的信件，可参见第19卷。

编者
1904年8月

（译者简介：张昀辰，南开大学世界近现代史研究中心硕士研究生）

第19卷　前言

本卷涉及的范围很广，或详尽或简略地讨论了群岛上的民事、军事和宗教方面的事务。在这些事务中，每一方面的各种细枝末节都有涉及：包括民事和宗教在内的改革被敦促进行；商业、贸易以及总体的经济和社会状况遍布所有的文档。荷兰、英国、法国、葡萄牙和西班牙等国家在东方水域的努力，预示着即将到来的霸权之争。日本正在考虑对欧洲关闭国门，尽管仍然允许荷兰人在那里进行交易，但他们却继续迫害基督徒。而另一方面，在中国（对基督徒的）暴力迫害正在减少。摩洛海盗危及群岛，荷兰人希望与他们结盟以对抗西班牙人；这些岛屿对西班牙的重要性益加凸显。

洛斯·里奥斯·科罗内尔（Los Rios Coronel）发给国王的一封信（可能是在1620年），敦促国王向菲律宾人提供及时的援助，以抵御威胁其海岸的荷兰人和英国人。在信件中,他又附加了一篇"关于菲律宾航海论文"的大纲,该大纲的有力论据支持了他的要求。东方贸易额每年高达 500 万比索,主要用于供养西班牙的敌人——荷兰人和他们的盟友,如果不对他们的野蛮行径加以管理,商业活动将被彻底摧毁。这样做的有效方法是剥夺他们的贸易权。为了援助这些岛屿,国王正在准备一场军事远征;远征队应该途经好望角,尽所有可能的努力,把荷兰和英国驱逐出东方海。洛斯·里奥斯建议,为了这个目的,要从新西班牙和秘鲁的富人那里得到贷款;所需船只应该在印度建造。他对船只往返的路线和装备,以及对最适合航海的季节提出了建议。

一封来自弗朗西斯科·德·奥塔克(Francisco de Otaco)1620 年 1 月 14 日的信件,提到了为这些岛屿派遣更多的传教士的各种安排,并对最近失去的一支舰队感到惋惜,这支舰队被派来援助菲律宾殖民地。同年 5 月 29 日的一项皇家法令命令都督和检审庭(Audiencia)纠正修士对印第安人强制征调劳役的行为。

1619 年耶稣会的编年大事记一直记录到了 1620 年 7 月底。其中对中国和鞑靼人的战争进行了一些描述。在中国,对基督徒的迫害已经减弱,中国当局更偏爱那里的耶稣会传教士。但在日本,迫害仍在继续,澳门的神学院里挤满了因没能进入日本而感到失望的耶稣会士。在日本耶稣会士的来信中,列举了许多传教士和皈依者的殉道,并描述了他们殉道时的神圣热情和信念。日本当局和有影响力的人士认为,允许荷兰人进入港口是可以的,为了摆脱西班牙人,他们甚至在讨论征服菲律宾;但也有传言称,他们也在考虑将所有欧洲人从日本驱逐出去。在摩鹿加群岛,"英国人和荷兰人冲突不断",而法国人正在获得一个立足点。葡属印度对荷兰和其他敌人的防御手段并不充分。有一个关于宗教节日的生动有趣的描述,这个宗教节日在马尼拉举办,庆祝圣母玛利亚的纯洁受孕;最主要的特点是游行、戏剧表演、舞蹈、烟火等——更不用说斗牛和化装舞会了。这些岛屿发生了可怕的地震,造成了相当大的生命损失,特别是在吕宋岛的伊洛科斯(Ilocos)和卡加延(Cagayan);它们被认为是受前一年看到的彗星的影响。马尼拉的商业活动增加了;大量的货物从世界各地运来;马尼拉是一座宏伟的城市,很少有欧洲城市能与之媲美。

方济各会修士佩德罗·德·圣巴勃罗(Pedro de Sant Pablo)1620 年 8

月7日的一封信，呼吁国王废除殖民地当局为造船和其他公共工程而向印第安人摊派的强制劳役和物品。他叙述了这种做法所造成的压迫、残忍和奴役；他以西班牙人和印第安人的名义，要求这种摊派代之以某种货币支付，并且与每个家庭的收入成比例。

马尼拉检审庭1620年8月8日向国王发出了一份投诉法哈尔多（Fajardo）都督的卷宗。他被指控对检审庭人员滥用暴力语言，在量刑和释放囚犯方面均有任意专断行为，以及向他的朋友、亲戚和皇室官员授予某些非法的任命和特权。他为击退荷兰人而做的远征准备行为也受到了激烈的批评；攻击他通过印度订单的买卖、允许不计后果的公费开支来骗取国家钱财；他还被指责未能执行有关中国商品销售的规定。

法哈尔多1620年8月15日向国王发送了一份很长的事务报告。今年船队的到来被推迟了；由于风暴和遭遇了荷兰人，两艘船只都遇险。但由于发生在菲律宾海岸，这使他们能够抢救下丰富的货物。由于荷兰人未能获得战利品，他们已经失去了声望，而西班牙人相反却获得了声望。这里有一个旁注，显然是西印度事务委员会对法哈尔多信件的回应，指责他允许船只离开马尼拉的时间太晚，并警告他以后要及时派出船只，且不能超载。他还被指示，要对向荷兰人提供武器和其他装备的日本官员进行抗议；并努力打破日本人与荷兰人的友谊。法哈尔多接着说，他正在为往返航行装备船只，以避免在新西班牙购买装备的更大开支；为了同样的目的，他要求新西班牙总督不要对船只进行不必要的维修。他抱怨阿卡普尔科负责船只的官员们的鲁莽专断行径。西印度事务委员会建议他给委员会发送一份详细的报告，说明可以避免不必要开支的所有事项。法哈尔多讲述了他与新西班牙总督在贸易船队的职务任命方面存在的困难，以及与一些菲律宾居民的托词，他们要求获得奖励和任命，但是却配不上这些。他抱怨说，刚从新西班牙到来的部队大多是"男孩子，梅斯蒂索人，穆拉托人，和一些印第安人"。总督被指示从今以后向菲律宾派遣更好的和更有效的士兵。法哈尔多不确定他能在多大程度上从总督那里得到援助；他建议这些部队和物资从西班牙通过巴拿马配送给他，并列举出这个计划相对于前一个计划的优点。他感谢国王通过印度路线向菲律宾派遣的援助，并且请求（国王）在未来的几年内定期提供这样的援助；他用通用的术语陈述了在过去两年里，在缺乏公共资金的情况下，他在群岛获得的成就。他已将马尼拉和特尔纳特的士兵的工资等同起来,并向后一地区派遣了大量的军队和物资。法哈尔多抱怨修士们的对抗和阴谋。他希望皇家给特尔纳特任命一位都督,并对那里的某些困难进行调整。他被告知,这一任命已经授予了佩德罗·德·埃雷迪亚(Pedro de Heredia),并且被劝告不要允许宗教人士干涉纯粹的世俗事务,特别是涉及政府官员行为的事务,警告各宗教团体对协调这些事务保持克制。荷兰海盗侵扰中国海,掠夺中国的商船;但法哈尔多能够在危险发生之前通过警告他们而避免这些事情的发生,并且他能够让他们对自己的力量感到敬畏。他已经开始在日本为菲律宾建造船只,这样做更方便、更便宜;委员会愿意为南美洲殖民地提供这样的船只。

关于检审庭,都督有许多烦恼,环境迫使他不得不尽其所能地去忍耐。他被指示去检查由政府官员从事的贸易,并惩罚那些有罪的人,并尽其所能地从岛上获得资金供给他们的开销,包括在吕宋岛开矿,在摩鹿加群岛建立贸易站。在回答对他的关于检审庭法官插手军事部门司法程序的抱怨时,他被告知,他们必须遵守关于这些事情的已经制定的法律;并被责令严惩群岛上任何妨碍司法程序的人。法哈尔多讲述了他们所经历的其他各种烦恼——他们要求有权限制中国移民,并有权任命某些小官员;他感到遗憾的是,检审庭官员一次性全被换成新人,使得他们对自己的职责一无所知。他建议国王把大主教塞拉诺(Serrano)的力量为他所用,以防他自己的死亡或其他紧急情况需要临时都督,并描述了检审官罗德里格斯(Rodriguez)的性格。都督对涉及圣波滕西亚娜丑闻人员的审判并不满意,一些他认为有罪的人已被释放。官方对国家的视察,特别是为了土著的利益,法哈尔多已经交付给了检审官梅萨(Mesa),但后者不愿意接受它。西印度事务委员会命令,任何检审官都不得逃避这一重要职责。都督还详细地提到了各种小问题,表现出像宗主国政府那样批准采取行为的焦虑。他被命令削减军事人员的薪水,但他反对这一点,并列举了付给每个军官的金额。这项命令来自西印度事务委员会,委员会还提出了关于都督对费用的管理的要求,等等。法哈尔多推荐实行王室的委托监护制,至今还没有产生效果。这项建议得到委员会的批准,但委员会命令他禁止任何不公正的征收贡税。他认为某些军官应得奖赏,并免除许多宗教人士侵扰印第安人的罪责。他能够与宗教人士保持友好关系,特别是通过允许教士为他办理某些世俗事务;但他发现,他们专横跋扈,刚愎自用,并暗示,如果不改变目前的管理模式,他们就无法保持秩序。他被建议去抑制他们的傲慢,特别是他们在对教会或世俗的上级进行公开和坦率的责难时所表现出的那种傲慢。他叙述了他和佩德罗·阿尔瓦雷斯(Pedro Alvarez)会签桑利许可证(Sangley licenses)的困难。他已经派遣了一支探险队,试图开采伊哥罗特(Igorrote)的矿山。这件事情得到了宗教教团的支持。他赞扬奥古斯丁回忆派,不干涉那些与他们无关的政府事务,并主动提出接受偏远地区的传教任务。缴纳贡税的印第安人是平和的,他们感激法哈尔多为减轻他们的贡税和虐待所做的努力。他们的负担之一是众多教堂的建立,仅仅在马尼拉和它的附近地区就有三十个,几乎全部由石头建成。委员会命令,今后在没有世俗和教会同意的情况下,不得再建造宗教房屋或教堂。在法哈尔多的信的结尾,附加了一些评论和委员会的指示。他们倾向于通过巴拿马向菲律宾人配送援助、供给和商品,就像法哈尔多建议的那样,但是,船只必须直接返回阿卡普尔科。政府官员非法参与贸易将受到严厉的惩罚。由都督建议的官方巡视将会进行,由检审庭官员负责履行这一职责。

1620年12月13日国王给法哈尔多的一封信回答了之前的问题。他赞扬法哈尔多进行某些中断的委托监护权的赐予,并命令他在撰写报告时要小心,尽可能地保持检审庭内部的和谐关系,调查黎牙实比(Legaspi)检审官的行为,有效地纠正圣波滕西亚娜的丑闻,加强军事部门的纪律,并与日本保持友好关系。费利佩对殖民地人士在公共事务上的忠诚和服务以及对群岛上奥古斯丁教团的热情服务表示感谢。

赫尔南多·德·洛斯·里奥斯·科罗内尔(Hernando de los Rios Coronel)是在菲律宾群岛长期任职的总监察长,他于1621年在马德里写的回忆录是一特别有趣和有价值的文件。他在这本著作的引言中写道,他是作为"整个王国及其财产"的特使来到西班牙的。他以对群岛的发现和定居,以及西班牙殖民地增长的历史叙述作为开始。回忆录的第一部分呈现给读者的是对早期历史的概要性叙述,在很大程度上重复了我们以前的章节中已经出现过的内容。在第七章中,洛斯·里奥斯给出了关于胡安·德·席尔瓦政府的一些描述,特别是后者对造船业的迷恋,以及它对殖民地和土著居民繁荣的有害影响。他叙述了通过与西班牙和葡萄牙的联合远征(1615~1616)来驱逐荷兰人的一场灾难性尝试,以及它的失败和席尔瓦在马六甲(Malaca)的死亡。然后,他描述了在马尼拉出现的对席尔瓦计划的反对,尽管那里有一个支持他雄心勃勃计划的派系,但"所有人都希望他不在"。洛斯·里奥斯引用了赫罗尼莫·德·席尔瓦发给都督信件中的一部分内容,指责后者不去摩鹿加岛,在那里,他可以保证所有这些岛屿上的土著人的服从,并敦促他尽快这样做,因为这是保持西班牙目前的立足点的唯一方法。荷兰舰队出发前往马尼拉,并在棉兰老岛听到席尔瓦的死讯,他们与摩洛人协商一起行动,劫掠菲律宾人。一部分摩洛人在班乃岛(Panay)海岸被打败了,但是他们获得了足够多的成功,激励着他们进一步的劫掠。西班牙人没能惩罚这些人的劫掠,群岛正在被毁坏和变为废墟。基督徒和友好的印第安人受到这些残酷敌人的摆布,而西班牙人不能保护他们免受伤害;因此,他们要求自由和武器,这样他们可以自卫和反抗入侵者,如果不是因为传教士的影响,尤其是耶稣会的影响,所有人都会反抗。

洛斯·里奥斯抱怨群岛上的都督在面对民众抵御那样多的敌人时所表现出来的冷漠、疏忽和失误。并用因荷兰人和摩洛人劫掠所造成的毁坏,以及在西班牙人控制范围内的失败的详细描述来支持他的立场。

在第二部分中,洛斯·里奥斯讨论了"菲律宾人的重要性,以及保护他们的手段"。他列举了西班牙王室为何要留这些岛屿的原因,显示了一种世俗智慧和传教热情的奇妙混合,并驳斥了那些人的观点,即放弃菲律宾、将菲律宾转移给葡萄牙以换取巴西的主张。洛斯·里奥斯详细地解释了保留马尼拉的意愿,它作为商业中心和军事中心以及抑制荷兰人野心的重要性和可取性。他接着说,西班牙政府向这些岛屿派送的资金主要不是用在菲律宾,而是为了保卫摩鹿加群岛;他列举了前者的资源,如果不是偏离轨道,即便是没有皇家援助,他们也能支撑自己。接下来他评述了群岛上发现的巨大财富,特别是在伊哥罗特发现的金矿;他向国王极力主张开发这些矿藏,以及使该地区印第安人皈依天主教的必要性。他要求国王派遣到菲律宾的都督必须有资格胜任这个职位。他赞扬戈麦斯·佩雷斯·达斯马里尼亚斯(Gomez Perez Dasmarinas)是所有在这里任职都督中的佼佼者,并且描述了一个好的都督所需要的品质。洛斯·里奥斯考虑了菲律宾的生存和发展所应采取的措施。他建议派一艘舰队来援助和加强这里。如果成本太高,就应该把八艘战船送去特尔纳特——这是作者出于多种原因所提出的建议,他详细解释了这些战船如何以低成本高效抵御荷兰人的方法。他们可以用摩洛人俘虏和其他战俘,或者是在马六甲买的黑奴来增加人员。

第三种方法他"不敢写，因为这不是权宜之计"，但他会亲自向国王解释。他再次坚持由一个有能力的和称职的人来担任群岛都督的必要性，评述了这个官职所拥有的强大权力和权威，以及由此产生的所有阶级对他的专断意志或偏见的依赖。洛斯·里奥斯列举了许多证明他的立场的例子，并明确表示他对现任都督法哈尔多的好感。他更希望看到检审庭被废除。群岛上需要一个特别的监察官（inspector），此人应有丰富的经验、能力和权力来管理事务，能够纠正群岛上所有的冤屈。中国和日本的移民进入殖民地应该受到限制；而棉兰老岛海盗应该被招安。已经做出的与玛卡萨（Macassar）国王的商业开放和友好关系，以及福音传播应该立即得到改进，应该将耶稣会士派去做传教士。派往新西班牙的船只应该更小心更及时。应该更多地关注驻军，特别是在摩鹿加的驻军，以防止他们的不满；应该采取措施鼓励和帮助新殖民者在菲律宾定居。最近对委托监护权占有和享用的限制应该被取消。在此附加了摩鹿加指挥官卢卡斯·德·贝尔加拉（Lucas de Vergara）的一封信。他叙述了荷兰在近期（1617年）攻击马尼拉的损失，以及他们要把西班牙人驱逐出摩鹿加群岛的计划，还有他自己在获得食物、加强岗位、维持正在被疾病和死亡摧毁的军队等方面所面临的困难。他敦促马尼拉的舰队立即向他提供救援，这样就可以防止荷兰人获得当年丰收的丁香。

在回忆录的第三部分，洛斯·里奥斯简要地描述了菲律宾和摩鹿加群岛，列出了一些关于那里的人民、自然产品、荷兰人的工厂、产品以及丁香贸易的价值等有趣但有点散乱的信息。他描述了在三描礼士省人（Zambales）中猎取人头的野蛮习俗，并拥护他们把奴隶制作为使友好的土著人免受攻击的唯一手段。他还叙述了这些岛屿上委托监护区和被监护的纳税人，以及修道院和教士的数量，以及马尼拉的面积和范围。除了吕宋岛中部的一些部落，所有的土著人现在都皈依天主教了。洛斯·里奥斯描述了摩鹿加群岛及其附近的一些岛屿，并列举了荷兰和西班牙在这里的堡垒；继续说明香料贸易的范围和利润。他以一份详细的清单结束了他的回忆录，其中记录了西班牙王室在维持蒂多雷和特尔纳特要塞中所开支的费用。每年这一数字接近22万比索。

在本卷的附录中，展示了几篇简短的论文，这些论文构成了17世纪早期远东贸易的一个缩影，在标题为"东方产品的买卖价格"的论文中，菲律宾总监察长马丁·卡斯塔尼奥斯（Martin Castanos）试图证明，通过经由马尼拉的摩鹿加香料和中国丝绸，给西班牙王室每年带来的净收入达到近600万比索。另一份论文显示了在澳门的葡萄牙人与日本进行的贸易的范围和价值；还有一篇展示的是，这些企业商人所维持的商业种类是与从摩鹿加到阿拉伯的南亚国家商人所进行的贸易。所有这些都列举了商品的种类，大多数商品的买卖价格，以及其利润率，等等。

编者
1904 年 9 月

（译者简介：杨冰玉，南开大学世界近现代史研究中心硕士研究生）

第 20 卷　前言

在 1621 年至 1624 年，尽管没有重大战役、征服活动或灾祸的标记，但菲律宾殖民地内部的发展包含了一些有趣的事情。而且，这些文献生动地说明了人类兴趣和热情的无休止展示和互动，尤其是关于法哈尔多（Fajardo）妻子浪漫却悲惨的风流韵事，这个故事将会是杰出小说的素材。冲突通常发生在世俗政府与修士之间、都督与检审庭之间。但是，关于这些争端的记录，却是人性及其复杂性的非凡暴露。荷兰和英国联盟的威胁给西班牙远东殖民地所带来的危险要远远大于其所经历到的。而且，殖民地孱弱的防卫，人员和武器装备的不足，使得这里的民众长期处于恐惧和焦虑之中。为了抵御来自异教徒对马尼拉的进攻，更多的船只和防御工事被建造起来。而这又加重了贫困印第安人的负担。都督则尝试通过保护土著免遭西班牙人的压迫来缓解他们肩上的重负。不同的教团之间以及在圣方济各会内部也发生争执，这些争执在主教和都督的干预下才得到解决。各教团的报告显示，有 50 万以上的土著居民接受了宗教训导。但是，主教并不赞成将皈依者聚集到"归化村"（reduction）的这一偏好的传教政策，并建议所有的传教士都应接受被置于主教的监督之下。马尼拉的外国人口依旧增长，超过了安全线，时断时续的努力被用于抑制这一趋势。但是，腐败和松散的官员使得这些努力所起到的作用微乎其微。卷入中国人贸易的困难及其对西班牙殖民地所造成经济影响的问题仍旧处于讨论之中，但对这个问题仍没有令人满意的答案。对吕宋北部金矿的勘探仍在进行之中，但所得成效有限。

一名在马尼拉的耶稣会士叫阿隆索·罗曼（Alonso Roman），他于1621年提供了一些"源自菲律宾的消息"。他描述了日本对基督徒的迫害仍在继续，并已产生了许多殉道者。荷兰人和英国人之间发生了多次冲突，直到它们结成了同盟，然后，他们的船只联合起来劫掠中国、葡属印度以及菲律宾等海域的商贸活动。这位作者叙述了几次海上遭遇战以及对贸易船的捕获。其中有一次，中国人将溶化的糖倾倒在敌人身上，"将十四名荷兰人送进了地狱"。罗曼以一个悲剧事件作为他的信的结尾，在1621年6月21日，都督法哈尔多杀死了他的妻子和她的情夫，后者是一名改变信仰的耶稣会士，他的名字叫霍安·德·梅萨（Joan de Messa）。另一个关于此事的记录增加了一些细节。

1621年7月21日，法哈尔多向国王呈交了他的年度快件。他描述了他迅速派遣贸易船只前往新西班牙的措施，以及近来荷兰人和英国人在马尼拉湾展示的敌意。他打起十二万分精神警惕着这些人，但是由于缺少军队，而不能采取武力攻击他们——这是他要解释的一个不足。由于法哈尔多及时警告了抵达此地的中国商人和其他附近的有贸易关系的国家，直到其上书之时，敌人并未造成太大危害。他听说，其他敌舰正打算进攻这些岛屿，于是全神贯注准备抵御他们的攻击。他要求，在群岛的事态缓和之前，马尼拉检审庭要停止工作，因为检审庭的法官妨碍了他的努力，并且他们也无法履行他们的职责。教会也给都督职责增添了负担，因为其对土著的征税阻碍了后者服务于国王。荷兰人知道如何更好地对待土著居民。他们免除了土著的贡税、劳役以及对土著的宗教训导。法哈尔多被要求推进的一项任务是开采伊哥罗特（Igorrote）的矿藏，但是进展甚微。他已经安全地将军队和补给派遣到了特尔纳特岛并将。他在对最近的前任都督胡安·德·席尔瓦的"问询"（residencia）上遇到了不少麻烦。他抱怨由多明我会给予检审官（Auditor）梅萨的庇护和宽恕。法哈尔多叙述了政府的各种事务以及他的处理程序，还有因修士们造成的烦恼和障碍。但是，他表扬了耶稣会士和他们的工作，并建议应该派遣更多的耶稣会士来菲律宾。他因士兵的匮乏而遭受困扰和阻碍，但他已经利用这少量的士兵做到了他所能做到的最好。西印度事务委员会（The Council）命令新西班牙总督以其权力每年派遣一定数量的援军到菲律宾。

1621年7月30日，马尼拉大主教向国王呈送了一份有关教会和教区其他事务的文件。他要求获准召开教会委员会（ecclesiasticalcouncil），以及灵活开展（而非严格按照圣历）基督教圣体节庆典活动的权力。他抱怨马尼拉大教堂的贫穷，希望获取资助。他还抱怨都督在教士薪俸问题上没有向他咨询，以及一些王室任命的教会法规机构人员的不作为。塞拉诺（Serrano）推荐了一些隶属他主教座堂的一些修士，并逐个地列出了他们的名字。马尼拉的两所神学院培育了许多学生，以至于他们很难在教会里找到职位。大主教对他们所遭受的贫困和屈辱痛心疾首。他要求派遣更多有能力的主教到菲律宾。他还要求当局给予教会牧师允许宽恕婚姻破裂的权力，有些障碍导致土著很容易离婚。那些负责训导土著的教士应该接受主教的视察。这样，各种虐待行为才能得以纠正。由于对基督教徒的迫害，日本的传教事务处于混乱之中。塞拉诺认为，不应该将弗雷·索特洛（Fary Sotelo）作为主教派遣到日本。他详细记录了马尼拉的耶稣会士与多明我会士之间关于拒绝面临垂危的胡安·德·梅萨（Juan de Messa）作忏悔的种种分歧。大主教有义务召集教会委员会来解决这一问题，委员会决定支持耶稣会士。圣方济各会教团中因巡查员（visitor）的任命发生了矛盾，这件事情被塞拉诺的类似行为平息，都督也干预了此事。耶稣会的任务需要更多的人手，修士们所进行的训导也同样如此。塞拉诺敦促圣约翰医院教团（the hospital order of St. John of God）应该在菲律宾岛上建立起来，因为这里的医院需要比圣方济各会所施予的更好的照料。他抱怨各教团官员开推荐信太过轻易，检审庭官员在出席宗教节日时太过松懈；发往新西班牙的船只出发时间太晚，因此返回菲律宾的时间也太晚；那些在菲律宾岛上被雇用的人员，其在薪金问题上受到了欺骗；马尼拉城的中国人和日本人过多，远远超过了王室法令规定的额度，并关系到了西班牙市民的安全；私人通过与官员勾结，非法获取了菲律宾与马六甲以及其他临近地区的最佳贸易。在塞拉诺信件的最后，是有关在东方地区举办基督教圣体节庆典时间改动的教皇诏书（papal bull）。

1621年8月1日，赫罗尼莫·德·席尔瓦（Gerónimo de Silva）呈送国王的一封信中，记录了由于恶劣的天气，一艘驶往新西班牙的船只不得不返回菲律宾，而这引起了海岛的窘迫。每年定期给特尔纳特岛的救济品已经发送了，荷兰人和英国人对吕宋岛的攻击在预料之中，但结果是，它们仅仅俘获了几只中国小船。席尔瓦提到，殖民地防卫力量弱小得令人可怜，并敦促加强海岛军事援助和其他援助。这个国家不欢迎的居民正在被迁出，尤其是日本人，他们比中国人更危险。席尔瓦指出了总督和检审庭之间的难处，他认为这些都是由于检审庭的存在，检审庭花费巨大，是殖民地无用的负担，并且是司法管理和都督履行其职责的障碍。

在菲律宾，圣方济各会辖下的教省处于不良状态中。1620年7月31日，经由教省代表佩德罗·德·圣巴勃罗（Pedro de San Pablo），该教团的一份信件呈送给了国王。他声称，由新西班牙派来的巡查员并非是赤足修士（discalced），因此并不受菲律宾的圣方济各修士们的待见。他还认为，一些混入赤足修士中一起到来的布衣修士，仅仅是为了获取前往东方地区的许可。因此，出现了派系林立，争端不休，丧失了他们的宗教兴趣和工作，这些闯入者还企图统治其他人。圣巴勃罗要求国王下令，仅向菲律宾派遣一个修会或一个修会中的一支教派，这样就不会有争端了。闯入的观察员（Observantines）打算剥夺赤足修士的日本使命以及马尼拉附近的圣弗朗西斯科·德尔·蒙特（San Francisco del Monte）女修道院的使命。王室权威受到刺激，要限制他们的侵占。这封信还附带有一份由圣巴勃罗和其修会其他人员签署的信件（1621年7月20日），其中，他们为其教省进一步恳求救济和援助。另一份信（只知道日期是在1621年）也拥有类似的主旨，抱怨检审庭长官梅萨和罗德里格斯（Rodriguez）在向方济各会派遣不受人欢迎的巡查员一事中的不公和独断行为，并敦促国王向这里提供救济、斥责检审庭。

法哈尔多在1621年12月10日向国王呈送了一封信。这封信关注各类行政和商业问题。他解释了船只迟发新西班牙的原因，以及其中一只船所报告的死亡率问题。他讨论了从新西班牙到东方白银流动衰减的问题，还建议禁止从菲律宾向新西班牙出口丝绸和其他织品。但他表示反对放弃澳门。他认为，这样会立即把与中国的贸易拱手送给荷兰人和英国人，并因此而摧毁菲律宾殖民地。法哈尔多建议菲律宾和新西班牙航线上仅有中等体量的船只来往就可以了，更明确的措施要等到两地的贸易问题得到进一步调查之后再实施。他否认了下列说法，即他对运送货物到新西班牙感兴趣，并将一些他作为都督所蒙受的批评归咎于检审庭长官。他还指控了多明我会修士资助并庇护了其敌人。1610年的一份王室诏令将任命下属的权力赋予检审庭长官和监察长（fiscals），而不是如之前一样下放给总督和都督。征服者和定居者的后代得到了偏爱。法哈尔多对此表示反对，并引用大量论据证明这一诏令是如何束缚了都督的努力和权威，如何在其与检审庭之间造成了裂痕，如何打乱了菲律宾的行政路线以及损害了公众服务。法哈尔多支持马尼拉市民抑制检审庭的要求，声称检审庭造成的害处比益处多。他给特尔纳特岛发送了补给品，并向西里伯斯岛（Celebes）派遣了一小支部队以强化当地的岗哨，还有方济各会教士向那里的土著传播福音。他释放了一些西班牙人囚犯，并着手建造两艘船。一些土著造反后，他派遣一支军队去镇压他们。法哈尔多试着保持印第安人的臣服，但还未能以公正和善良来对待他们。他抱怨道，修士们（尤其是多明我会修士）对土著暴虐和残酷的行为以及其控制所有事务的野心阻碍了他试图这样做的努力。这位都督采取了任何其所能采取的措施来维持在甲米地（Cavite）和奥顿（Oton）的防御工事。他还修理并装备了一些由他支配的船只。他得到消息称，荷兰人和英国人的舰队正要来骚扰西班牙人以及他们与中国人的贸易。

法哈尔多在检审庭的首要对手是阿尔瓦罗·梅萨·卢戈（Alvaro Messay Lugo）。他在 1621 年向国王上书，认为都督任职内的行为正在摧毁整个殖民地。梅萨指控都督挥霍公共资金，利用这些公共资金投资于与墨西哥的贸易以获取私利；都督允许印第安人要求工资被以其价值的三分之一出售，然后全部兑换成现金；都督给中国居民颁发了太多的许可证，并将收费占为己有；都督忽视审计政府账单。按照梅萨的说法，法哈尔多恐吓检审庭，干涉司法程序，轻率释放罪犯，迫害与他意见相左的市民，不遵守王室诏令，甚至威胁教士和修士，对整个殖民地施以暴政。值得注意的是，梅萨大部分的指控是基于报告和传闻，没有引用任何佐证以支持其说法。梅萨指控都督玩忽职守，未能给殖民地提供有效防卫，同时还肆意挥霍王家税收，甚至对法哈尔多进行人身攻击。他以冗长乏味的细节叙述了他本人与都督之间的各种分歧，以及都督对待他的专断行为。他还讲述了他自监狱中获救的经历，并将其归功于向圣母玛利亚祈祷而带来的一场奇迹。梅萨避难于多明我会的一个女修道院。他恳求国王纠正他的过错，并惩罚都督及其同党。他花费了大量的篇幅来假设都督逮捕他的原因。接下来，他以自己的方式叙述了都督杀死其不忠妻子的故事，添加了大量坊间传闻，而这些传闻都是对都督的贬损之词。他还提到，检审庭实际上是不存在的，因此在殖民地没有主持正义的高等法院。梅萨敦促国王委任一名新的都督，并就派送人选的个性给出了自己的建议。他暗示道，法哈尔多拥有大量非法资产，可能达到100万比索。相较于对都督的指控，甚至这个数字都是远远不足的。梅萨提到，一些"询问"被委托给他，但这项工作的所有努力都受到都督的阻碍，尤其是在胡安·德·席尔瓦的案例中。他抱怨道，都督的权威与检审庭的权威激烈冲突，特别在战时更是这样。都督享有的管辖权太宽泛，以至于他能够审理检审庭官员的案件。梅萨建议以人员和资金的方式给菲律宾殖民提供援助，所需的船只和大炮就在殖民地建造。他抱怨道，中国商人被非法强迫缴纳估价费，作为他们名义上的保护人的检察长就从中获取额外收入。梅萨要求升职和获得荣誉，以此来补偿都督对他的不公对待。最后，他要求没收法哈尔多在墨西哥的资产。

上述信件的副本还有一个附言，也是由同一位作者写的，时间在1622年7月30日。梅萨记录了法哈尔多是如何召见他，并让他重新承担起检审庭庭长工作的。但是，他对都督的诚挚表示怀疑。他还指控都督各种违法和狡猾手段，尤其是他走私黄金和珠宝到墨西哥。梅萨记录了圣波滕西亚娜丑闻的发展，并指责都督在其中所扮演的角色。在结尾，是一封检审庭的信，建议国王拒绝给马尼拉大主教增薪，并有一个法哈尔多做的注释，建议这样的增加。

马尼拉大主教，米格尔·格拉西亚·塞拉诺（Miguel Gracia Serrano），在1621年写了他的第一年任期的报告。但是，直到1622年，他才将它发往西班牙。他忙于官方视察（official visitation），主要是在马尼拉城内。除了极少数的教士进行公开赌博之外，他并未在马尼拉的教士中发现犯罪行为。这里的大教堂是唯一的西班牙教区教堂。它照料着2400多个灵魂。另一个教区牧师（curate）负责印第安人和马尼拉城的奴隶，前者有1640人，后者有1970人。但是，这些人中的大部分是在各教团的女修道院里进行忏悔的。印第安人应该有一个适合他们自己的教堂，塞拉诺建议国王给他们提供一个。在甲米地港口，有一个教区教堂，它照料着超过3000个灵魂。马尼拉大主教区的印第安人主要受以下几个教团的照看：奥古斯丁会照看9万名；圣方济各会照48400人；多明我会照看28000人；耶稣会照看10600人；奥古斯丁会回忆派照看8000人。除此之外，还有2万名印第安人受在俗教士的照料。因此，印第安人共计 205000 人。塞拉诺描述了紧随传教之后的政府举措。在少数大村镇中，能够很容易地接触到土著居民，并对他们进行指导。但是将他们聚集在"归化村"的努力要么不令人满意，要么无利可图，在菲律宾如同在新西班牙一样。中国人的皈依者居住在马尼拉城的郊区，人数达到 1500 人，他们主要由多明我会和圣方济各会负责。在菲律宾的日本人中，有 1500 多人是基督徒。在宿务岛主教辖区，由 200 名西班牙人。受训导的印第安人和其他族群的数量有 119650 人。其中大约 16000 人由在俗教士负责。大约 5 万人由奥古斯丁会看管。54000 人有耶稣会照料。在卡加延（Cagayán）主教辖区（吕宋北部），仅有 70 个西班牙人。奥古斯丁会训导 58000 名印第安土著，多明我会训导 7 万名印第安土著。在甘马粦（Camarines）主教辖区（吕宋东部），仅有大约 50 名西班牙人。在俗教士照料着 8600 名土著，圣方济各会负责 45000 名，耶稣会照看 3200 名。在菲律宾群岛上，受宗教训导的土著总数超过 50 万——很明显，不包括孩童。但是，还有大量的印第安人没有接受福音。因此，还需要更多的传教士传教，国王被敦促多多派遣传教士。这位大主教还讲述了一些医院及其管理措施。他建议将这些医院置于圣约翰医院修道会的照料之下。他还列举了马尼拉的各种虔诚和乐善好施的基督教兄弟会（confraternities），谈到它们的目的和收入情况。其中最主要的是悲悯会（LaMisericordia）。塞拉诺描述了圣何塞（San José）和圣托马斯（Santo Tomás）这两所马尼拉的神学院的特点和现状。此外，还有圣波滕西亚娜女子神学院。对于前两所大学，他要求给学生颁发证书。对于女子神学院，他要求给予大量的资金帮助。总体而言，他认为，印第安人受到了其宗教导师的良好对待。但是，他建议，应该给菲律宾的主教更多管理传教士的权力。但是，殖民地受到荷兰人持续不断的威胁，这给印第安人带来了大量令人痛苦的负担。在船只建造和备战的其他事项中，他们受王室官员的驱使。在信的末尾，塞拉诺回应了一些关于牧师薪俸以及教区牧师身份等问题。

  1622 年 12 月 31 日，一封王室诏令禁止菲律宾的多明我会修士干涉政府事务。同一时期，菲利普二世之前的另一份诏书（1603 年）生效并开始实施。他要求，所有向印第安人传教的传教士都要接受工作能力的考核，尤其是在掌握土著语言方面。考核人由大主教或他任命的人来担任。1623 年 10 月 9 日，法哈尔多收到国王的来信，指示他推进对伊格罗特矿藏的开发,并将菲律宾的肉豆蔻运送到新西班牙。都督提出的各项问题也得到了或模糊或正式的答复。随后,11月27日,菲利普四世批准了由都督和大主教对多明我会在马尼拉建造一所学院的许可。

1623年末,一支远征队被遣往伊格罗特省(吕宋北部)进行远征和平定当地人的反抗。伊格罗特省因其丰富的黄金矿藏而为人所熟知。远征队队长,阿隆索·马丁·基兰特(Alonso Martin Quirante)留下了关于此次远征的大量报告(1624年6月5日)。他详细记录了每天的进展,远征的计划,西班牙人与伊格罗特人的遭遇,西班牙人成功抵御土著的进攻,以及获取了矿石。马丁描绘了他所经过的地区。他还描述了土著部落,其风俗,其开采黄金的方式,矿藏,以及从他们手中获取矿石的事情。他认为,通常认为的关于此地矿藏十分丰富的看法是有误的。但是,他仍旧仔细地探查了此地,并收集了各类矿石标本。随后的各种测验结果也并不容乐观。一张表格显示了每次测验中矿石所含有的价值。随后检审庭采取了相应的行动——他们决定停止进一步勘探和开发伊格罗特矿藏的计划,并将马丁带到马尼拉的矿石送往新西班牙进行进一步的测验。而当下在伊格罗特矿藏的工人必须被送到新塞戈维亚,去镇压那里的印第安人起义。

编者
1904年7月

(译者简介:桑紫瑞,南开大学世界近现代史研究中心硕士研究生)

Abstracts

Qualitative Transformations of Ghettos in Post – war U. S. Cities

Liang Maoxin

Abstract: Ghetto as Jewish enclaves in Europe and late 19th century American cities have evolved into African American communities in the 20th century and symbols of racial and class segregation in post – civil rights movement. It has also underwent a process of geographical identification as well as cultural changes from ethnicity to race and class. Ghetto is a product of U. S. economic and public policy development. It is also the result of migration by each ethnic groups, who made decisions upon their own choices of life style. The Process of ghettoization of the urban and rural poor has produced an underclass, which has become the focus of U. S. academic studies, thus providing valuable perspectives and methodologies for future study in its relationship with U. S. political systems and its impact upon U. S. civil rights issues.

Keywords: the U. S. , Central Cities, Social Segregation, Ghetto, Underclass

Civil Rights Movement and the Transformation of Socio – cultural Psychology in the US

Yu Zhan

Abstract: American civil rights movement in 1960s was a mass movement that not only inflicted the political system, but had a great influence on common people's psychology too. Through means of holding non – violence workshops, opening mass meetings, singing the freedom songs, establishing citizenship schools and freedom schools or through media, the movement genuinely altered the psychology of the African – Americans. It also changed the way how the public, especially the white people perceived their colored counterpart; white conscience was aroused, deep – rooted racism was compromised, and the socio – cultural psychology of American society was shifted. The latter outcome undoubtedly formed the most influential achievement of the Civil Rights Movement.

Keywords: Civil Rights Movement, Nonviolent Direct Action, Mass Opinion, Racism, Socio – cultural Psychology

The Missing Wave: The Rise of Labor Feminism in Postwar America

Yu Hui

Abstract: Labor feminism was brought to the forefront of the academic circles since 1980s. Since then, books and articles on the subject constantly appeared. Either on a case study of a specific union or on a brief history of labor feminism, it was widely considered that labor feminists also made a great contribution to gender equality. Due to the sexual discrimination in American workplace, the majority of working women were trapped in the so-called "women's jobs" andhad no opportunity to get promotion, such as secretaries, hotel maids, telephone operators. With the development of the second wave feminism in the postwar era, labor feminists, along with middle – class feminists, ultimately broke the gender barrier in the work place, which had a far – reaching influence for American women.

Keywords: Labor Feminism, The Equal Rights Amendment, Asian American Women

Absolutism: Name and Reality of a Historical Concept

Huang Yanhong

Abstract: The historical concept Absolutism should be considered in the political context of early modern Europe. In early modern France, the elaboration of absolutism theory was intended to overcome crises of monarchy, to unify the divided country, and the strengthening the independence of prince and his initiatives should contribute to achievement of aims of higher level. So absolute monarchy has its limits and preconditions from its beginning, and it is not synonym of despotism which is regarded as illegitimate. The historiography of nineteenth – century evaluated highly the key role played by absolute monarchy in the formation of modern politics and nation – state. Nowadays historians think that absolutism underwent a process including rising, consolidation and decline. In France, the absolutism theory firstly aimed at preserving socio – judicial conditions which fell in crisis. But when its ambition increasingly grew, absolutism began to impose its will on the traditional socio – judicial conditions, and this resulted in a series conflicts leading to the abolishment of these conditions by which, paradoxically, the political logic could continue.

Keywords: Absolutism, Absolute Monarchy, Old Regime of France, Historiography

The Natural Law and Natural Rights in the History of Western Thought

Wang Jiafeng

Abstract: This article introduces and analizes the changes in the western theory of natural law from ancient Greece to the present. Natrual law is one of the basic concepts in the western thought, and it has played important roles in different times of western history, especially outstandingly in the struggle against feudalism by the bourgeoisie in early modern times. The deriving notions, such as "natural rights", "social contract", "Anti – tyrant" and so on have been well known to many people of China. As the highest standard of human behaviour, natrual law is the basis of the western law thought, and is the theoretical ground of the Roman *jus gentium* and the modern international law. In the middle and late times of the 19th century the theory of natural law had been declined due to the influences of the science of positive law as well as the changes of social conditions after the bourgeois gaining the political power. But in the 20th century many people reconsider the pros and cons of the science of positive law in facing the fascist crimes and the deterioration of environment. Aa a result the natural law has been re – rising with a new look, and as the highest moral authority it still plays an important role in the modern thought of law.

Keywords: The West, Natrual law, Natrual Rights

Medical and Health Service Measures which Japan Promoted Immigrant to Brazil before the World War II

Hao Xiangman

Abstract: After Japan's plundering of Taiwan through the Treaty of Shimonoseki in 1895, Japan accelerated the pace of overseas colonization. And after winning the victory of the Japan – Russia War in 1905, Japan regarded Brazil and other South American regions as "new world of overseas immigrants." In order to promote the development of the immigration movement, the Japanese government's immigration authorities and various civilian immigrant organizations cooperated to provide services to the Japanese people who immigrated to Brazil. This paper selects and analyzes the medical and epidemic prevention services that have special significance for the implementation of Japanese colonial policy. Based on the health and safety of Japanese immigrants to Brazil, the Japanese government attached great importance to investigate the Brazillian climate which could cause the infectious diseases and the endemic diseases, and provided corresponding medical and health counseling for immigrants. Hygiene and health managements were strictly implemented in oceangoing vessels. After the immigrants arrived in Brazil, Japanese government continued to provide a variety of health services. This immigration protection policy and the implementation of its service measures prove that immigration has become an important national policy for Japanese overseas expansion.

Keywords: Japan, Brazil, Immigration, Medical Health, Public Service

On the Egypt's Economic Development Strategies in the Mubarak Era

Chen Tianshe

Abstract: In the Mubarak Era, Egypt implemented the three major economic strategies. Firstly, the Mubarak regime continued to keep the foreign – oriented economic development. Secondly, it carried outthe industrial modernization and developed the infant industries. Thirdly, it devoted to improve the imbalance of the economic development. In this Era, there were a lot of progress and four charactersin Egypt's economy. Firstly, the economic model was foreign – oriented and seriously influenced by the international situations. Secondly, the economy was seriously depended on and undermined by the foreign aid. Thirdly, the development of the economy was imbalanced. Moreover, there were many problems such as fiscal deficits, inflation, foreign debts, foreign trade deficits, and unemployment for a long time. In this Era, the Egypt's economic development was mainly affected by the two factors. One is its own conditions; another is many limitations in the Mubarak regime's economic strategies. Inclusion, the economic strategy was accorded with the trend of the world and had achieved significant progress in the Mubarak Era, but the people did not profit from the development. This is one of the major factors which caused the Mubarak regime to lose the people's support.

Keywords: Mubarak, Egypt, Economic Development Strategies

Hawaii and Early Commercialization of the North Pacific

Wang Hua

Abstract: From the 1780s to the mid – 19th century, the North Pacific achieved its first modern commercial development, accompanied by the maritime exploration and the expansion of capital. The development of trans – oceanic trade brought about the circulation of goods and the migration of personnel, and transformed an "ocean desert" into a new economic field full of capital vitality, which laid the foundation for the overall formation of the capitalist world economic market system at the end of the nineteenth century. The commercialization was promoted in order by the development of maritime fur trade, sandalwood trade, whaling and sugarcane planting industry, which not only built up the North Pacific international commercial and trade network, but also integrated the region into the world capitalist economic market system. As a key sea road staging post, Hawaii had gradually developed from the original "great caravansary" into the most important commercial hub in the North Pacific. Meanwhile, it accomplished its commercialization gradually in the process of regional economic and trade integration, and become the structural element of the modern Pacific colonial system.

Keywords: The North Pacific, Commercial Networking, World Trade, Hawaii

The Foreign Policy of Irish Free State to the United States in the Early Days of Foundation (1921 – 1928)

Liu Changxin

Abstract: In order to seek diplomatic breakthroughs, Irish Free State took an active foreign policy and sought to establish diplomatic relations with the U. S. government in the early 1920s. For the sake of its own interests, the U. S. government was more cautious, whichhaddelayed the pace of the development of diplomatic relations between the two sidesto some extent. The diplomacy of Free State towards the U. S. hadwon its own interests in the areas of politics, economy and immigration. The U. S. had also benefited from the issue of internal ethnic and diplomacy. Asymmetric diplomacy with the United States became the main content of the foreign policy in the early days of the Free State.

Keywords: America, Immigration, Diplomacy, Anglo – Irish Treaty, Irish Free State

A Review of the Study on Urbanization History of Latin America

Zhang Yunchen

Abstract: For the study on urbanization in Latin America, domestic and foreignacademic literature emerged in an endless stream. Research by domestic scholars has mainly focused on the process of urbanization, economic development and population mobility in the urban area, and the problems accompanying with urbanization. In addition, research of foreign scholars has presented the diversity of perspectives andmethods. This article is based on the "study on the history of urban development during the colonial period" and "study on the history of urbanization from the period of independence to the middle of the 20th century", which presents the overview of studies of foreign scholars on the development process of Latin American cities, the relationship between industrialization and urbanization, population mobility and urban spatial distribution, and differences in urban development. Finally, it looks forward to promoting the study on the history of Latin American urbanization in Chinese academia and may it provide experiences for Chinese urbanization.

Keywords: Latin America, City History, Urbanization, Industrialization, Informal Settlements

《世界近现代史研究》稿约

《世界近现代史研究》是南开大学世界近现代史研究中心主办的学术年刊，面向国内高校和研究机构，为促进和推动国内世界近现代史研究而提供的一个学术交流的园地。

《世界近现代史研究》提倡科学严谨的学风，坚持百家争鸣的方针，遵循相互尊重、自由讨论、文责自负的原则，注重扶持和培养新人。

《世界近现代史研究》辟有史学理论研究、全球史研究、国际关系史、地区国别史、博士生论坛、争鸣、书评、史学资料、研究综述等栏目，欢迎国内广大世界近现代史学者赐稿。来稿请用 E-mail 或软盘。所有来稿一律采用脚注。注释中所引书目、篇名，第一次出现时务请注明出版社名称和出版年份；论文则需注明所载刊物名称和期数。外文著作和论文除了译出作者、书名（论文题目）、出版社、出版时间等出处外，还需要有作者和书名（论文题目）的外文原文。学术论文请提供200字左右的中文提要和关键词，以及论文标题、内容提要和关键词的英文译文。

《世界近现代史研究》每年一辑，4月份截稿，10月份出版。来稿以1万字为宜，对青年学者有思想深度、有创新观点的论文尤为欢迎。文章刊发即付稿费，请勿一稿两投。

来稿请寄 aqihan2005@aliyun.com 或南开大学世界近现代史研究中心，邮编300071。

图书在版编目(CIP)数据

世界近现代史研究. 第十五辑／南开大学世界近现代史研究中心编. -- 北京：社会科学文献出版社，2018.10
ISBN 978 - 7 - 5201 - 3546 - 7

Ⅰ.①世… Ⅱ.①南… Ⅲ.①世界史 - 近代史 - 研究 ②世界史 - 现代史 - 研究 Ⅳ.①K14 ②K15

中国版本图书馆CIP数据核字（2018）第220784号

世界近现代史研究（第十五辑）

编　　者／南开大学世界近现代史研究中心

出 版 人／谢寿光
项目统筹／宋月华　郭白歌
责任编辑／郭白歌

出　　版／社会科学文献出版社·人文分社（010）59367215
　　　　　地址：北京市北三环中路甲29号院华龙大厦　邮编：100029
　　　　　网址：www.ssap.com.cn
发　　行／市场营销中心（010）59367081　59367083
印　　装／三河市尚艺印装有限公司

规　　格／开　本：787mm × 1092mm　1/16
　　　　　印　张：23.75　字　数：374千字
版　　次／2018年10月第1版　2018年10月第1次印刷
书　　号／ISBN 978 - 7 - 5201 - 3546 - 7
定　　价／79.00元

本书如有印装质量问题，请与读者服务中心（010 - 59367028）联系

▲ 版权所有 翻印必究